Les bons gestes du massage

>> UN GUIDE COMPLET ET DÉTAILLÉ
POUR UN MASSAGE RÉUSSI

DU MÊME AUTEUR

Chez Guy Trédaniel Éditeur

Graines de Lumière, paroles d'espoir au quotidien

Guide pratique d'aromathérapie

Le toucher libérateur, stress, massage et thérapie

Coffret livre + cartes Le Tarot de l'énergie

Aromathérapie essentielle 3e édition

Coffret livre + cartes Huiles essentielles

Massage Californien, L'art de la détente et du toucher

La détente absolue, Massage Coréen, en collaboration avec Marie Borrel

Aux Éditions Ellebore

Les techniques du toucher, Réflexologie

Les techniques du toucher, Shiatsu

Les techniques du toucher, Do in

DVD

Le massage coréen

Pratique de la réflexologie plantaire

Méthode de Shiatsu

Découvrir le Do in

Apprendre le massage

Photos : Stéphane Nadin
Modèle : Stéphanie Gruat Cassinelli
DVD réalisé par : DOWNTOWN PRODUCTION

ISBN : 978-2-8132-0223-9

MAQUETTE ET MISE EN PAGES > AGENCE TWAPIMOA (PARIS)

JEAN-LOUIS ABRASSART

Les bons **gestes** du **massage**

>> **UN GUIDE COMPLET ET DÉTAILLÉ** POUR UN MASSAGE RÉUSSI

GUY TRÉDANIEL ÉDITEUR
19 RUE SAINT-SÉVERIN • 75005 PARIS

4

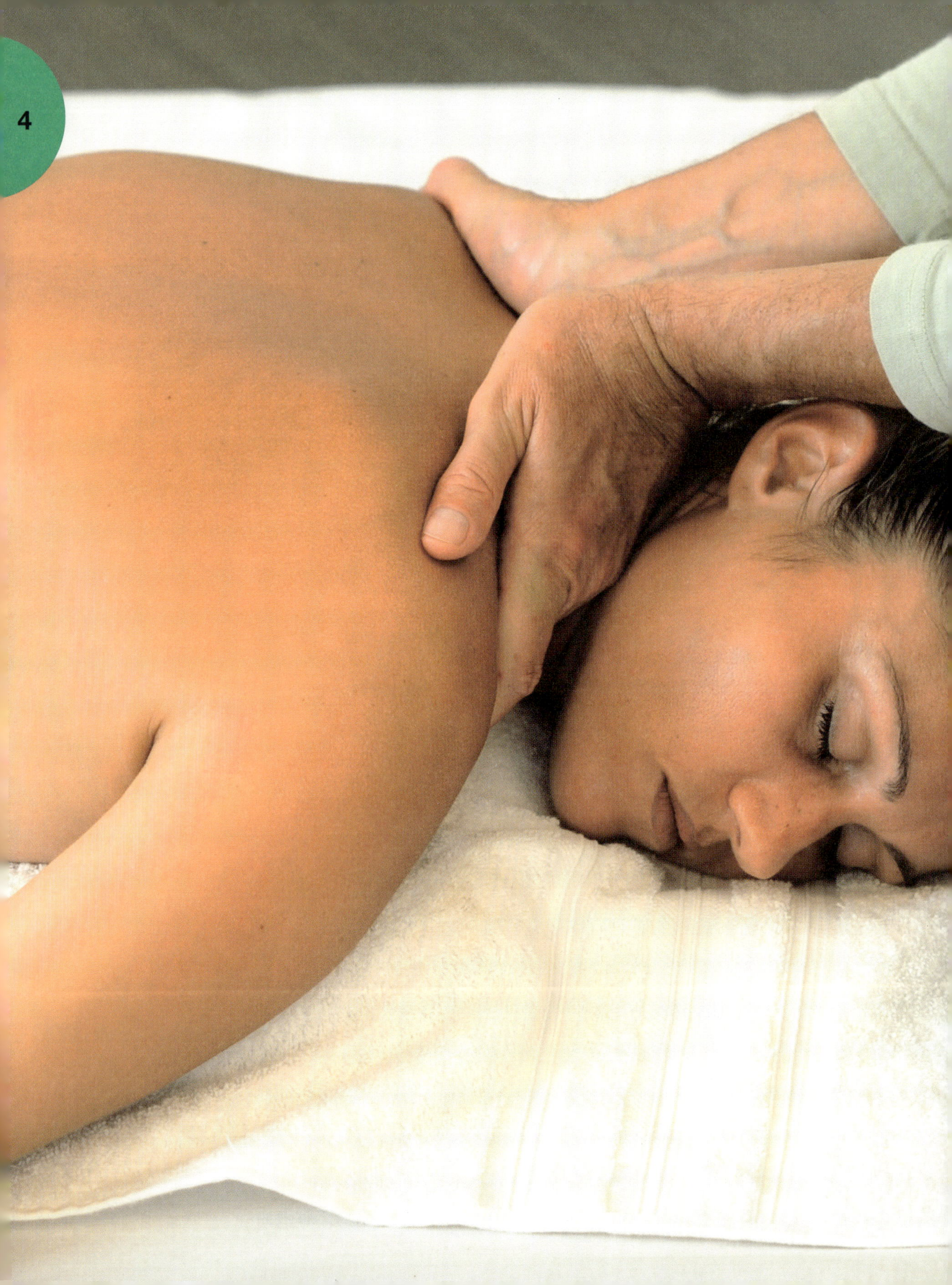

>> Sommaire

Avertissement : *Les informations contenues dans ce livre sont données dans le cadre d'une démarche de bien-être à l'exclusion de tout objectif médical ou paramédical. Elles ne dispensent en aucun cas de consulter un professionnel de la santé chaque fois que cela est nécessaire.*

>> Introduction

Le massage en famille ou entre amis est facile à pratiquer: quelques mouvements suffisent déjà pour détendre un partenaire. Avec ce guide *Les bons gestes du massage* + dvd, vous allez vraiment faire de petits miracles en apprenant les mouvements et les détails essentiels qui vont faire de vous un « pro » du massage.

Mais il n'y a pas que la technique: tout en amenant un relâchement des endroits tendus du corps, le massage bien-être a pour but d'apporter une détente globale grâce à « un toucher qui fait du bien », c'est-à-dire un toucher enveloppant, fluide, doux et ferme à la fois, respectueux et délicat. Grâce à ce toucher, la personne massée se sent en confiance et en sécurité, son corps se détend de lui-même. Comment acquérir un tel toucher ? C'est ce que nous allons voir ensemble par la pratique.

Surtout lisez les quelques pages qui suivent avant d'entreprendre un massage. Ne vous précipitez pas sur le dvd pour vous entraîner tout de suite. Les pages qui suivent vous apprennent d'abord à rassembler les conditions nécessaires avant de commencer. Elles contiennent aussi des recommandations essentielles pour donner un « bon massage » c'est-à-dire un massage qui fasse du bien à votre partenaire et dans lequel vous aussi vous serez à l'aise.

Le massage bien-être induit chez la personne qui le reçoit, votre partenaire, un état profond de relaxation physique dont les bienfaits se répercutent sur un plan intérieur. Il remet la personne en contact avec son corps, relâche les tensions musculaires et améliore globalement le fonctionnement de l'organisme. Il apporte un grand sentiment de sécurité et contribue à restaurer la confiance en soi. Psychologiquement le massage comble les manques affectifs relatifs au toucher et permet donc de se sentir plus à l'aise avec l'autre dans l'expression des sentiments et dans l'intimité.

>> Ce dont vous avez besoin **pour commencer**

Aménagez votre espace de massage

1. Pour donner un massage, vous avez besoin d'une pièce tranquille, accueillante et particulièrement bien chauffée, l'idéal est entre 24 et 25 °C. Assurez-vous surtout que vous ne serez pas dérangé car il est très désagréable de devoir interrompre un massage en cours.

2. Préparez un matelas de quelques centimètres d'épaisseur ou encore des couvertures repliées l'une sur l'autre et disposez-les de manière à pouvoir vous déplacer tout autour sans rencontrer d'obstacles. Évitez de masser sur un lit trop mou, qui ne vous permettra pas de trouver vos appuis.

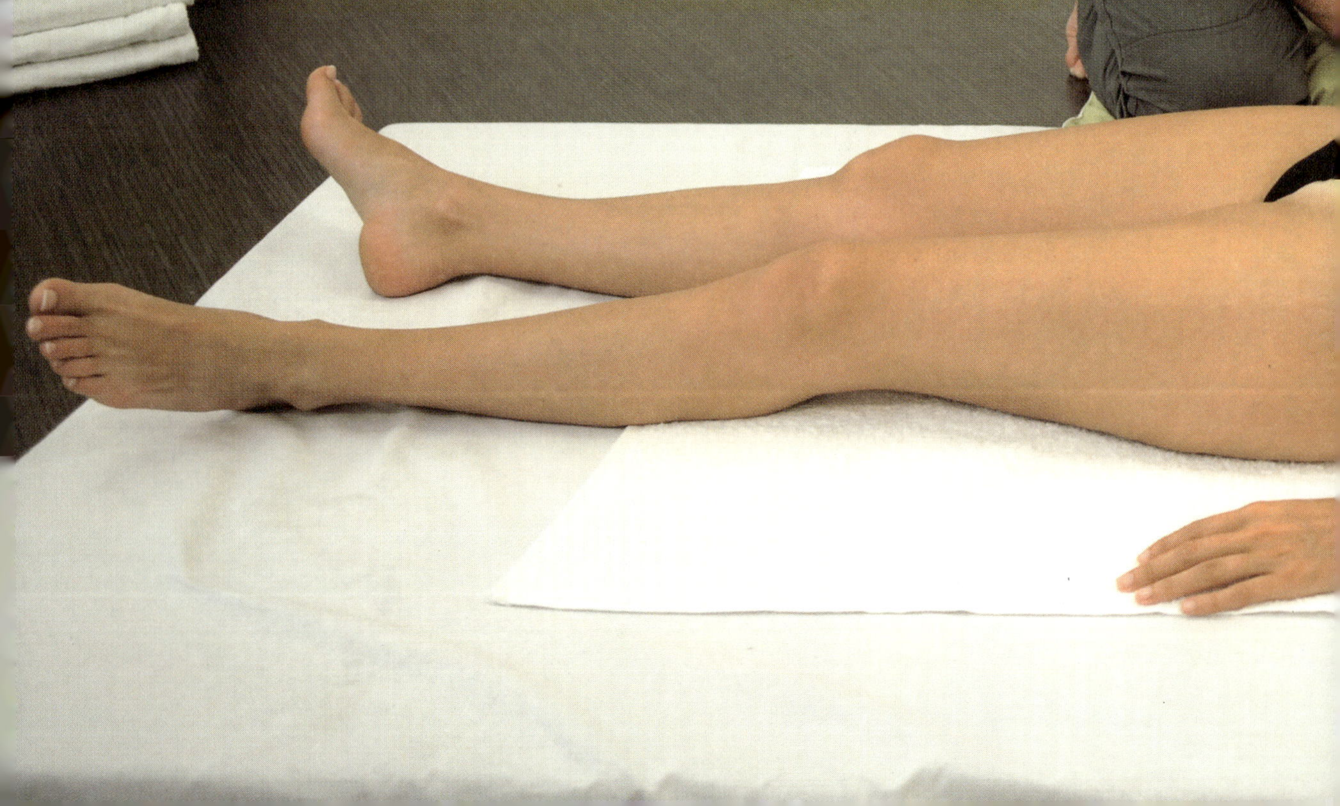

3 Au-dessus du matelas ou des couvertures, arrangez un drap ou une grande serviette de bain et préparez un tissu chaud et doux pour pouvoir couvrir votre partenaire si besoin était.

4 Préparez aussi tout autour quelques coussins sur le sol pour vous installer confortablement lorsque vous donnerez le massage.

5 Allumez une lumière douce, faites brûler un peu d'encens ou laissez diffuser un parfum. En fond sonore pour l'ambiance, mettez une musique de relaxation si elle ne vous empêche pas de suivre les indications du dvd. Tout doit contribuer à mettre à l'aise et à détendre votre partenaire.

Remarque : *Bien sûr si vous disposez d'une table de massage vous pouvez l'utiliser mais, dans l'optique d'être accessible au plus grand nombre, ce guide n'a pas été conçu pour un apprentissage sur table. Vous devrez donc adapter les mouvements pour pouvoir vous déplacer autour de la table.*

Préparez votre huile de massage

Le massage bien-être de détente est un massage à l'huile qui permet d'assurer la fluidité des mouvements. Choisissez une huile assez légère qui ne laisse pas de film gras sur la peau mais en même temps ne pénètre pas trop vite. Il existe maintenant dans le commerce de nombreuses huiles de massage mais vous pouvez aussi la confectionner vous-même.

Fabriquez votre huile de massage : Utilisez comme base par exemple de l'huile de noyau d'abricot ou d'amande douce que vous mélangerez pour moitié avec de l'huile de tournesol, de préférence biologique, ou encore de pépins de raisin. Ajoutez-y quelques gouttes d'huile essentielle par exemple de lavande ou de citron pour la parfumer agréablement et profiter des bienfaits thérapeutiques de ces huiles. Pour un grand massage ne dépassez jamais la dose de 5 % d'huiles essentielles.

Notre astuce : Si vous voulez conserver votre huile de massage sans qu'elle rancisse, introduisez dans votre mélange 5 % d'huile de germe de blé antioxydante que vous trouverez en pharmacie ou en magasin diététique.

Choisissez de préférence pour votre huile un flacon bec verseur facile à tenir et à utiliser d'une main. Vous pouvez avoir plusieurs flacons que vous disposez autour du matelas de façon à ce que vous en ayez toujours un à portée de main.

Remarque : *Certaines personnes ne supportent pas le contact de l'huile et vous pouvez remplacer celle-ci par du talc en poudre ou de l'argile surfine pulvérisée que vous trouverez en pharmacie. Cela vous permettra quand même d'effectuer tous les mouvements glissés.*

Rendez-vous disponible

Notre rythme de vie habituel est rarement un rythme de vie détendu et posé, aussi devez-vous faire une coupure, prendre le temps de vous recentrer avant de débuter une séance de massage. Vous avez besoin d'être disponible à ce que vous allez faire, pour apprendre le massage et aussi pour être attentif à votre partenaire.

D'abord soyez habillé souple et léger, genre jogging pour vous déplacer facilement, coupez-vous soigneusement les ongles et vérifiez la propreté de vos mains.
Faites quelques grands étirements ou quelques mouvements de Qi Gonq par exemple si nécessaire, n'hésitez pas à bâiller ou à soupirer si vous en sentez le besoin.
Prenez quelques instants pour vous, asseyez tranquillement, relâchez vos épaules et vos mâchoires, fermez les yeux
et prenez conscience de votre respiration.
Sentez le rythme de votre respiration et laissez-vous vous apaiser.
Sentez quand vous êtes prêts.

Installez votre partenaire

Vérifiez avec votre partenaire le temps dont vous disposez pour votre séance de massage et n'oubliez pas de couper vos téléphones. Laissez-le se déshabiller et proposez-lui de s'installer confortablement sur le matelas. Vous verrez au fil des séquences qu'il pourra, pour son confort, avoir besoin de petits coussins que vous glisserez sous sa tête, sous ses chevilles ou encore sous ses genoux. Si votre partenaire n'est pas bien installé, il ne pourra pas profiter complètement de la détente que vous allez lui apporter.
Demandez-lui s'il a des questions à vous poser avant de commencer, certaines personnes ont besoin d'être rassurées. Demandez-lui aussi de vous prévenir immédiatement si une manœuvre, un mouvement, une pression ou même un simple contact sont douloureux ou désagréables. Chaque personne vit son corps à sa manière et à moins d'une très grande expérience il est bien difficile de pouvoir savoir à l'avance ce que va ressentir votre partenaire. De plus dans le processus d'apprentissage les retours de votre partenaire vous seront très utiles pour améliorer votre pratique.

En résumé
Vous vous sentez prêt ?
Vous avez tout ce dont vous avez besoin ?
Votre partenaire est confortablement allongé ?
Vous avez envie de lui faire du bien ?

C'est oui…, alors allez-y !

12

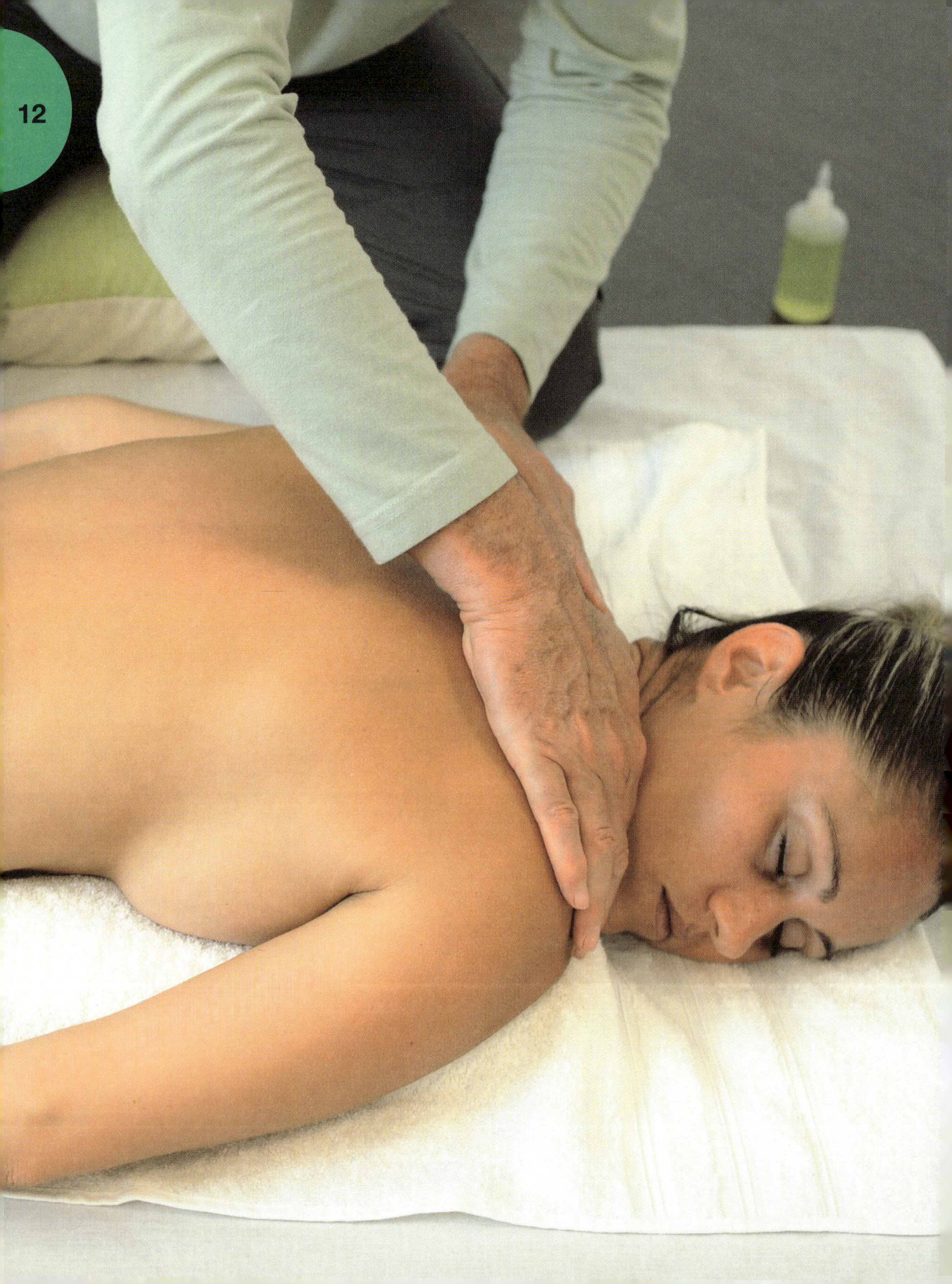

>> Des **conseils essentiels** pour la pratique

1 Prenez votre temps, ne vous précipitez pas

Nous avons souvent l'habitude d'essayer de faire vite, dans le massage c'est tout le contraire. Ne vous pressez pas. Des mouvements lents apportent beaucoup plus de détente que des gestes rapides. C'est aussi en procédant lentement et tranquillement que vous apprendrez à accomplir chaque mouvement de massage avec tous ses détails et à maîtriser la technique. Enfin si un contact ou un geste était désagréable pour un partenaire ou le faisait réagir, vous auriez le temps de vous arrêter avant de provoquer une douleur.

2 Restez toujours attentif à votre partenaire, c'est lui qui est important

Même si vous êtes en train d'apprendre, ce n'est pas votre mouvement de massage qui est important mais toujours votre partenaire. Soyez attentif à ce que vous faites bien sûr mais plus encore à l'effet que cela produit sur lui. Demandez-lui régulièrement de vous dire comment il se sent et invitez-le à vous signaler chaque fois que quelque chose le dérange. Sentez son corps sous vos mains et restez dans l'intention de lui faire du bien. Évitez tout geste brusque, tout mouvement mécanique, toute pression inconsidérée, tout contact déplacé.

3 Prenez soin de votre position et de votre respiration, restez à l'aise

Rien ne sert que vous soyez épuisé à la fin de votre séance de massage ! Si c'est le cas, c'est que vous n'avez pas encore su trouver la bonne position pour masser, celle qui vous permet de vous fatiguer le moins possible. À chaque moment du massage, veillez à ne pas arrondir votre dos mais au contraire à garder votre axe, à maintenir la cage thoracique ouverte et les épaules relâchées. Plus vous gardez une respiration aisée et fluide, plus vous constaterez que votre massage vous semble facile. Bref, ne vous oubliez pas vous-même.

4 Le mieux est l'ennemi du bien, n'essayez pas d'être parfait

Soyez rassuré, un simple toucher fait déjà du bien même si vous n'avez pas encore appris à masser. Ayez donc confiance. Si vous êtes tout le temps à vous demander si vous faites bien vous allez vous tendre et vous ne ferez pas de bien à votre partenaire. Masser est instinctif, vos mains savent déjà le faire. Plus vous laissez aller vos mains, meilleur sera votre toucher. Il est normal d'être dérouté au départ devant un corps à masser, soyez conscient que vous êtes en train d'apprendre, que vous allez tâtonner. Petit à petit grâce à l'apprentissage des mouvements vous vous sentirez de plus en plus à l'aise et vous aurez de plus en plus confiance en vous et en vos mains.

5 L'excellence vient avec la pratique, entraînez-vous

Il en est du massage comme d'un instrument de musique : c'est en pratiquant que vous vous améliorez. De même que pour un morceau de musique il n'y a pas une seule bonne manière de jouer, vous ne ferez jamais le même massage. Votre but en tant que masseur est de vous sentir à l'aise dans ce que vous faites et de constater que vous êtes capable d'apporter du bien-être à de plus en plus de personnes. Certaines sont plus faciles à masser que d'autres de par leur corpulence mais aussi pour nombres d'autres raisons. Vous finirez par ne plus avoir besoin de réfléchir à ce que vous faites lorsque vous massez, les mouvements deviendront naturels et vous vous laisserez guider par votre inspiration et votre ressenti.

En pratique

- Commencez par des séances courtes sur une partie du corps comme cela vous est suggéré par le découpage du dvd. Ensuite vous pourrez progressivement enchaîner les parties du corps entre elles pour un grand massage.

- Entraînez-vous sur le dos, c'est le plus facile. Si un mouvement vous paraît difficile et vous déconcentre, abandonnez-le, vous y reviendrez plus tard. Entraînez-vous sur les différentes parties du corps : chacune vous permet de mieux sentir certains mouvements qui lui sont plus spécifiques. Vous ferez ainsi plus de progrès.

- Si vous fatiguez, vérifiez que vous êtes bien installé – pensez aux coussins –, corrigez votre position et surtout ralentissez le rythme de vos mouvements.

- Si vous doutez de vous et de vos capacités pendant un mouvement ou à n'importe quel moment du massage, si vous vous sentez perdu, faites une pause, les mains immobiles en contact avec votre partenaire et recentrez-vous sur votre rythme respiratoire avant de poursuivre.

- N'hésitez pas à demander à votre partenaire comment il se sent, et ce qu'éventuellement vous pourriez améliorer.

>> Les principes du massage bien-être

Le massage agit sur le corps physique qu'il relaxe grâce à l'action bien connue des différents mouvements utilisés : apaisement de la sensibilité, relâchement des fibres musculaires, amélioration de la circulation sanguine, élimination des toxines responsables de la fatigue, rétablissement de la circulation des énergies. Tous ces effets sont présents dans le massage bien-être mais son originalité est d'apporter une profonde détente nerveuse et intérieure grâce à un toucher bien spécifique. Ce toucher associe une grande attention apportée par le masseur à son partenaire à des consignes simples et faciles à mettre en œuvre.

Quelles sont les caractéristiques de ce toucher de détente spécifique du massage bien-être ?

1 Une grande attention au premier contact : Une grande partie des bienfaits d'une séance de massage vient de la qualité de votre premier contact. Pensez à une poignée de main : imaginez une main froide, molle, hésitante. Avez-vous envie de prolonger le contact ? Non bien sûr, cette main ne vous est pas agréable. Dans le massage soyez donc très attentif au premier contact qui ne doit jamais être brusque, machinal ou intrusif. J'ai l'habitude de dire dans mes cours : « Déposez vos mains sur le corps de votre partenaire ». Vous les posez doucement et lentement et vous restez un moment immobile avant de commencer à les bouger.

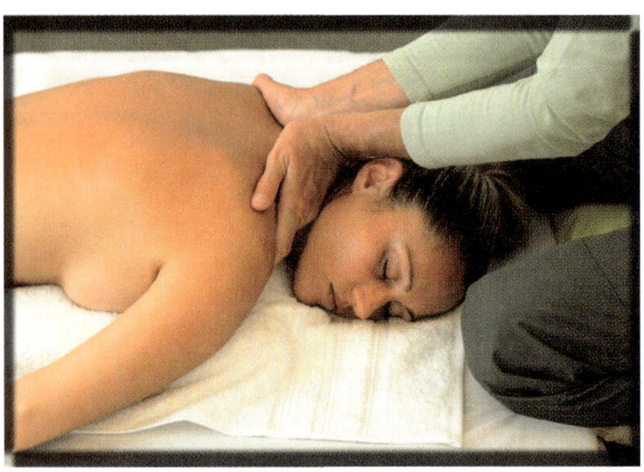

Votre partenaire peut ainsi se familiariser avec votre contact et l'apprivoiser. Durant cette petite pause détendez vos mains, laissez-les s'étaler, « adhérer » au corps de votre partenaire. Chauffez vos mains si elles sont froides, secouez-les, détendez-les avant de masser. Dans les zones où cela est possible (le dos, le thorax, l'abdomen) sentez si vous pouvez percevoir sa respiration.

❷ Enveloppez le corps: Pendant les mouvements de massage, épousez la forme de la partie du corps que vous massez. Très souvent si vous n'êtes pas attentif et que vous débutez dans le massage, vous ne massez pas avec toute la surface de votre main, le bout des doigts se décolle, la paume se creuse… Il est très important, pour apporter une détente maximale, de « coller » vos mains au corps que vous touchez en les étalant complètement sur la peau. Recherchez dans chaque mouvement cette sensation d'adhérer à la peau, d'être vraiment en contact et non pas de glisser sur la peau. Dans certains mouvements cela vous donnera l'impression de tenir le corps en même temps que vous le massez et votre partenaire aura lui le sentiment que « vous l'enveloppez avec votre massage ». Il est beaucoup plus facile d'avoir cette sensation si vos mouvements sont lents et si vous gardez les poignets souples.

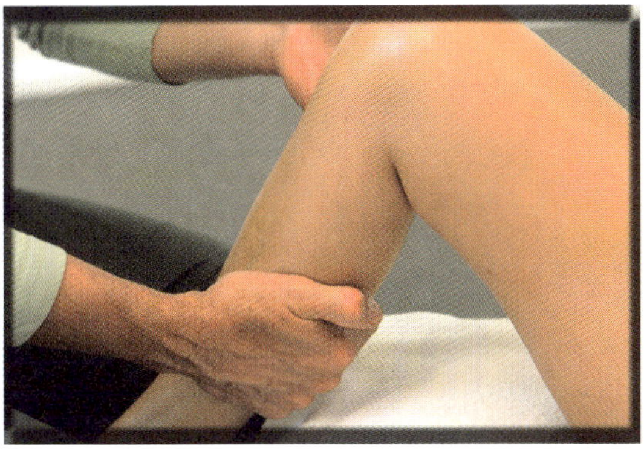

❸ Un rythme fluide et enchaîné: Plus votre massage sera continu, sans à-coups plus votre partenaire se détendra facilement. Vos mouvements de massage doivent « couler » en même temps qu'ils enveloppent le corps: c'est pour cette raison que vous allez utiliser de l'huile. Ils s'enchaînent les uns aux autres: idéalement votre massage est un seul mouvement qui se déroule sur tout le corps en prenant différentes formes. Vous vous déplacez autour du corps de votre partenaire le plus harmonieusement possible, passant d'un geste de massage à un autre, d'une position à l'autre, d'une partie du corps à la suivante. Au début cela vous paraîtra un peu difficile, vous allez apprendre à masser mouvement par mouvement, partie du corps par partie du corps, vous aurez besoin de faire des pauses dans votre massage, mais petit à petit vous allez vous laisser entraîner par les mouvements et votre massage va devenir une sorte de danse autour et avec le corps de votre partenaire.

④ **Une main à l'écoute :** Lorsque vous massez, bien que vos mains soient en mouvement, vous continuez à être attentif aux sensations que vous avez du corps de votre partenaire : la chaleur des différentes zones, la texture de la peau, la consistance des tissus, les impressions physiques que vous avez : gonflement, sensation de creux, de dureté, de mollesse, de rigidité… mais aussi toutes sortes d'autres impressions plus subtiles : votre main qui s'enfonce comme si elle était « aspirée » ou qui est comme repoussée, ou encore qui « a envie » de s'arrêter de bouger, de s'enfoncer, de faire un mouvement tournant… Le massage est riche de toutes ses impressions souvent difficiles à mettre en mots mais qui sont autant de messages que le corps de votre partenaire adresse à vos mains. Ce sont ces sensations qui guident vos mains, adaptent votre massage à votre partenaire et nourrissent votre intuition. Automatiquement vos mains « répondent » à ce qu'elles perçoivent, de même que vous pouvez avoir envie de caresser de la soie si vous la touchez et qu'il suffisait enfant que l'on vous donne de la pâte à modeler pour que vous la pétrissiez.

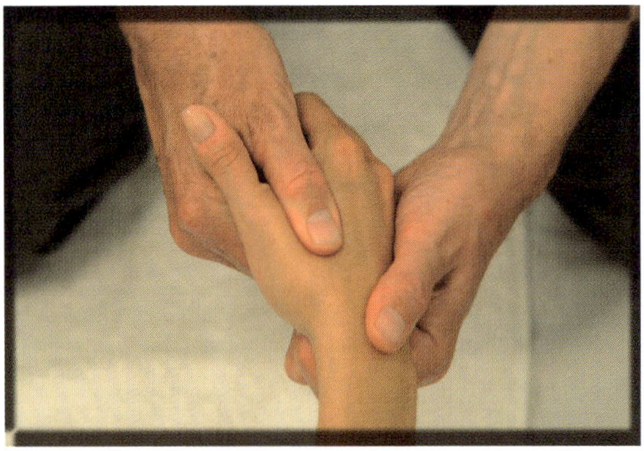

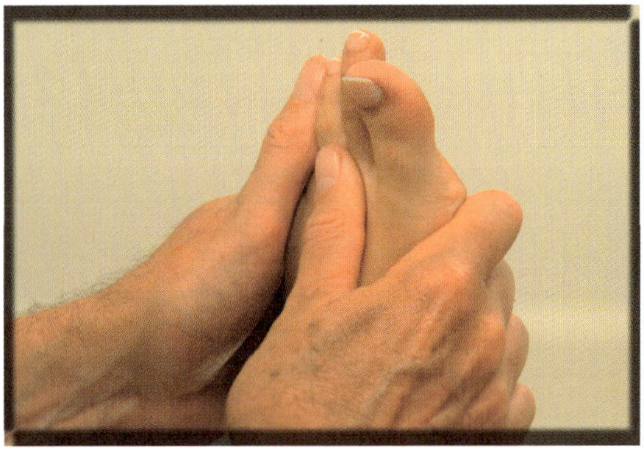

⑤ **Doser la pression :** Un massage n'est pas une caresse, vous exercez une certaine pression qui donne à votre partenaire le sentiment d'être pris en charge et aide au relâchement des tissus sous la peau. Vous ne massez donc pas la peau mais **au travers** de la peau. Cette pression s'exerce avec le poids de votre corps qui se transmet à vos mains. La pression que vous exercez varie suivant les zones plus ou moins fragiles que vous touchez : vous trouverez plus loin les zones du corps auxquelles vous devez faire particulièrement attention. Vous allez aussi modifier votre pression en fonction de la sensibilité de votre partenaire : certaines zones peuvent être douloureuses avec un simple toucher, sur d'autres vous devrez appuyer fortement pour qu'il ressente un bien-être.

⑥ Une bonne intention : Il est évident que, pour faire un bon massage, vous devez en avoir envie, avoir le désir d'apporter du bien-être et de la détente à votre partenaire. Ne vous forcez jamais à donner un massage, sachez dire non si vous ne vous sentez pas disponible. Dans la vie, nous accomplissons souvent certaines tâches machinalement en pensant plus ou moins à autre chose. Ce n'est pas possible dans le massage qui implique que vous soyez présent à ce que vous faites, que vous ayez le désir de le faire le mieux possible. **Ce n'est pas un corps que vous massez mais une personne** qui attend de vous de l'attention et du respect. C'est une marque de confiance que vous accorde votre partenaire en se laissant masser, appréciez-la.

D'autres conseils spécifiques vous seront donnés pour chaque partie du corps.

Grâce à ce toucher, votre partenaire se sent vraiment en sécurité, il vous sent attentionné, à son écoute, il est pris en compte, respecté, il perçoit profondément que vous êtes là pour lui et alors il peut vraiment se relâcher intérieurement. Cette détente intérieure qui entraîne à son tour un supplément de détente physique fait toute la différence entre le massage bien-être et le massage sportif par exemple.

Les mots clés :

Être présent, sentir, envelopper, épouser, couler, enchaîner, doser, respecter.

La formule magique du massage bien-être :

Contact juste

Pression juste

Mouvement juste

Intention juste.

>> Les différentes **parties du corps** et leurs bienfaits

Nous vous proposons d'apprendre à masser chaque partie du corps séparément. Votre dvd est divisé en 5 parties.

Quatre parties d'un seul tenant :
- le dos (comprend le massage de la colonne vertébrale),
- l'arrière des jambes (comprend aussi une partie de massage des pieds),
- le buste et les bras (comprend le massage des mains),
- l'avant des jambes (comprend aussi une partie de massage des pieds).

Une dernière partie divisée elle-même en deux sous-parties :
- le cou, la tête et le visage,
- l'abdomen.

1/ le dos (y compris la colonne vertébrale) – **dvd 14 mn 30**

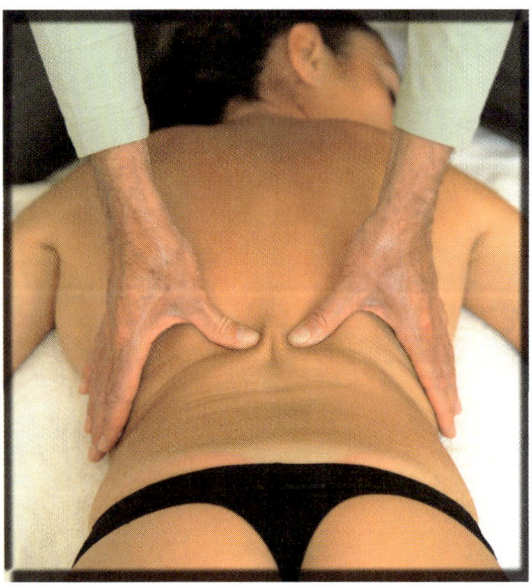

Un massage du dos fait toujours du bien. Les tensions s'y accumulent avec le stress de la vie quotidienne, les défauts de la posture, les mauvaises positions de travail, les mouvements mal effectués. C'est aussi une zone étendue et plutôt plane sur laquelle vous allez apprendre les principaux gestes de massage. Le massage du dos inclut une partie de massage de la colonne vertébrale ainsi que quelques mouvements de liaison sur les épaules, l'extérieur des bras et le cou.

À masser pour dissiper la fatigue, réduire le stress, soulager les maux de dos, dégager les douleurs vertébrales, libérer la respiration, trouver une meilleure posture.

2/ l'arrière des jambes (y compris les pieds) – **dvd 11 mn 45**

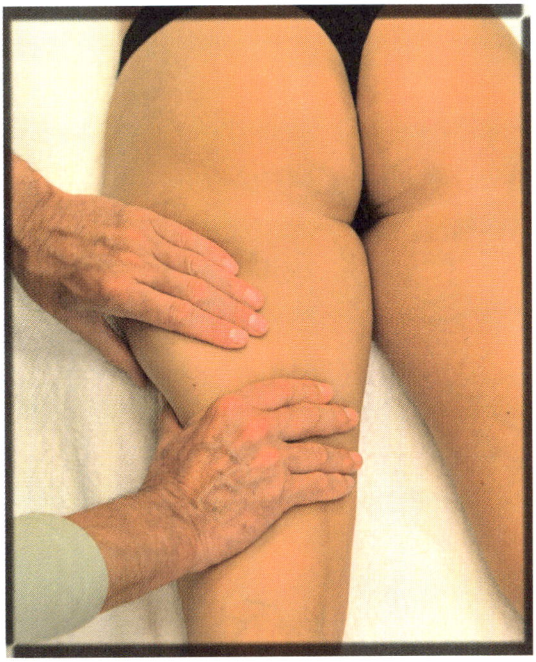

Le massage de l'arrière des jambes est idéal pour éliminer la fatigue physique. Les tensions et raideurs de l'arrière des jambes sont responsables de nombreuses douleurs du bas du dos comme les sciatiques et les lombalgies. Vous y rencontrez les muscles les plus forts du corps, ceux des cuisses et votre massage sera plus vigoureux. Cette partie comprend aussi une partie de massage des pieds (que vous pouvez masser aussi avec l'avant des jambes) ainsi de grands mouvements qui remontent jusque dans le bas du dos.

À masser pour éliminer la fatigue physique, soulager les douleurs du bas du dos et les sciatiques, aider à mieux dormir, favoriser la récupération, retrouver de la souplesse.

3/ le buste et les bras (avec l'articulation des épaules) – **dvd 11 mn**

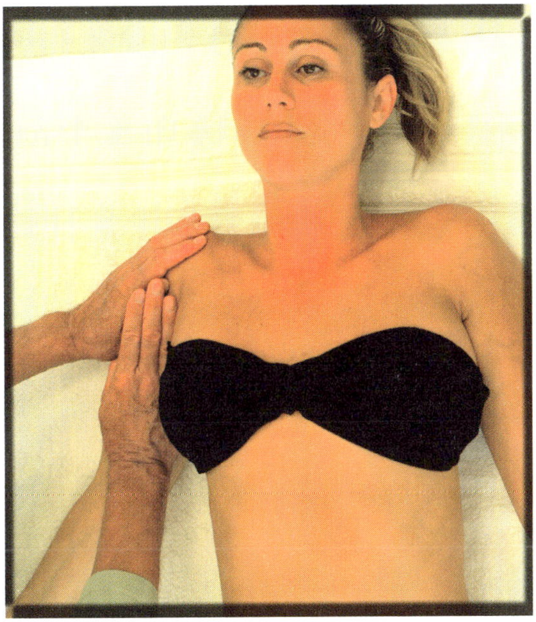

Bien que peu pratiqué en comparaison d'autres parties du corps le massage du buste fait beaucoup de bien. Les mouvements se prolongent sur les épaules, sur l'arrière du cou et sur les bras. Vous enchaînez avec des mouvements sur chacun des bras l'un après l'autre. Avec le massage des bras vous apprenez à masser tout en bougeant le corps et en l'étirant. Dans cette partie vous dégagez les tensions des épaules et vous terminez par un massage bien agréable des mains.

À masser pour détendre les bras, relâcher la tension nerveuse, dégager les oppressions respiratoires, dissiper les douleurs du haut du dos, libérer l'articulation des épaules.

4/ l'avant des jambes (y compris les pieds) – **dvd 10 mn 45**

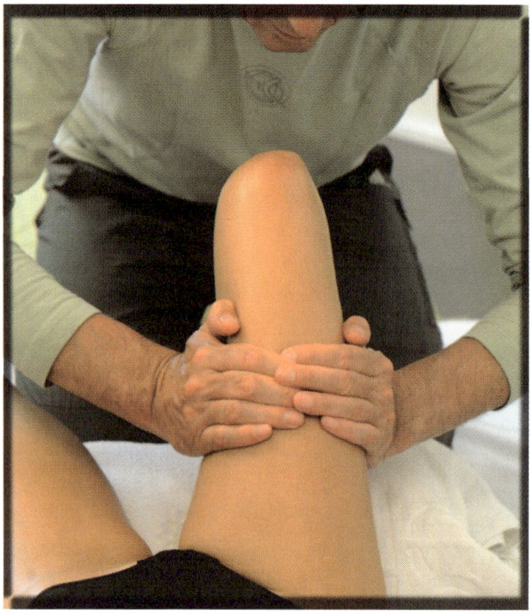

Comme celui de l'arrière des jambes, le massage des jambes lorsque votre partenaire est allongé sur le dos favorise l'élimination de la fatigue physique. Il aide aussi à améliorer la circulation sanguine veineuse et soulage donc les jambes lourdes. Vous apprenez un enchaînement de mouvements sur chaque jambe puis vous massez les deux jambes ensemble. Vous terminez par le massage très relaxant des pieds où vous retrouvez des manœuvres de la partie 2.

À masser pour alléger les jambes lourdes, améliorer la circulation, favoriser le sommeil, remonter l'énergie, soulager les raideurs des genoux, améliorer le fonctionnement des organes internes.

5/ Cette partie décrit le massage de deux zones du corps particulières par leurs caractéristiques anatomiques qui amènent à les masser avec des mouvements bien spécifiques.

A) le cou, la tête et le visage – **dvd 10 mn**

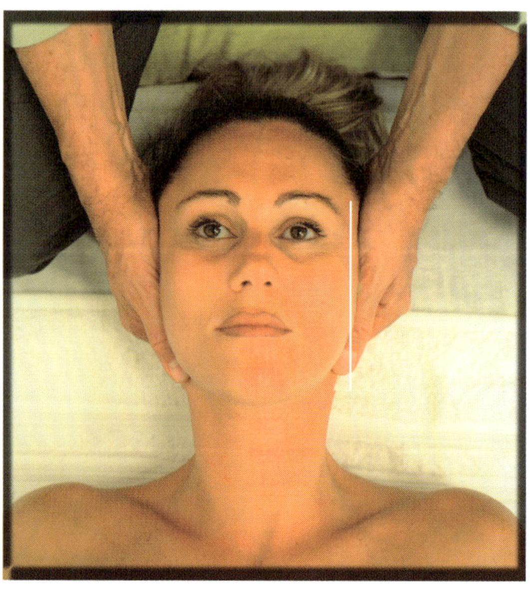

L'arrière du cou et la nuque avec les vertèbres cervicales sont des zones fragiles et souvent douloureuses qui doivent être massées avec précaution. La tête et le visage par contre sont faciles à masser avec de petits mouvements qui vont apporter une grande détente psychique.

À masser pour soulager les douleurs cervicales, libérer le cou, aider au lâcher prise, améliorer le sommeil, abandonner les soucis, régénérer la beauté du visage.

B) l'abdomen – dvd 2 mn

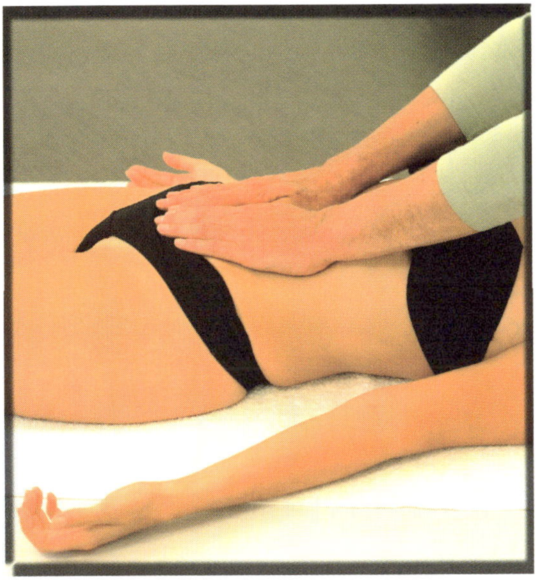

À cause de la présence proche de nombreux organes internes directement sous la peau et parce que c'est une zone intime, l'abdomen est une zone délicate à masser. Vous apprenez quelques mouvements de base et sans danger qui vont améliorer le fonctionnement général des organes internes.

À masser pour soulager les douleurs abdominales, aider la respiration, améliorer globalement la digestion et le transit, reconstituer les réserves énergétiques, soulager le bas du dos.

>> Utiliser le dvd et le livre

Apprendre avec votre dvd

Chaque partie constitue une séance de massage en soi d'environ 10 à 15 minutes sur le dvd. La plupart des mouvements sont démontrés trois fois, quelquefois avec des variantes, quelquefois légèrement différemment car il n'y a pas qu'une seule manière de les pratiquer. La démonstration des mouvements peut être plus courte, en particulier si vous retrouvez les mêmes sur les deux côtés, sur le bras droit et le bras gauche par exemple. Pour maîtriser vraiment un mouvement vous aurez de votre côté certainement besoin de le répéter un beaucoup plus grand nombre de fois.

Le dvd vous accompagne dans votre apprentissage, il a été conçu pour cela. N'hésitez pas à l'arrêter pour vous donner le temps d'assimiler le mouvement présenté. Si vous suivez avec difficulté les mouvements du dvd, s'ils vont trop vite pour vous, votre massage sera agité et désordonné, et votre partenaire ne se détendra pas. Il est normal qu'au début il vous faille au moins le double de temps pour assimiler le massage d'une partie du corps : vos premiers massages du dos peuvent tout à fait durer d'une demi-heure à trois quarts d'heure, jusqu'à une heure. Plus vous serez à l'aise, plus vous serez capable de vous rapprocher du rythme de massage du dvd.

Si vous en avez la possibilité prenez le temps de regarder l'ensemble d'une partie avant de vous lancer dans le massage lui-même, surtout la première fois que vous vous exercez sur une partie du corps. Vous comprendrez mieux la logique des mouvements lorsque vous aurez vu l'ensemble d'un enchaînement.

Chaque mouvement est important et vous les retrouvez pour chaque partie du corps. Dans le dvd pour que la répétition ne soit pas trop fastidieuse, certains mouvements ont été filmés plus longtemps pour certaines parties du corps. C'est dans ces passages du dvd que vous pouvez plus facilement comprendre le mouvement, vous y entraîner et finalement l'assimiler pour mieux le pratiquer sur les autres parties.

Chacune des parties forme un tout en soi et peut être utilisée pour construire un massage indépendamment des autres. Lorsque vous les connaîtrez bien vous pourrez commencer à les enchaîner par exemple en faisant un massage de tout l'arrière du corps (parties 1 et 2) ou encore un massage du haut du corps (partie 1, moitié de partie 5, partie 3). Enfin, vous pourrez entreprendre un grand massage de tout le corps.

Vous servir du livre

Vous retrouvez dans le livre les différents mouvements démontrés dans le dvd avec des photos et des indications descriptives. Le dvd vous donne le mouvement, le livre vous permet de mieux comprendre comment le faire. **Reportez-vous au livre chaque fois que vous avez une difficulté avec le dvd.**

Sur les photos du livre les trajets de massage sont matérialisés par des flèches sur les photos, et des gros plans vous permettent de mieux voir certains détails comme la position des mains ou la manière d'appuyer dans les mouvements.

Si vous êtes perdu à certains moments ou avec certains mots, pensez aux planches en fin d'ouvrage.

Les conseils :

Vous bénéficiez grâce à la rubrique CONSEIL, pour chaque mouvement, d'une indication personnalisée fruit d'une expérience de plus de 30 années accumulée par l'auteur dans l'enseignement du massage bien-être.

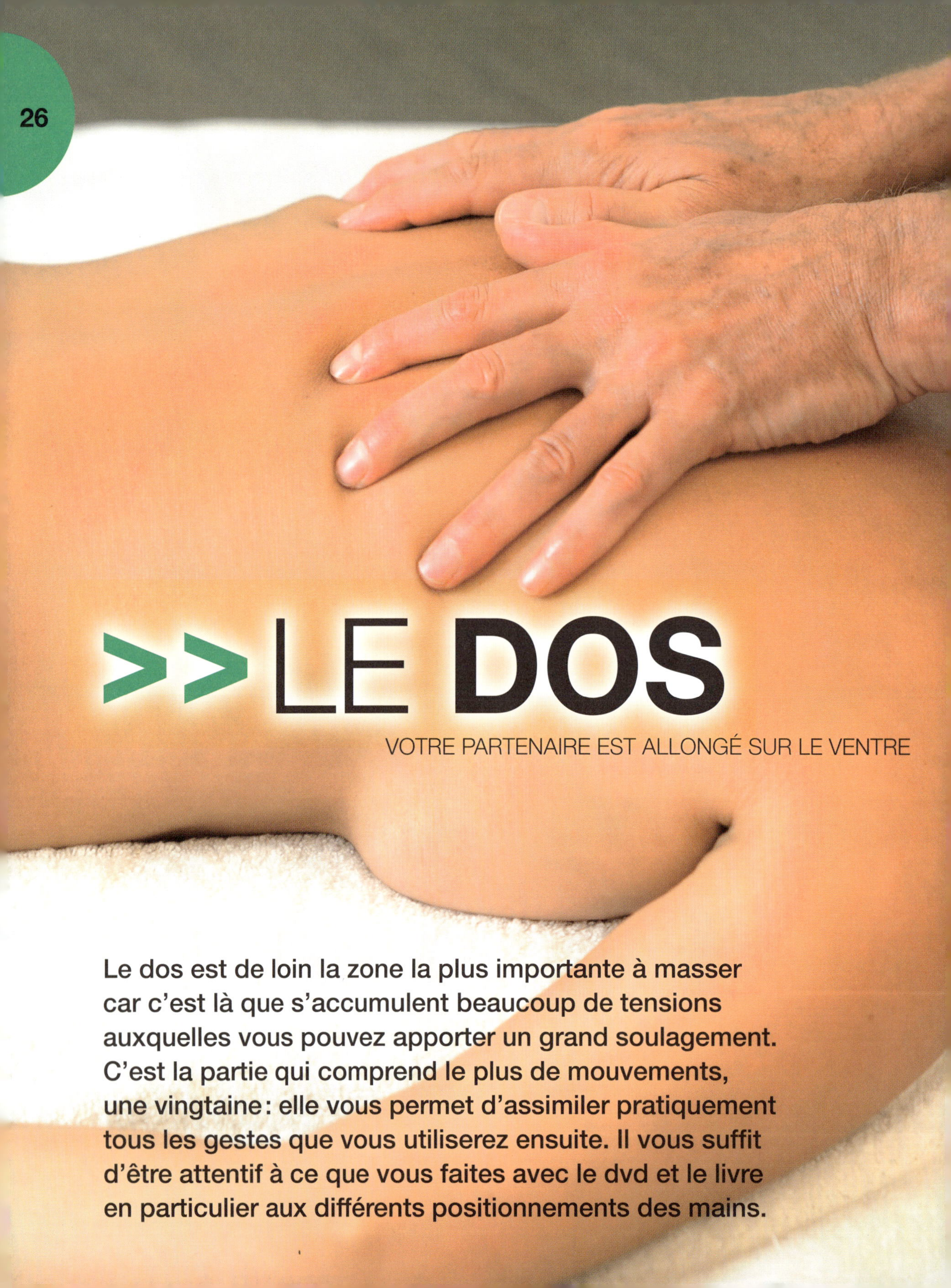

>> LE DOS

VOTRE PARTENAIRE EST ALLONGÉ SUR LE VENTRE

Le dos est de loin la zone la plus importante à masser car c'est là que s'accumulent beaucoup de tensions auxquelles vous pouvez apporter un grand soulagement. C'est la partie qui comprend le plus de mouvements, une vingtaine : elle vous permet d'assimiler pratiquement tous les gestes que vous utiliserez ensuite. Il vous suffit d'être attentif à ce que vous faites avec le dvd et le livre en particulier aux différents positionnements des mains.

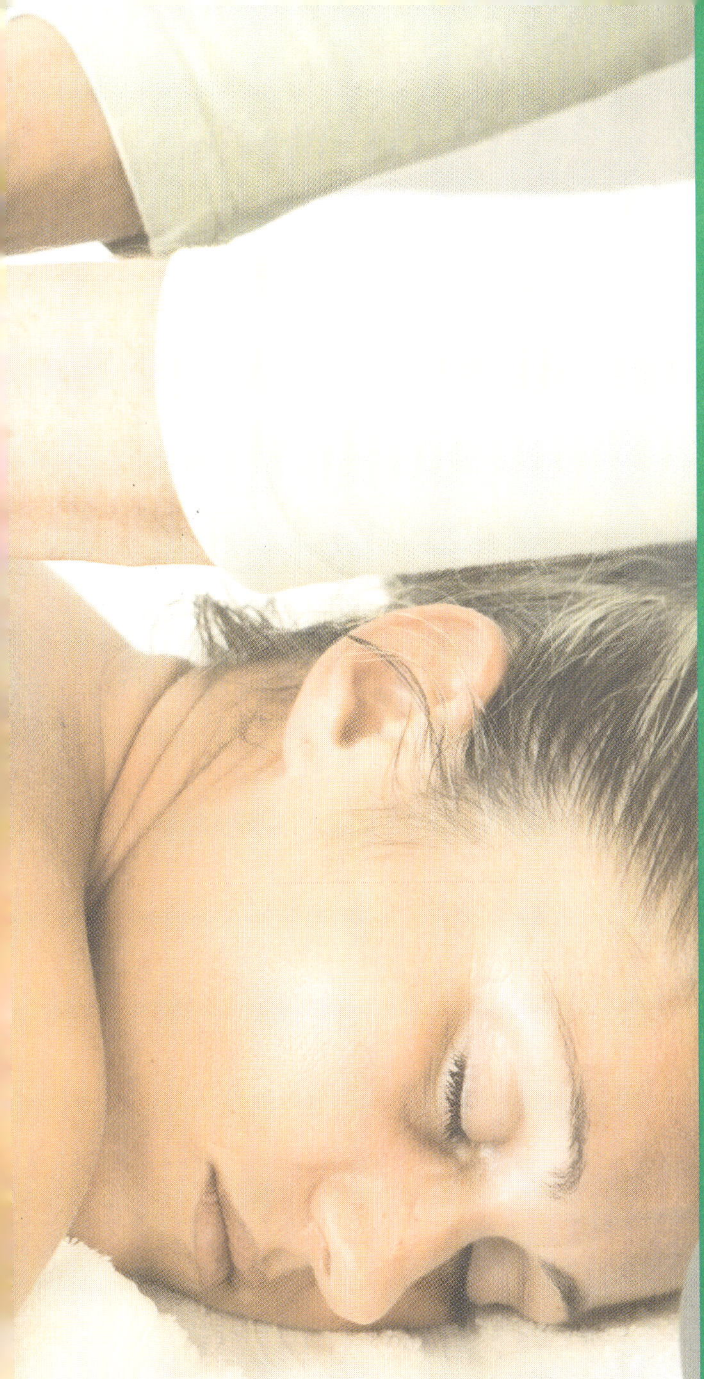

LE DOS

CETTE PARTIE COMPORTE…

20 mouvements

- 7 grands mouvements de détente et de liaison avec les bras et le cou
- 5 mouvements plus spécifiquement pour la colonne vertébrale
- 4 mouvements plutôt pour les épaules
- 4 mouvements pour le bas du dos et pour terminer

3 parties

- les mouvements descendants
- les mouvements latéraux
- les mouvements remontants et le pétrissage

3 positions pour masser

- à la tête de votre partenaire
- sur le côté du dos
- de bas en haut

VOUS APPRENEZ :

- à utiliser de l'huile de massage
- à accomplir les mouvements de base
- à bien déplacer le poids de votre corps en massant
- à réaliser un massage de détente du dos
- à relâcher les tensions de la colonne vertébrale

Lors d'un enchaînement…

>> C'est souvent le bon moyen de commencer une séance, en poursuivant avec l'arrière des jambes pour finir par un grand massage de tout l'arrière du corps.

>> Après avoir commencé par le dos, vous pouvez aussi poursuivre par le cou et la tête puis le buste et les bras pour enfin finir par un massage de tout le haut du corps.

Le massage bien-être du dos

S'entraîner progressivement

Avec le massage du dos, vous découvrez les mouvements de base du massage tout en faisant beaucoup de bien à votre partenaire. Vous apprenez aussi des manœuvres plus précises pour la colonne vertébrale. En percevant sous vos mains des zones de tension et des points sensibles vous vous rendez compte de l'importance de doser votre pression.

Vous massez le dos successivement dans 3 positions :

1. En vous plaçant à la tête de votre partenaire pour effectuer des mouvements descendants depuis la tête et les épaules vers le bas du dos ;
2. Sur le côté pour masser latéralement le dos ainsi que pour masser chaque côté en reliant l'épaule au bras ;
3. En vous plaçant sur le côté à la hauteur du bassin pour de grands mouvements remontants du bas du dos vers les épaules.

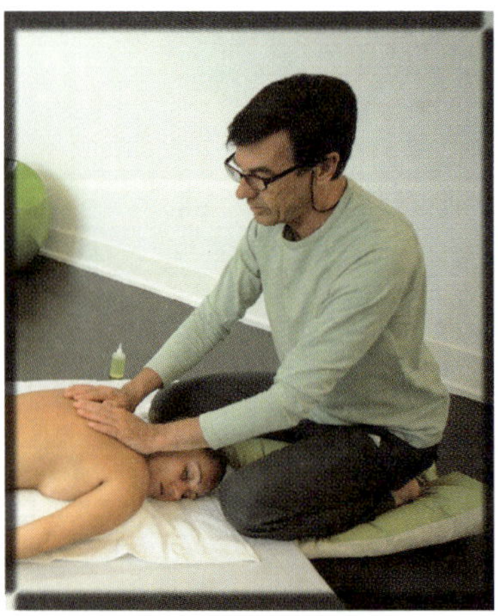

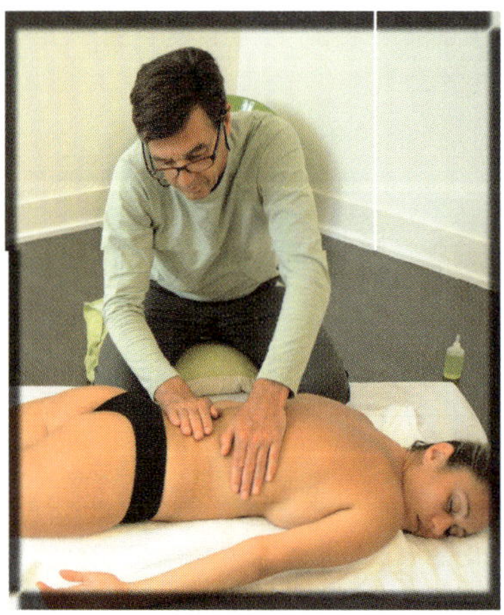

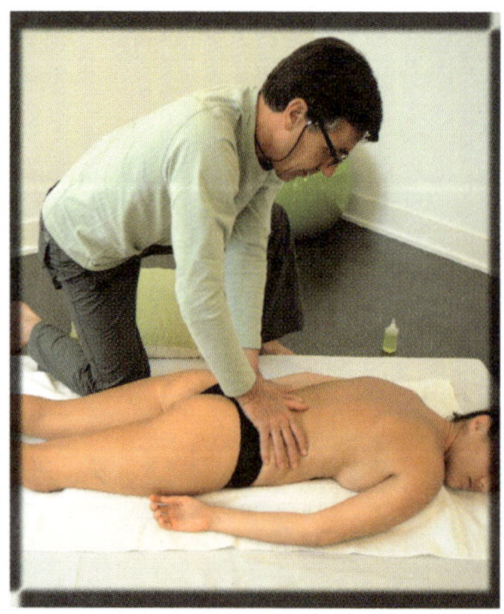

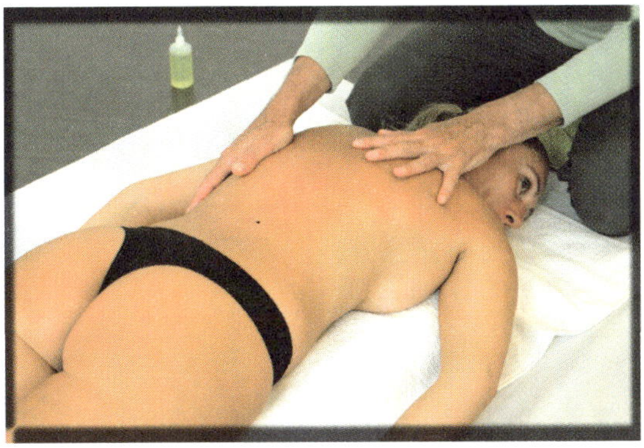

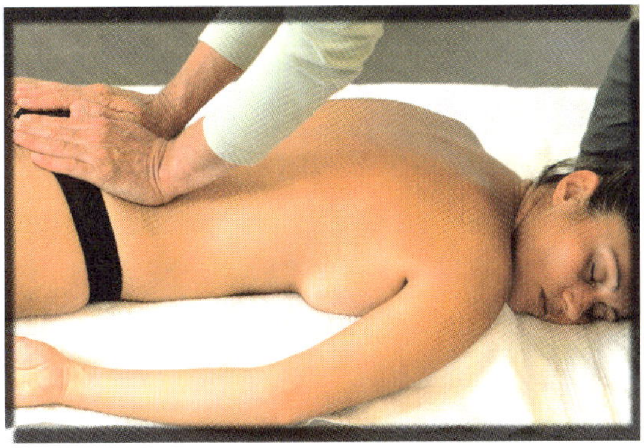

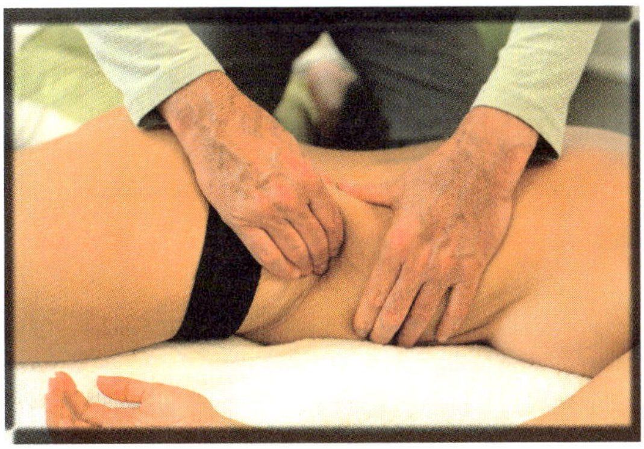

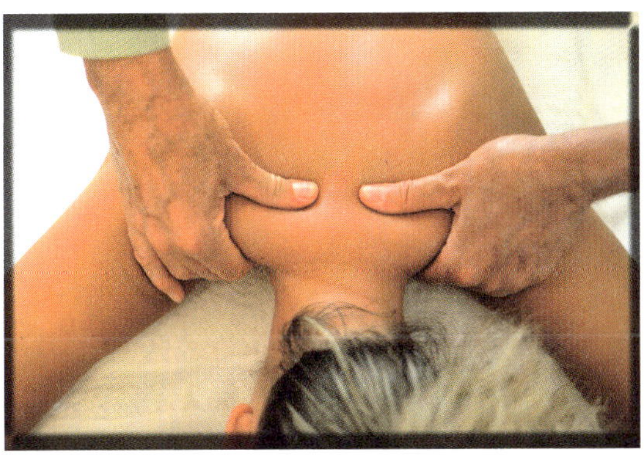

Vous changez plusieurs fois de position et vous devez trouver le moyen de le faire harmonieusement sans brusquerie et si possible sans interrompre le contact physique.

Lorsque vous allez exercer de la pression en particulier sur le haut du dos, soyez attentif à le faire lorsque votre partenaire expire pour favoriser son relâchement.

Le massage du dos comporte essentiellement de grands mouvements qui servent aussi à faire le lien avec les parties du corps voisines. Ensuite, des manœuvres bien précises aident à détendre plus en profondeur la musculature paravertébrale et à soulager les douleurs. L'action sur les tensions du haut du dos et du tour des omoplates permet de mieux ouvrir le thorax et aide la respiration.

À la fin du massage, votre partenaire change la position de sa tête afin que vous lui massiez les épaules et le cou.

>> Conseils **d'installation**

1 Votre partenaire met la tête sur le côté qui lui donne le maximum de confort. **Placez si nécessaire un coussin sous le haut de son thorax si votre partenaire est sensible du cou.** Cela diminue la cambrure du cou et facilite sa rotation.
Ne placez jamais un coussin ou un oreiller sous la tête qui aurait l'effet inverse même s'il peut donner dans un premier temps une sensation de confort.

2 **Votre partenaire allonge bien les jambes et écarte les pieds** pour être confortable, les bras restent le long du corps. Placez un coussin sous chaque cheville si les cous-de-pied ne touchent pas le matelas. Quand c'est le cas, la cheville ne peut se détendre et la tension se répercute dans le bas du dos.

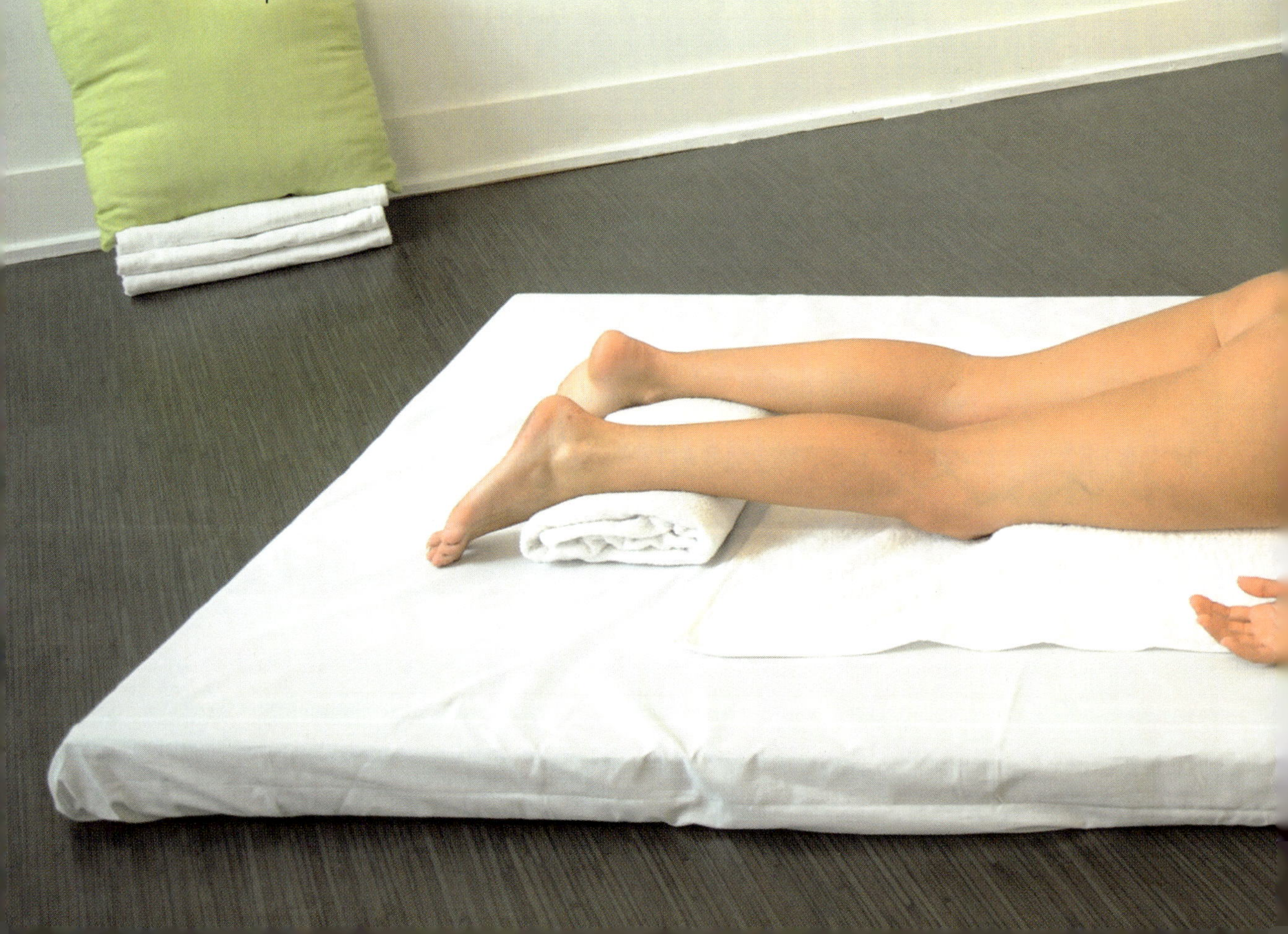

3 Votre partenaire bouge son bassin d'un côté de l'autre pour sentir si le bas de son dos est bien installé. Placez un coussin ou même plusieurs sous son abdomen pour surélever le bas du dos si celui-ci est sensible ou si votre partenaire y souffre fréquemment de douleurs. **Les coussins doivent décambrer le dos**, ce qui n'est pas le cas si vous les placez trop bas sous le bassin ou trop haut.

Finalement, c'est votre partenaire qui vous dit s'il est confortablement installé.

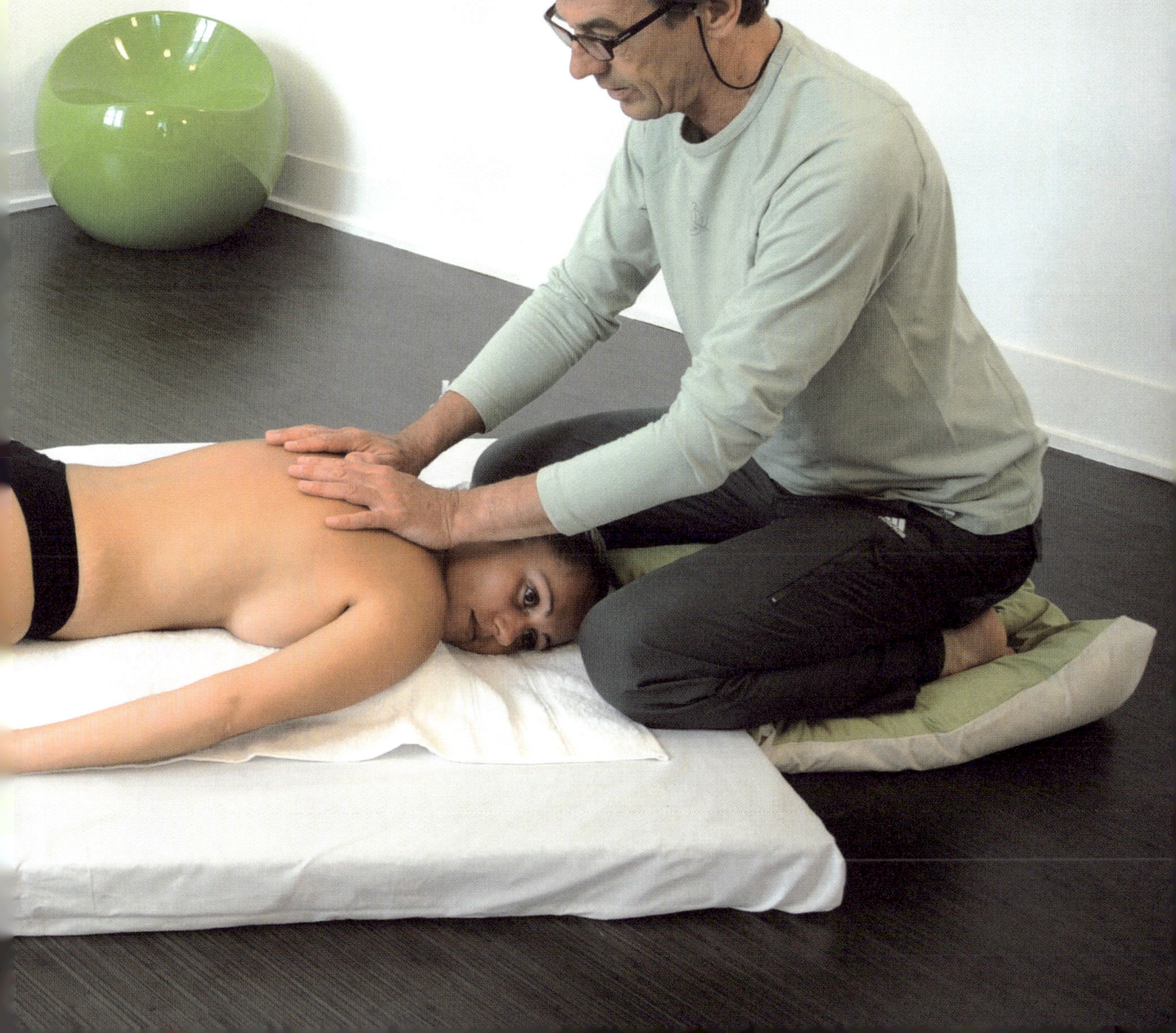

>> **Précautions** à prendre

- **Évitez surtout d'appuyer directement sur la colonne vertébrale dans l'axe du dos :** dans les grands mouvements, comme dans les manœuvres spécifiques, vos mains, vos doigts ou vos pouces doivent glisser de chaque côté de la colonne et vous sentez la crête proéminente des vertèbres entre vos doigts. Ils peuvent se rejoindre pour exercer une pression sur le sacrum.

- **Si votre partenaire souffre de douleurs vives du dos**, limitez-vous aux mouvements descendants et répétez-les un grand nombre de fois (20 à 30 fois) en évitant toute pression douloureuse. Seuls les mouvements remontants et/ou trop appuyés peuvent augmenter la douleur et abîmer le corps. Ne vous improvisez pas professionnel, le massage que nous vous proposons n'a pas de visée thérapeutique et **il ne peut se substituer à un avis et à traitement médical.**

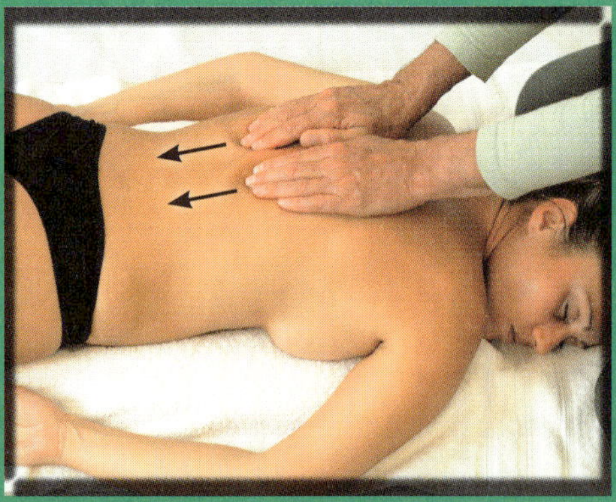

- **Ne commencez pas les mouvements descendants trop près du cou qui est en torsion.** Les mouvements démontrés en fin de massage avec la tête dans l'axe sur les bras repliés servent à compenser cet inconvénient de la posture ventrale.

- **D'une manière générale, dosez toujours votre pression en fonction de la sensibilité de votre partenaire.** Il ne sert jamais à rien de réveiller ou d'intensifier une douleur en appuyant fortement. Si un endroit est douloureux, massez-le plus lentement et plus longuement, jamais plus fort.

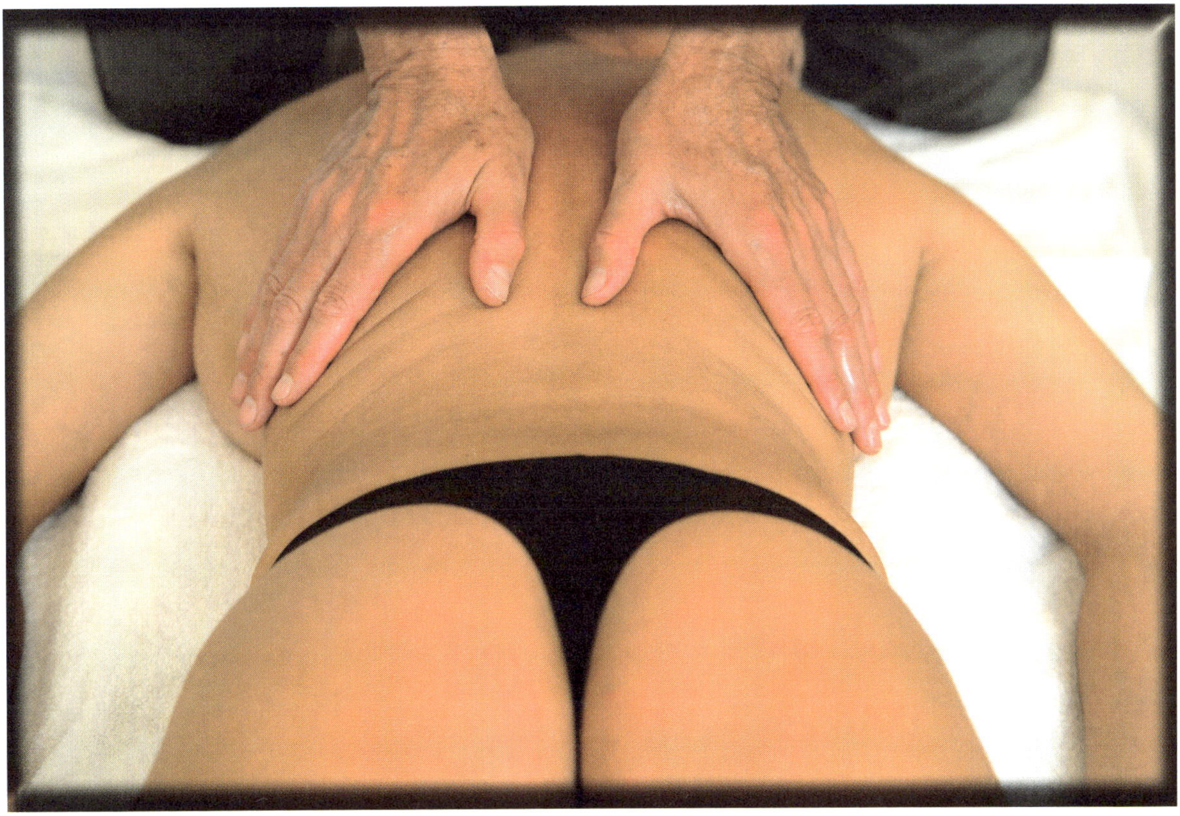

Instructions à suivre dès le début du massage

Exercez votre pression en déplaçant le poids de votre corps vers l'avant dans le mouvement. Vos mains sont en contact et donnent le massage mais c'est votre corps qui apporte la pression. En revanche, dans les mouvements de retour, ramenez les mains sans pression.

Synchronisez votre pression avec la respiration en pressant sur l'expiration de votre partenaire. La surface du dos est « plane » à la différence des membres par exemple : il est d'autant plus important de bien étaler vos mains dans les grands mouvements de détente.

1/1

>> **Prendre contact** – Étendre l'huile

Se centrer

Notre conseil

Soignez le contact : il vous sert à vous recentrer et à donner confiance à votre partenaire. Ne vous précipitez pas. Commencez ensuite toujours à étendre l'huile et à masser sans exercer de pression, juste en enveloppant le corps.

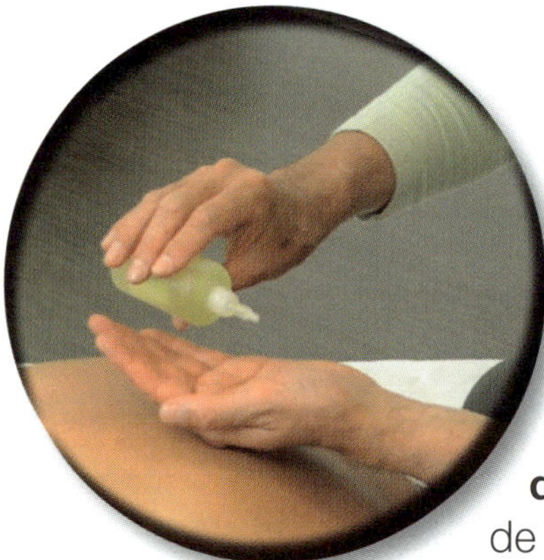

1a Vous vous êtes installé à la tête de votre partenaire dans une position confortable. **Versez un peu d'huile de massage** au creux de votre paume et enduisez soigneusement d'huile toutes vos mains sans oublier les poignets.

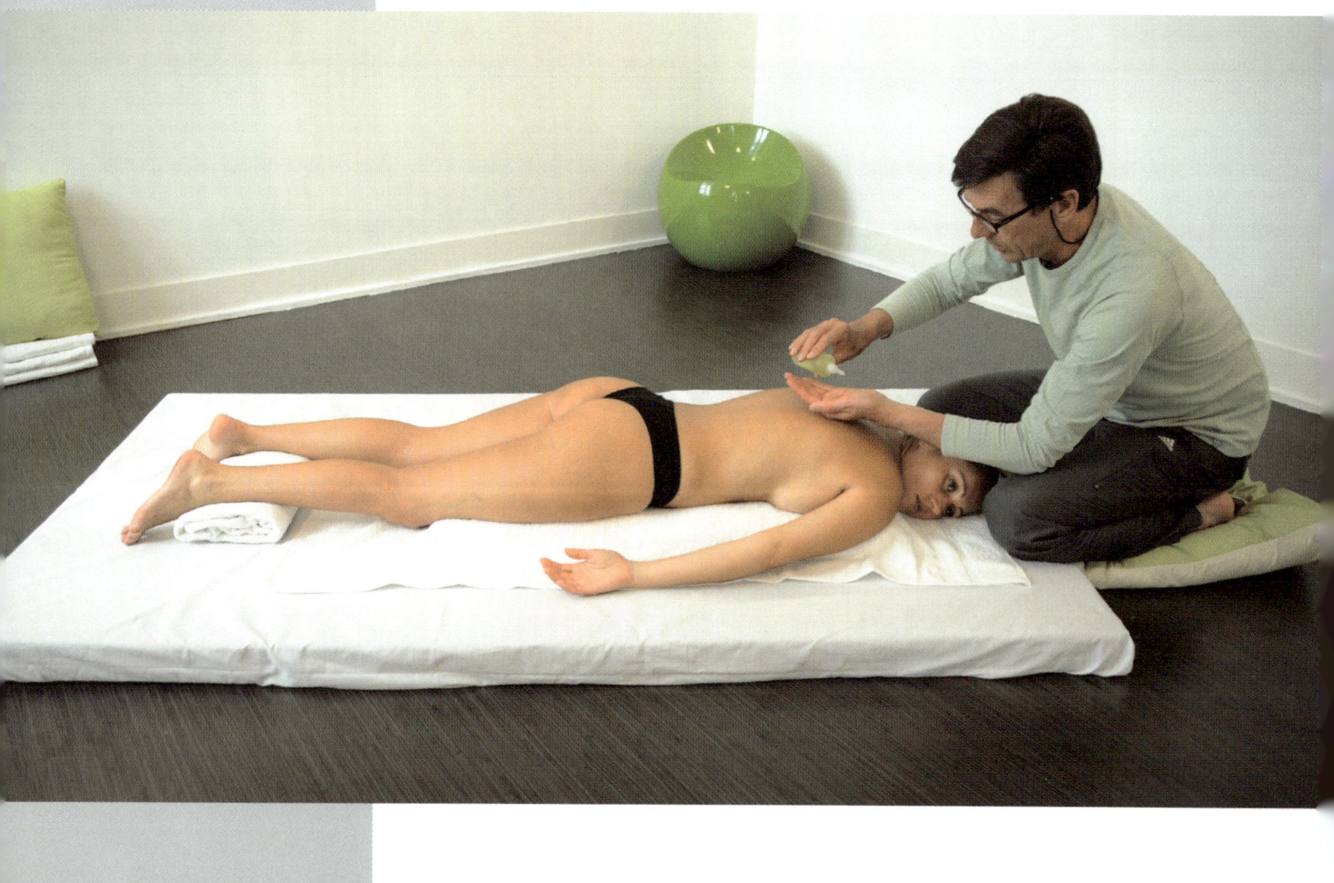

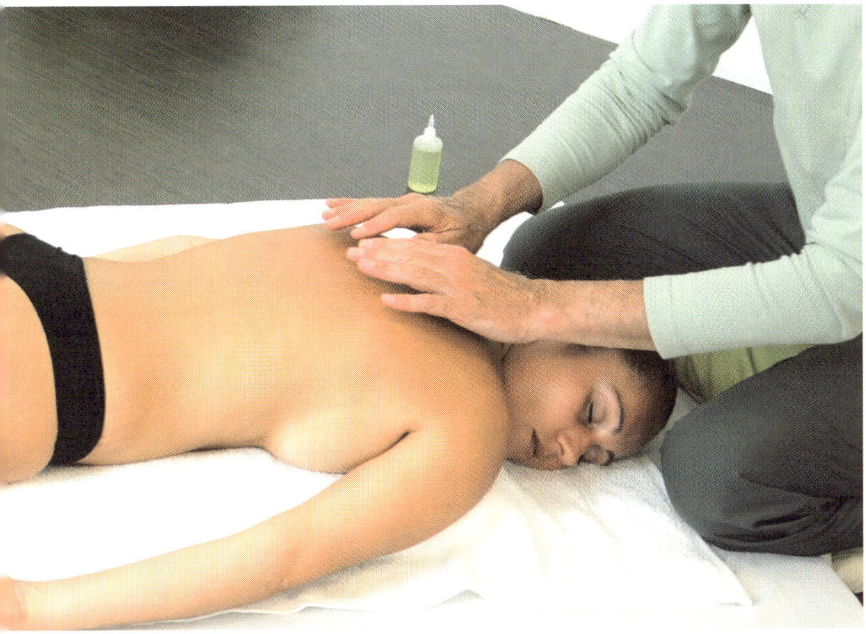

1b Approchez les mains lentement du corps **pour les « déposer » sur le haut du dos et « prenez contact ».** Restez un moment dans un contact immobile. Vous retrouvez ce contact immobile au début de chaque massage, de chaque partie du corps. Sentez le mouvement de la respiration, l'alternance de l'inspiration quand les poumons se gonflent et de l'expiration quand ils se vident.

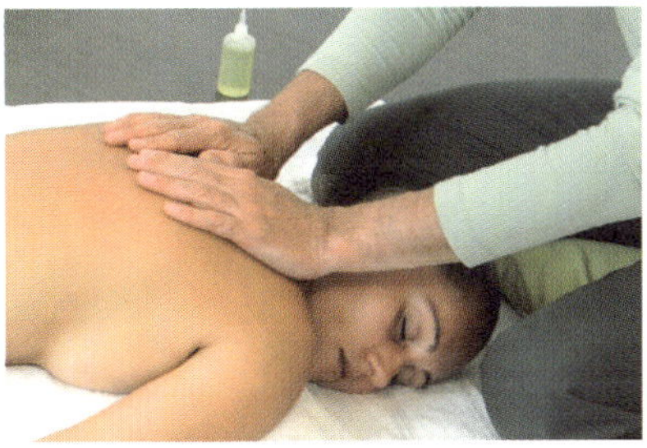

Inspir

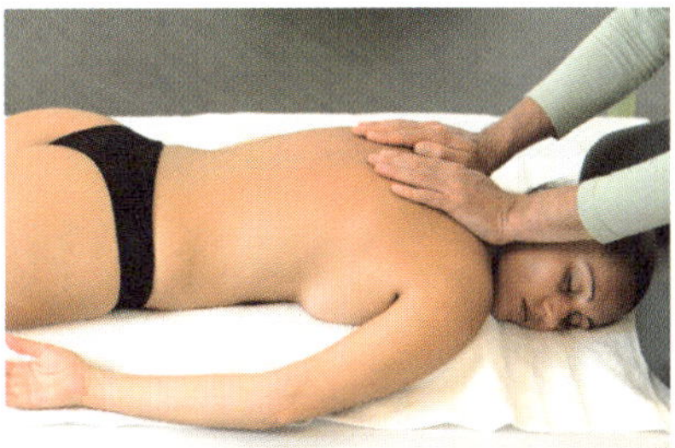

Expir

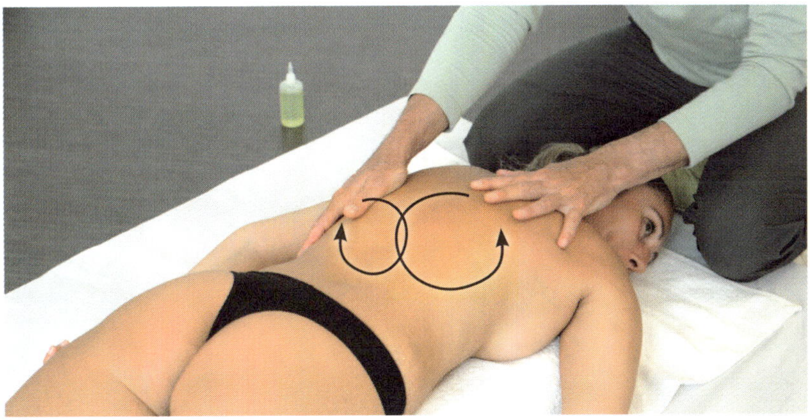

1c Étendez l'huile sur toute la surface du dos avec des mouvements circulaires sans pression.
N'oubliez pas les flancs, le dessus des épaules, le haut des fessiers.

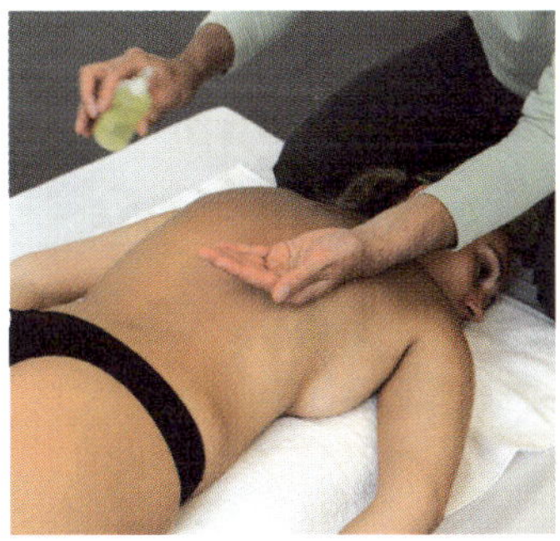

Lorsque vous reprenez de l'huile, gardez le contact avec l'autre main dans laquelle vous allez verser l'huile.

1/2

>> **Détendre** les deux côtés du dos

Mains perpendiculaires

Répétez au moins trois fois mais vous pouvez le pratiquer sans problème une dizaine de fois.

N'hésitez jamais à reprendre un mouvement qui fait du bien en vérifiant avec votre partenaire si c'est bien le cas.

Notre conseil

Ne pressez jamais sur la crête des vertèbres que vous pouvez sentir dans l'axe du dos : laissez donc un écart entre vos mains. Commencez avec une pression légère que vous pourrez accentuer avec chaque passage. Avancez-vous au-dessus du corps de votre partenaire pour exercer la pression avec votre poids.

2a **C'est le mouvement de base pour détendre la musculature du dos.** À partir du premier contact sur le haut du dos, glisser avec les deux mains à plat de chaque côté de la colonne vertébrale vers le bas du dos, les doigts vers les flancs. Vos mains sont perpendiculaires à la colonne vertébrale.

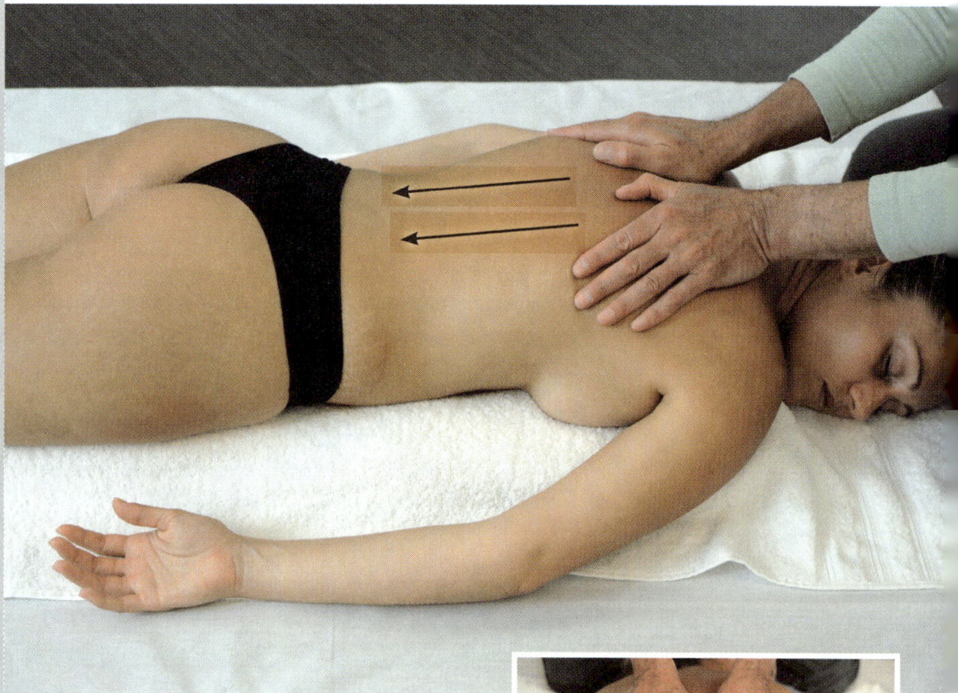

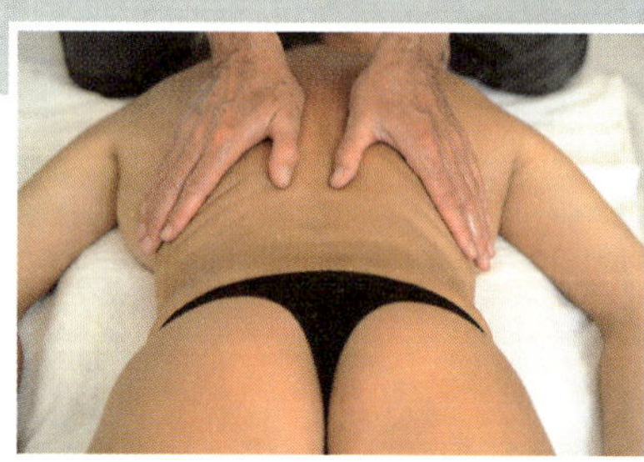

2b Dépassez le creux du bas du dos, allez jusqu'au sacrum, l'os à la base de la colonne vertébrale, et pivotez avec vos mains vers les côtés. Écartez-les ensuite vers les flancs sur le haut des fessiers.

Épousez bien la forme du corps, ne décollez pas les mains.

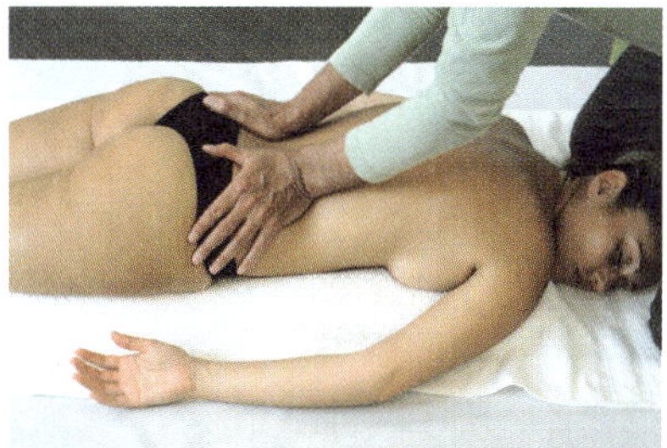

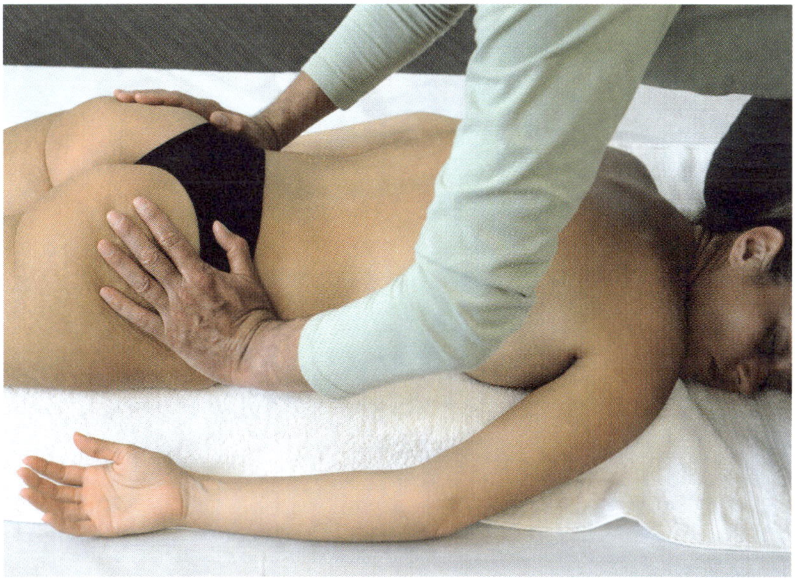

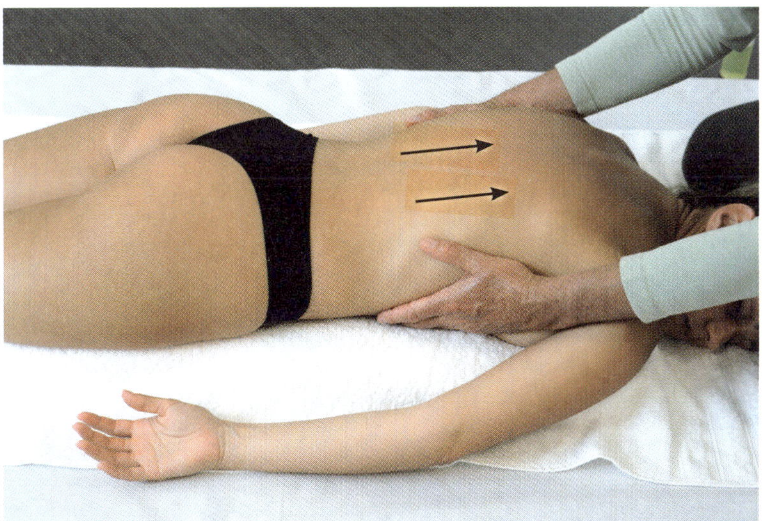

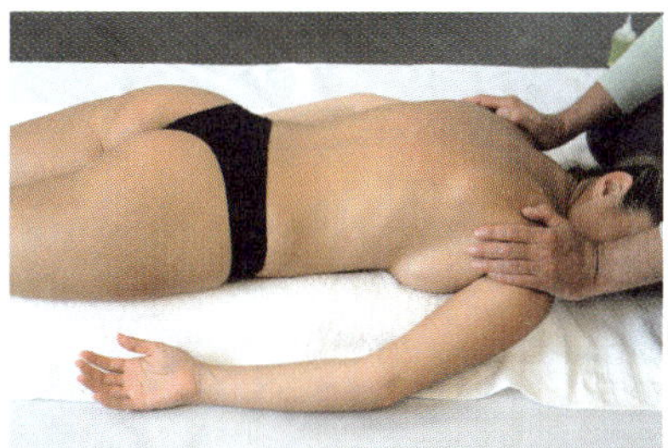

2c **Remontez** par les flancs en glissant sans pression avec un léger étirement jusqu'aux aisselles.

Continuez en passant ensuite sur les épaules avant de **ramener les mains sur le haut du dos** dans la position de départ.

1/3

>> **Détendre** les deux côtés du dos

Mains parallèles

Répétez au moins trois fois avec la possibilité d'enchaîner avec le mouvement précédent et le suivant.

3a **Reprenez le même mouvement** mais avec les mains parallèles de chaque côté de la colonne vertébrale, les doigts vers le bas. Vous partez du haut du dos, pas trop près de la base du cou et vous descendez en glissant jusqu'en haut des fessiers. **Étalez bien vos mains** en épousant le relief du haut du dos puis celui du creux des reins.

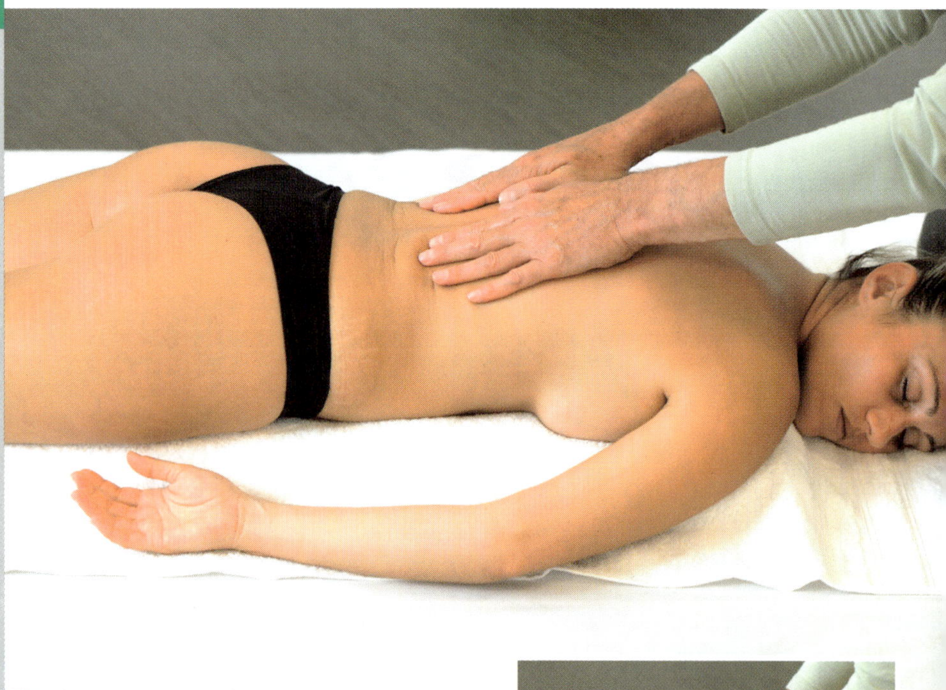

Notre conseil

Soyez attentif à doser votre pression : allégez vos mains et ralentissez votre mouvement sur les endroits douloureux. Ne court-circuitez pas la fin du mouvement en le poursuivant bien jusqu'au sacrum au sommet du pli fessier. Pousser le sacrum vers les pieds sert à allonger et à décambrer le bas du dos.

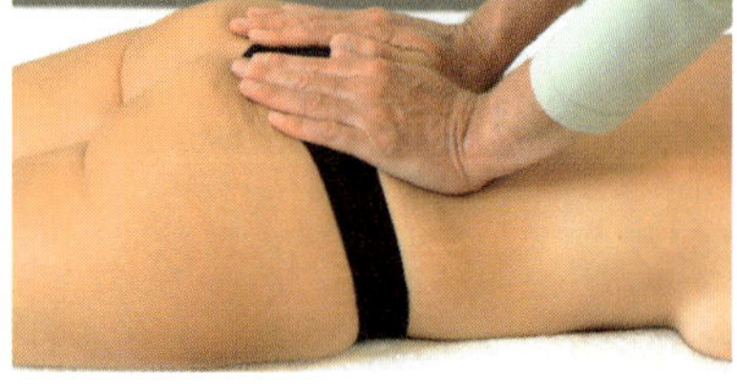

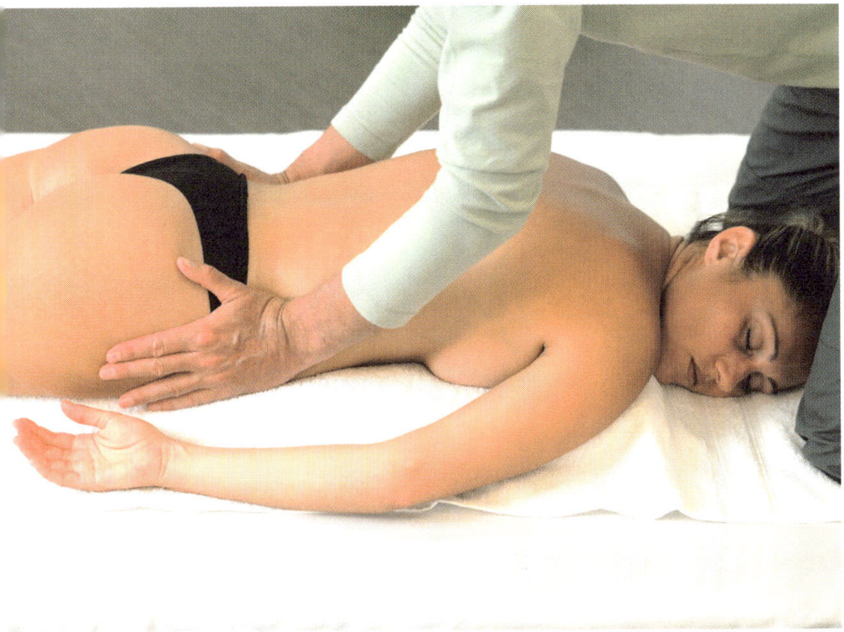

3b Poussez le sacrum vers les pieds puis écartez vos mains à partir de là vers les flancs le long des os du bassin. Ne relâchez pas la pression mais attention le haut des fessiers peut être douloureux. **Descendez bien sur les flancs avant de remonter sur les côtés** du corps sans pression et d'étirer les aisselles comme dans le mouvement précédent.

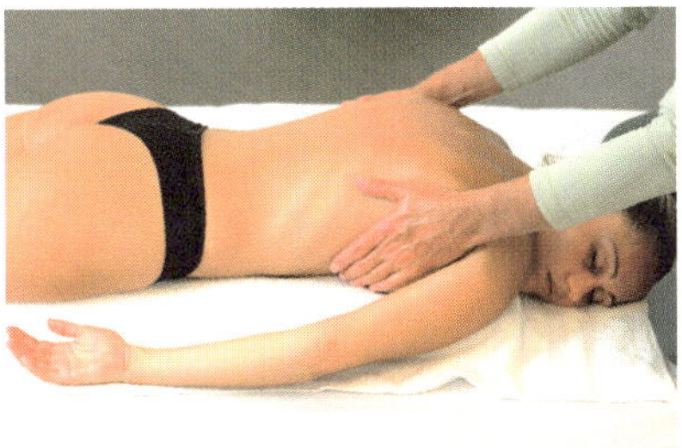

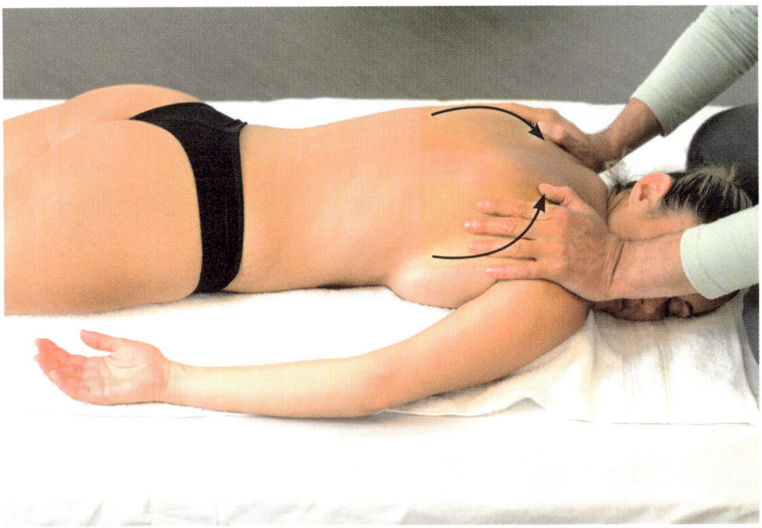

3c Continuez à glisser sur les épaules pour **ramener les mains dans la position de départ**. Lorsque vous passez sur la pointe des épaules, repoussez-les vers les pieds en les écartant. Ce geste servira de transition avec le mouvement suivant.

1/4

>> **Mettre en place** les épaules

Une main de chaque côté

Répétez au moins trois fois toujours avec la possibilité d'enchaîner les mouvements 1/2 à 1/6.

4a En repartant de la base du cou, **écartez les mains vers les épaules en les repoussant à la fois vers les pieds et vers l'extérieur** comme pour ouvrir cette zone. Vous mettez ainsi en place les épaules principalement avec le talon des mains qui vous permet d'exercer votre pression.

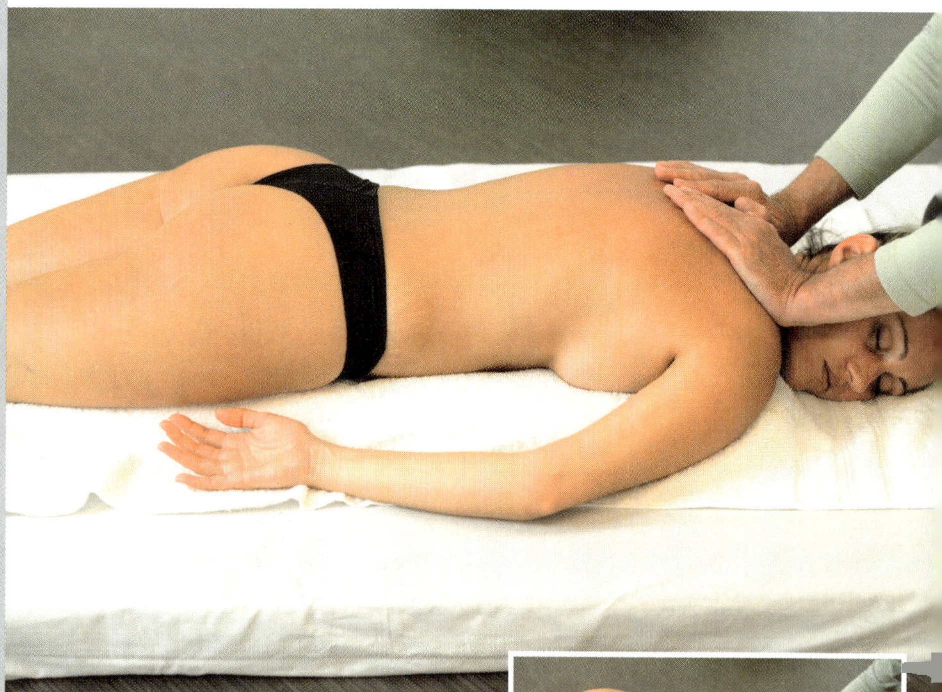

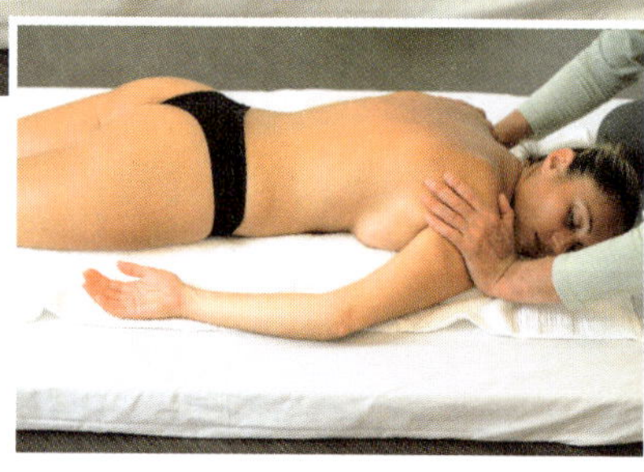

Notre conseil

Exercez la pression avec le poids de votre corps et en écartant les coudes pour ouvrir et repousser les épaules. Pour descendre le long des bras, assurez-vous de vos appuis pour ne pas perdre l'équilibre. Si les bras sont « trop longs » pour votre gabarit, descendez d'abord sur un bras – l'autre main reste sur l'épaule – puis sur l'autre et ainsi de suite alternativement.

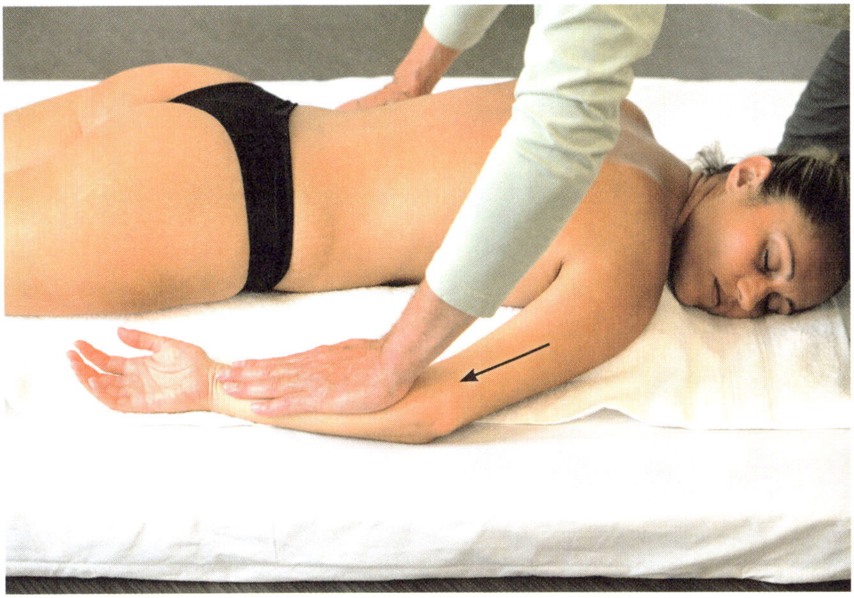

4b En diminuant votre pression poursuivez le mouvement de vos mains sur les bras, une main sur chaque bras, en avançant votre corps pour garder votre équilibre. **Refermez bien votre main et vos doigts autour du bras** pour épouser sa forme. Continuez jusque dans la paume de la main que vous pouvez masser dans un mouvement de va-et-vient en vous glissant en même temps entre les doigts.

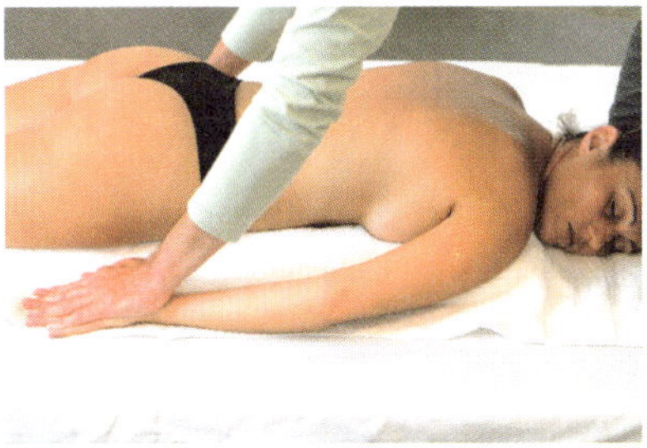

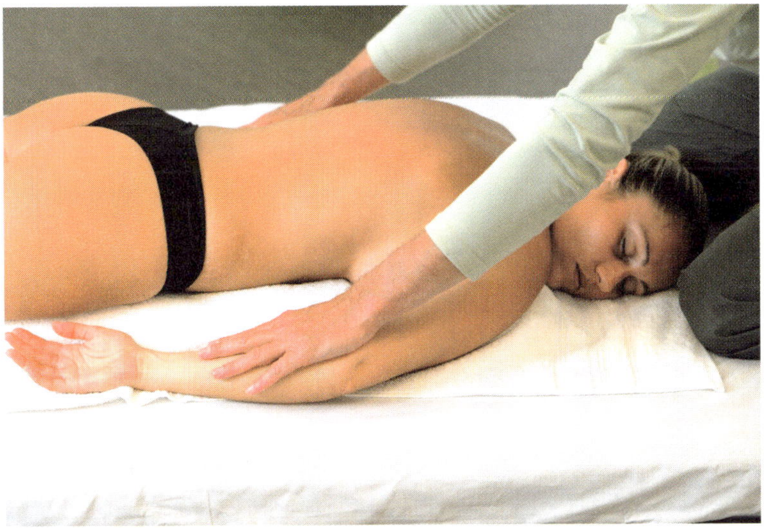

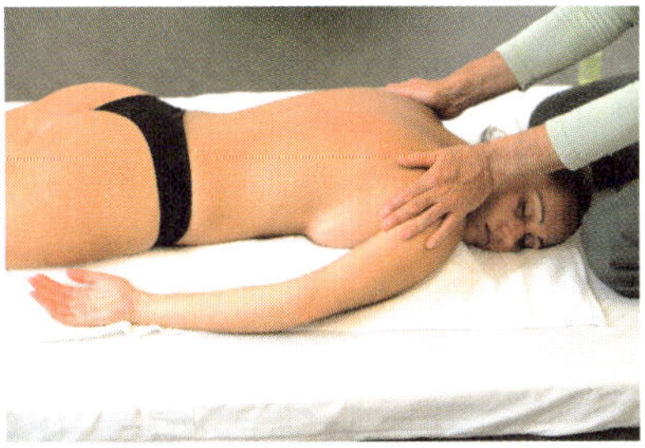

4c Remontez, toujours une main sur chaque bras, en glissant sans pression jusqu'aux épaules puis continuez le mouvement sur le dessus des épaules pour revenir à la base du cou.

1/5

>> **Relier** le dos et les bras

Par les épaules

Répétez au moins trois fois avec la possibilité d'enchaîner avec le mouvement 1/6.

5a Vous êtes toujours assis à la tête de votre partenaire. **Reprenez la totalité du grand mouvement de détente du dos** 1/2 avec les mains parallèles ou 1/3 avec les mains perpendiculaires en descendant jusqu'au sacrum puis en remontant sans pression par les flancs jusqu'aux épaules.

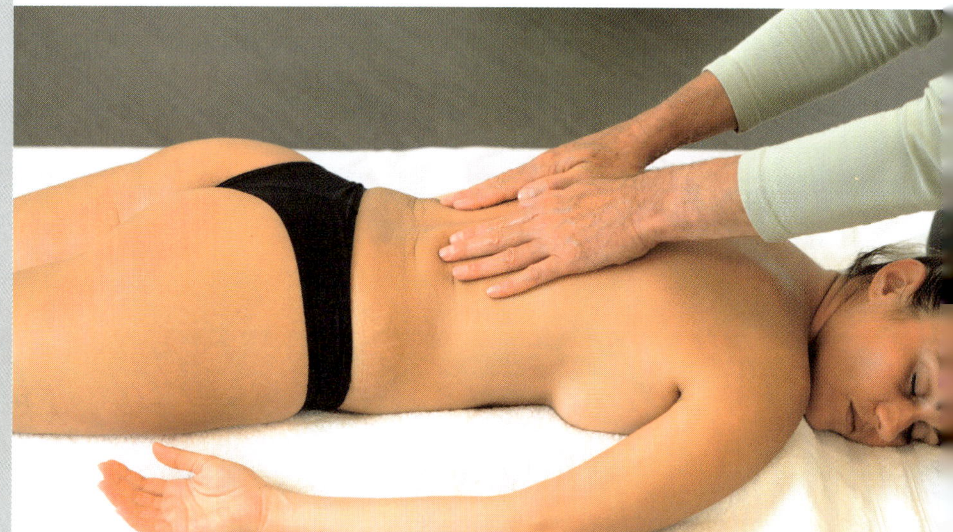

Notre conseil

Il s'agit surtout de trouver de la fluidité en bougeant votre corps pendant le mouvement et en utilisant au maximum la souplesse de vos poignets pour épouser la forme très différente des parties du corps qui se succèdent dans le mouvement. Soyez attentif à ne pas vous appuyer sur les bras de votre partenaire dans le mouvement de descente et de remontée.

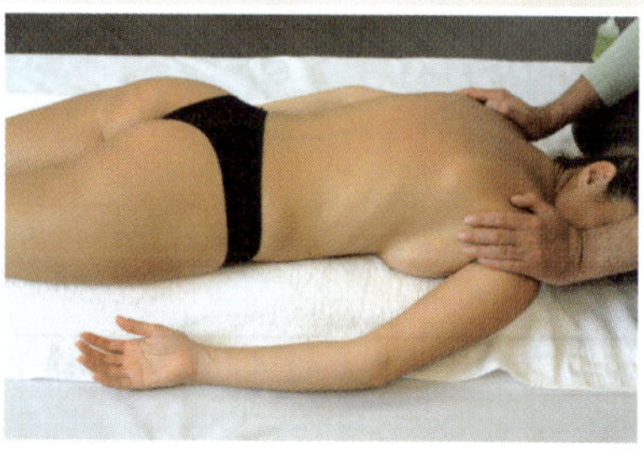

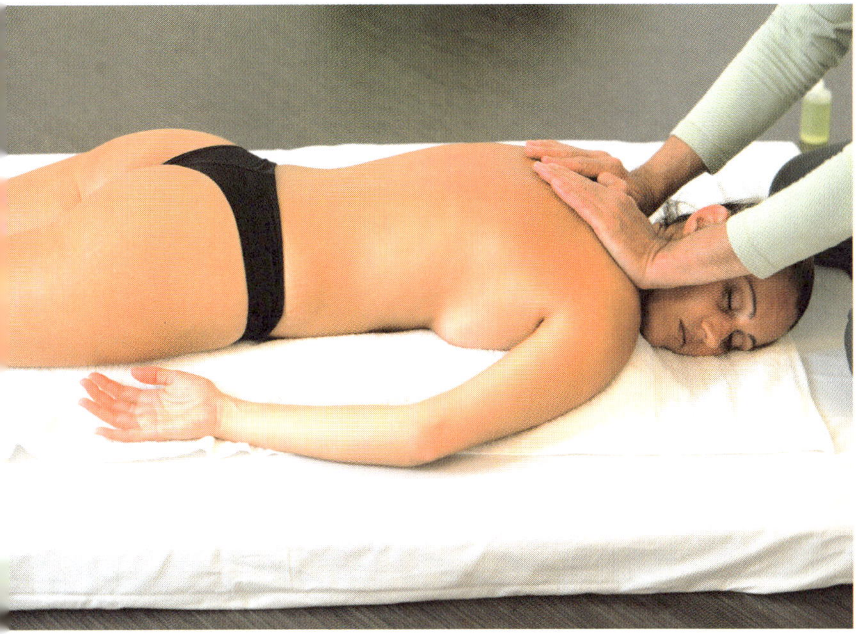

5b Ramenez les mains à la base du cou et au lieu de recommencer le mouvement **enchaînez avec le mouvement 1/4 précédent** qui écarte les épaules et descend le long de l'extérieur des bras.

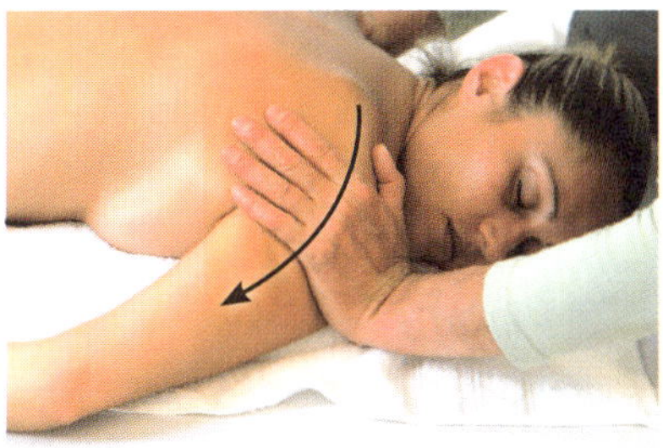

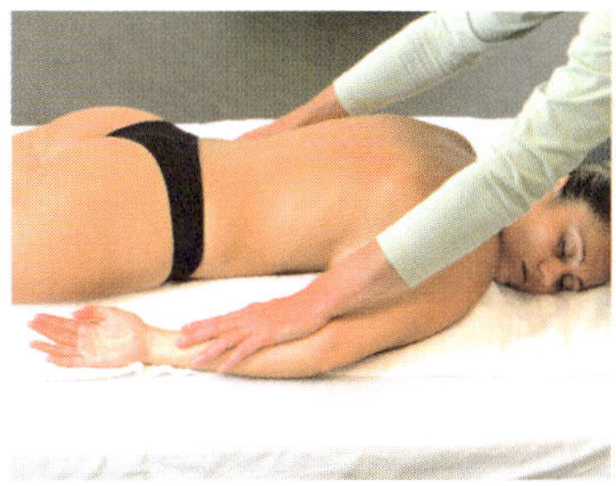

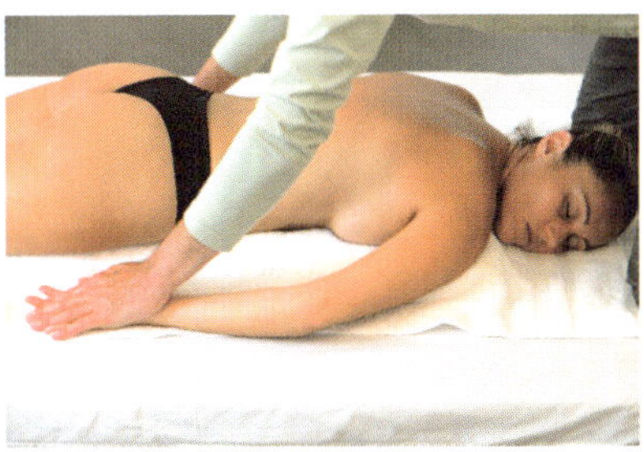

5c Après avoir massé les paumes, **remontez sans pression** en glissant jusqu'aux épaules comme dans le mouvement 1/4.

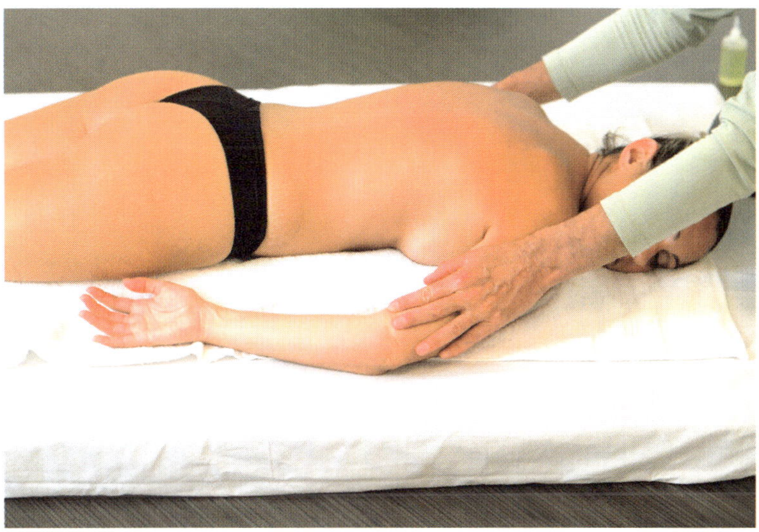

1/6

>> **Relier** le dos et le cou

Dégager vers la tête

Répétez au moins trois fois avec la possibilité d'enchaîner avec le précédent.

6a **Vous reprenez le début du mouvement 1/4 qui écarte et repousse les épaules** à partir de la base du cou : vos mains s'écartent vers l'extérieur mais vous n'allez pas poursuivre le mouvement le long des bras.

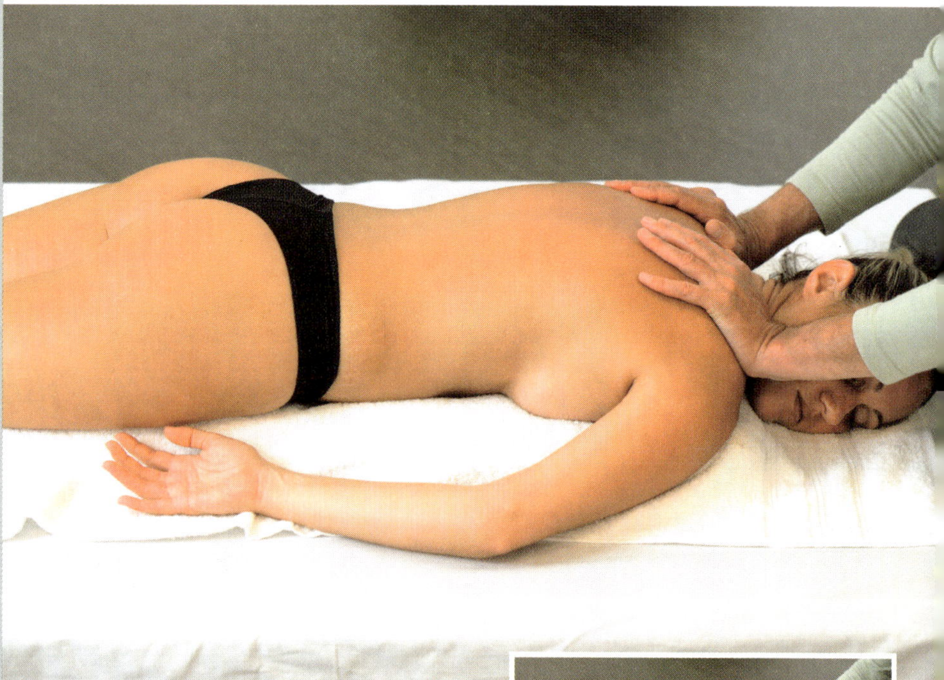

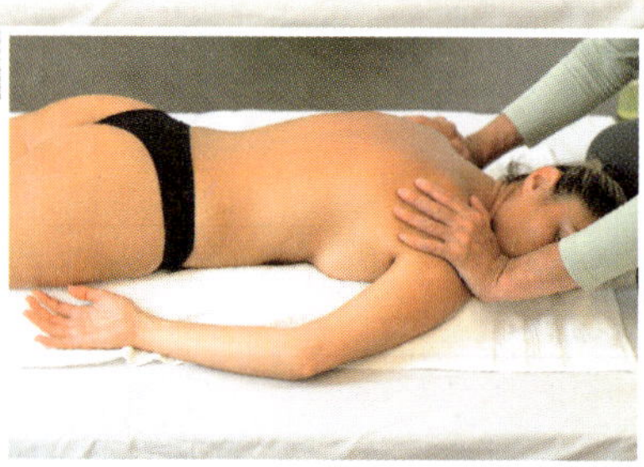

Notre conseil

Utilisez toute la souplesse de vos poignets pour pivoter aisément autour des épaules. Continuez dans le mouvement à repousser et ouvrez les épaules comme dans le 1/ 4. En passant du cou au cuir chevelu soyez attentif à ne pas tirer les cheveux, laissez le mouvement « s'effilocher ».

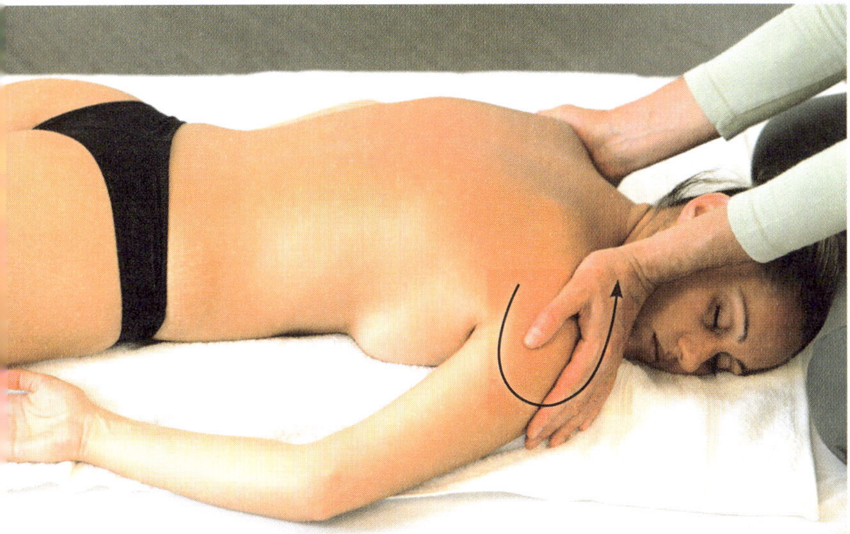

6b Au contraire **vous poursuivez en pivotant avec vos mains sur la pointe des épaules**, doigts vers l'extérieur, pour vous retrouver avec les doigts en dessous des trapèzes et pouces au-dessus. Ramenez ainsi les mains vers le cou en étant attentif à ne pas l'enserrer à aucun moment. Vous avez dans cette partie du mouvement enveloppé chaque épaule avec une main.

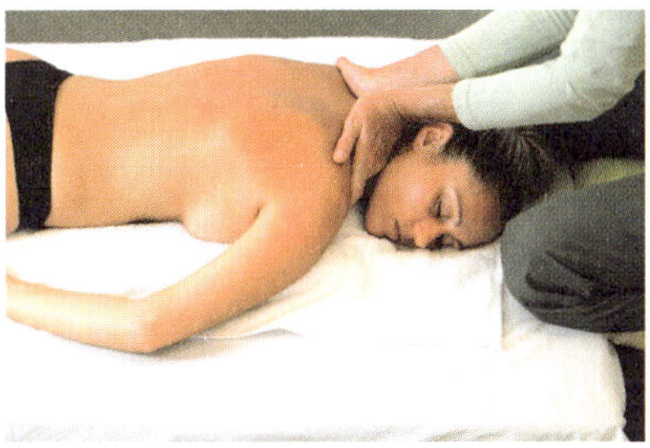

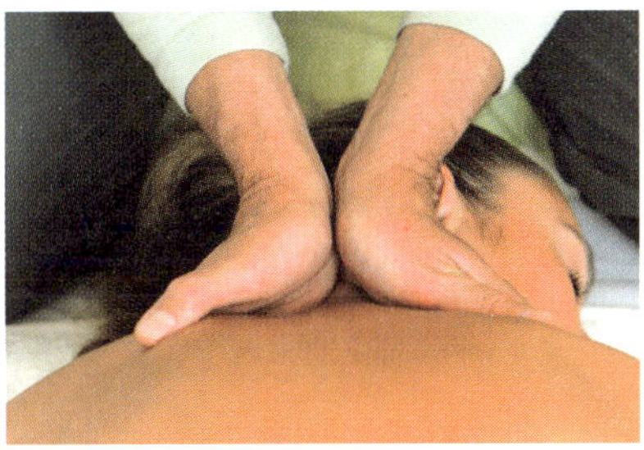

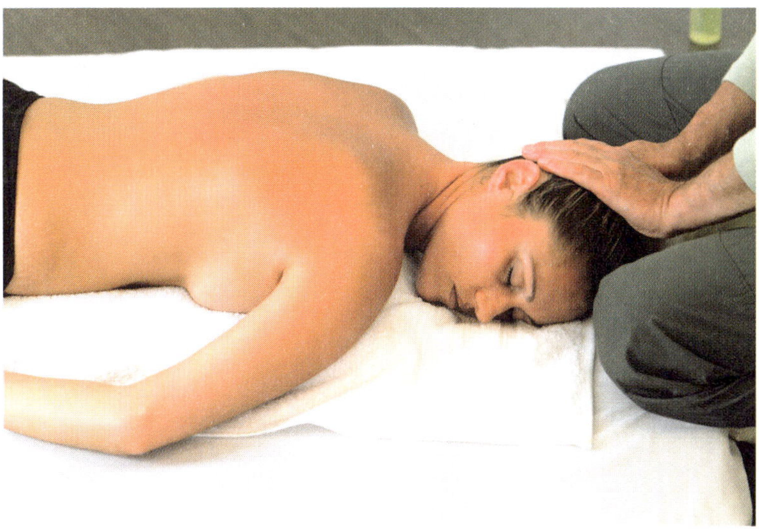

6c Vos mains se « referment » autour du cou sans créer aucune gêne pour votre partenaire. Continuez en glissant sur l'arrière du cou sans pression mais en étirant légèrement puis sur l'arrière de la tête pour terminer le mouvement dans le cuir chevelu.

1/7

>> **Détendre** le haut du dos

Les doigts entre les côtes

Répétez au moins trois fois.

7a **Vous repartez du haut du dos** en pointant le bout des doigts joints pour vous enfoncer un peu plus profondément dans les chaînes musculaires de chaque côté de la colonne vertébrale. Descendez ainsi jusqu'en bas des omoplates.

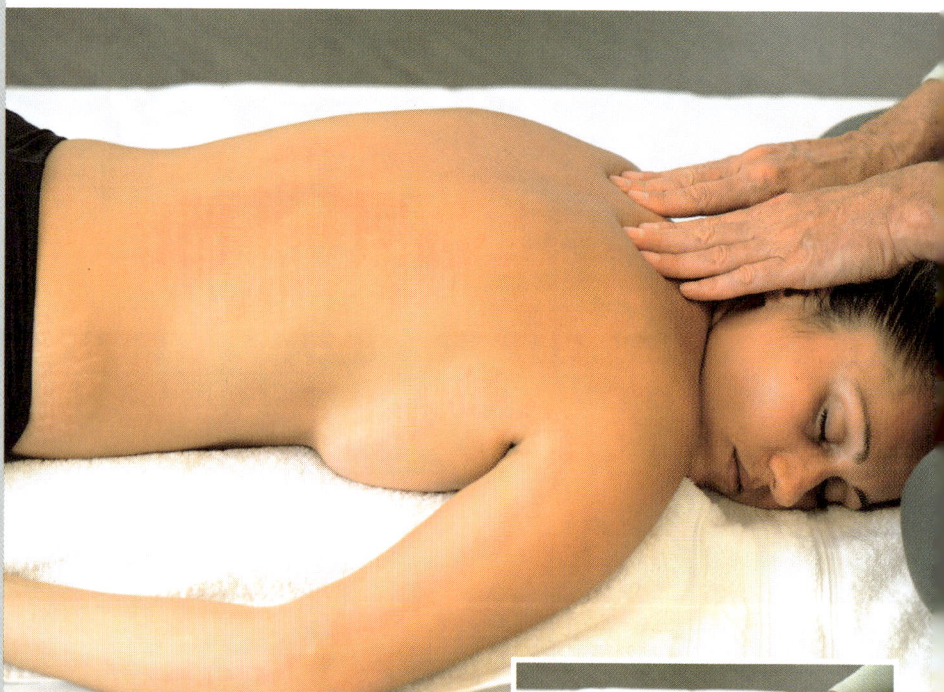

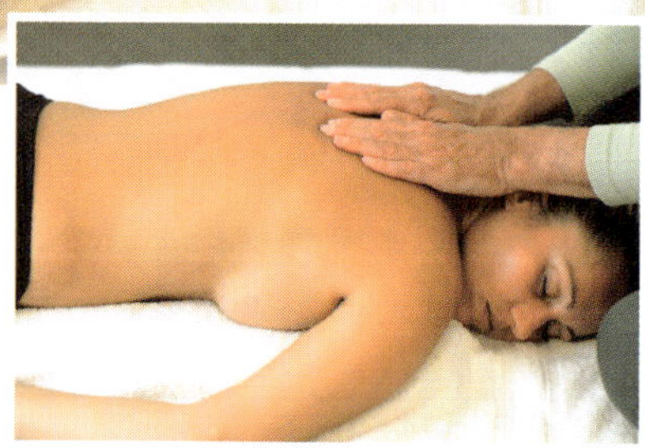

Notre conseil

Ne cherchez pas exactement les espaces intercostaux. Il suffit de pointer vos doigts et ils vont s'y glisser tous seuls. Ne soyez pas étonné d'une réaction possible de rougissement de la peau causée par le frottement du bout de vos doigts. C'est le test : avez-vous coupé vos ongles assez courts ?

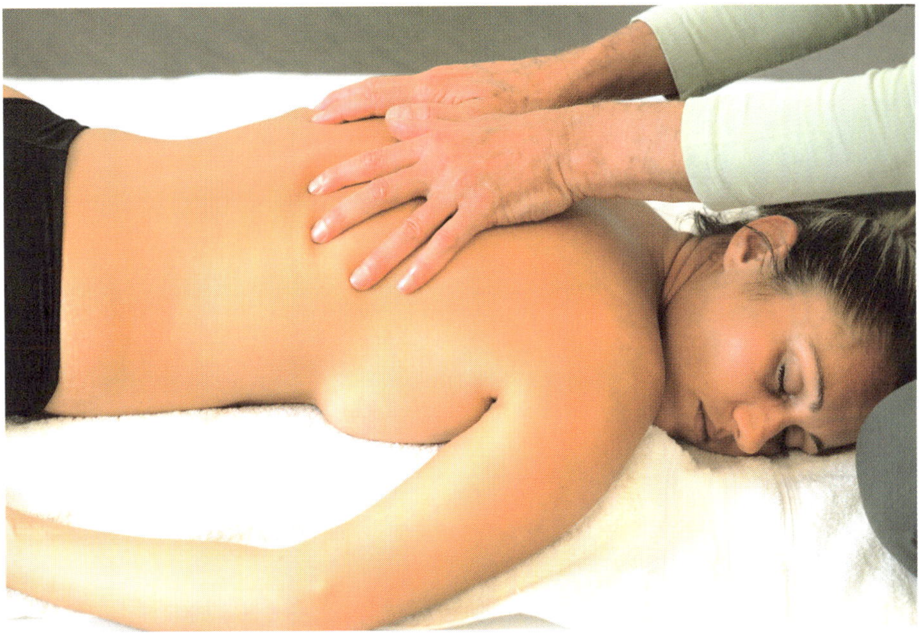

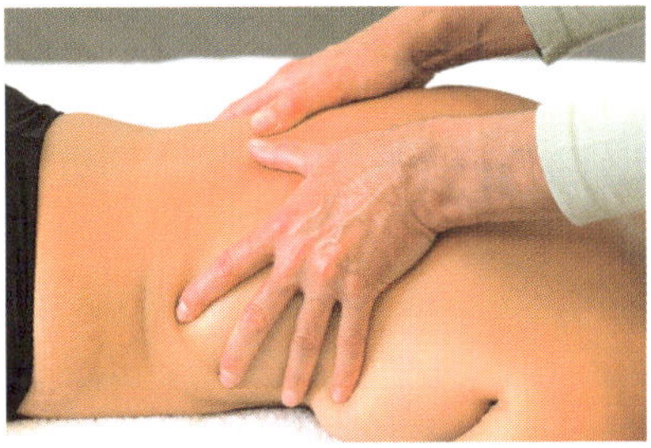

7b Vous écartez alors vos mains vers les flancs **en glissant le bout des doigts dans les espaces entre les côtes**. Observez bien la position des doigts écartés et légèrement repliés : « doigts crochus ».

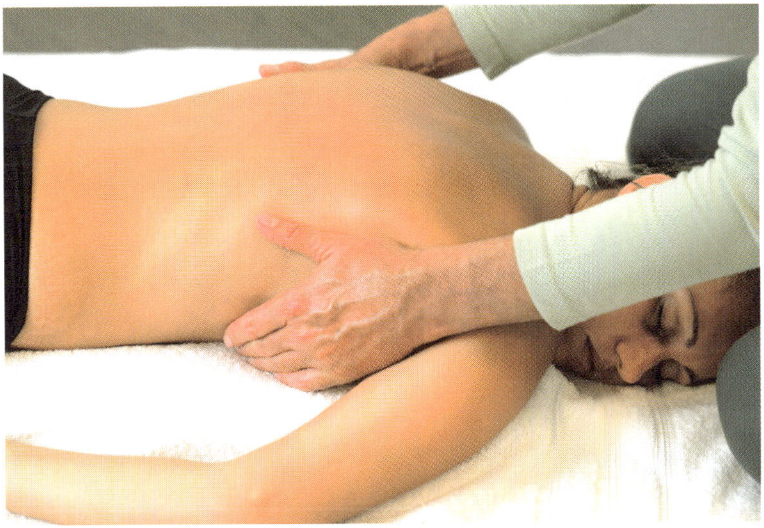

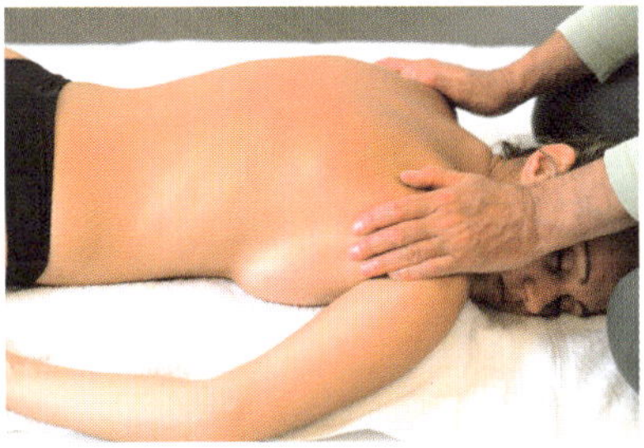

7c **Revenez en glissant par les flancs et les aisselles** et en étirant légèrement. Repassez sur les épaules et ramenez vos mains à la base du cou pour recommencer le mouvement.

1/8

>> Détendre les muscles de la colonne vertébrale

Bouts des doigts joints

Répétez au moins trois fois et plus si cela fait du bien à votre partenaire.

Si votre partenaire souffre du dos vous pouvez d'abord effectuer pour son plus grand profit le mouvement de friction 1/10 qui échauffe toute la colonne vertébrale.

8a **Vous repartez du haut du dos** près de la base du cou **avec les doigts pointés** comme dans le mouvement précédent. Vos mains descendent tout le long de la colonne vertébrale comme dans le mouvement 1/3 mais c'est le bout de vos doigts joints qui exerce principalement la pression. Votre mouvement est lent et appuyé mais vous êtes prêt à diminuer votre pression si nécessaire.

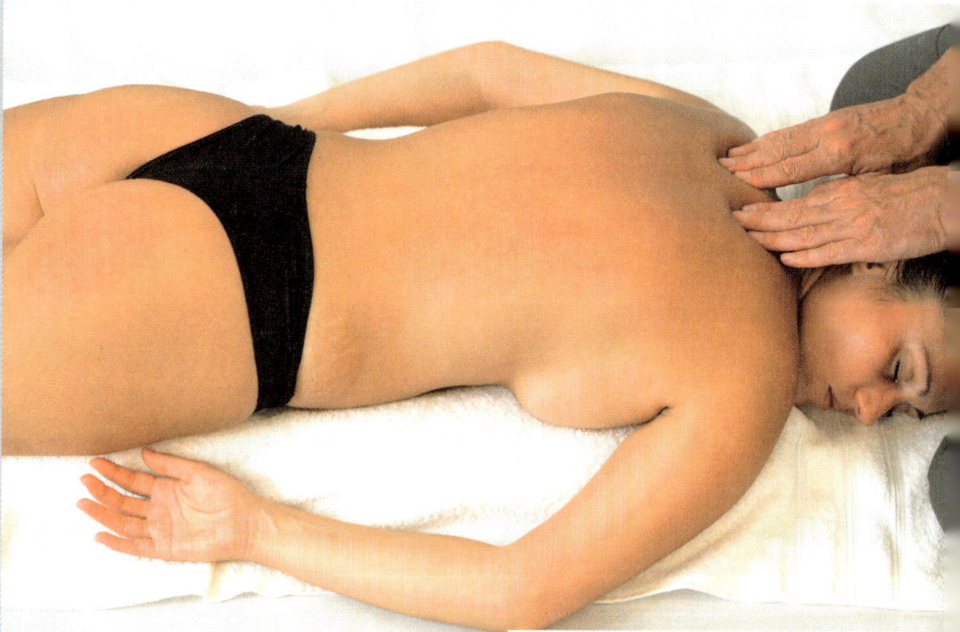

Notre conseil

Commencez par une pression assez légère du bout des doigts que vous pouvez progressivement augmenter si cela convient à votre partenaire. Ralentissez sur les points douloureux. Soyez attentif à votre posture en vous avançant au-dessus du corps de votre partenaire.

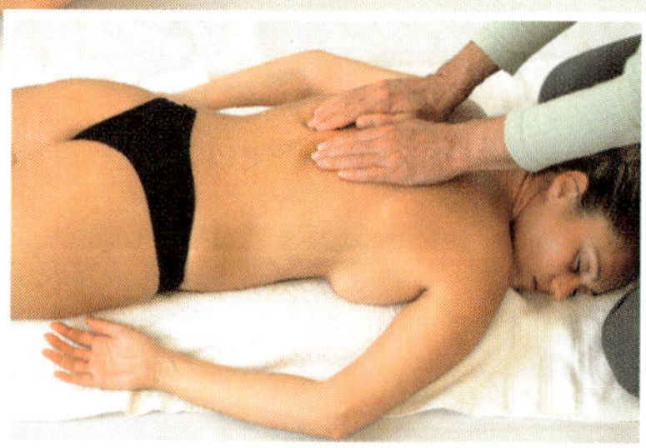

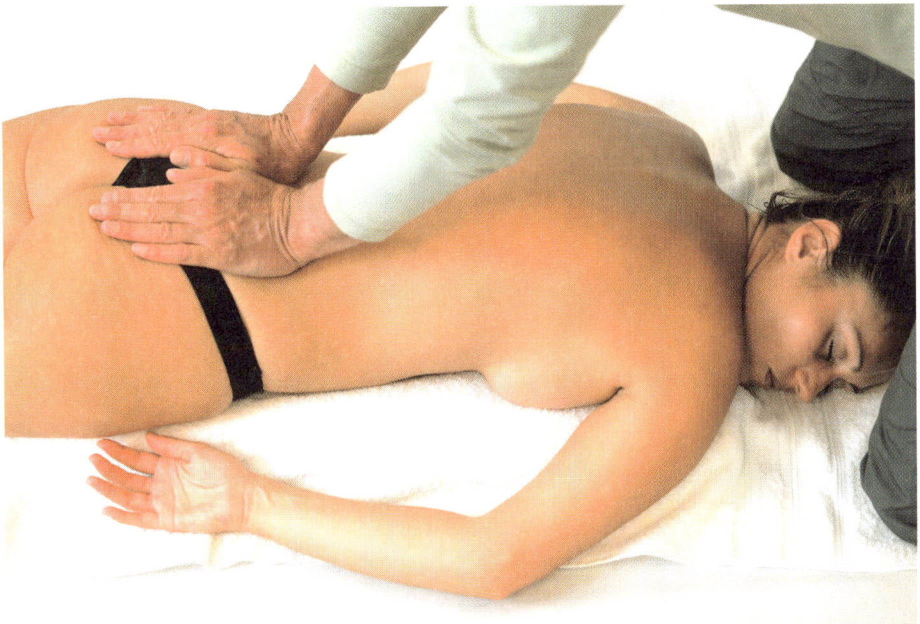

8b Après avoir poursuivi le mouvement dans le bas du dos vos deux mains se rejoignent à plat sur le sacrum puis s'écartent vers les flancs exactement comme dans le mouvement 1/3. **Glissez sur le haut des muscles fessiers.**

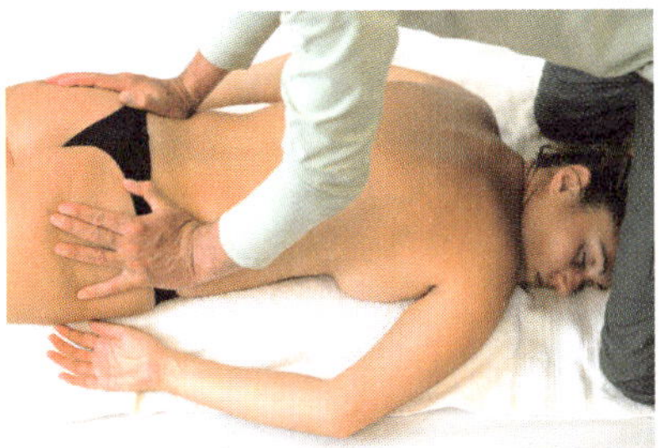

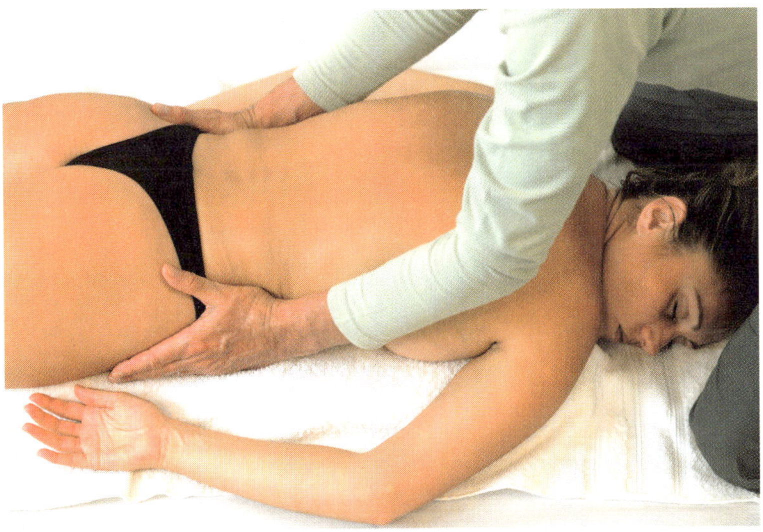

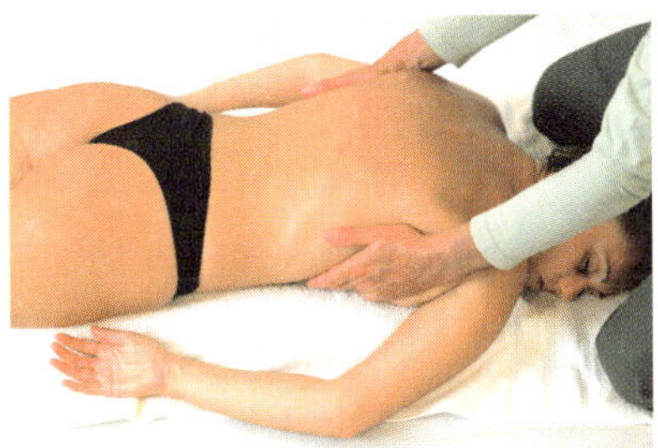

8c **Vous remontez sans pression** par les flancs jusqu'aux aisselles en passant au ras du sol et en étirant le corps puis vous revenez à la position de départ pour reprendre le mouvement.

1/9

>> Masser **près des vertèbres**

Les deux pouces

Répétez au moins trois fois, de 10 à 20 fois si votre partenaire souffre du dos.

9a C'est le même mouvement que précédemment mais vous allez cette fois l'effectuer avec les pouces. **Commencez en vous plaçant en haut de la colonne insérant la crête des vertèbres entre les extrémités de vos pouces.** Descendez jusqu'au sacrum en longeant cette crête.

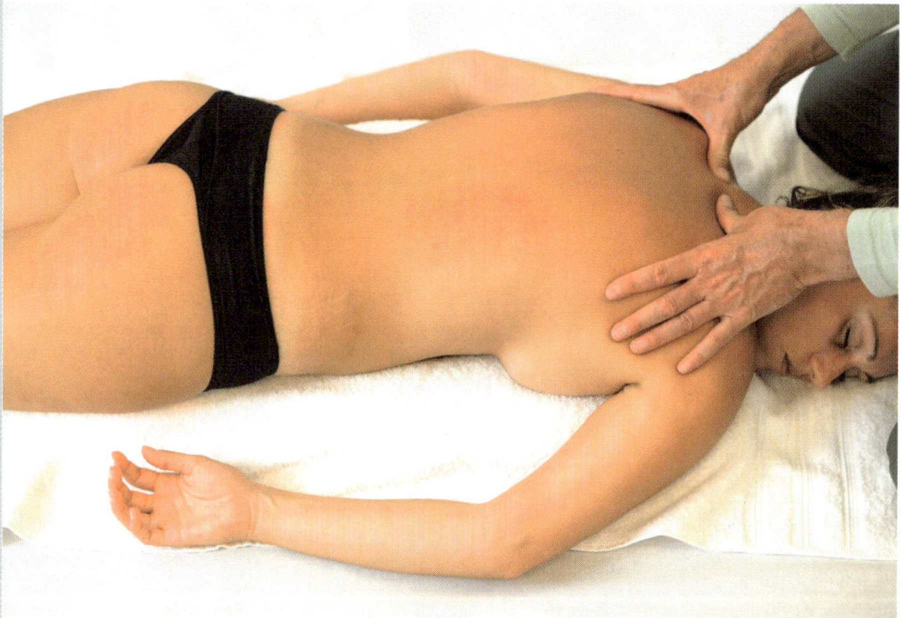

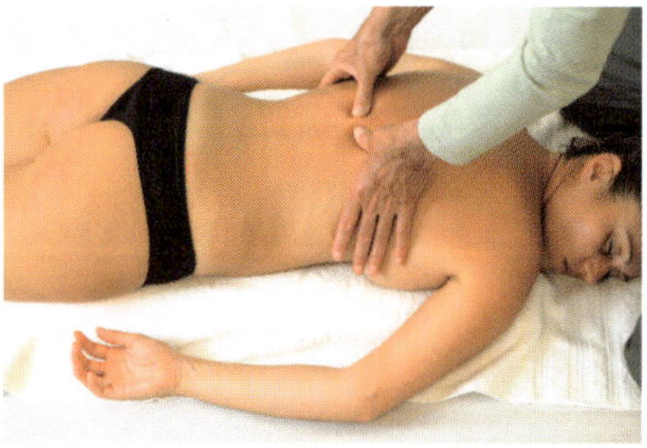

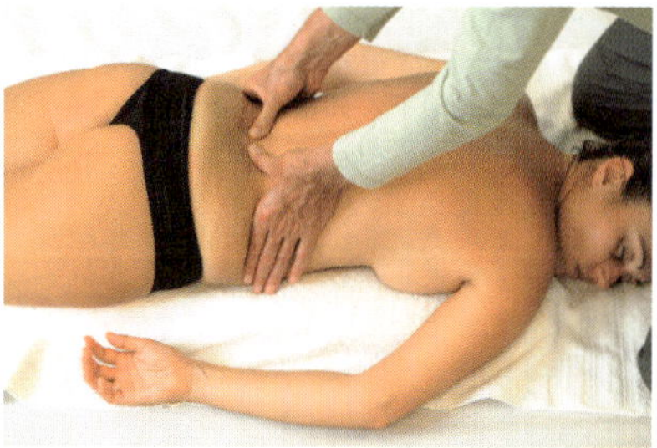

Notre conseil

Glissez doucement en exerçant votre pression avec le poids du corps et en veillant à ne pas vous appuyer sur votre partenaire. Soyez prêt à relâcher votre pression si c'était douloureux. Gardez une respiration aisée et fluide pendant les mouvements.

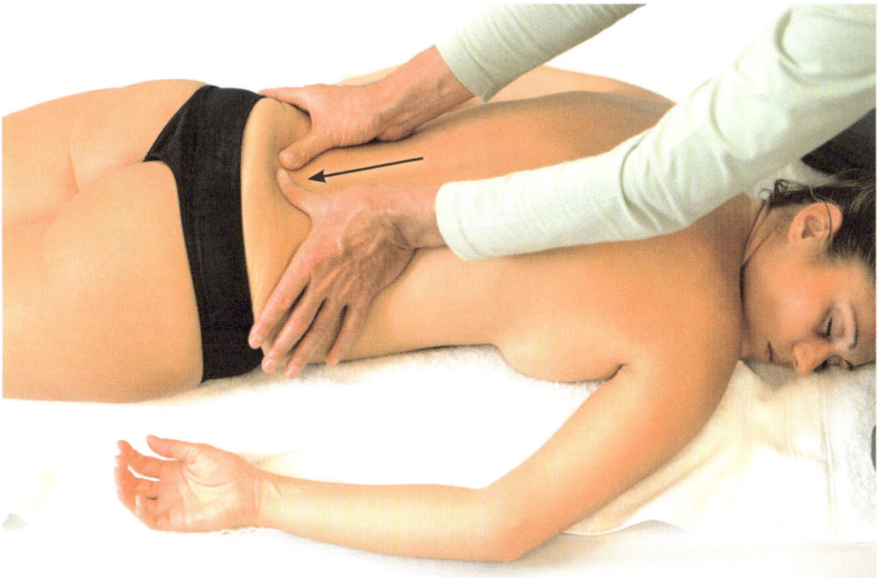

9b En passant dans le creux du bas du dos, commencez à **pousser avec vos pouces vers les pieds comme pour étirer le bas du dos** dans le mouvement. Vos pouces montent ensuite ensemble et les bouts joints sur le sacrum.

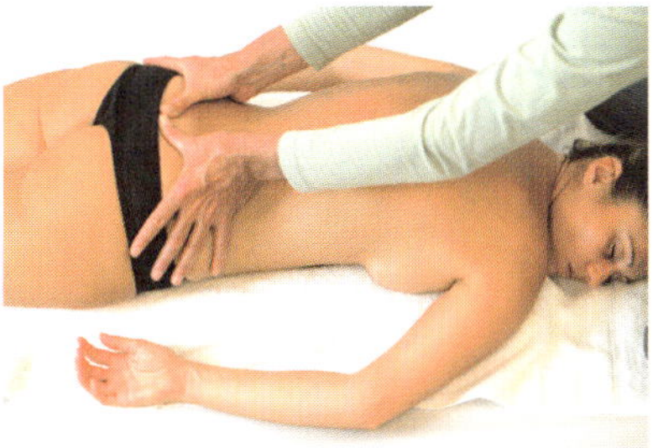

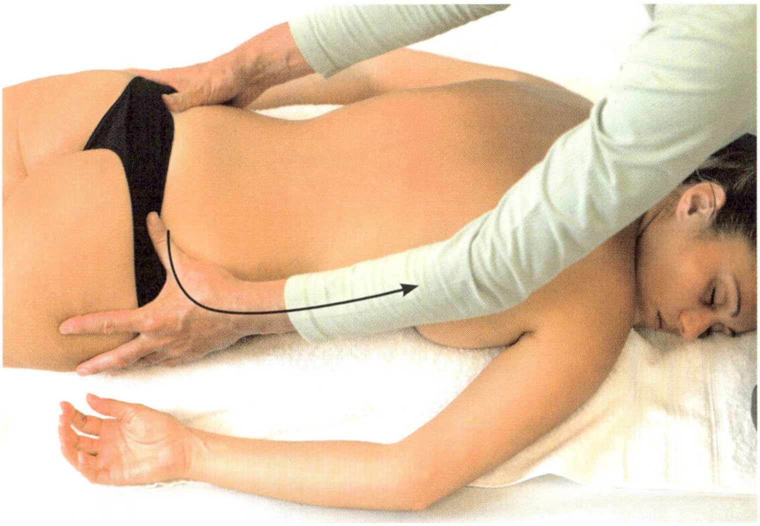

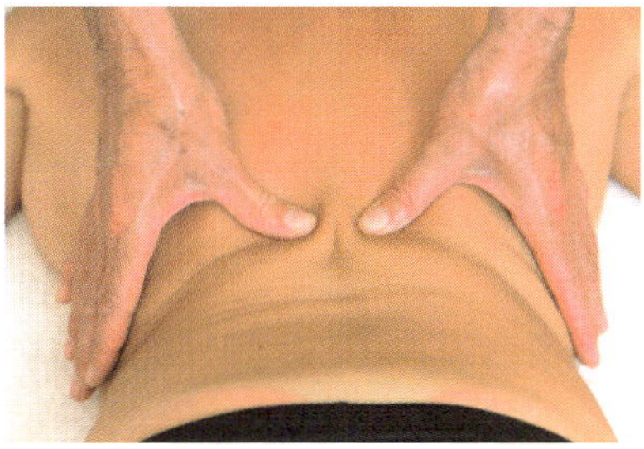

Dans le mouvement de descente **observez bien la position de mains avec les pouces qui « resserrent »** la crête des vertèbres.

9c Vous écartez enfin les pouces vers les flancs sur le haut des muscles fessiers et **vous remontez sans pression par les flancs** à la position de départ.

1/10

>> **Friction** de la colonne

Mains à plat

Répétez
au moins trois fois le mouvement glissé et autant que vous le souhaitez la friction rapide.

10a Vous commencez en haut du dos avec la **main à plat par un mouvement de friction lent et appuyé sur toute la longueur de la colonne vertébrale.** Allez bien jusqu'au sacrum en épousant complètement avec votre main la forme du dos.

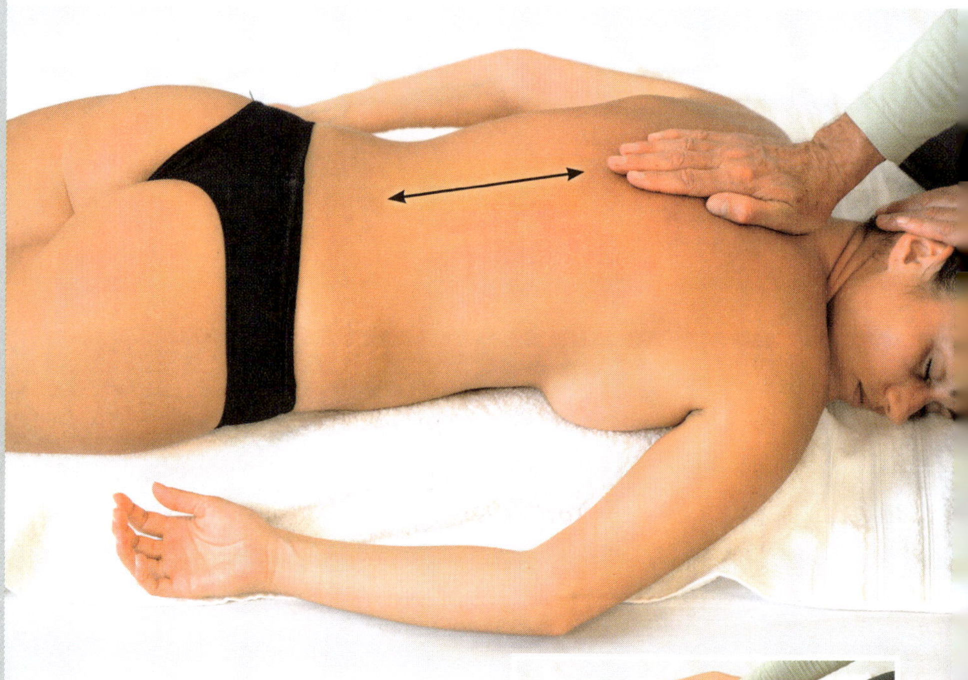

Notre conseil

C'est notre seul mouvement qui peut devenir assez rapide. La souplesse de votre main qui épouse le relief de la colonne vertébrale et du sacrum augmente l'effet bienfaisant de ce mouvement. C'est un mouvement facile que l'on peut pratiquer tout au début du massage avant tous les autres lorsqu'on a les mains froides !

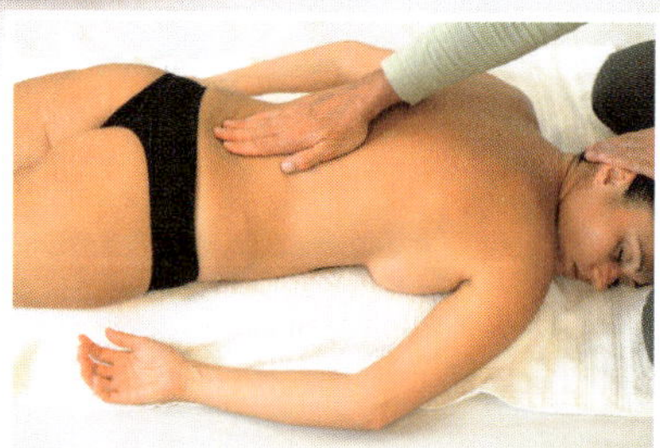

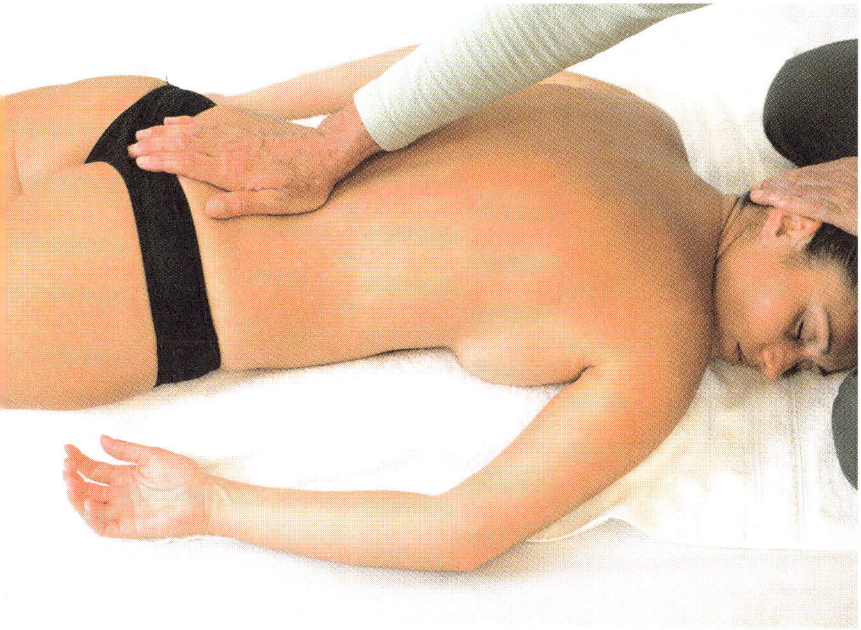

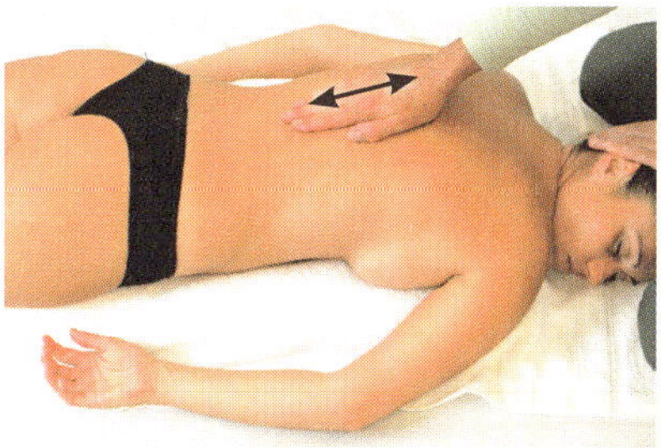

10b La pression s'exerce **surtout dans le mouvement de descente**, moins fortement dans la remontée. Vous pouvez aussi frictionner plus rapidement la colonne en vous concentrant par exemple sur des zones sensibles pour les « chauffer ».

10c Vous glissez sur la crête des vertèbres mais votre main est particulièrement bien étalée de façon à **ne pas exercer de pression douloureuse**.

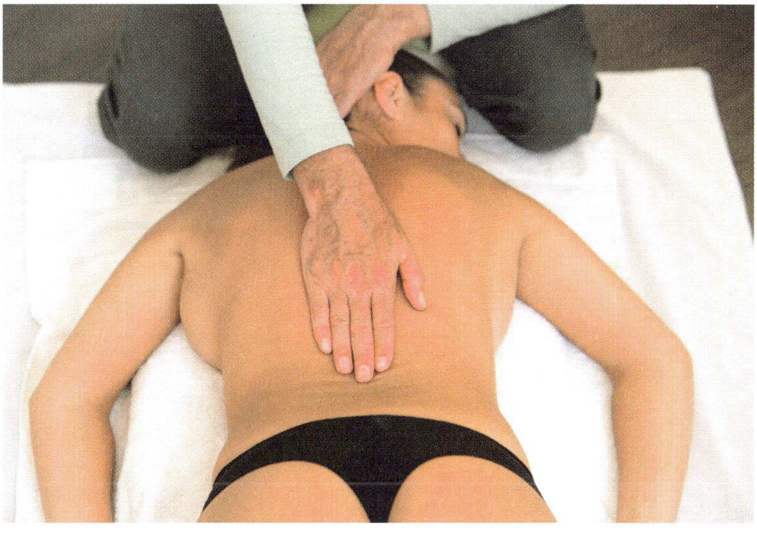

1/11

>> « La **fourchette** »

La colonne entre les doigts

Répétez au moins trois fois, de 10 à 20 fois si votre partenaire souffre du dos.

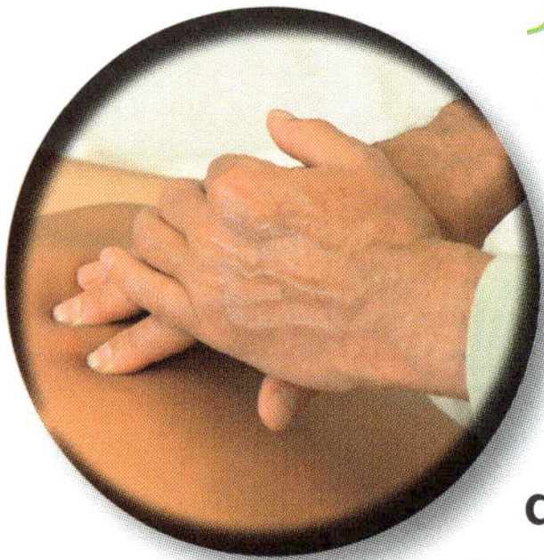

11a Le nom imagé du mouvement désigne comme sur la photo la position particulière des doigts qui enserre la crête des vertèbres entre l'index et le majeur. **Commencez en haut du dos de chaque côté des vertèbres** comme le mouvement 1/9. La main supérieure aide à maintenir la fermeté de la position des doigts de la main inférieure, surtout si vous avez les doigts très souples.

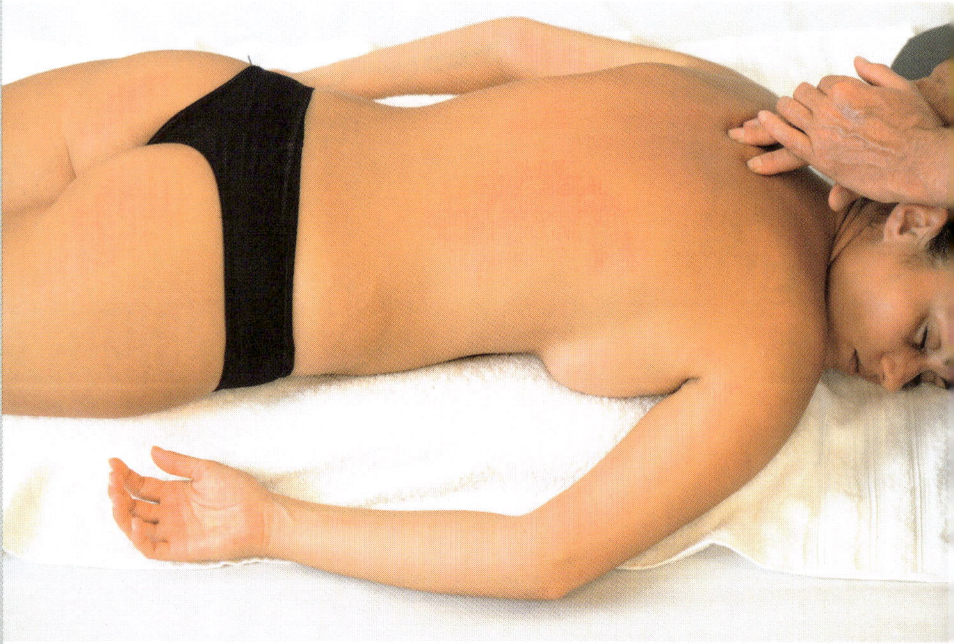

Notre conseil

Comme vous massez les petits muscles intervertébraux ne soyez pas surpris de sentir sous vos doigts des points de tension inattendus, des « duretés » comme des grains de riz ou même des petits pois. Soyez attentif à ne pas réveiller de douleur sur ces points. Lorsqu'un point est sensible invitez votre partenaire à expirer plutôt qu'à se contracter.

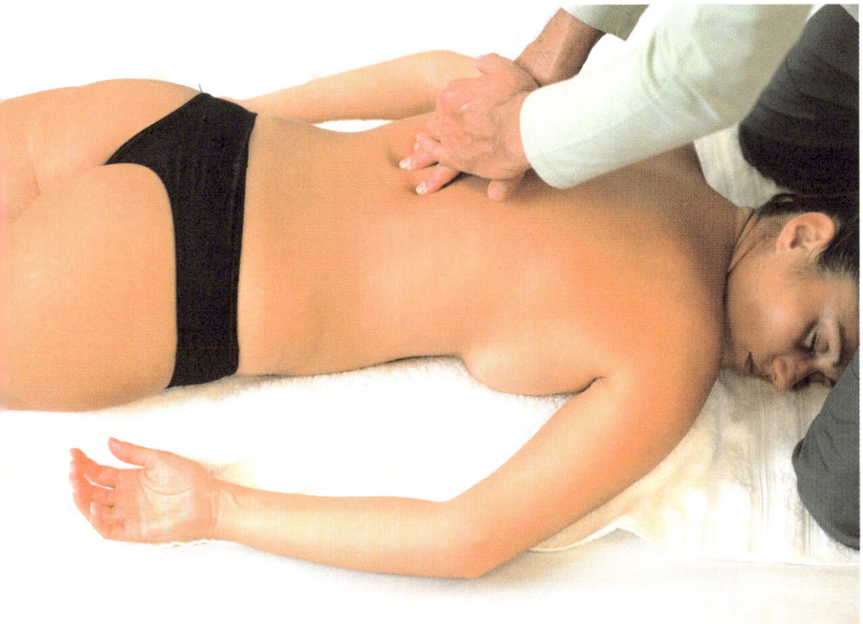

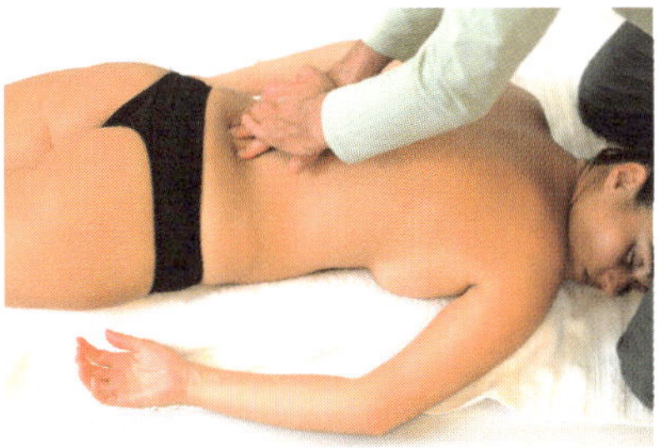

11b Suivez lentement la crête des vertèbres en relâchant votre pression et éventuellement en faisant un petit mouvement de va-et-vient sur les points sensibles.

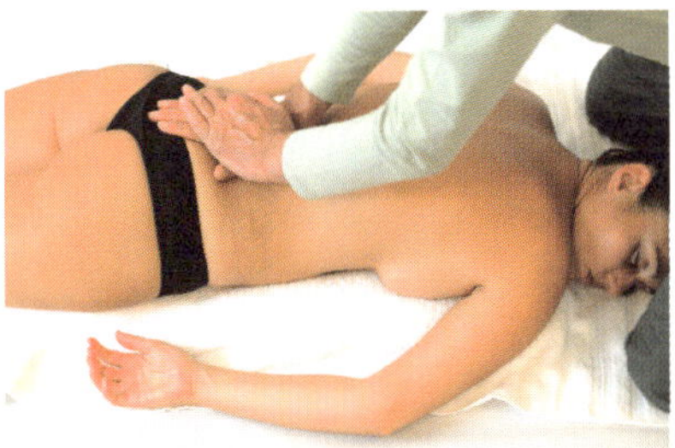

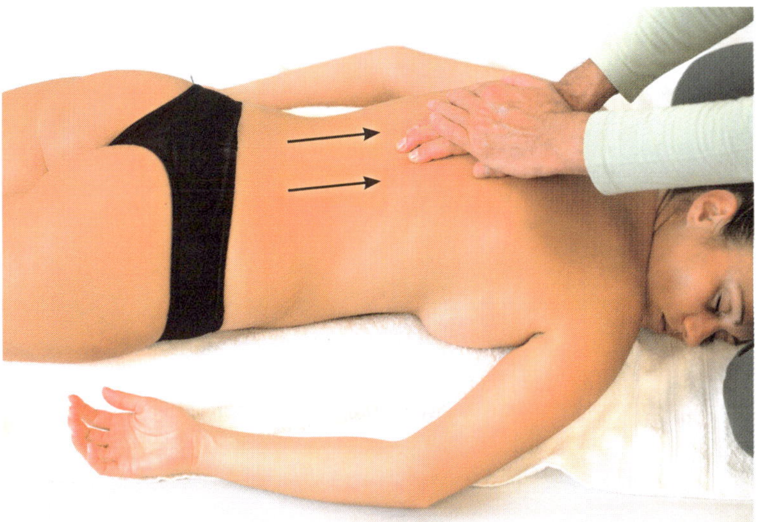

11c Une fois sur le sacrum vous relâchez la prise des doigts pour remettre la main à plat. **Vous remontez sans pression avec vos deux mains à plat** ou mieux en suivant avec le bout de vos doigts la crête des vertèbres.

1/12

>> Massage des **points sensibles**

Frictions des pouces

Restez à masser ou reprenez plusieurs fois le massage des points sensibles selon le temps dont vous disposez.

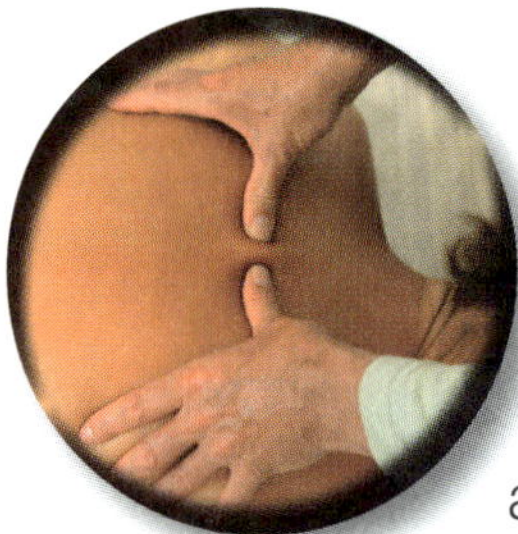

12a Vous allez maintenant utiliser un **mouvement circulaire des pouces qui sert à « gommer » les tensions** des muscles qui longent la colonne vertébrale. À chaque cercle votre mouvement passe alternativement tout prêt de la crête des vertèbres puis s'en éloigne. La pulpe de vos pouces est bien étalée, les doigts ouverts vers les flancs vous donnent votre appui.

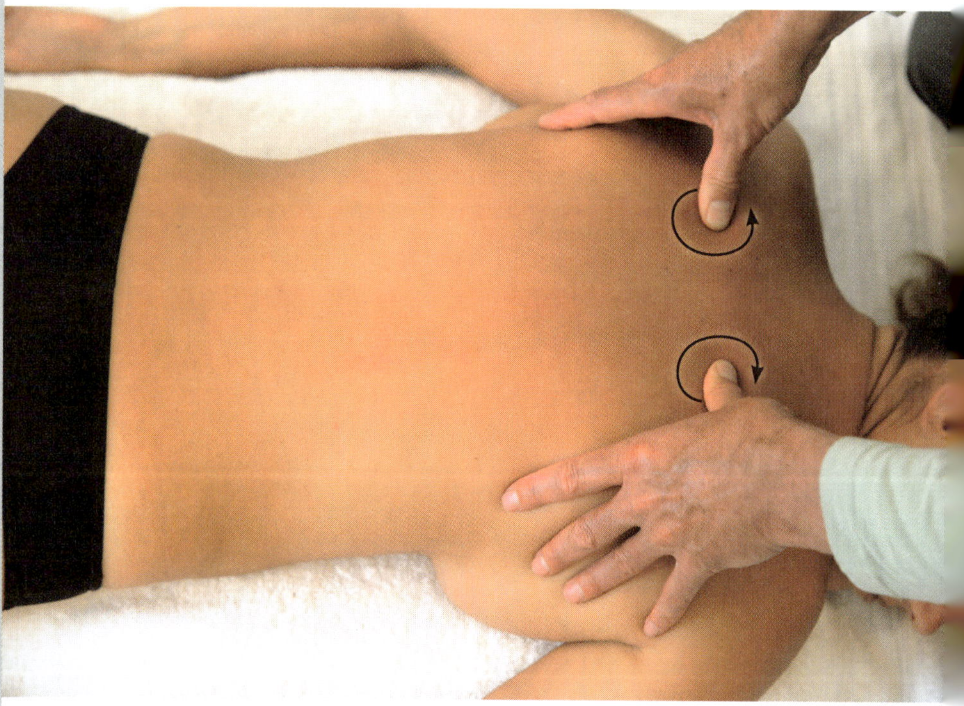

Notre conseil

À la différence du mouvement précédent qui agissait très près de la colonne vous recherchez ici des points à détendre sur les chaînes musculaires. Soyez conscient de la consistance des muscles, dosez votre pression et chaque fois qu'un point est sensible invitez votre partenaire à bien expirer pour se relâcher.

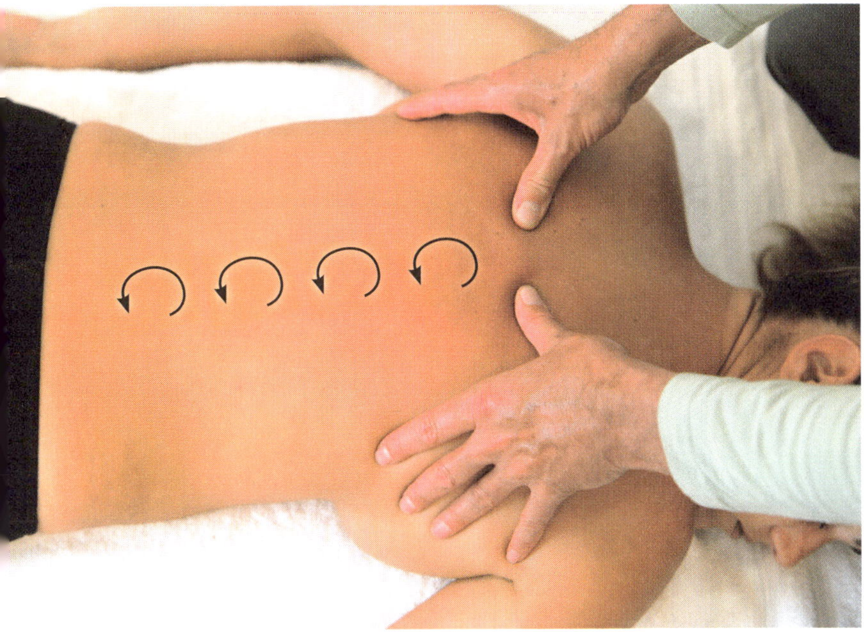

12b En effectuant ce mouvement de ponçage circulaire partez du haut du dos et descendez tout le long de la colonne. **Restez plus longuement sur les endroits douloureux sans jamais appuyer plus fort.** Demandez à votre partenaire de respirer profondément.

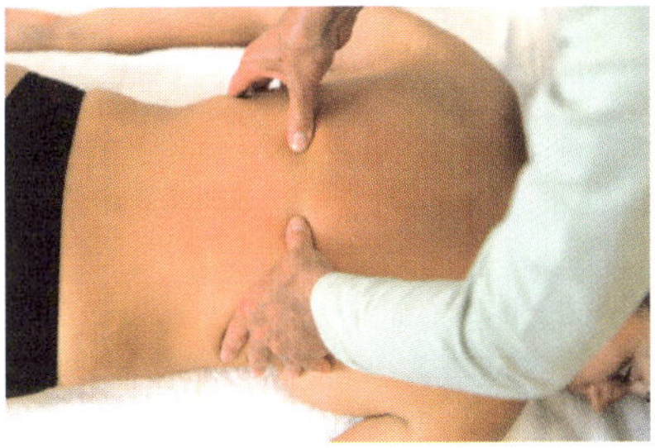

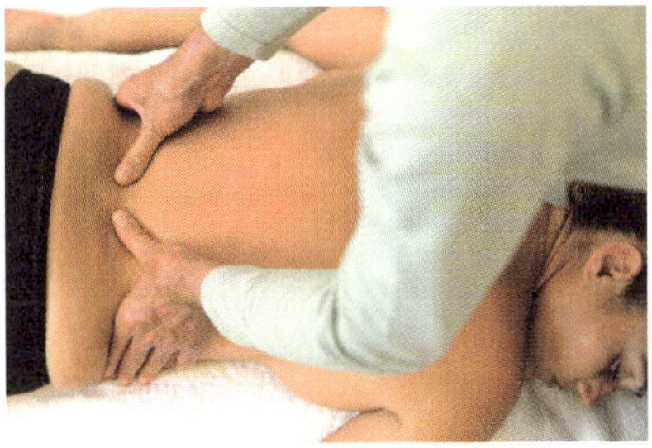

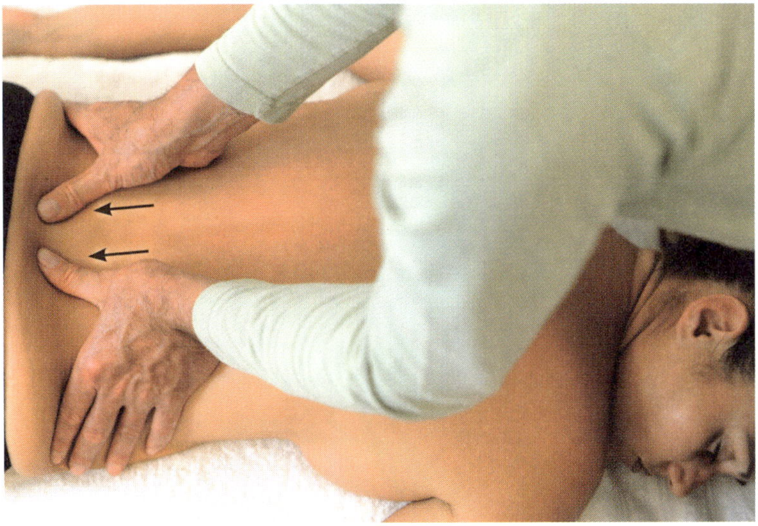

12c Arrivé juste avant le sacrum au niveau des crêtes de l'os du bassin **vous réduisez l'amplitude de votre mouvement** tout en exerçant votre pression vers les pieds de votre partenaire.

1/13

>> **Harmonisation** latérale

Va-et-vient des mains

Descendez et remontez le long du dos au moins trois fois.

13a En essayant de garder le contact avec votre partenaire **déplacez-vous pour vous retrouver sur le côté du corps** perpendiculaire au dos et prenez un mouvement de va-et-vient glissé et alternatif des mains sur les deux côtés du dos. Les pouces restent joints avec les doigts.

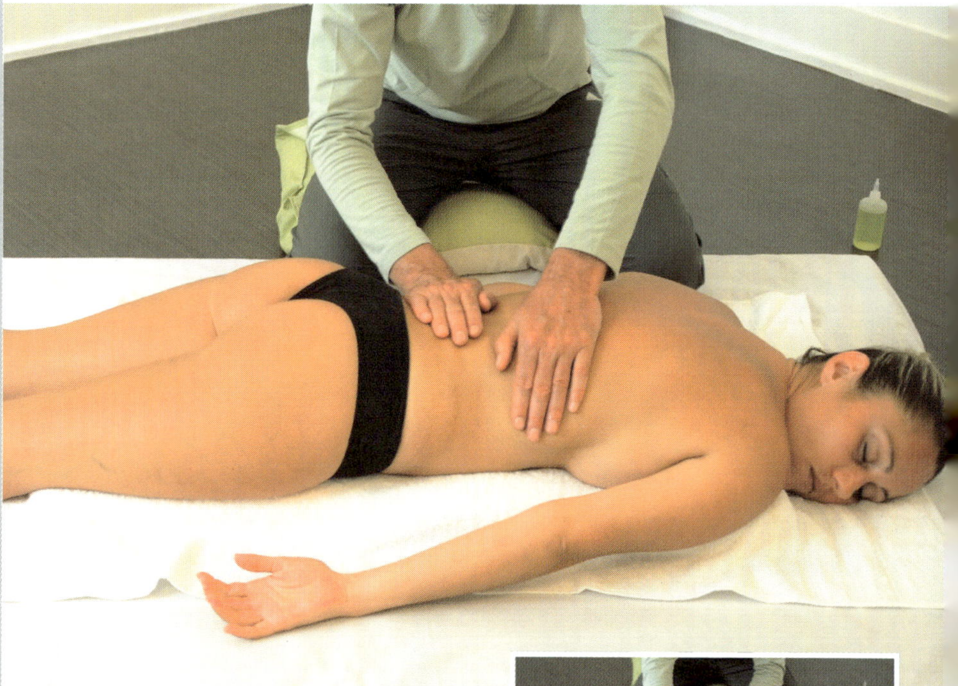

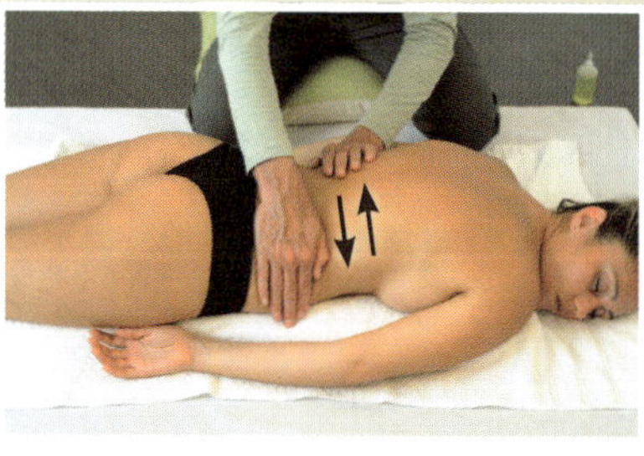

Notre conseil

C'est un mouvement simple et pratiquement sans pression. Concentrez-vous sur la fluidité de vos gestes et de vos déplacements sur le dos en vous laissant bien accompagner le mouvement avec vos épaules et le haut de votre corps.

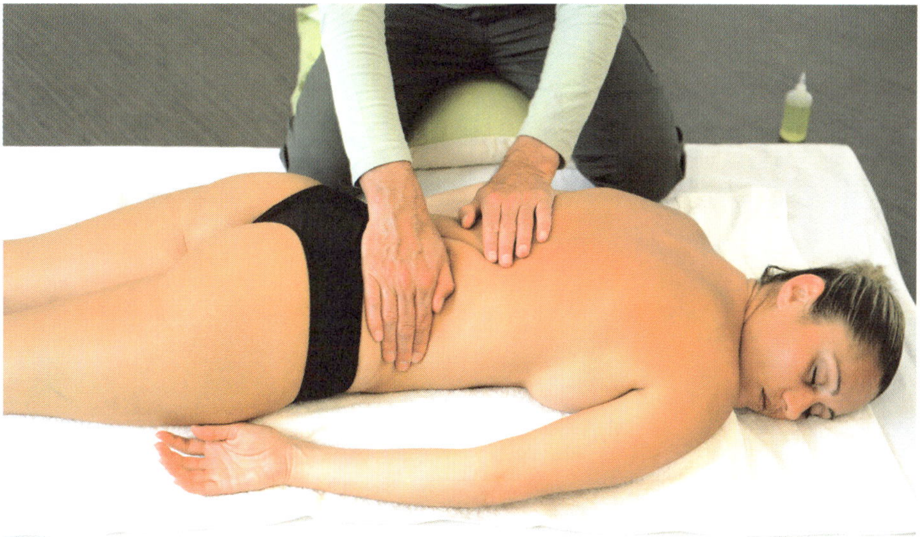

13b Vos deux mains se déplacent donc en sens inverse en allant bien sur chacun des flancs et vous **effectuez ce même mouvement sur toute la surface du dos** en montant et en descendant.

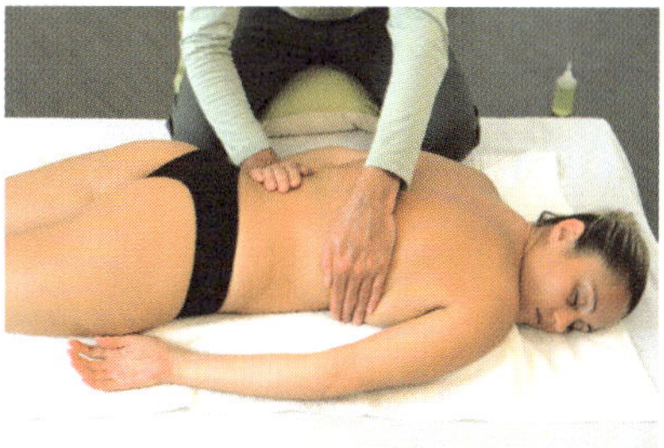

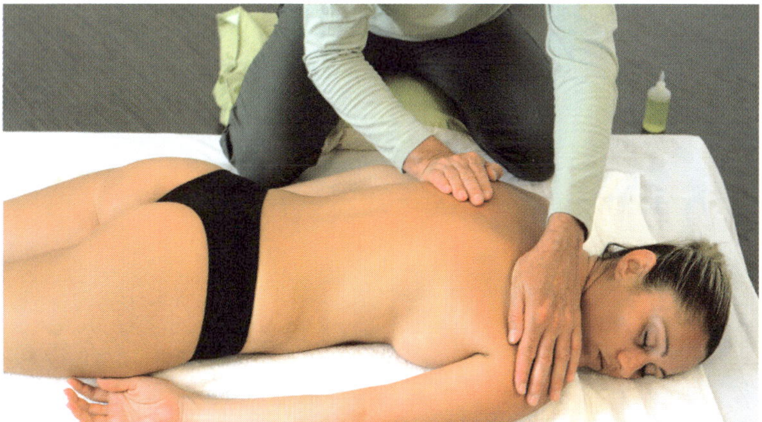

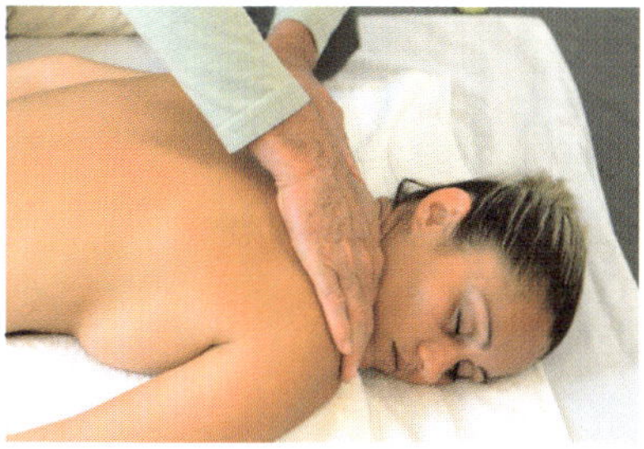

13c Lorsque vous arrivez sur le haut du dos et les épaules, **adaptez votre mouvement pour qu'il enveloppe la forme des épaules** et passe de chaque côté de la base du cou.

1/14

>> **Massage** d'une moitié du dos

Cercles avec les mains

Répétez en enchaînant avec les mouvements suivants.

Attention : dans le dvd le mouvement s'enchaîne avec les suivants 15 et 16 sur le côté droit avant que vous ne changiez de côté pour les reprendre sur le côté gauche.

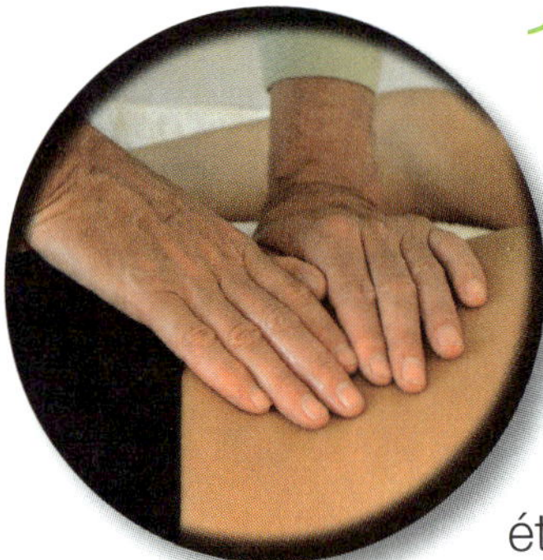

14a Pivotez légèrement votre corps et descendez vous positionner parallèle au corps de votre partenaire à la hauteur de la cuisse. **Durant votre déplacement vos mains sont restées en contact avec votre partenaire** et vous les étalez bien dans le bas du dos du côté gauche (du côté droit si vous effectuez le mouvement de l'autre côté).

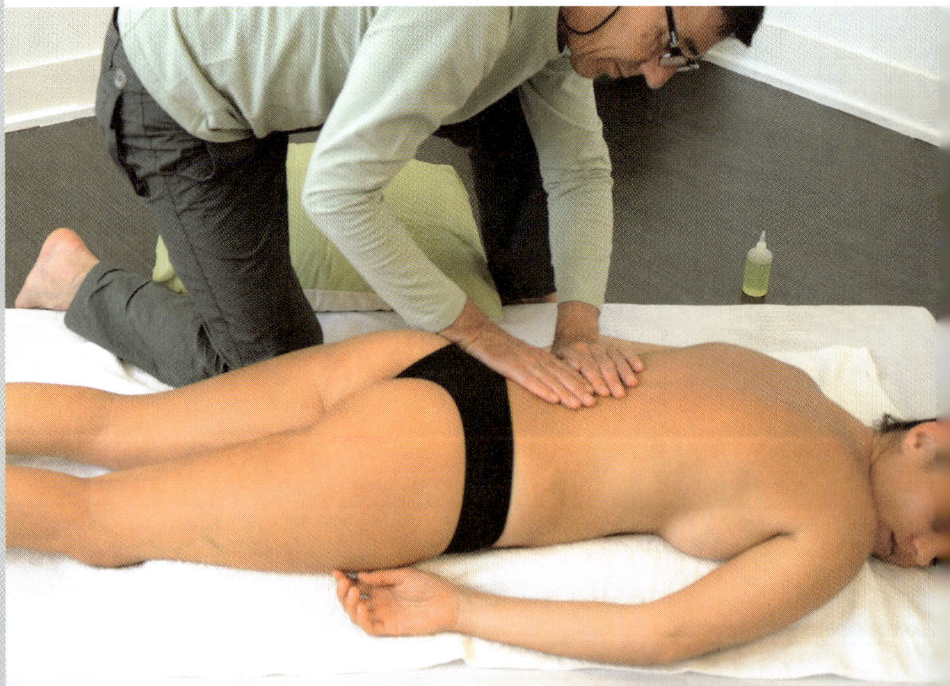

Notre conseil

Étalez bien vos mains dans le mouvement et descendez bas sur les flancs pour apporter encore plus de détente. Avancez-vous avec votre corps au-dessus de votre partenaire à mesure que votre mouvement remonte dans son dos.

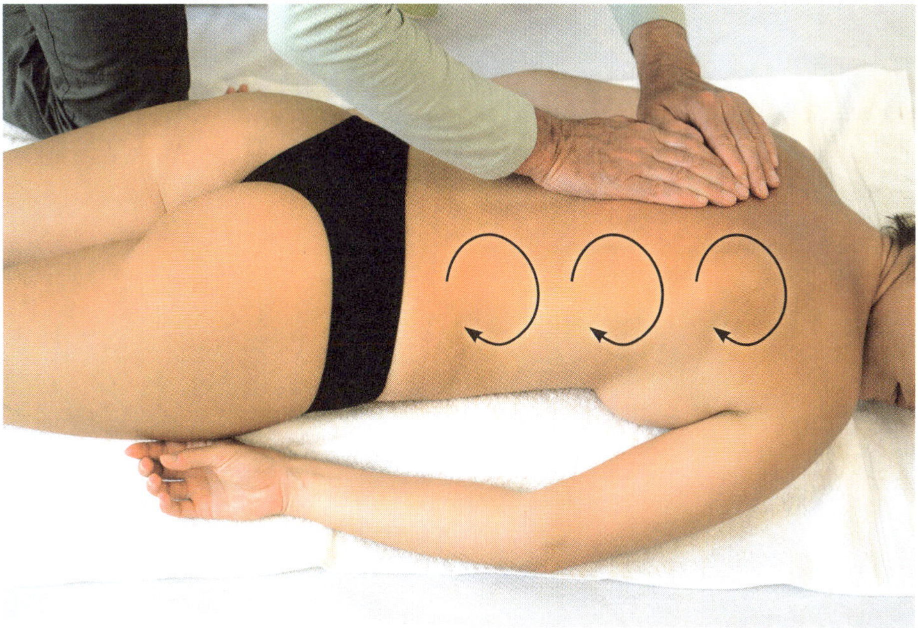

14b Massez le côté du dos proche de vous (sur cette photo le côté gauche) **avec un mouvement circulaire glissé des deux mains**. Votre cercle passe près de la colonne en remontant pour revenir vers les flancs en redescendant.

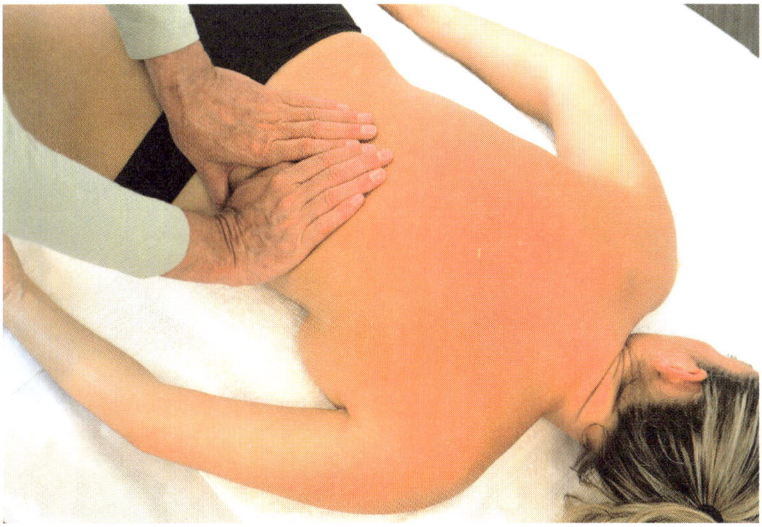

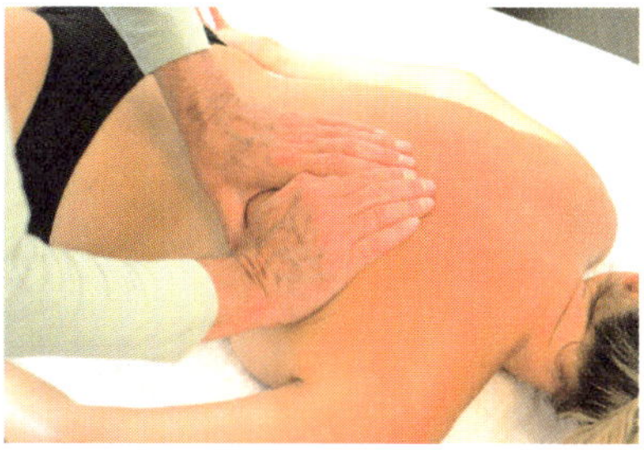

14c Sur ces photos vous pouvez voir le même mouvement effectué du côté droit : vous avez changé de côté, **vos mains commencent dans le bas du dos et remontent en cercle jusqu'à l'épaule.**

1/15

>> **Dégagement** du bras

Liaison moitié du dos-bras

Répétez deux à trois fois en enchaînant avec le mouvement précédent.

Le mouvement s'effectue de chaque côté du dos entre les mouvements 14 et 16, dans le dvd d'abord à droite puis à gauche.

15a À partir du mouvement précédent lorsque vous arrivez en haut du dos sur un côté – sur les photos le côté droit – **enveloppez bien l'épaule en passant sur le dessus de l'articulation** puis avec votre main extérieure glissez-vous dessous en soulevant légèrement l'épaule.

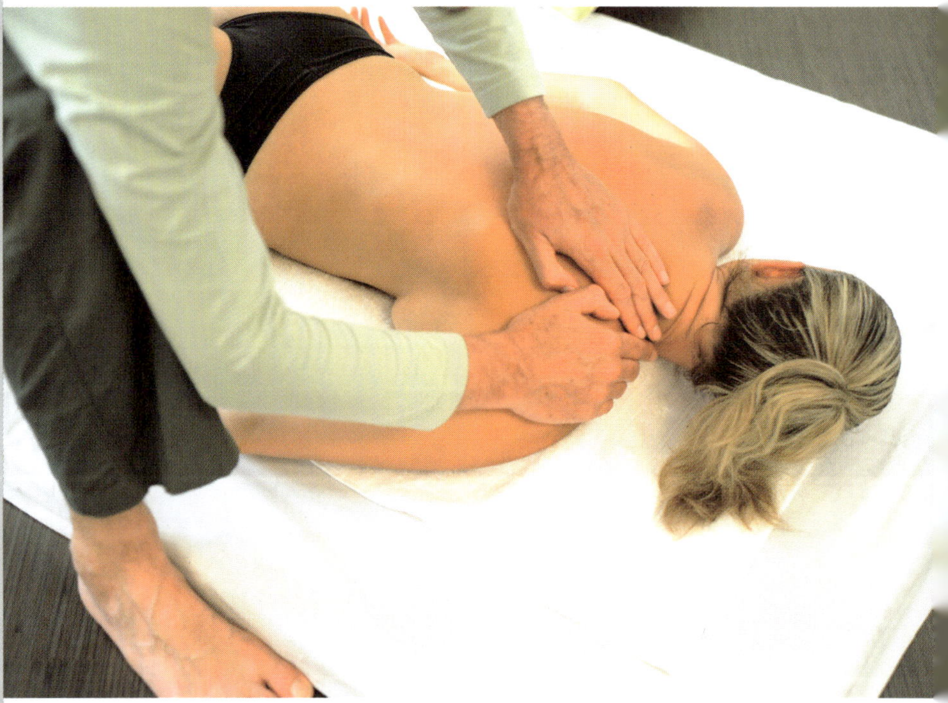

Notre conseil

Procédez lentement lorsque vous vous glissez sous l'épaule pour la porter de façon à ce que ce soit agréable pour votre partenaire. Ensuite vous maintenez le bras soutenu en hauteur pendant que vous glissez vers la main.

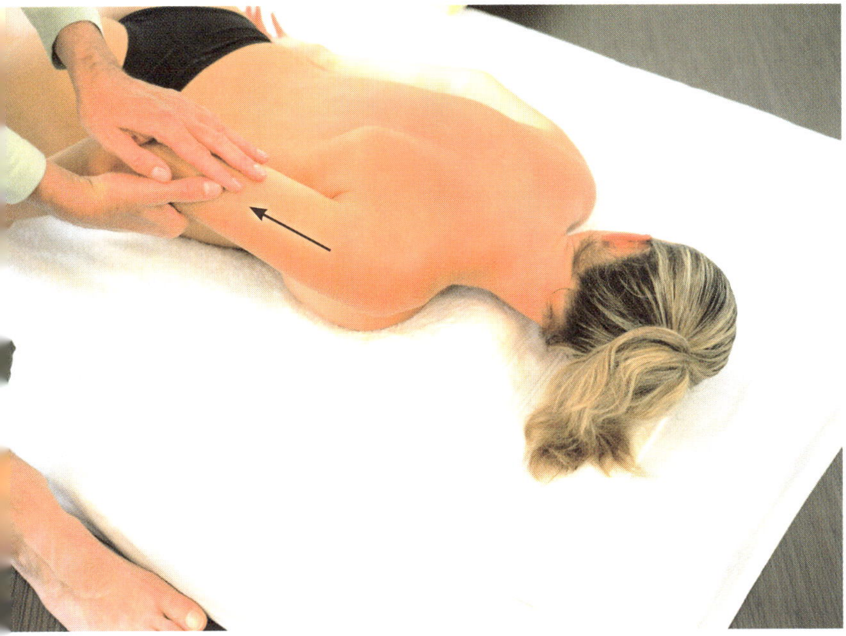

15b Vous continuez à **glisser tout le long du bras en le soulevant** et en le tenant en même temps « en sandwich » entre vos mains. Poursuivez votre mouvement jusqu'à la main.

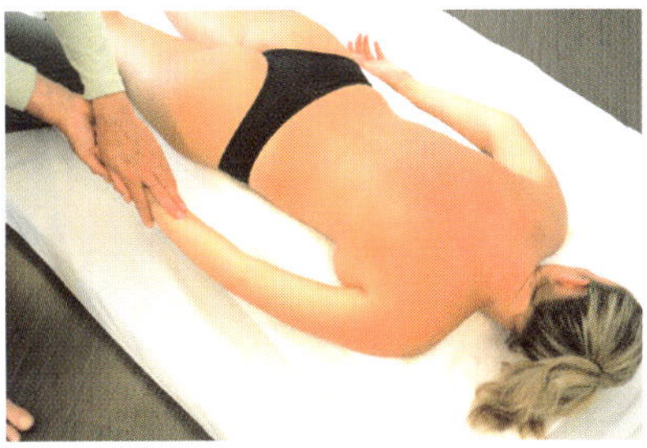

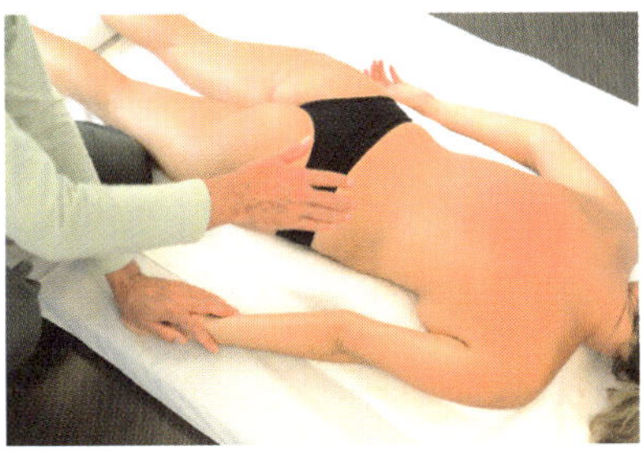

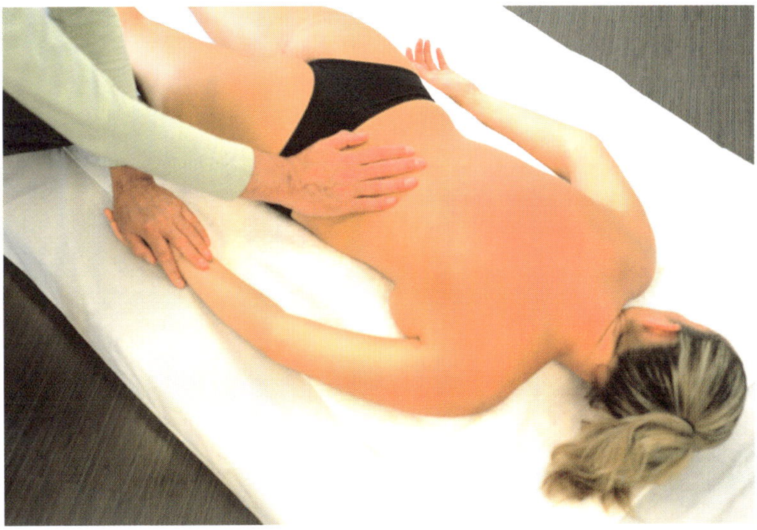

15c Sur ces photos vous voyez comment **revenir de la main de votre partenaire à la position de départ dans le bas du dos** une main après l'autre sans interrompre le contact.

1/16

>> **Décollement** de l'omoplate

Doigts sous l'omoplate

Enchaînez avec le mouvement précédent puis passez de l'autre côté pour répéter les mouvements 14,15 et celui-ci le 16 sur l'autre épaule.

Observez le changement de côté sur le dvd et invitez votre partenaire à tourner lui aussi sa tête de l'autre côté.

Notre conseil

Ne forcez pas s'il est difficile d'amener le bras de votre partenaire dans la position de départ par exemple en cas de raideur de l'épaule. Vous pouvez sauter ce mouvement. Entraînez-vous à le pratiquer chez les personnes pour qui la position est aisée.

16a Vous êtes toujours au niveau de l'épaule : après avoir soulevé la pointe de l'épaule vous allez **replier l'avant-bras dans le bas du dos** en y amenant le poignet de votre partenaire. Observez bien la position du bras. Invitez votre partenaire à relâcher son coude vers le sol.

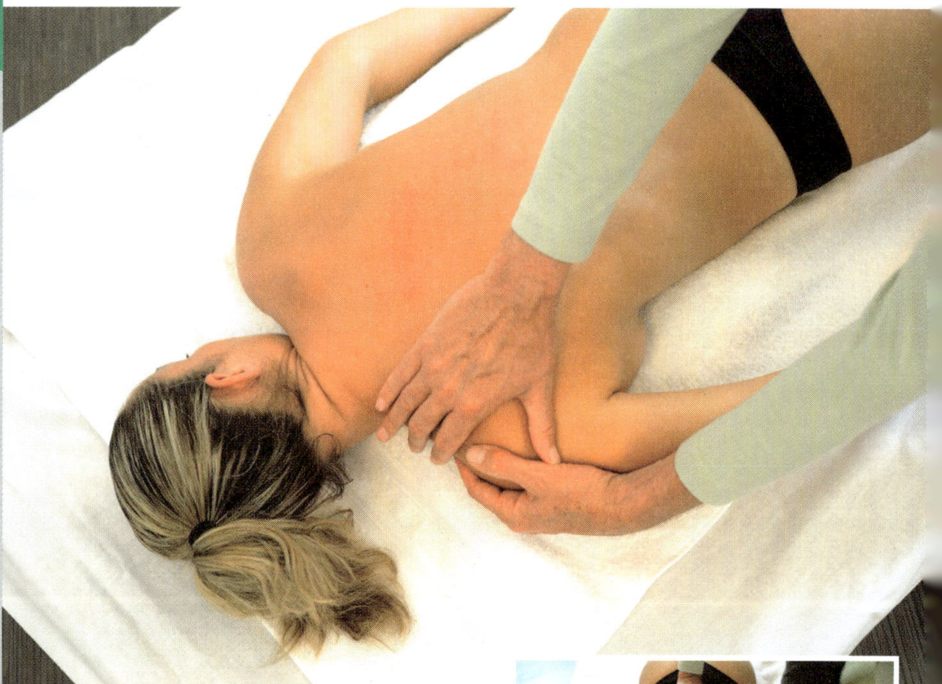

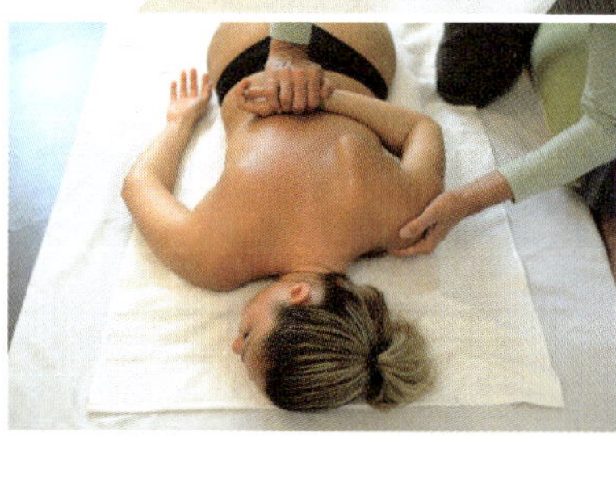

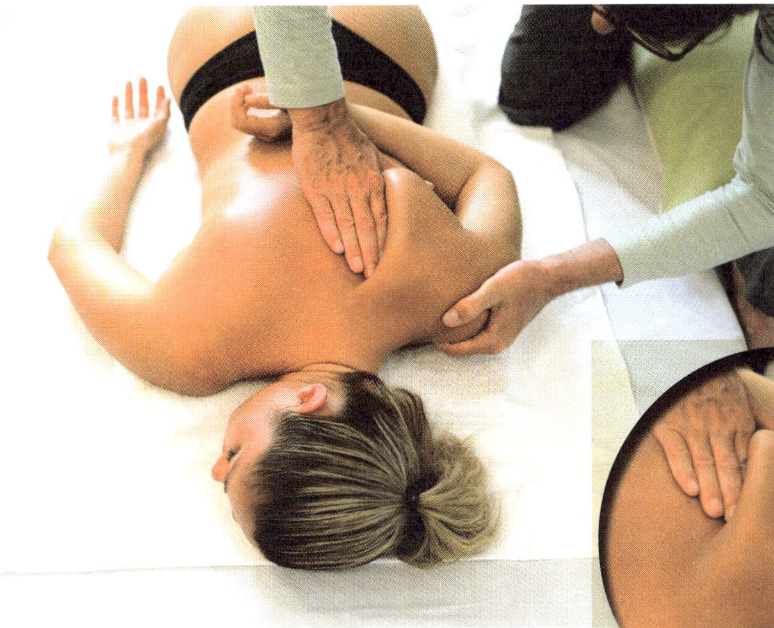

16b Maintenez la pointe de l'épaule soulevée avec votre main extérieure et tirez-la vers vous pour décoller l'omoplate comme sur les photos. Dans cette position **vous vous glissez avec les doigts joints de l'autre main sous le rebord de l'os.**

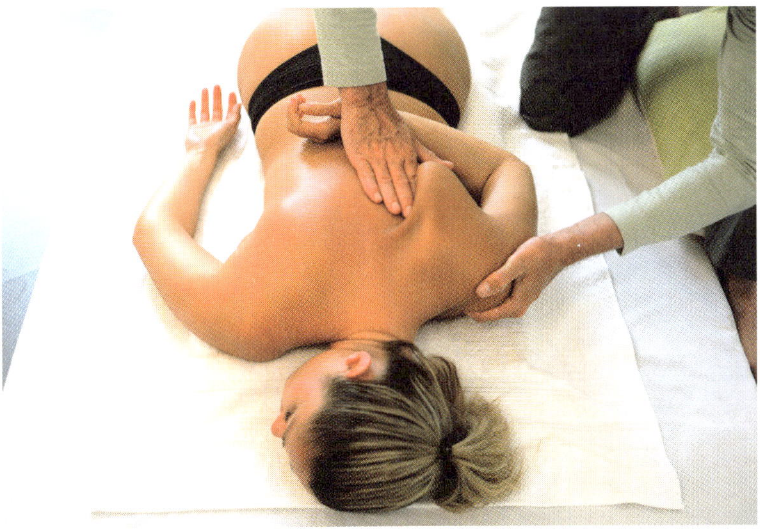

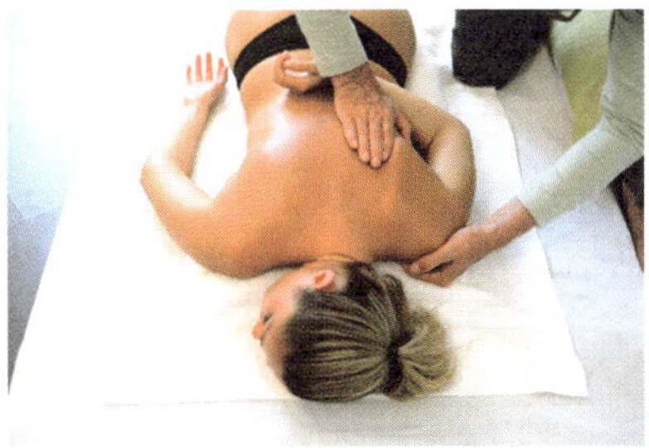

16c Glissez sous l'omoplate **dans un mouvement de va-et-vient de haut en bas** mais si c'est trop difficile contentez-vous de masser le long du rebord de l'os sans glisser dessous.

1/17

>> **Remonter** le dos

Une main de chaque côté

Répétez au moins trois fois.

17a Replacez-vous bien latéralement le long du corps de votre partenaire pour pouvoir poser vos mains sur le sacrum, les talons de vos deux mains joints. À partir de cette position de départ **massez le dos en remontant une main de chaque côté de la colonne vertébrale.** C'est le mouvement de base pour détendre la musculature du dos.

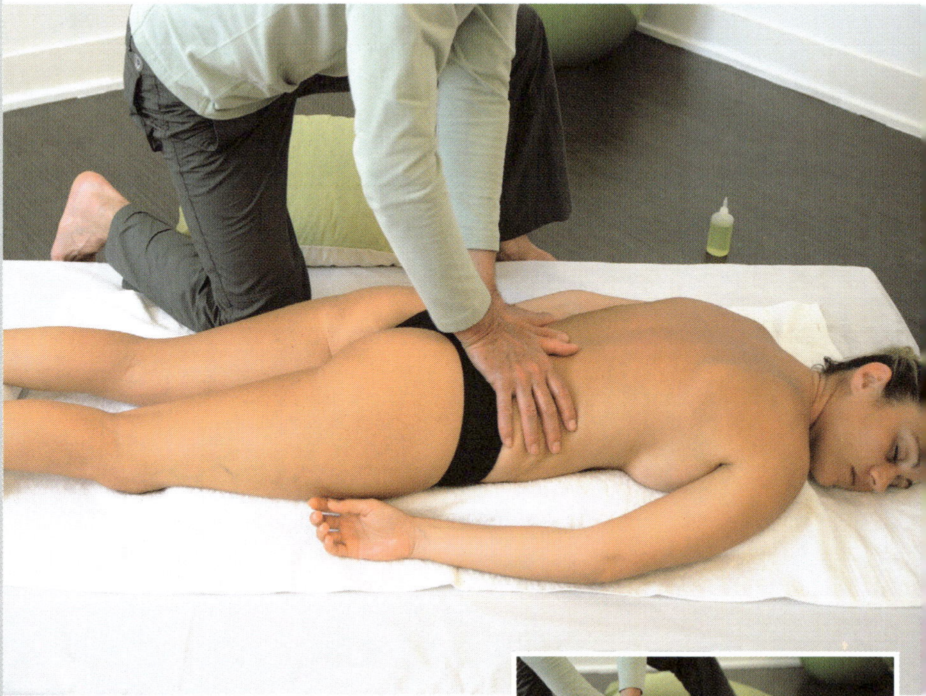

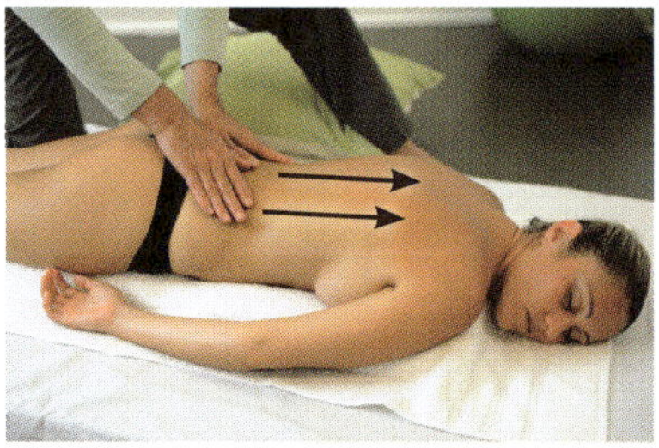

Notre conseil

Déplacez-vous avec votre corps vers l'avant lorsque vous remontez le long du dos et exercez votre pression avec le poids de votre corps. Ramenez votre corps en arrière et n'hésitez pas à étirer les flancs dans le mouvement de retour.

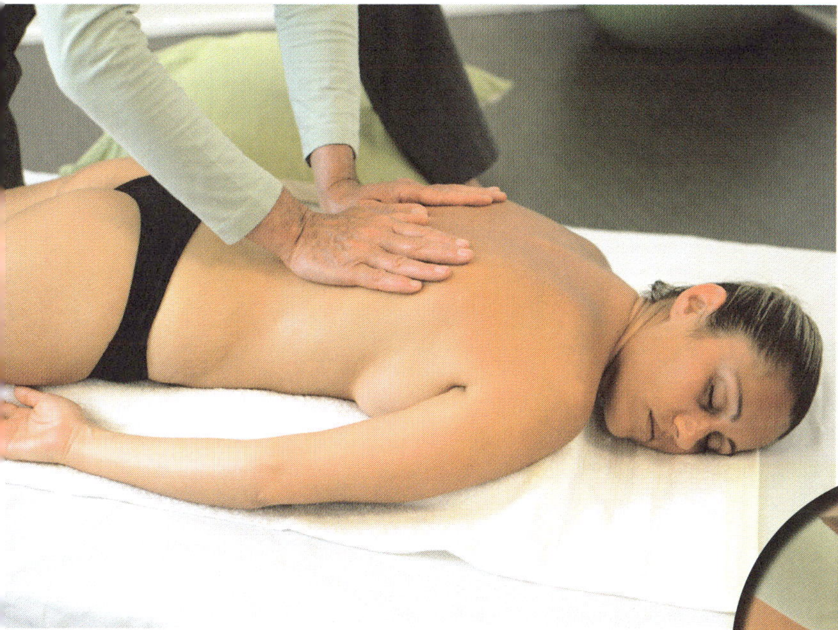

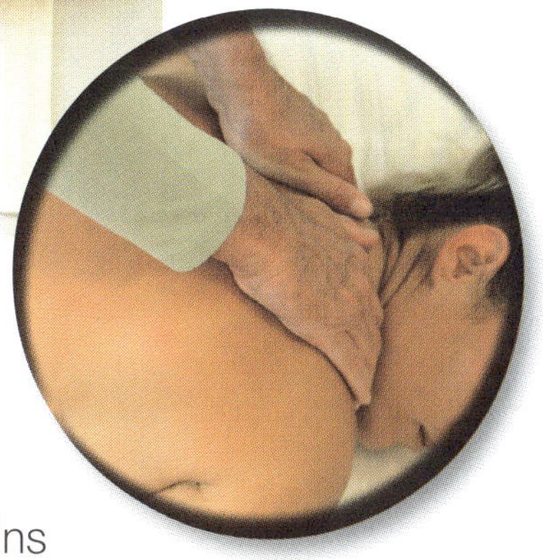

17b Vos mains sont parallèles, le bout des doigts vers l'extérieur. Ce mouvement est analogue aux mouvements 1/2 et 1/3 mais de bas en haut. **Poursuivez tout le long du dos jusqu'à la naissance du cou** puis écartez vos mains vers l'extérieur sur le dessus des épaules.

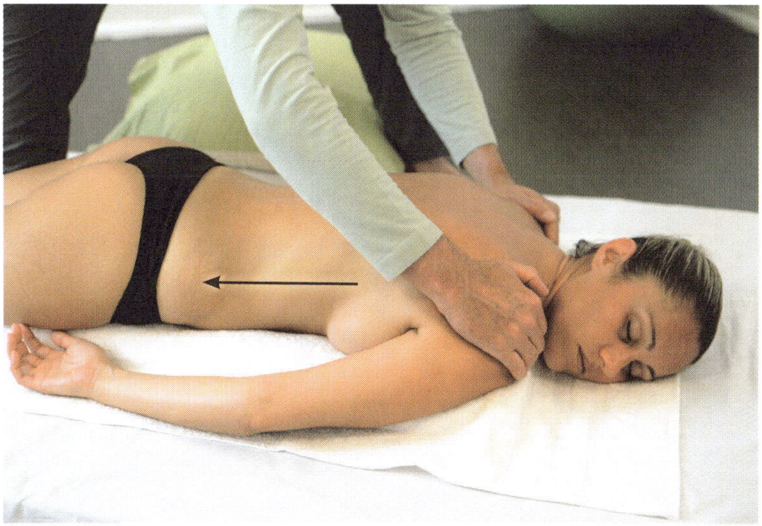

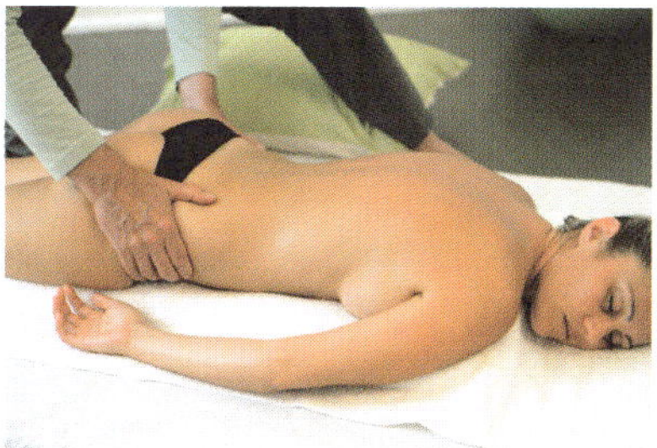

17c Contournez la pointe des épaules et **redescendez sans pression sur les flancs** jusqu'au moment où vous sentez l'os du bassin sous vos doigts puis revenez à la position de départ.

1/18

>> Les 3 « V »

Ouverture du bas du dos

Répétez chaque « V » plusieurs fois avec la possibilité de les enchaîner entre eux et avec le grand mouvement remontant précédent.

18a À partir de la même position de départ, les mains sur le sacrum, **vous allez décrire successivement 3 mouvements d'ouverture du bas du dos** appelés « les 3 V » à cause de la forme du mouvement. C'est le même que le 1/17 mais sans aller jusqu'aux épaules.

1 > Le premier aboutit **aux aisselles** ;

2 > le second part vers les flancs **à la hauteur de la taille** ;

3 > le dernier suit l'os du bassin **sur le haut des fessiers**.

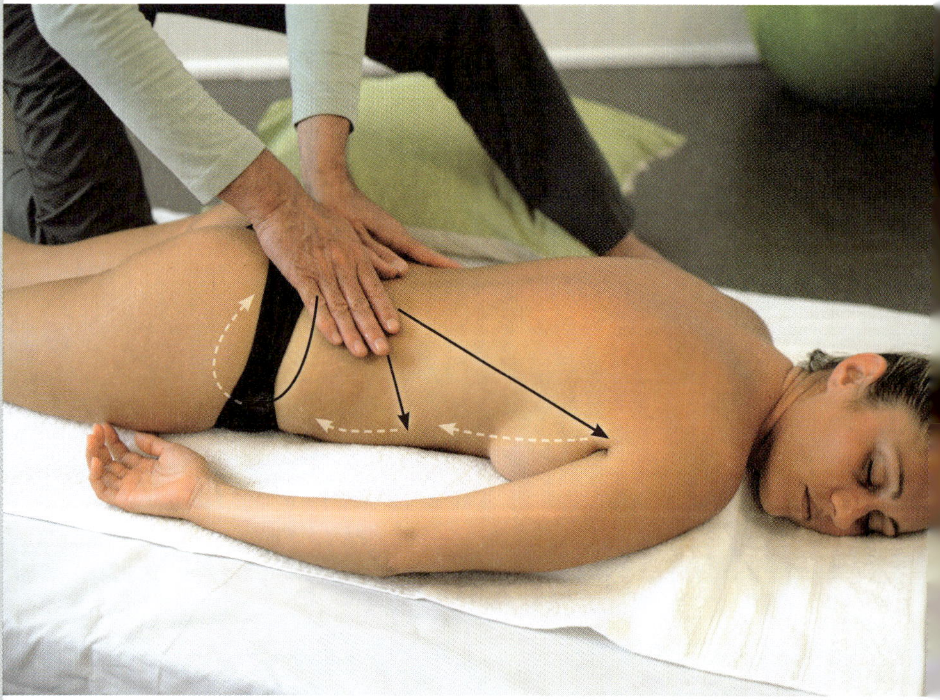

Notre conseil

Dosez votre pression en vous servant du poids de votre corps.

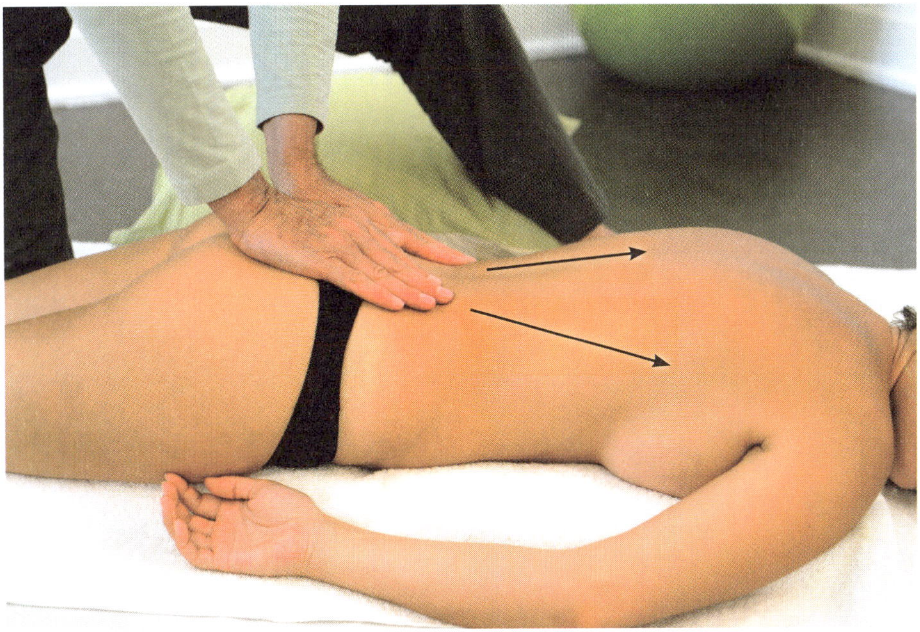

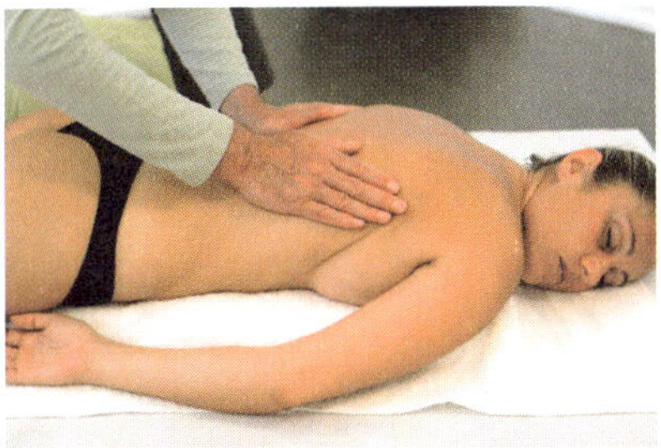

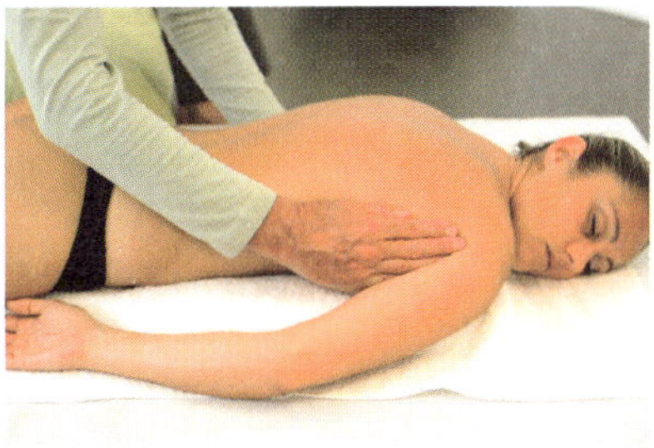

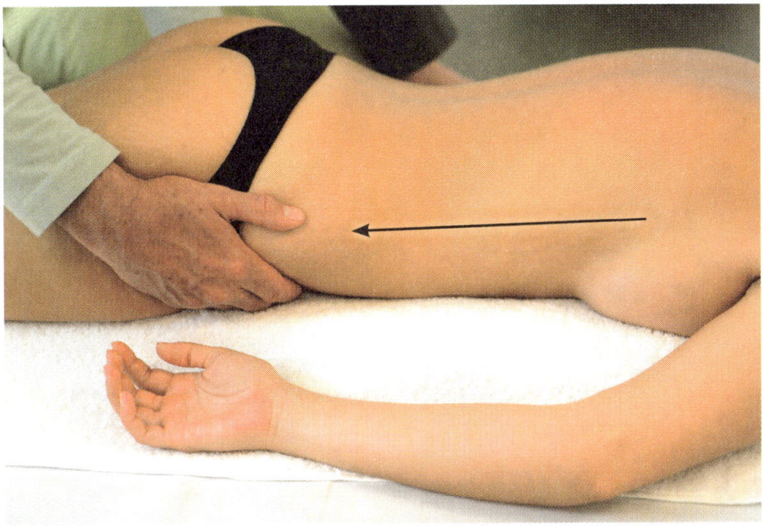

18b À partir de la position de départ, **le premier « V » se dirige vers les aisselles** et revient par les flancs jusqu'à l'os du bassin comme le mouvement 17.

>> *suite…*

18c Le second « V » s'ouvre vers les flancs dans le creux du bas du dos. Les talons des mains s'enfoncent profondément dans la ligne de taille.

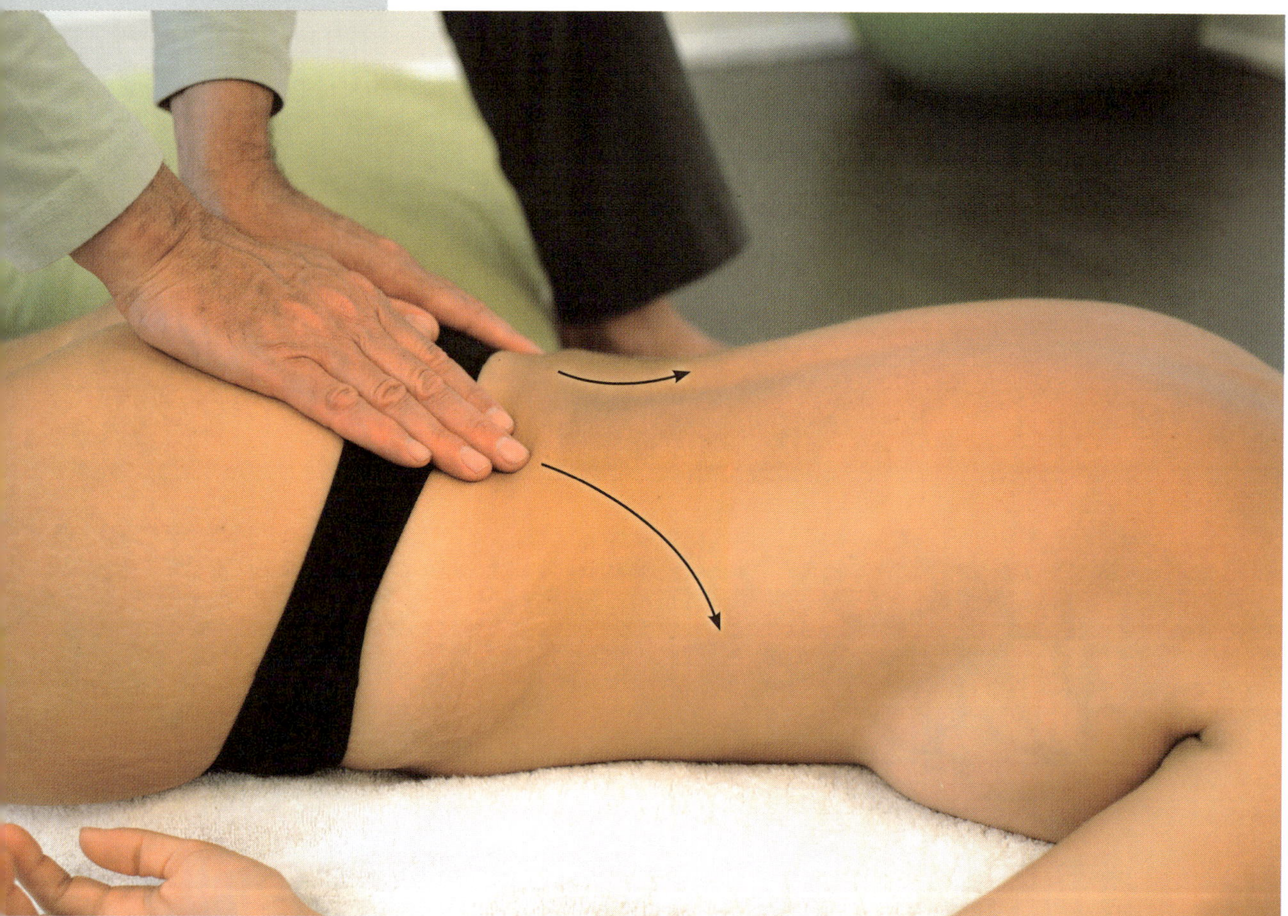

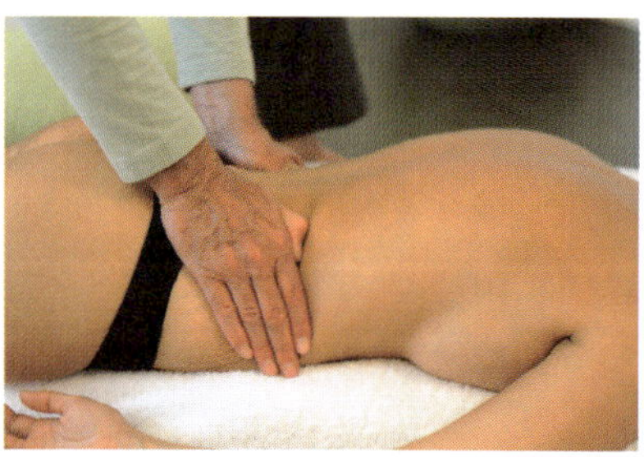

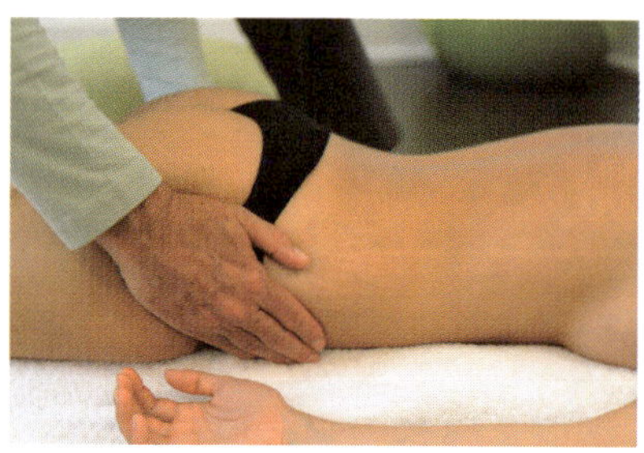

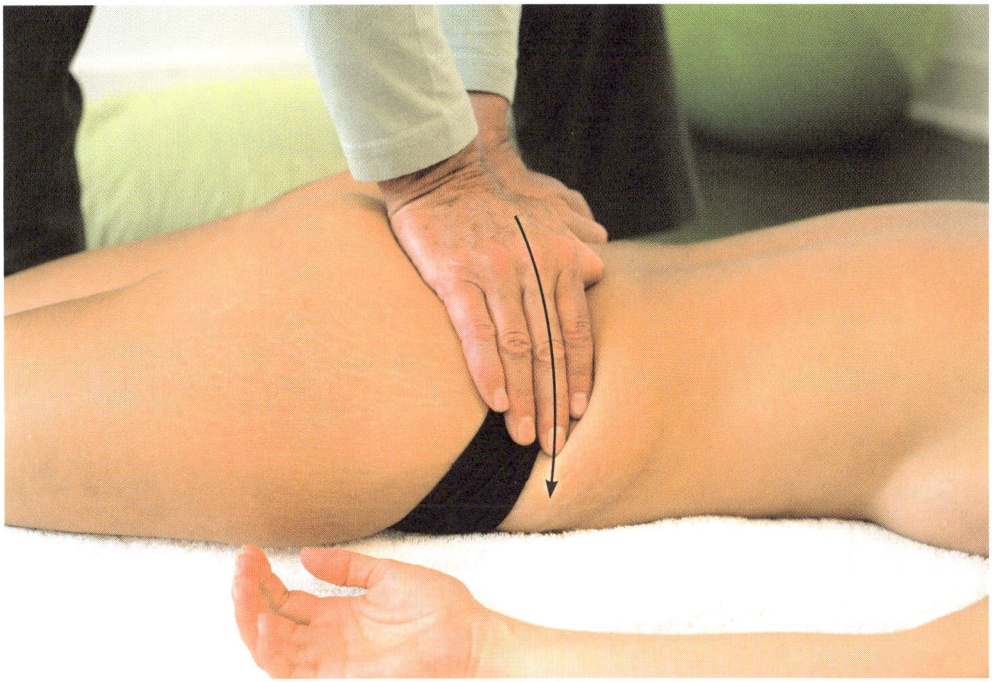

18d Le troisième et dernier « V » s'écarte directement du sacrum profondément dans le haut des muscles fessiers le long de l'os iliaque, l'os du bassin.

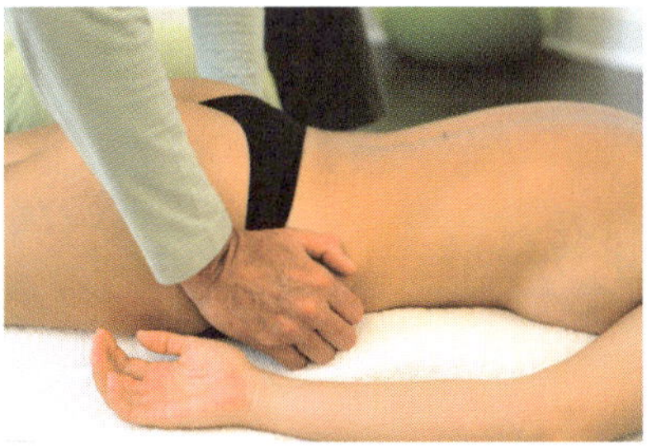

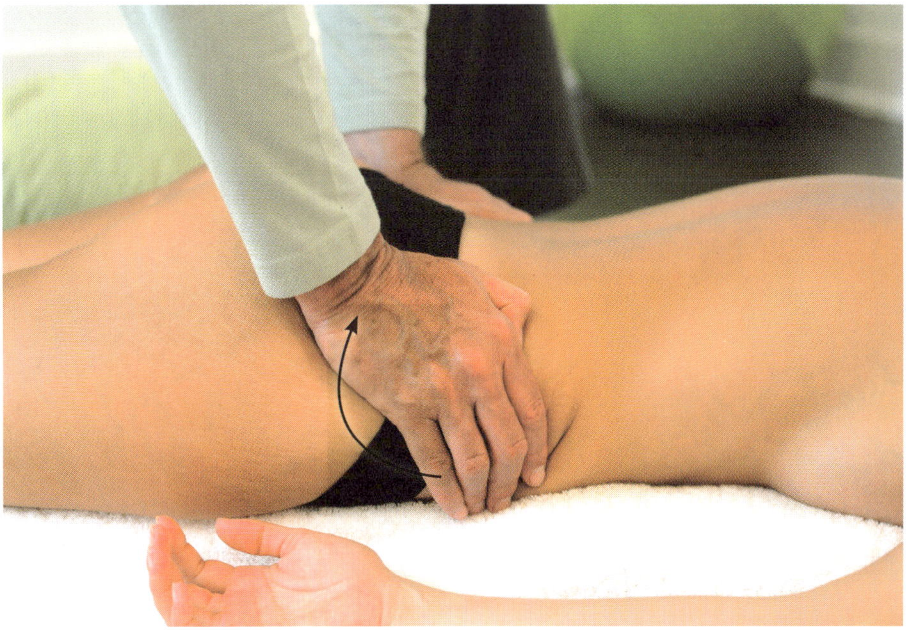

1/19

>> **Pétrissage** flancs et épaules

À pleines mains

Accomplissez le mouvement des deux côtés du corps.

Votre partenaire est resté longtemps avec la tête sur le côté : pour qu'il puisse mieux se détendre invitez-le à remettre sa tête dans l'axe en repliant les bras et en rentrant le menton.

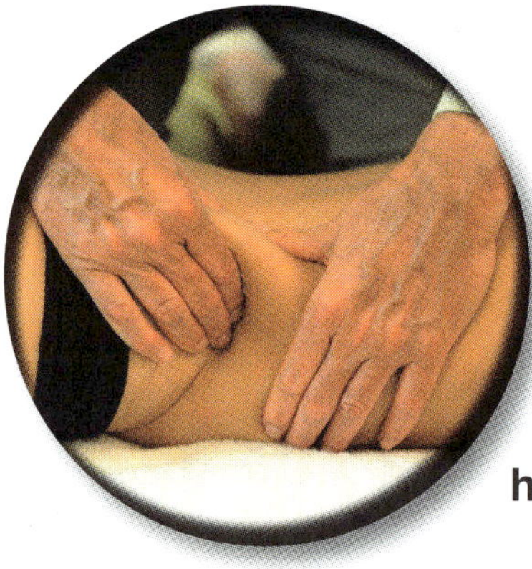

19a Replacez-vous lentement sur le côté du corps perpendiculaire au dos dans la même position que pour le mouvement 13 et **venez pétrir les flancs à la hauteur de la taille.**

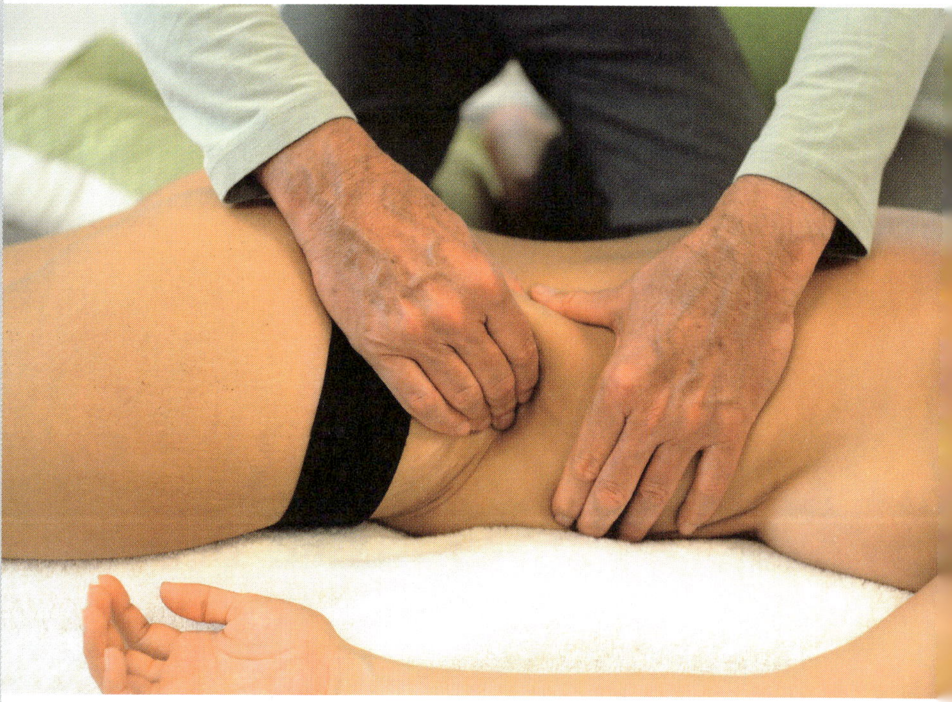

Notre conseil

Le pétrissage, c'est un coup à prendre, ensuite cela devient facile. Imaginez que vous pétrissez de la terre et recherchez surtout la souplesse dans vos mains et vos doigts.

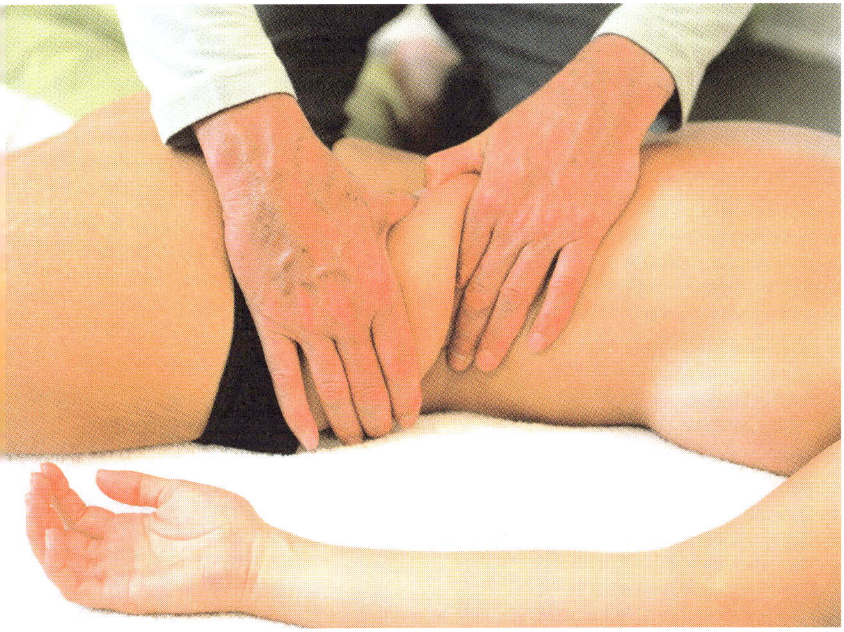

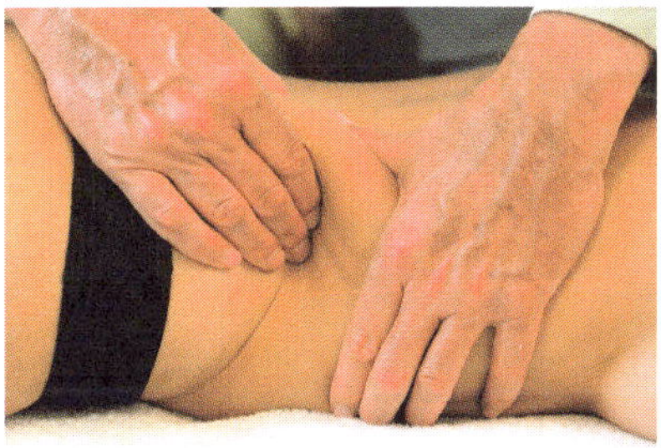

19b Le pétrissage se fait à pleines mains avec un **mouvement de torsion des masses musculaires** que vous décollez en même temps. Observez bien les deux temps du pétrissage et le mouvement de la peau.

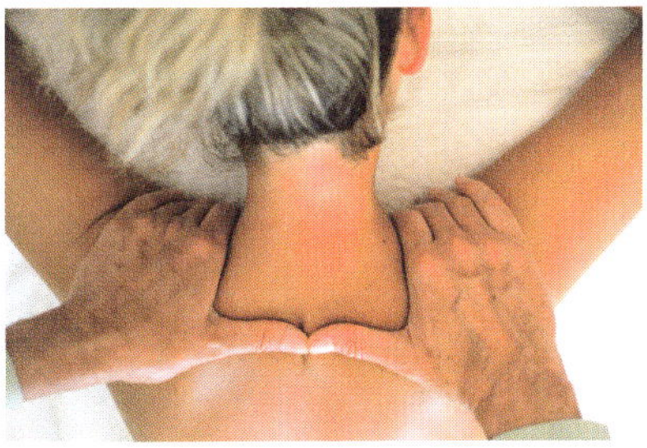

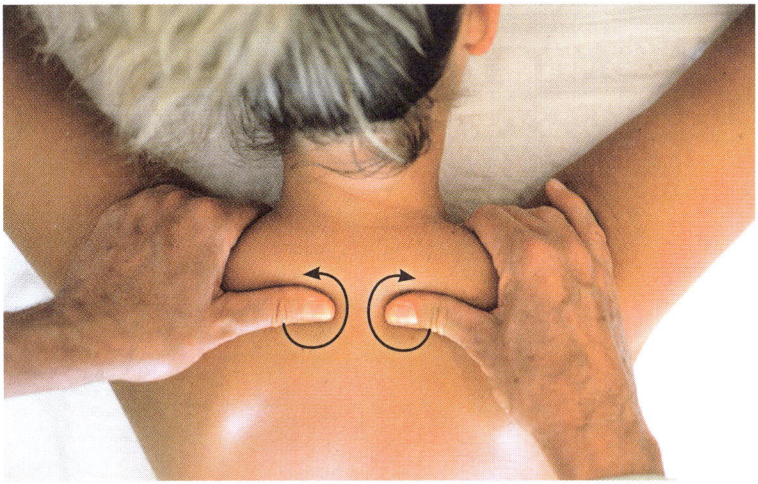

19c Sans perdre le contact corporel remontez en glissant le long du dos jusqu'aux épaules pour aller masser dans un mouvement circulaire des pouces la zone entre le haut des omoplates de chaque côté de la base du cou. Vous pouvez rencontrer de chaque côté de la colonne vertébrale des points douloureux que vous massez en adaptant votre pression.

1/19

>> suite...

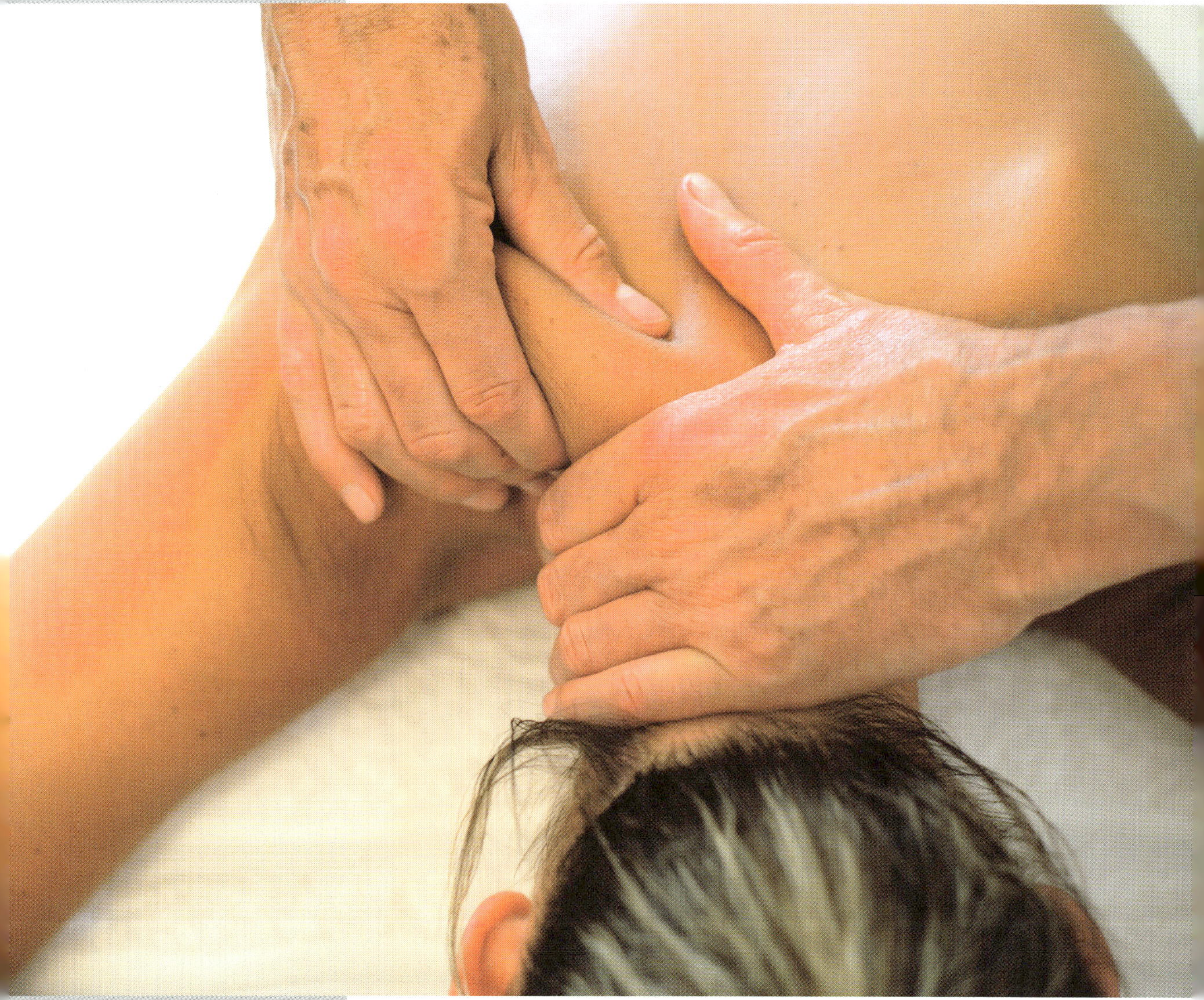

19d Votre partenaire a toujours la tête dans l'axe, le front sur ses mains, et vous reprenez le mouvement de pétrissage avec les deux mains pour les muscles trapèzes successivement pour chaque épaule depuis la base du cou. **Tenez bien le muscle entre le pouce et les doigts en dessous**.

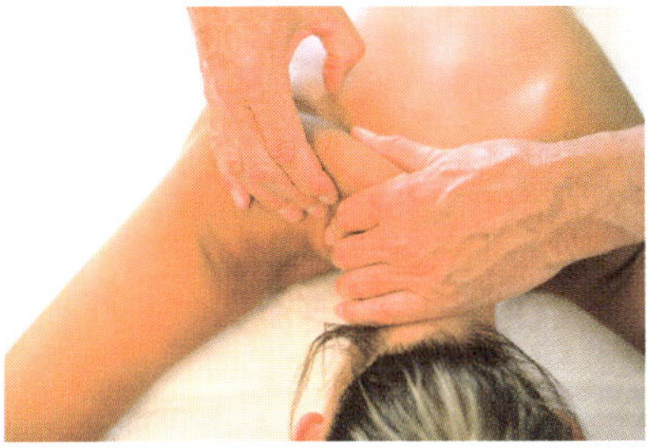

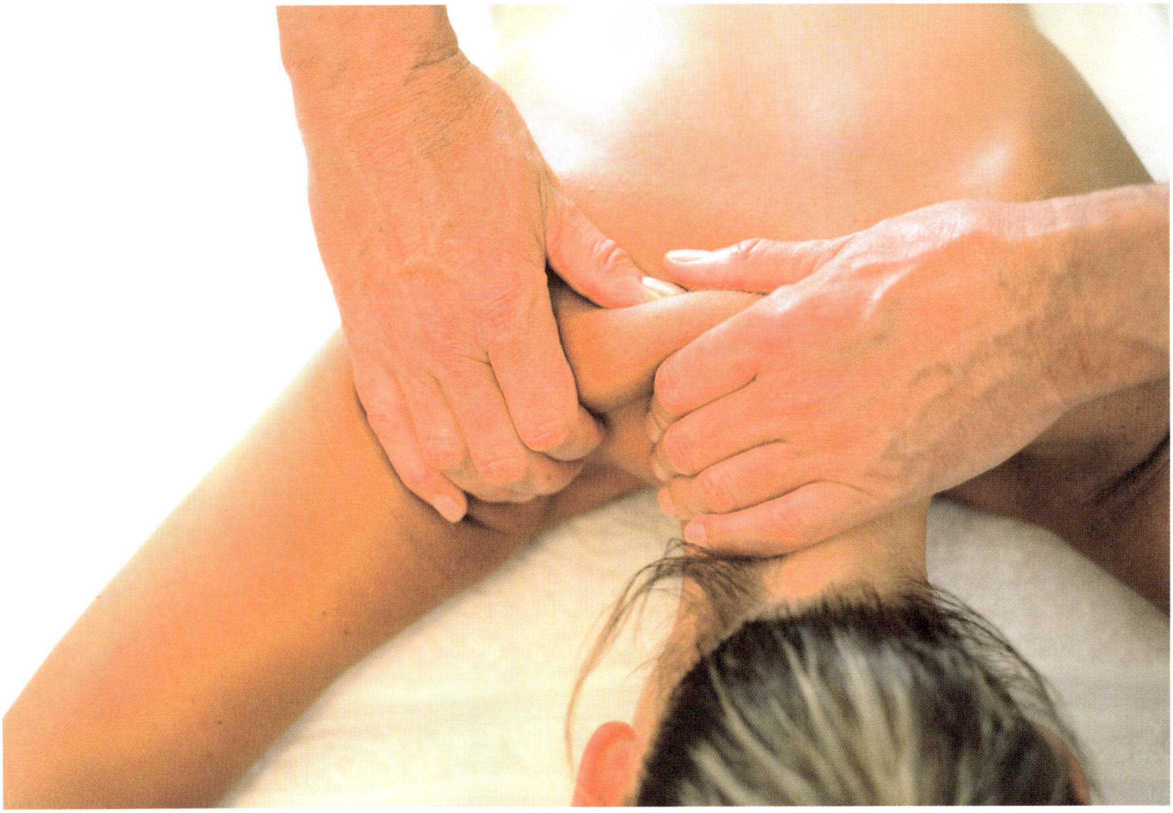

1/20

>> **Détente finale** épaules et cou

Pour terminer en douceur

Variante : Vous pouvez faire ce mouvement glissé remontant vers la nuque alternativement avec une main et l'autre comme vous pouvez le voir sur le dvd.

20a Vous êtes toujours installé confortablement sur le côté du corps de votre partenaire et vous **replacez vos deux mains à plat sur le dessus des épaules**. Débutez un mouvement glissé qui va remonter de chaque côté et sur l'arrière du cou en l'allongeant.

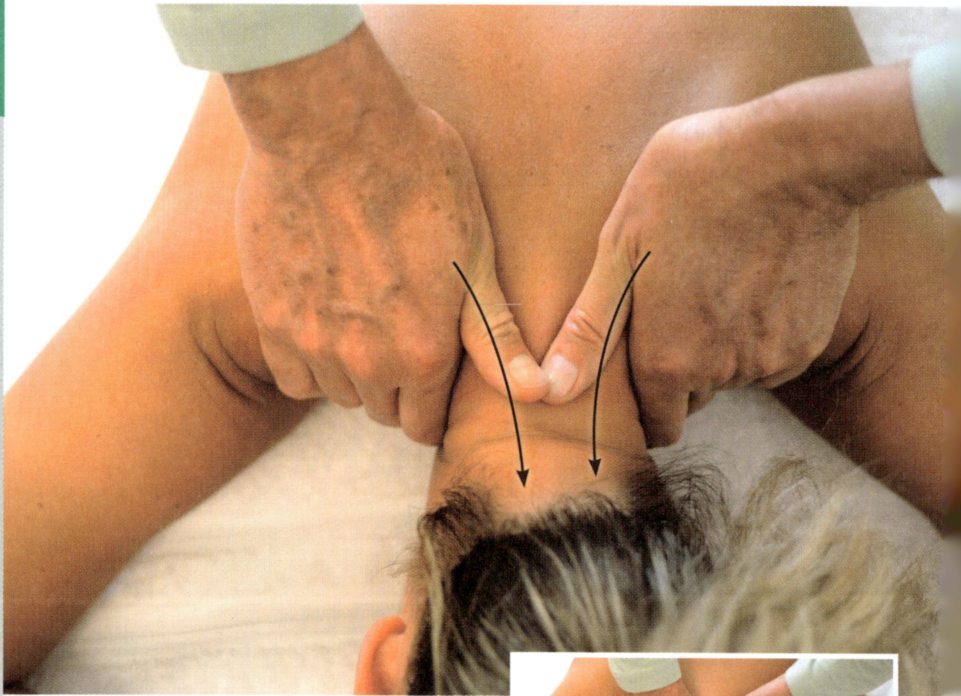

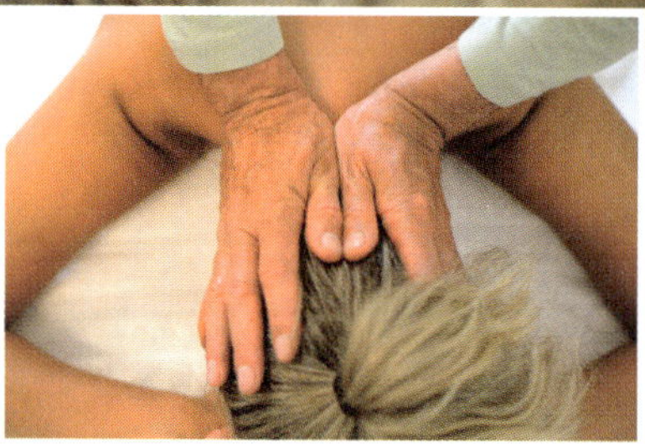

Notre conseil

À cause de la position de rotation de la tête pendant une grande partie du massage ces derniers mouvements 19 et 20 sont très importants à accomplir pour détendre le cou si vous ne voulez pas que votre partenaire se relève le dos détendu mais le cou raide !

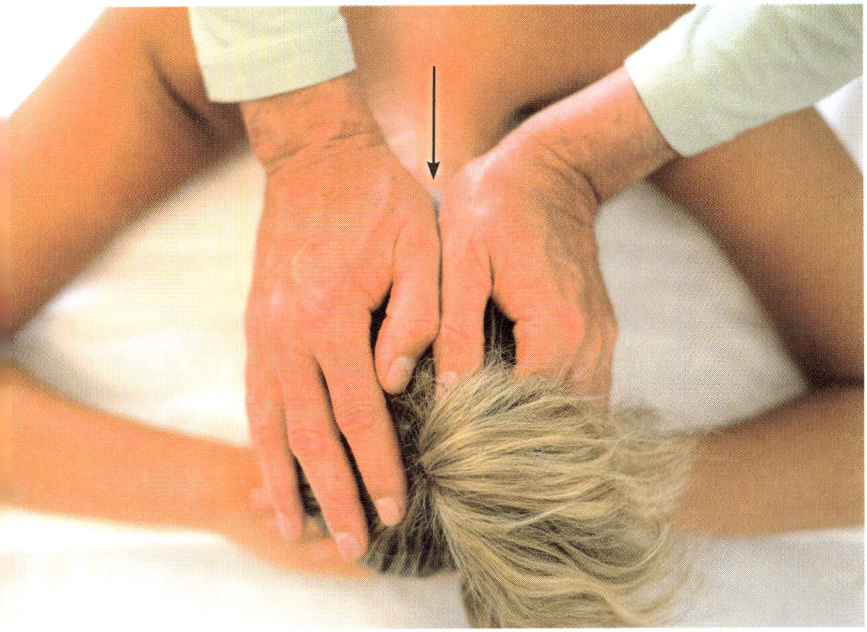

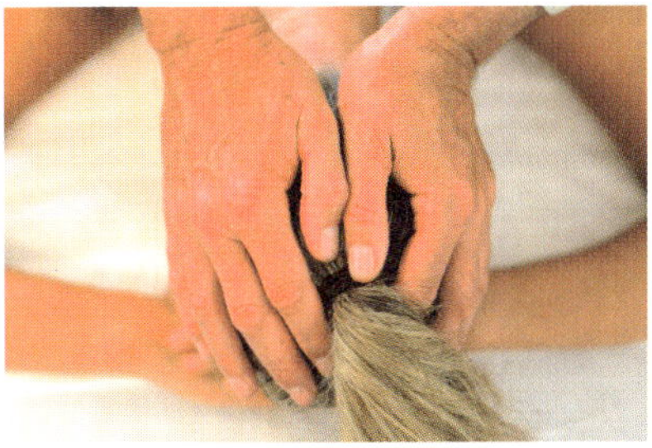

20b Lorsqu'avec le talon des mains vous arrivez à la nuque, plus exactement contre le rebord de l'os occipital – l'os de l'arrière de la tête – **exercez une pression vers le sommet de la tête pour favoriser l'étirement du cou**. Puis poursuivez votre mouvement glissé dans le cuir chevelu sur l'arrière du crâne en relâchant votre pression. Revenez à la position de départ sans pression et répétez le mouvement.

20c Terminez cet enchaînement par une imposition des mains immobile sur l'arrière du crâne. Épousez bien la forme du crâne avec vos mains et restez ainsi sans pression pendant quelques instants.

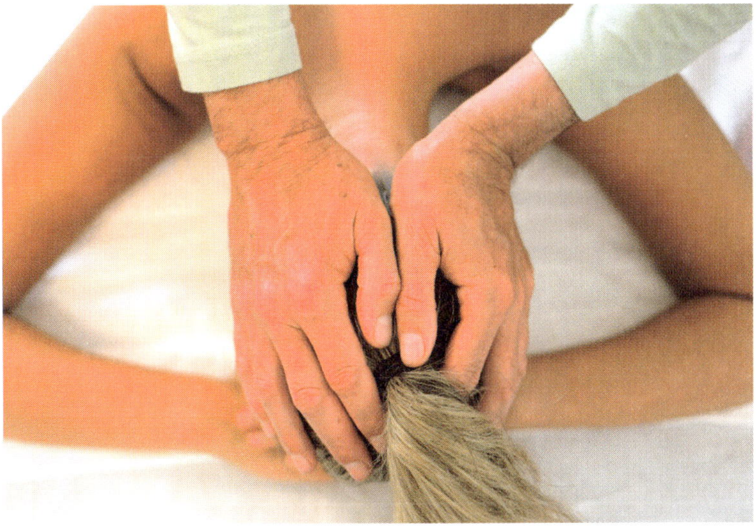

>> L'ARRIÈRE DES **JAMBES**

VOTRE PARTENAIRE EST ALLONGÉ SUR LE VENTRE

Dans cette partie, la longueur des jambes nécessite que vous vous déplaciez en même temps que vous massez, ce qui demande de l'entraînement et une certaine habitude pour être accompli fluidement. C'est aussi la zone du corps qui vous permet de vous entraîner le mieux au pétrissage sauf sur les personnes trop minces.

L'ARRIÈRE DES **JAMBES**

CETTE PARTIE COMPORTE…

18 mouvements
- 6 grands mouvements de détente des deux jambes simultanément
- 12 mouvements sur chaque jambe incluant le massage du pied

3 parties
- massage des deux jambes
- massage successivement de chaque jambe
- massage des pieds (inclus dans le massage de chaque jambe)

2 positions pour masser
- latéralement sur le côté des jambes, d'un côté et de l'autre
- assis en bas du corps aux pieds

VOUS APPRENEZ :
- à soulager la fatigue des jambes
- à vous déplacer fluidement tout en massant
- à pétrir les muscles et à faire des porter-soulever
- à vous familiariser avec le massage des pieds
- à améliorer la circulation sanguine

Lors d'un enchaînement…

>> Le massage de l'arrière des jambes complète idéalement le massage du dos. Il peut aussi le précéder.

>> Le massage associé de l'arrière et de l'avant des jambes intégrant tous les mouvements sur les pieds permet une détente profonde de tout le bas du corps.

Le massage bien-être de l'arrière des jambes

Être fluide

Avec le massage de l'arrière des jambes vous vous initiez au massage des membres avec de grands mouvements en longueur associés à du pétrissage et aux petits mouvements spécifiques du massage des pieds.

Vous massez l'arrière des jambes successivement de plusieurs manières :

1. En vous plaçant aux pieds de votre partenaire pour effectuer d'abord de grands mouvements remontants d'unification sur les deux jambes.
2. Toujours aux pieds avec les mêmes mouvements remontants jusque dans le bas du dos mais sur une seule jambe puis sur l'autre, essentiellement pour la circulation sanguine et la souplesse.
3. Toujours placé en bas du corps de votre partenaire en massant et en débloquant les pieds par des gestes spécifiques puis en drainant les mollets.
4. Enfin en vous plaçant successivement sur le côté de chaque jambe pour pétrir toute la jambe de bas en haut jusqu'aux fessiers.

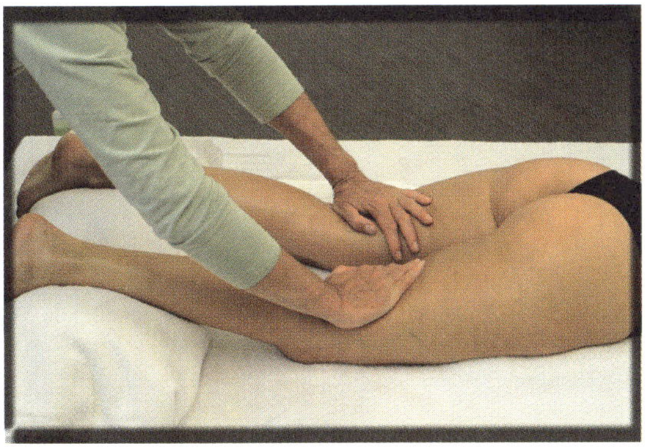

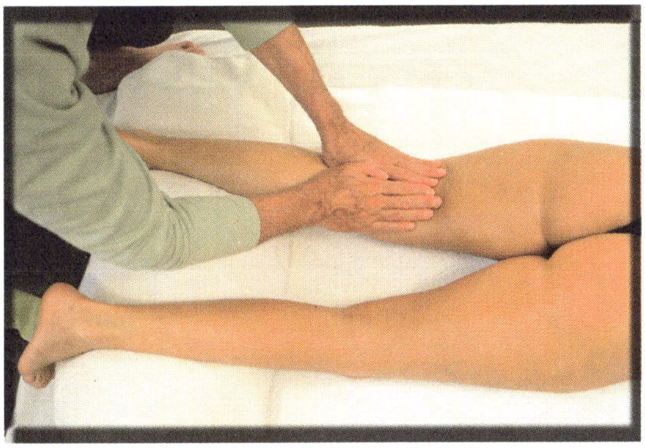

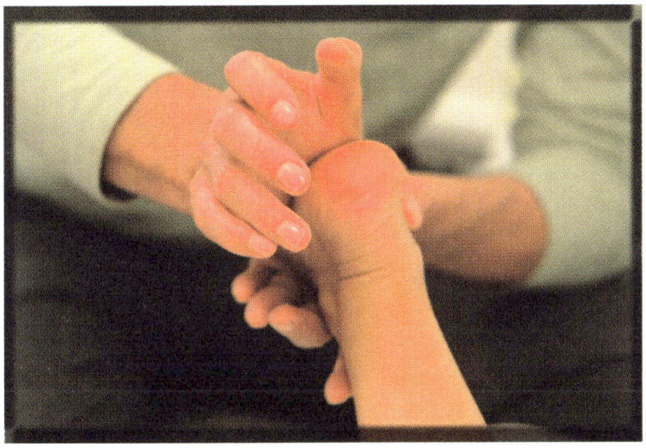

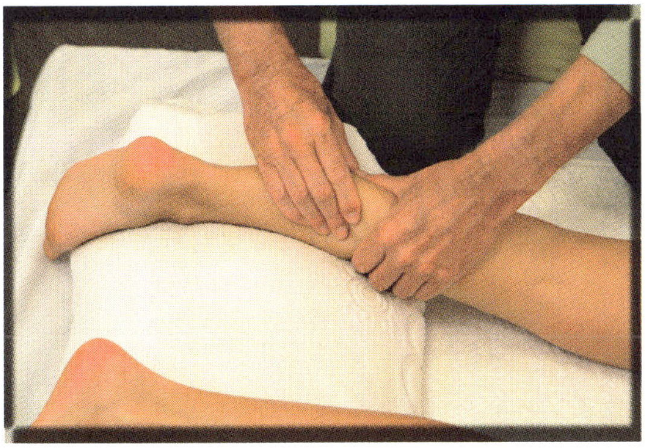

Durant le massage vous êtes amené à accompagner le mouvement en vous portant en avant dans les grands mouvements et en trouvant les positions les plus confortables pour les petits mouvements.

Votre partenaire peut s'installer confortablement dans le haut du corps avec des coussins ou avec les bras repliés sous la tête.

Avec le massage de l'arrière des jambes, vous apprenez de grands mouvements sur toute la longueur des jambes, successivement sur les deux jambes puis sur chaque jambe. Ces mouvements complètent ceux du dos pour la détente de tout l'arrière du corps. Ils redonnent de la souplesse et soulagent en particulier les sciatiques.

>> Conseils **d'installation**

1 **Votre partenaire est allongé sur le ventre** et vous placez un coussin sous ses deux chevilles pour qu'elles puissent se détendre. Si les cous-de-pieds ne touchent pas le sol en position ventrale, les chevilles restent raides et toute la musculature de l'arrière des jambes et même du bas du dos reste tendue. Si nécessaire n'hésitez pas à placer un gros coussin sous chacune des chevilles ou utilisez un traversin de nos grands-mères. Vérifiez toujours avec votre partenaire s'il est confortable.

2 **Votre partenaire écarte légèrement les jambes** si possible un peu plus que naturellement tout en restant dans une position où il est à l'aise. L'idéal anatomique serait que l'écart entre les chevilles soit égal à la largeur des épaules mais l'important est de favoriser le relâchement des muscles fessiers. Invitez votre partenaire à s'installer lui-même, ne positionnez pas ces jambes par vous-même en lui donnant l'impression d'être directif.

3 **Si votre partenaire a les rotules saillantes ou des douleurs dans les genoux** lorsqu'il est allongé sur le ventre, disposez simplement un petit coussin mince ou une serviette repliée sous les genoux.

4 **Si votre partenaire souffre ou est fragile du bas du dos**, ne mettez pas de coussins sous le bassin, ce qui augmenterait la cambrure, mais sous l'abdomen comme pour le massage du dos.

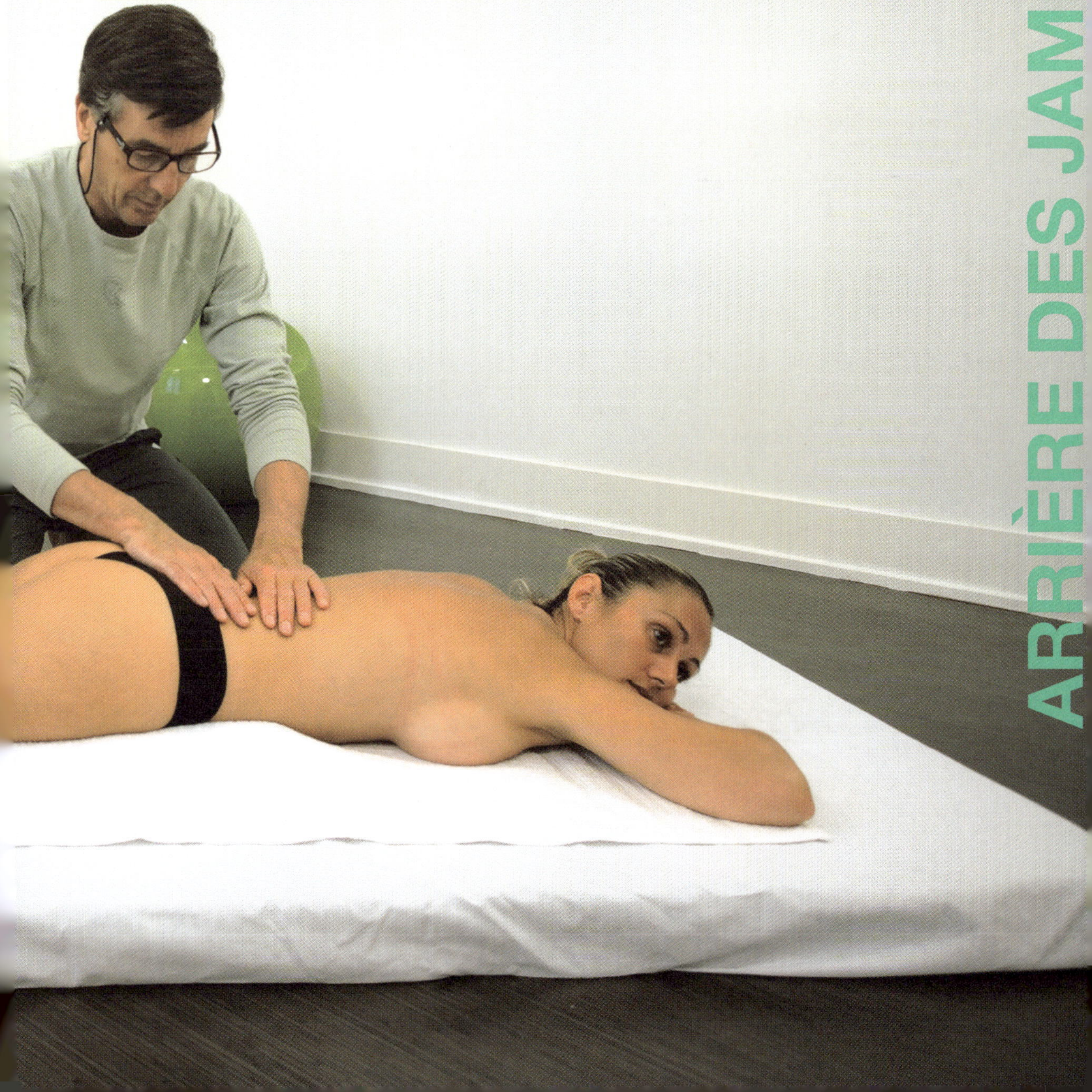

>> Précautions à prendre

- **Si vous observez sur les jambes les signes d'une mauvaise circulation** (veines et capillaires apparents, éclatés, gonflés, rougeurs, bleus, œdèmes, etc.), vous devez impérativement **éviter les mouvements de pétrissage** qui risquent d'abîmer encore plus les vaisseaux sanguins. Pratiquez alors beaucoup plus longtemps les manœuvres de drainage.

- **Si vous observez de la cellulite, sachez qu'elle peut rendre le massage douloureux en surface.** Ralentissez vos mouvements et évitez de faire « ripper » la peau. Si c'est vraiment trop douloureux ou trop désagréable pour votre partenaire, utilisez plutôt des techniques de massage par pression comme le shiatsu si vous en connaissez la technique.

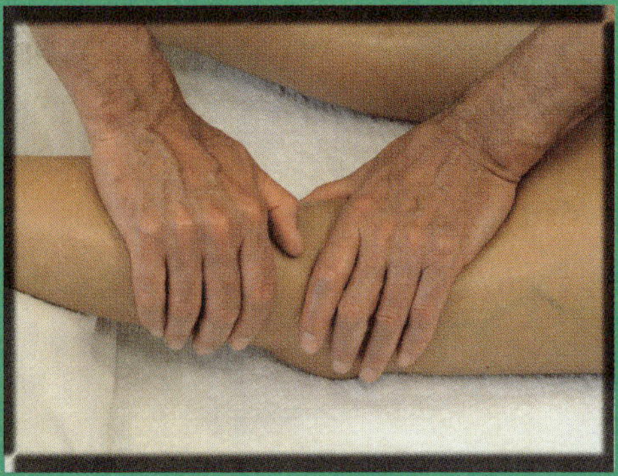

- **N'exercez pas de pression sur l'arrière du genou fragile** et effectuez lentement les mouvements de drainage circulatoire pour qu'ils soient efficaces.

- **Renseignez-vous auprès de votre partenaire :** pour la circulation sanguine : a-t-il subi une opération des veines ? Marque-t-il facilement lorsqu'il se cogne ? Pour les articulations : opérations ou accidents touchant les genoux ou les chevilles ? Douleurs chroniques ou récurrentes ? Pour les orteils : souffre-t-il d'hallux valgus (oignon) ou d'ongles incarnés, a-t-il été opéré ? Ces réponses vous inviteront à la prudence dans votre massage et si nécessaire à éviter certaines zones trop délicates.

- **Rappelez-vous la règle d'or :** sur les endroits et points douloureux diminuez la force de votre pression et augmentez votre temps de massage. Dosez toujours votre pression en fonction des réactions de votre partenaire. Il est néfaste de réveiller ou d'intensifier une douleur.

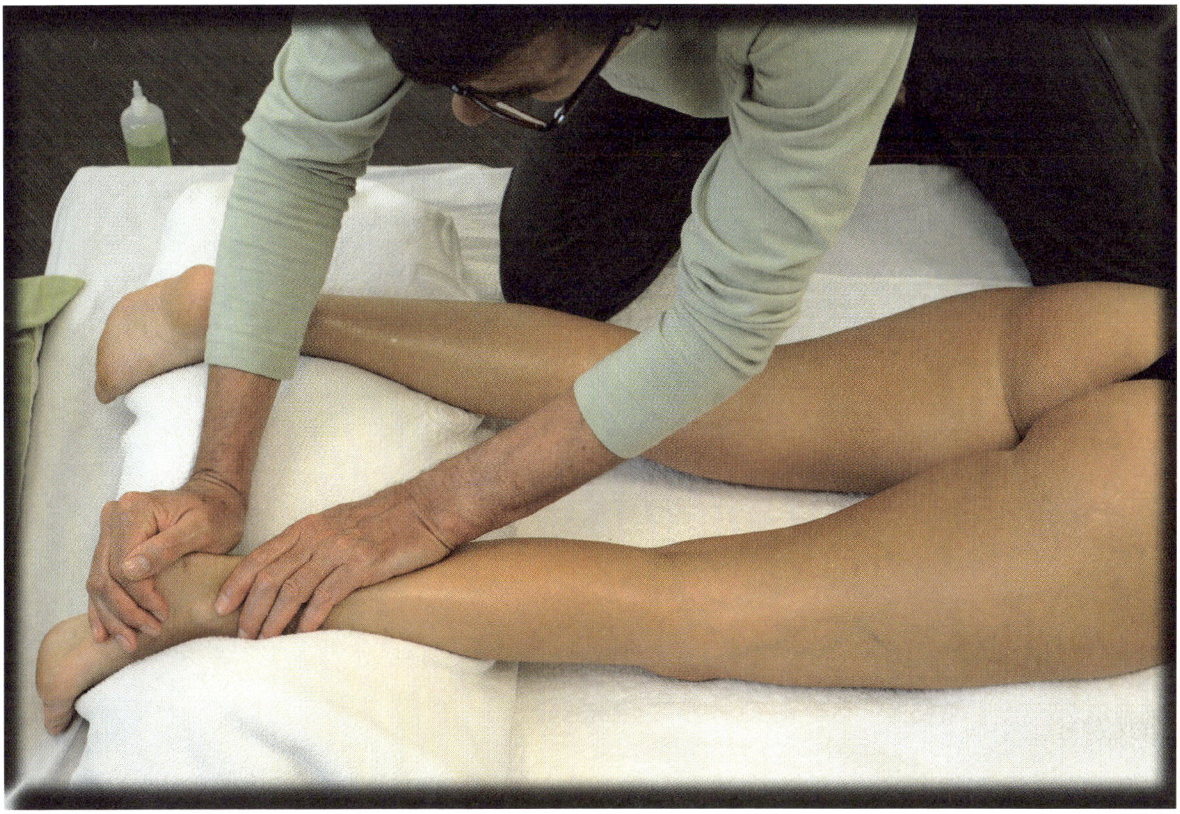

Instructions à suivre dès le début du massage

Mettez toute votre attention pour rester fluide dans vos déplacements et évitez de vous appuyer sur le corps de votre partenaire pour garantir votre équilibre. À tout moment du massage, vous devez pouvoir ôter vos mains sans perdre l'équilibre.

Plus vous effectuez un mouvement lentement, plus ce sera facile de faire attention à votre propre corps. Si vraiment vous êtes trop raide dans les jambes pour pouvoir effectuer ce massage au sol, pas de problème, massez sur table (à la maison une planche solide, sur 3 tréteaux, recouverte d'un matelas fin peut faire l'affaire).

2/1

>> **Étendre l'huile** sur les jambes

Épouser la forme du corps

Variante : Si vous effectuez uniquement un massage de l'arrière de jambes, placez-vous d'emblée aux pieds et étendez l'huile en remontant sur les deux jambes avant le mouvement suivant.

Ce mouvement est conçu pour faire le lien entre le massage du dos et le massage de l'arrière des jambes qui peut le prolonger.

Notre conseil

Prenez votre temps pour étendre l'huile. C'est facile, vous pouvez laisser aller vos mains, les assouplir et développer votre sensibilité : sentir la forme des différentes parties, la consistance des muscles, la chaleur… Toutes ces perceptions guideront ensuite instinctivement votre massage en l'adaptant à votre partenaire.

1a Vous êtes installé sur le côté du corps. Après avoir versé un peu d'huile de massage dans vos mains et les avoir enduites d'huile, **déposez vos mains lentement dans le bas du dos** de votre partenaire et établissez le contact. Lorsque vous vous sentez prêt, **commencez à étendre l'huile**.
À partir du bas du dos, zone jusque dans laquelle vont remonter les mouvements sur l'arrière des jambes vous **continuez d'étendre l'huile sur la cuisse opposée puis vers le genou et le mollet**.

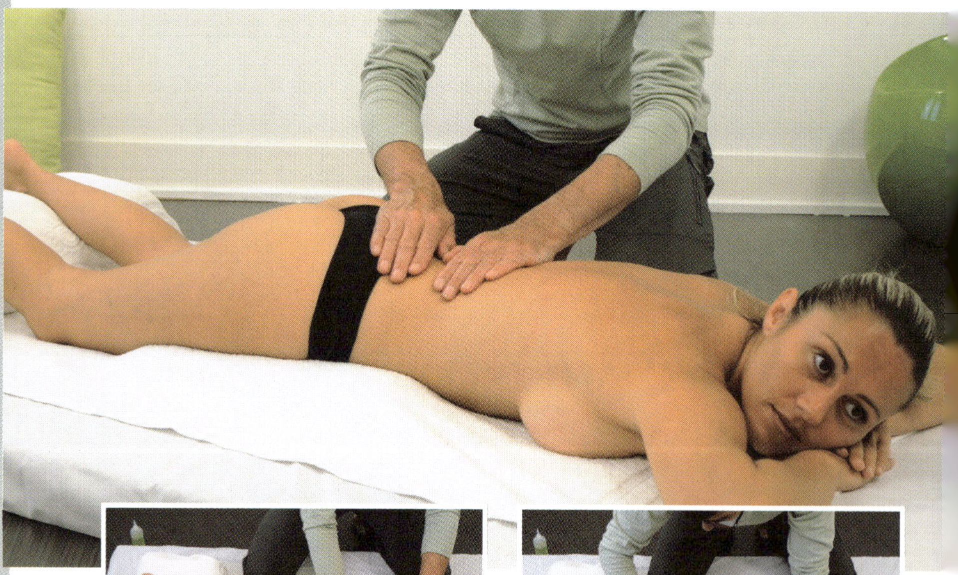

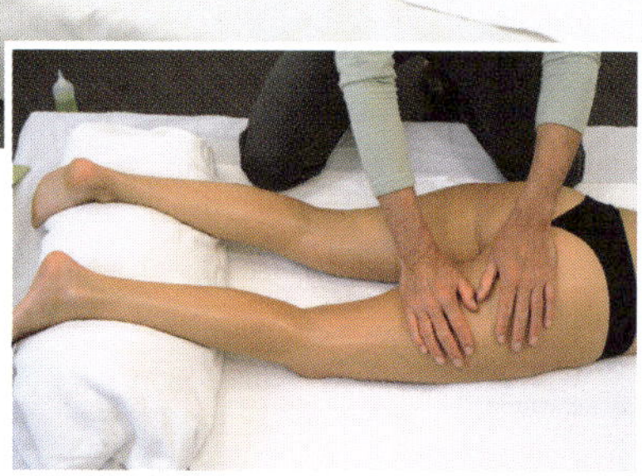

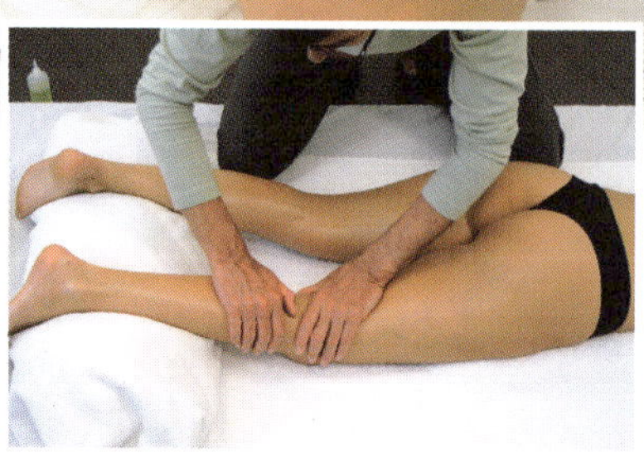

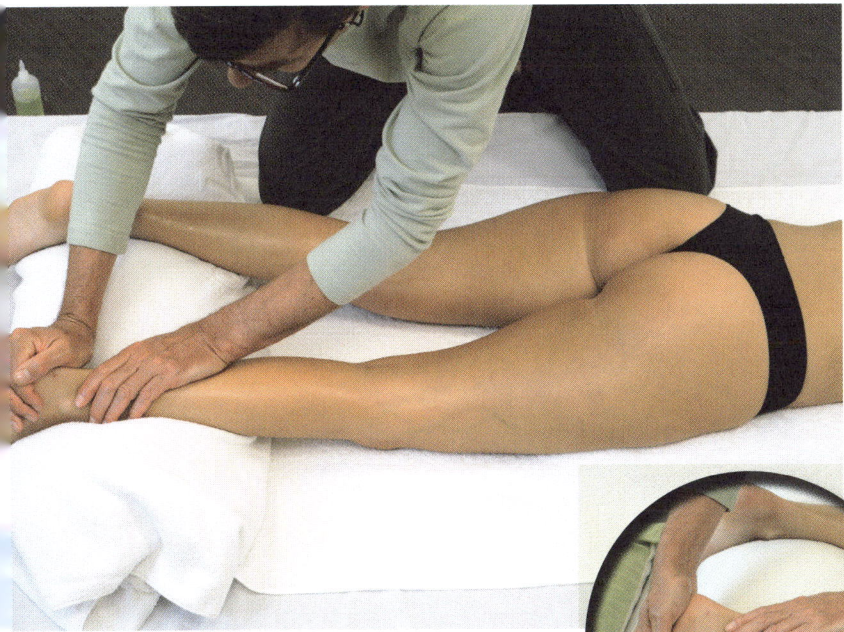

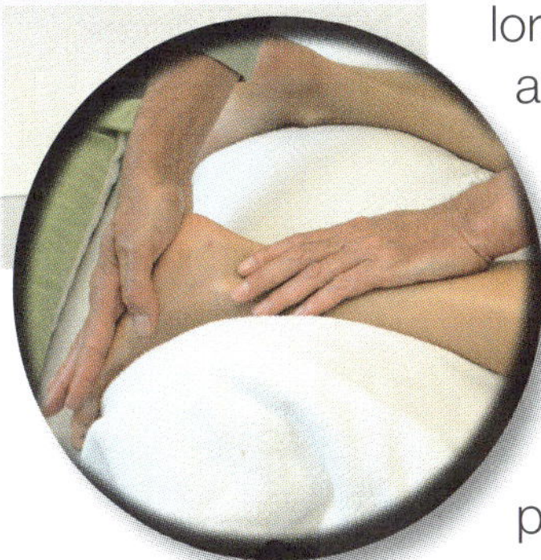

1b Avec des mouvements plutôt circulaires et enveloppants **descendez pour étendre l'huile tout le long de la jambe en épousant bien la forme du corps**, particulièrement lorsque vous arrivez au pied. Déplacez-vous vers l'avant pour effectuer le mouvement sans toutefois vous appuyer avec vos mains sur votre partenaire.

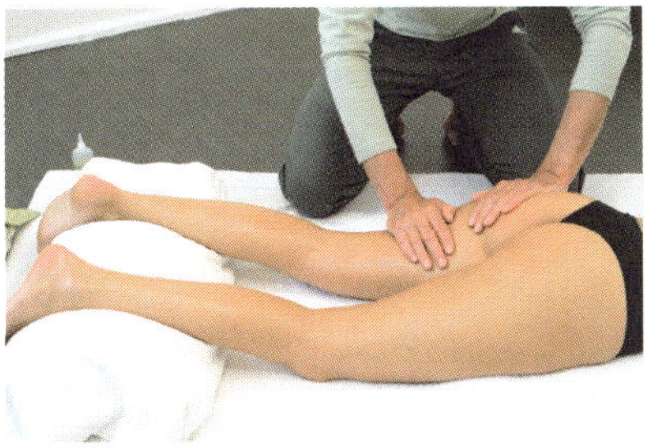

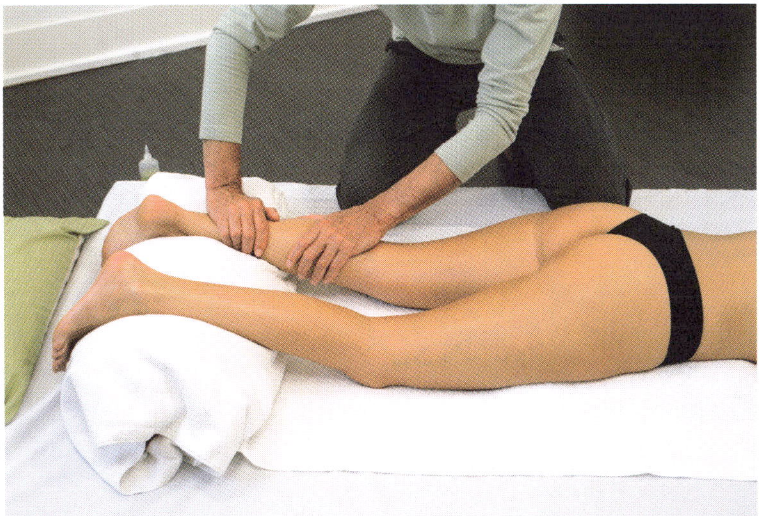

1c Passez d'un pied à l'autre et **continuez à étendre l'huile sur l'autre jambe** de votre côté toujours avec des mouvements circulaires et enveloppants sans pression. N'oubliez pas les côtés et les fessiers. Pour les grands mouvements vous avez besoin d'une bonne glisse et donc étendez suffisamment d'huile partout. Plus la pilosité est importante plus vous devez utiliser d'huile. **Lorsque vous reprenez de l'huile gardez le contact avec l'autre main dans laquelle vous allez verser l'huile.**

2/2

>> **Détendre** le bas des jambes

Le porter-soulever

Répétez au moins trois fois et en enchaînant avec les mouvements suivants qui remontent plus haut sur les jambes.

2a Vous êtes maintenant positionné aux pieds de votre partenaire, chacune de vos mains empoignant la plante d'un pied. **Refermez bien vos mains autour de la forme des pieds.** Commencez un mouvement remontant sur la cheville puis sur le mollet en utilisant la souplesse de vos poignets pour envelopper la jambe.

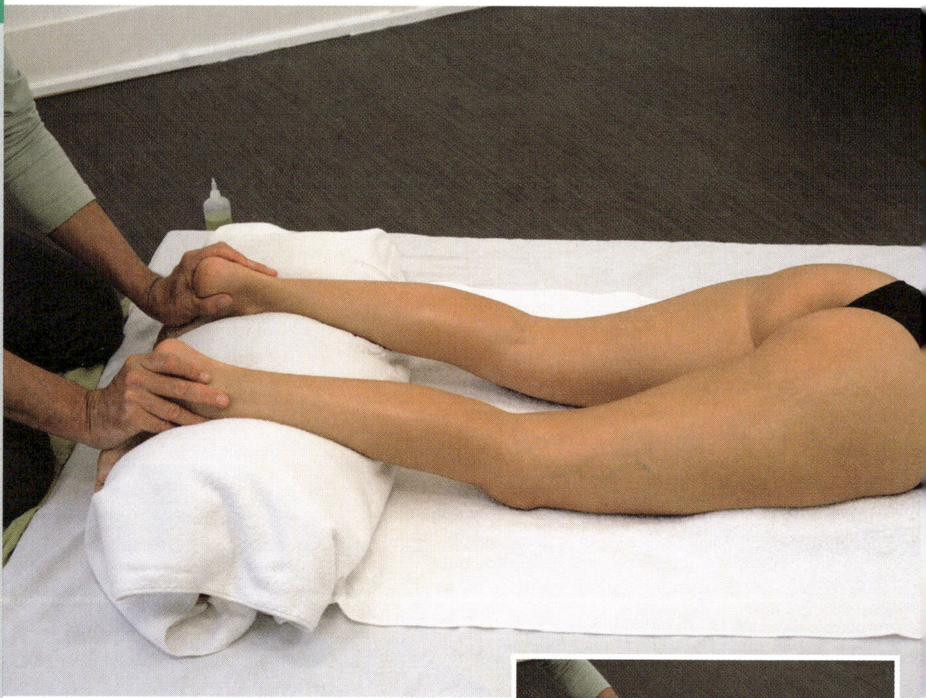

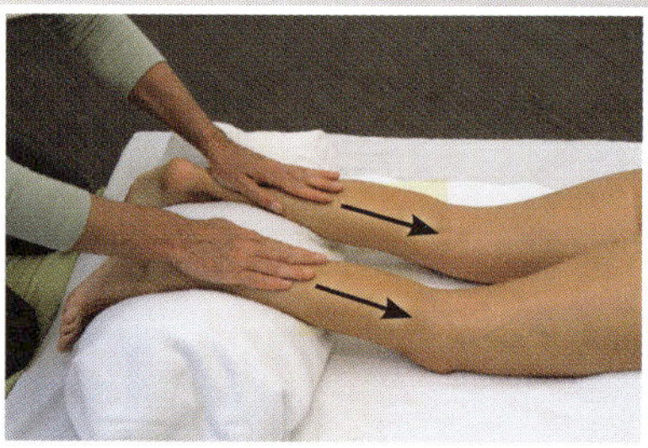

Notre conseil

Le mouvement de retour est fondamental à assimiler : vous allez le retrouver identique dans tous les mouvements suivants. C'est un mouvement que nous appelons « porter-soulever » qui invite votre partenaire à laisser porter sa jambe par votre main, à abandonner son poids, ce qui est très relaxant. Les deux mouvements suivants vont vous permettre de vous perfectionner.

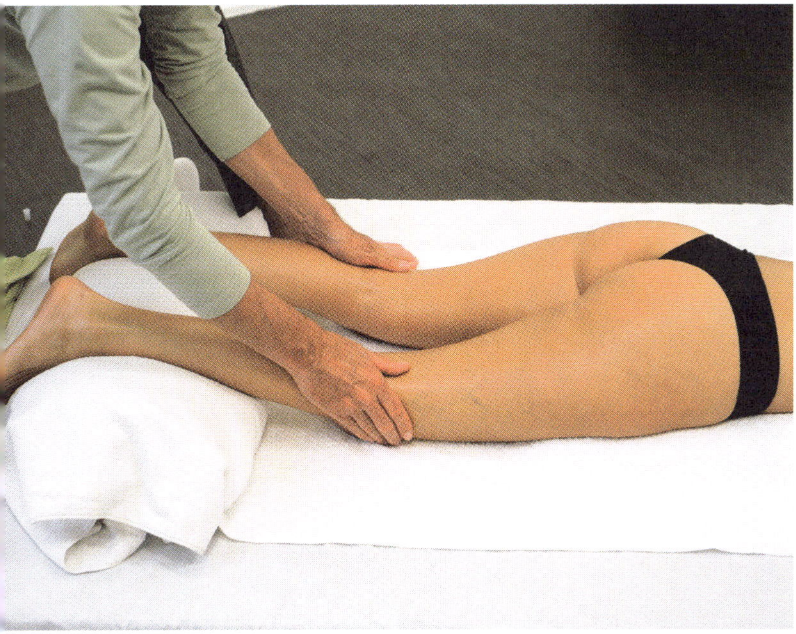

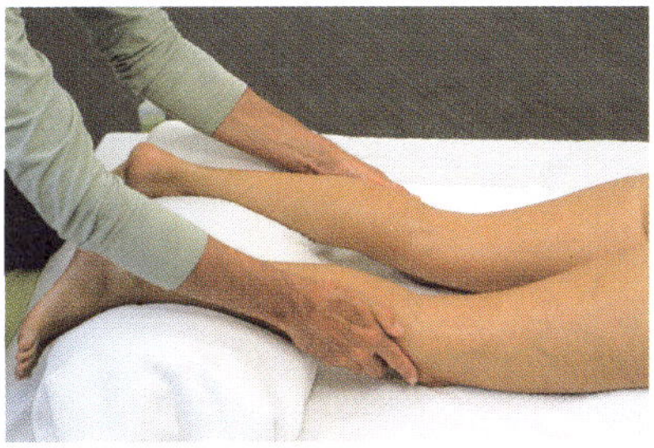

2b **Écartez vos mains vers l'extérieur lorsque vous arrivez à la hauteur de l'arrière du genou** pour ramener vos mains sur l'extérieur des jambes. **Commencez à redescendre** vers les pieds et glissant vos mains par en dessous.

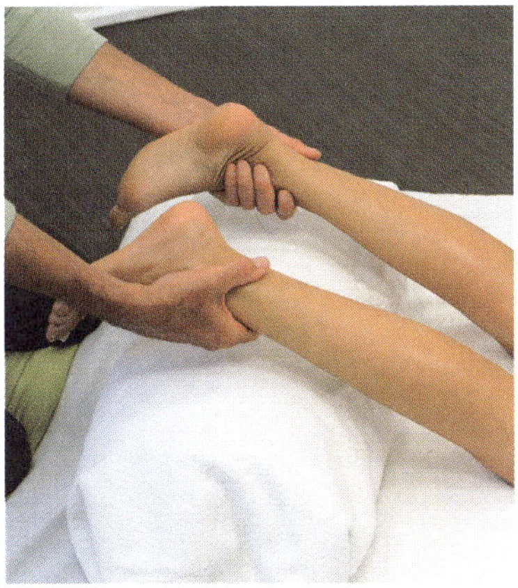

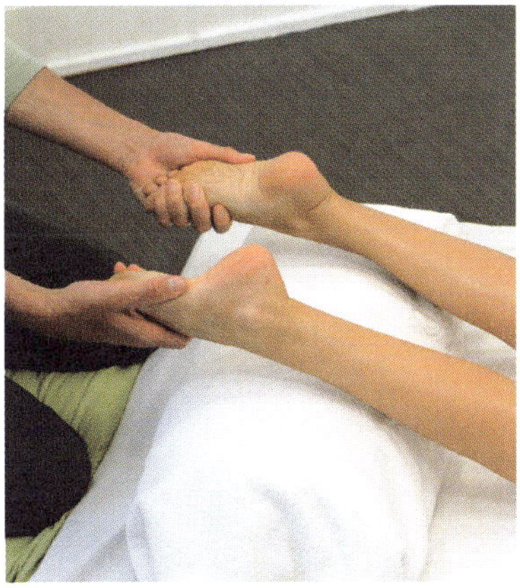

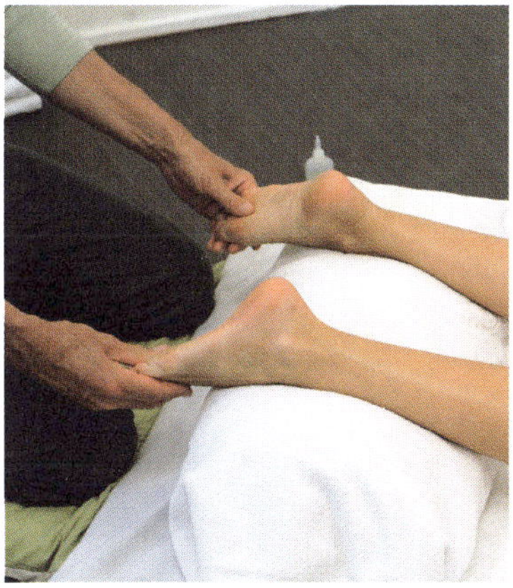

2c Pour le mouvement de retour, **glissez jusqu'aux chevilles en soulevant en même temps les jambes**. Poursuivez sous les pieds jusqu'aux orteils en les laissant redescendre naturellement au sol. Sans perdre le contact, ramenez vos mains dans la plante à la position de départ.

2/3

>> **Détendre** l'arrière des cuisses

Mains perpendiculaires sur chaque jambe

Répétez au moins trois fois et en enchaînant avec le mouvement précédent et les deux suivants qui remontent encore plus haut sur les jambes.

3a Observez bien la position des mains au départ du mouvement juste au-dessus des chevilles : elles sont **perpendiculaires à la jambe pour mieux drainer les muscles**. Reprenez le même mouvement que 2/2 mais montez un peu plus haut sur les cuisses.

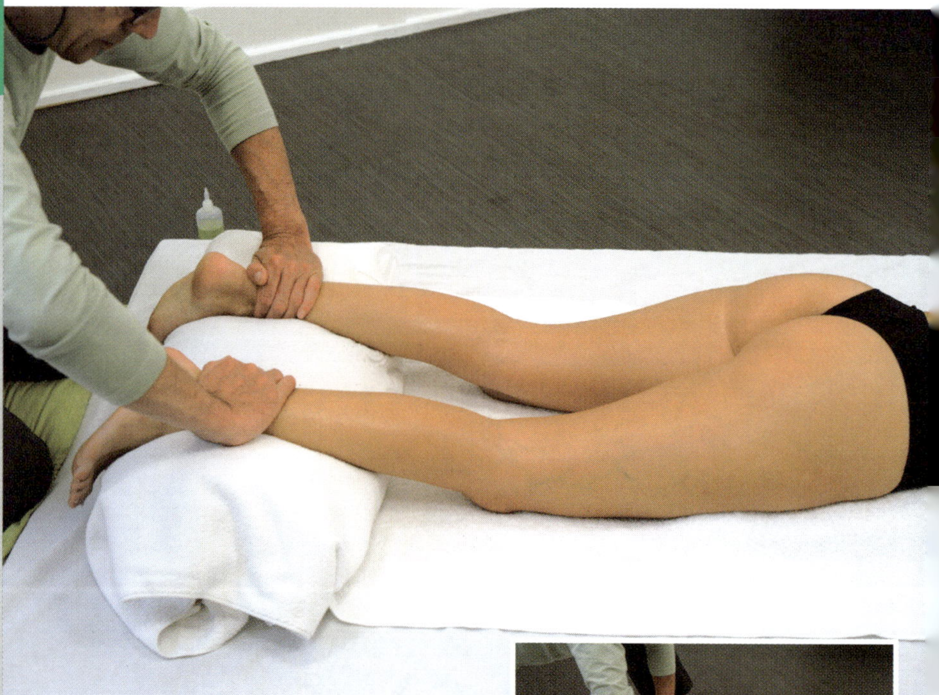

Notre conseil

Ne vous appuyez pas sur votre partenaire, l'arrière des mollets en particulier peut être très sensible à la pression. Soyez attentif à doser votre pression. Perfectionnez votre geste en devenant de plus en plus coulant et harmonieux. Laissez aller votre corps avec votre mouvement.

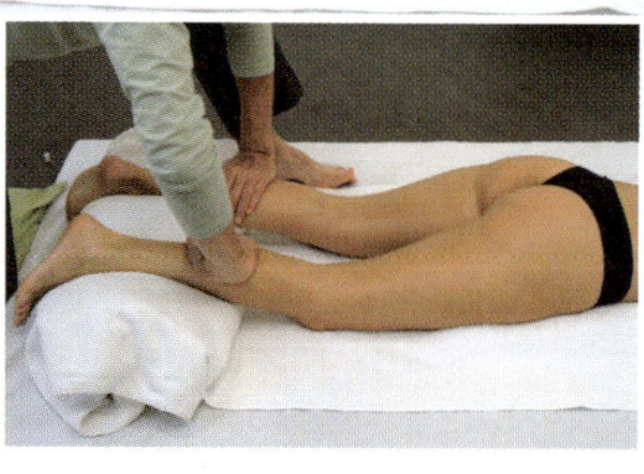

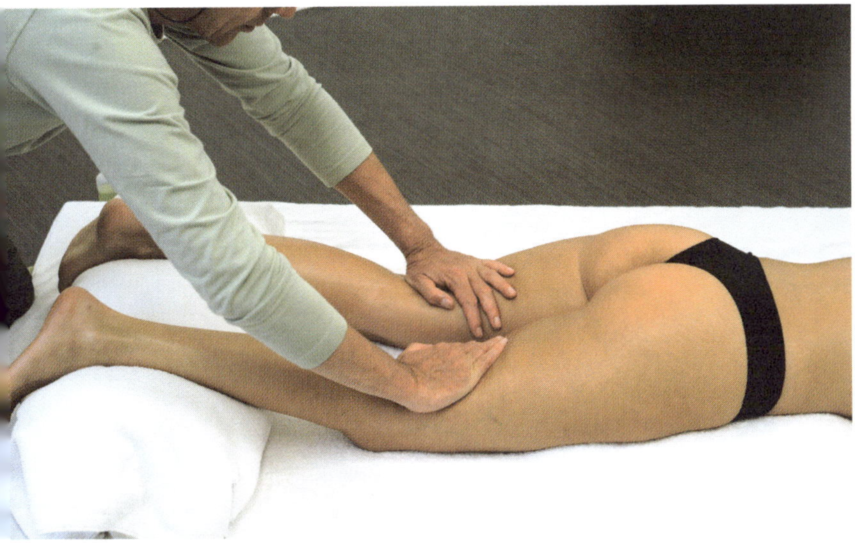

3b Comme précédemment **écartez vos mains vers l'extérieur pour vous préparer à redescendre** par le flanc jusqu'au genou puis à soulever le bas de la jambe dans le geste de porter-soulever.

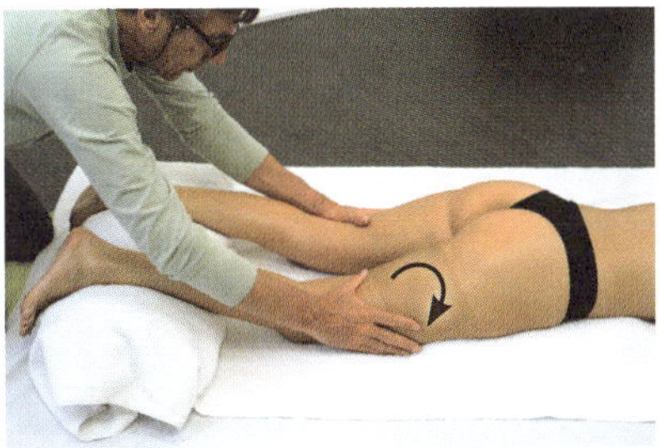

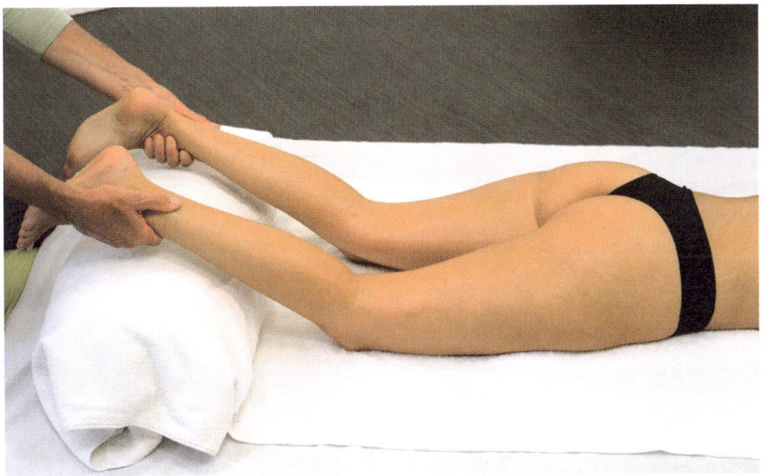

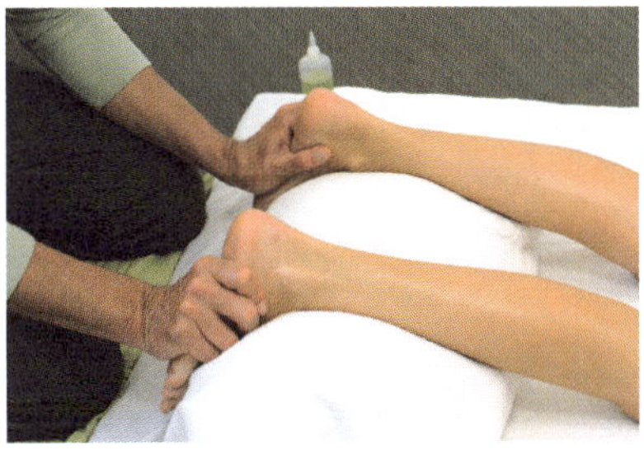

Revenez à la position de départ sans perdre le contact par la plante du pied.

3c Glissez en portant la jambe et en refermant bien votre main autour du tibia puis de la cheville avant de passer sous le dessus du pied. **Lorsque vous êtes au niveau de la cheville, profitez de votre prise pour étirer légèrement la jambe en même temps.**

2/4

>> **Détendre** tout l'arrière des jambes

Rassembler, unifier

Répétez au moins trois fois en enchaînant avec le mouvement suivant qui relie avec le bas du dos.

4a Tout le début du mouvement est identique avec la position des mains et le mouvement qui remonte sur l'arrière de la jambe. **Déplacez le poids de votre corps vers l'avant pour monter de plus en plus haut sur la jambe.** Vous ne pouvez pas faire ce mouvement en restant assis aux pieds.

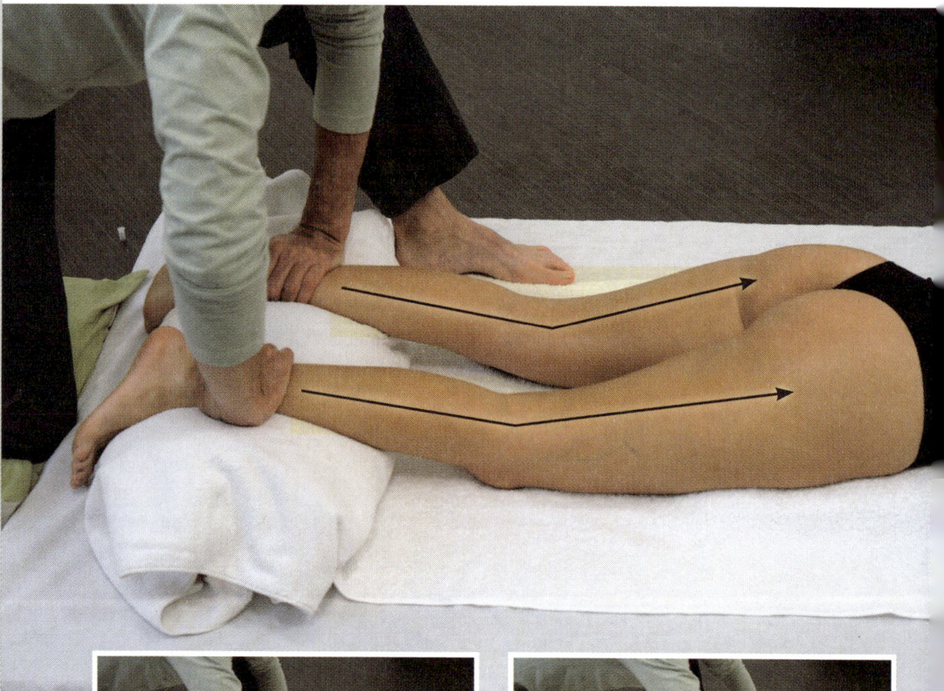

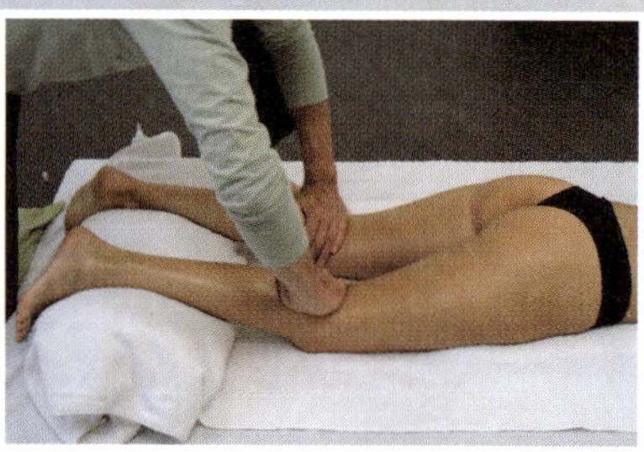

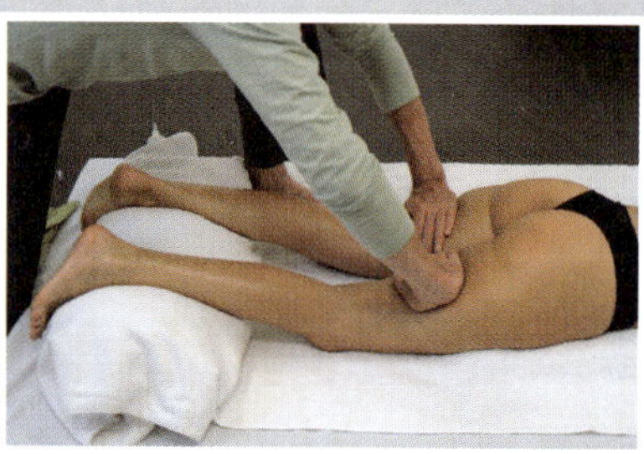

Notre conseil

Soyez attentif au trajet des mains et aux détails : chacun d'entre eux compte et multiplie les bienfaits du massage. Il ne s'agit pas simplement comme certains le croient de juste glisser sur la peau. Le massage n'est pas de la « caressothérapie » ! Comprenez aussi comment chaque mouvement prolonge le précédent et prépare les suivants.

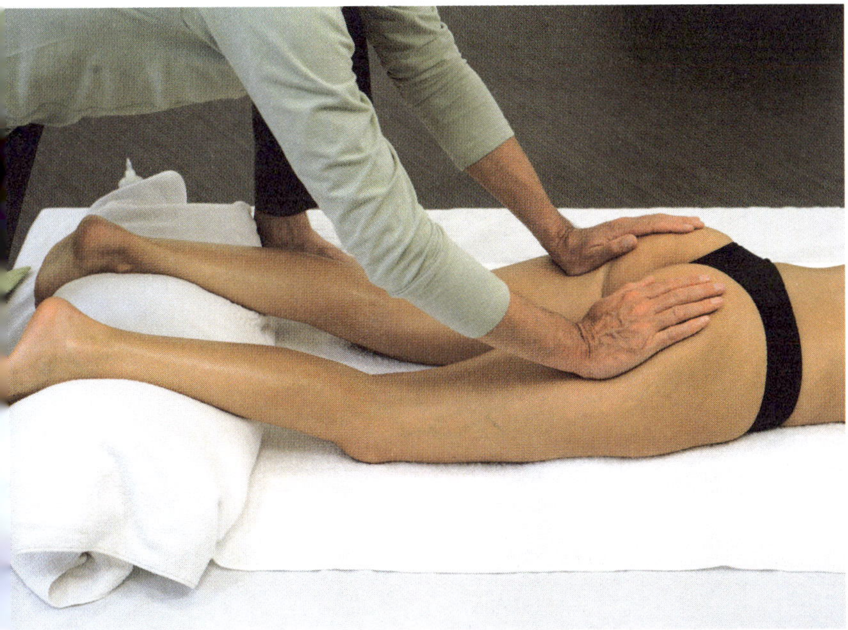

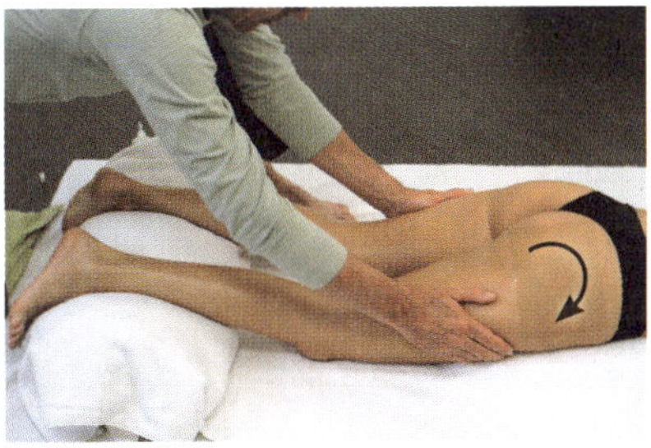

4b Les mains montent sur l'arrière des cuisses pour venir finalement **presser dans le pli sous fessier**, envelopper ensuite les fessiers avant de **redescendre par les côtés jusqu'à la hauteur des genoux**. Dans cette partie du mouvement vous n'exercez pas de pression mais vous étirez vers les pieds.

4c À partir du genou, le mouvement de retour est identique en porter-soulever. Observez ici sur la photo une **variante : vous pouvez porter les chevilles beaucoup plus haut tout en les étirant.**

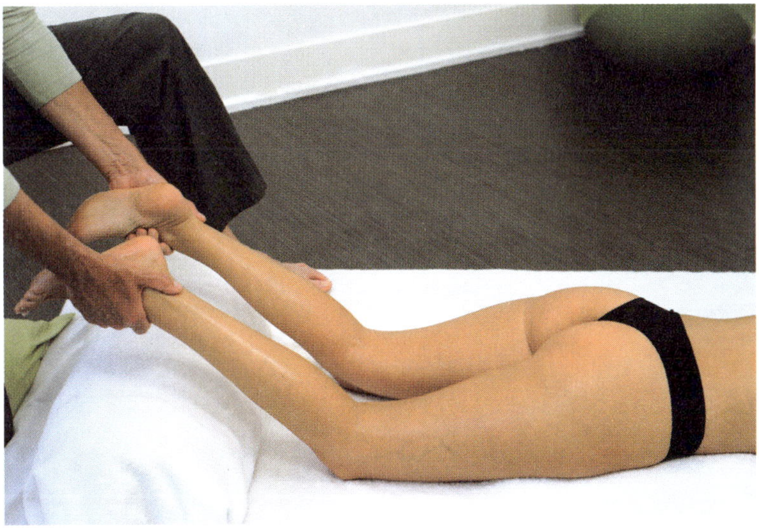

2/5

>> **Relier** les jambes et le bas du dos

Un long, long mouvement

Répétez au moins trois fois ce mouvement qui fait le lien avec le dos.

5a Reprenons **le grand mouvement en photos**.

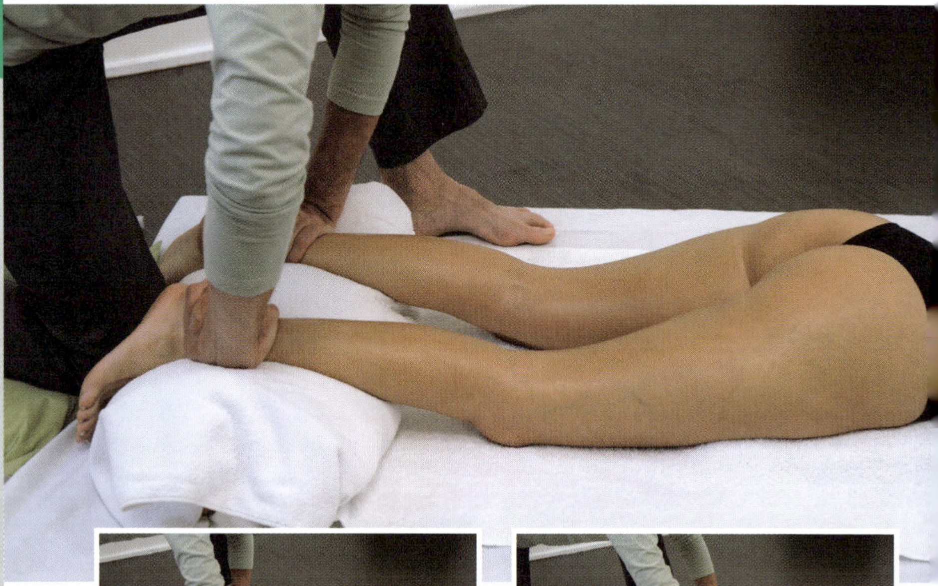

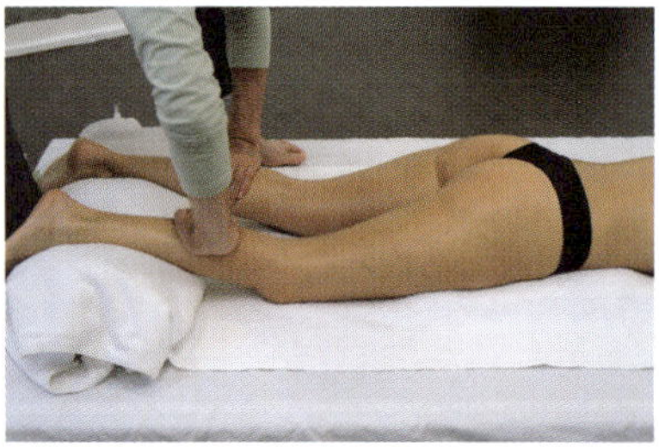

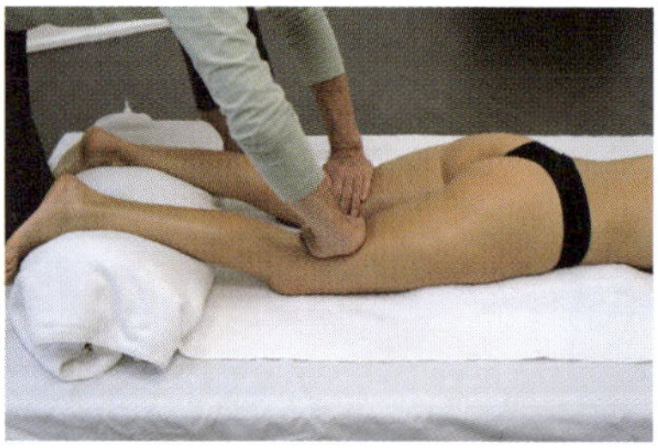

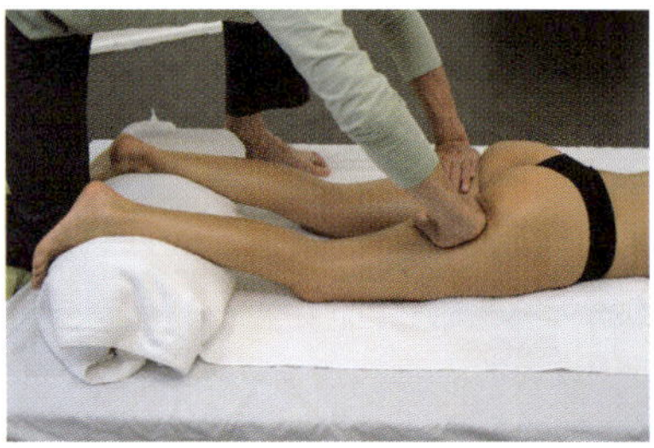

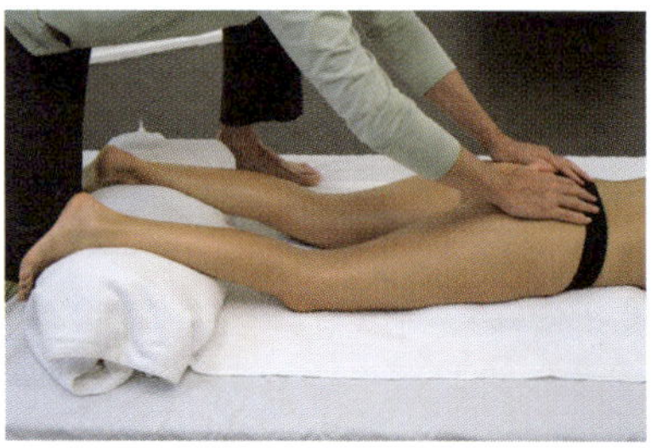

Notre conseil

Apprenez ce mouvement progressivement en regardant bien le dvd :

- *dans le mouvement ascendant, vous devez déplacer votre pied de la jambe extérieure pour venir prendre appui sur le côté ;*
- *dans le mouvement de retour, vous devez ramener votre jambe dans sa position initiale.*

Utilisez la souplesse de votre poignet dans les différentes phases du mouvement pour accomplir au mieux les gestes proposés.

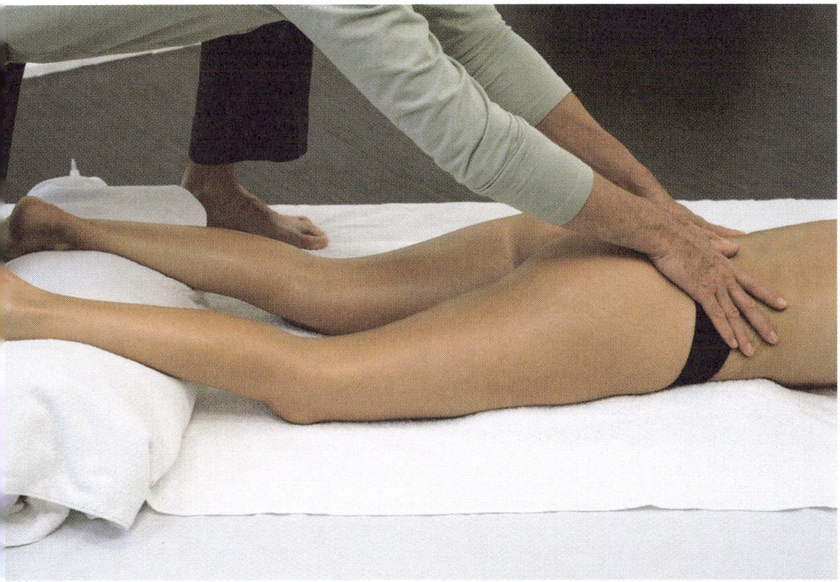

5b Vous poursuivez le mouvement sur les fessiers jusque dans le bas du dos. **En passant vos deux mains se rejoignent sur les sacrums** et vous retrouvez dans le bas du dos le mouvement en « V » (Le dos 1/18). Écartez les mains vers l'extérieur jusqu'au moment où vous sentez sous le bout des doigts l'os du sacrum.

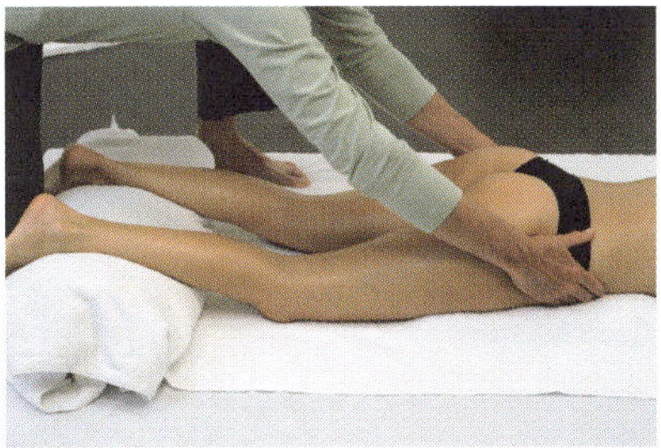

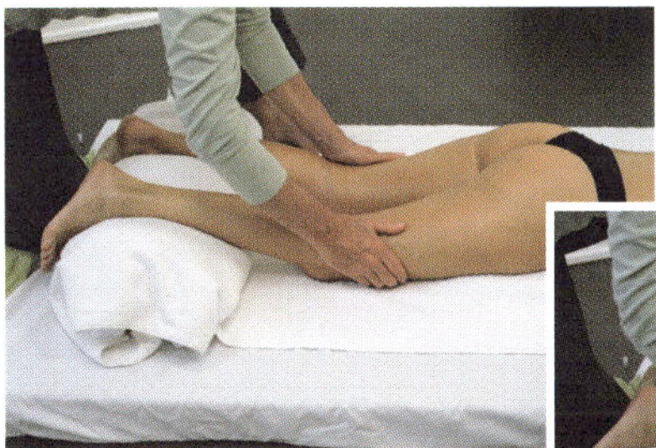

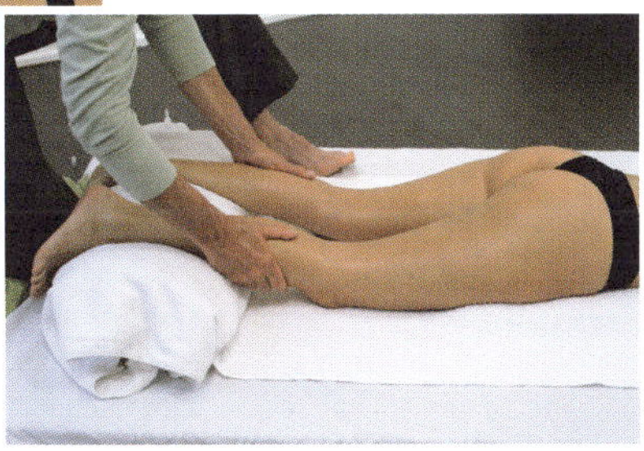

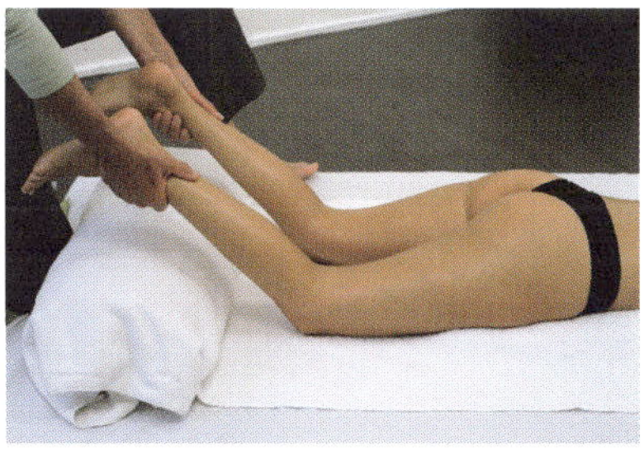

5c Le mouvement de retour enchaîné en images.

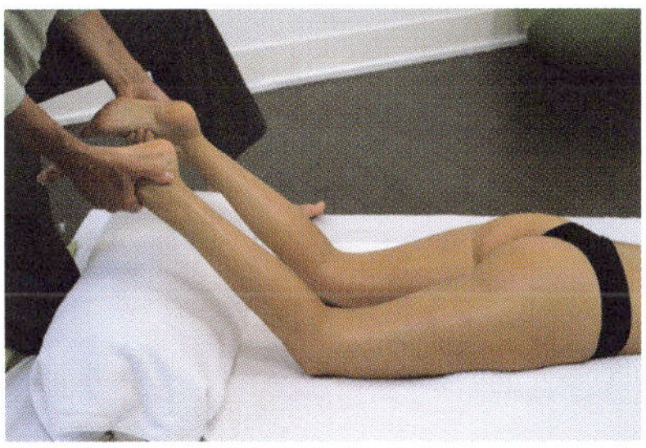

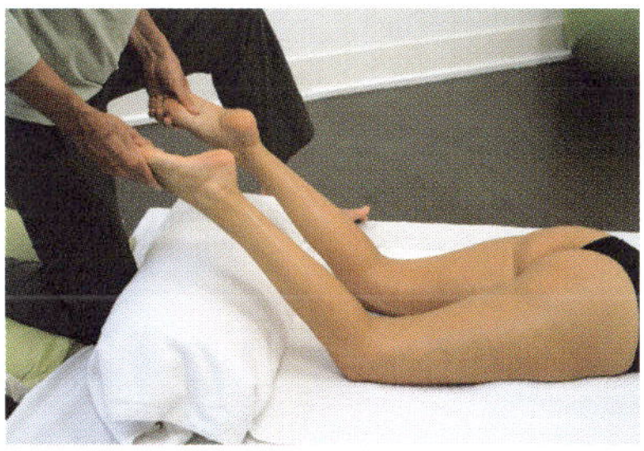

2/6

>> **Alléger** le mollet

Une jambe après l'autre

À partir de ce mouvement les mouvements s'enchaînent sur une seule jambe. Nous les reprendrons ensuite dans le même ordre pour la seconde jambe.

6a Déplacez-vous dans l'axe d'une jambe et reprenez contact avec le pied en l'enveloppant et en étendant à nouveau de l'huile si nécessaire. Vous allez reprendre maintenant les mouvements de détente précédents en les enchaînant sur une seule jambe (ici et dans le dvd sur la jambe gauche de votre partenaire). **Vos deux mains « en bracelet », c'est-à-dire perpendiculairement à l'axe de la jambe partent de la cheville, remontent lentement sur le mollet.** Refermez bien vos mains autour du muscle.

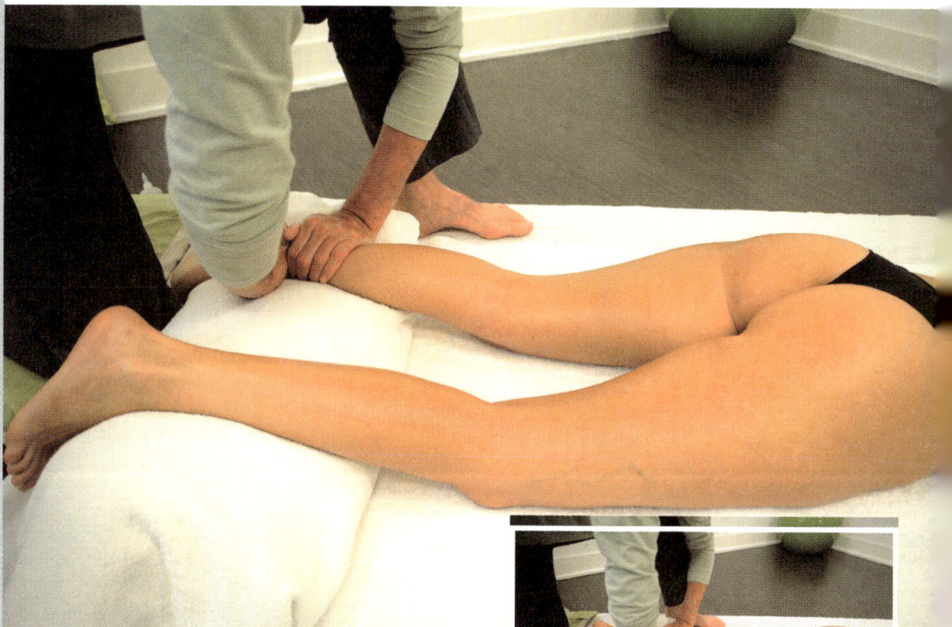

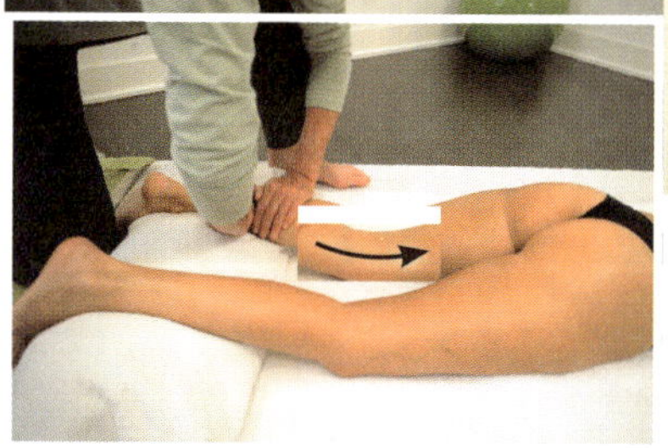

Notre conseil

Effectuez ce mouvement de drainage lentement en dosant votre pression. Si ce n'est pas trop douloureux pour le mollet, vous pourrez augmenter la pression du rebord de la main qui effectue le drainage. Entraînez-vous à accomplir de plus en plus fluidement le mouvement de retour et surtout le retour du pied au sol sans perdre le contact.

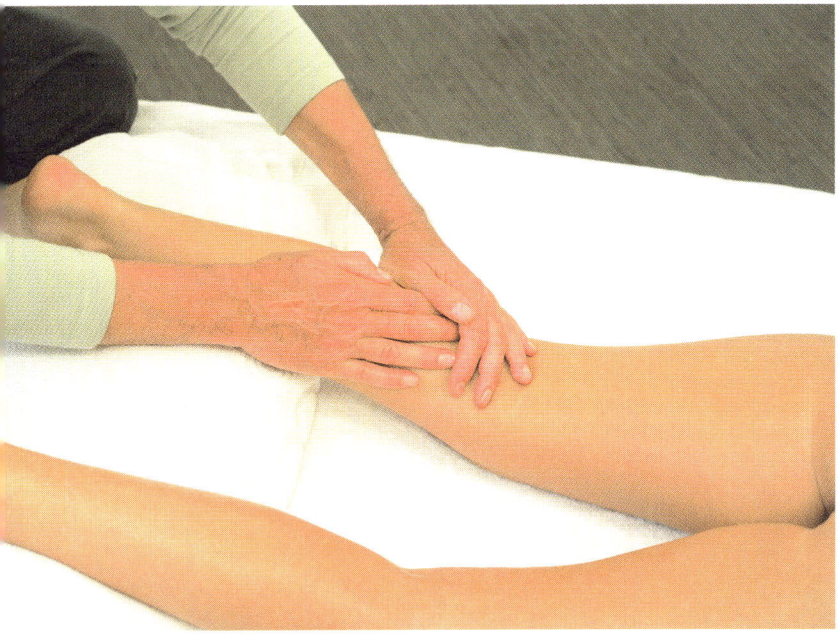

6b **En arrivant au genou vos mains s'écartent** chacune vers les côtés et reprennent le mouvement de porter-soulever pour une seule jambe : ici la main droite redescend sur l'intérieur de la jambe pendant que la main gauche descend sur l'extérieur. Les deux mains se glissent de plus en plus sous la jambe pour la soulever.

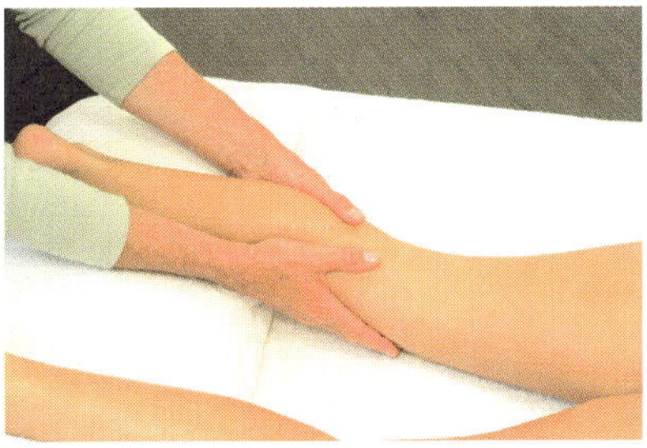

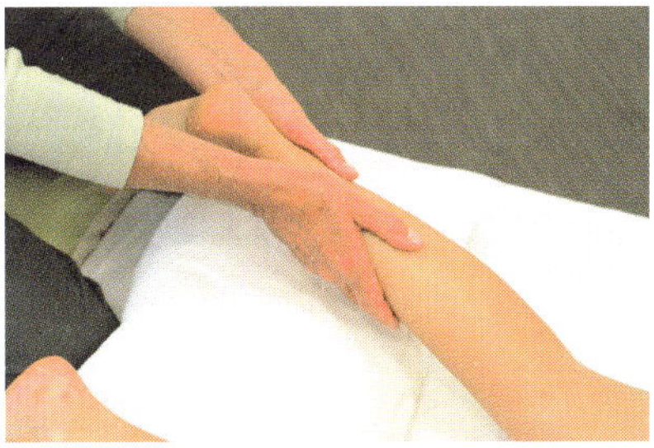

Arrivée à la cheville, la main intérieure continue dans la plante du pied tandis que la main extérieure glisse sous le cou-de-pied. **Retournez enfin à la position de départ en laissant le pied revenir au sol** de lui-même.

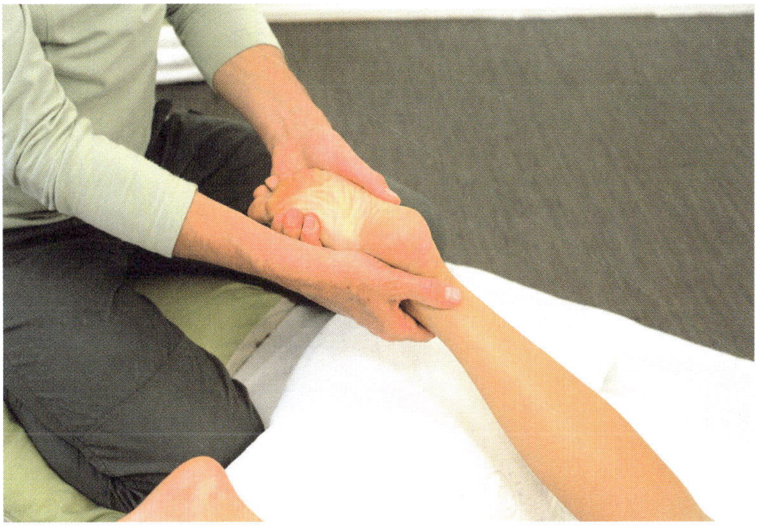

2/7

>> **Unifier** l'arrière d'une jambe

À deux mains sur une jambe

Répétez plusieurs fois en écartant les mains à des hauteurs différentes de la jambe. Le mouvement de retour est toujours le même.

Notre conseil

Refermez bien la main autour du galbe du mollet dès le début du mouvement et débutez avec une pression légère que vous pourrez ensuite accentuer, en particulier sur l'arrière des cuisses. Allégez la pression par contre lorsque vous passez derrière le genou.

7a Le mouvement débute tout à fait comme le précédent : **vos deux mains partent de la base du mollet juste au-dessus du tendon d'Achille et remontent tout le long de la jambe**. Elles dépassent cette fois le genou pour poursuivre le massage sur l'arrière de la cuisse et jusqu'au pli sous-fessier.

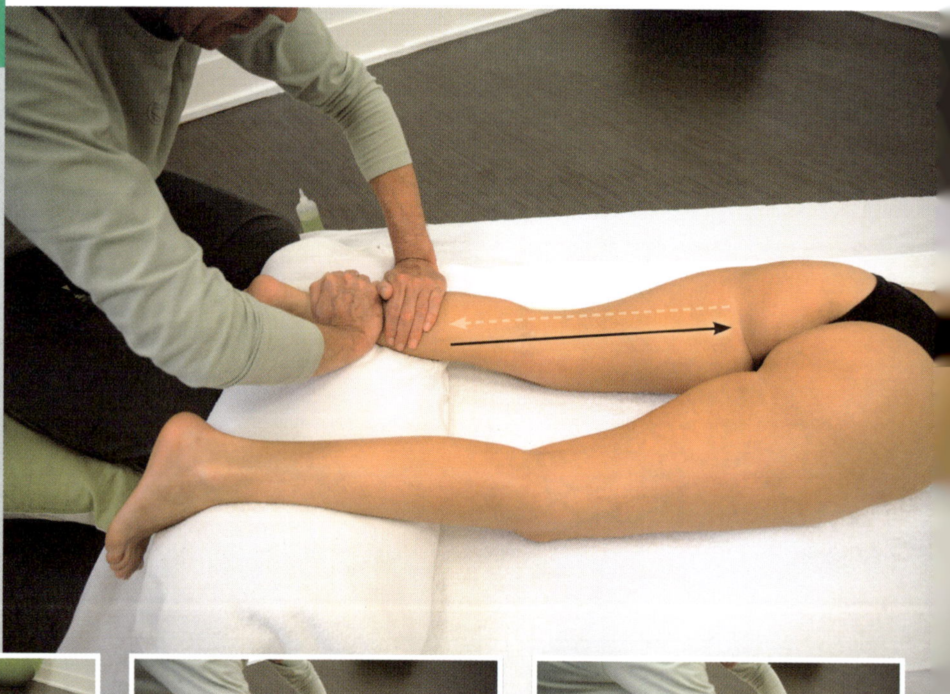

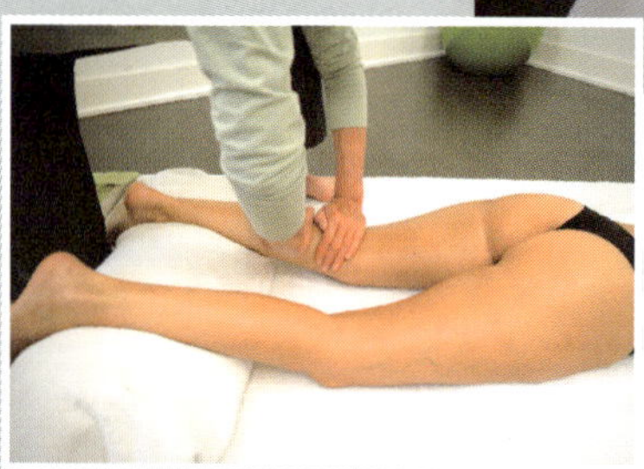

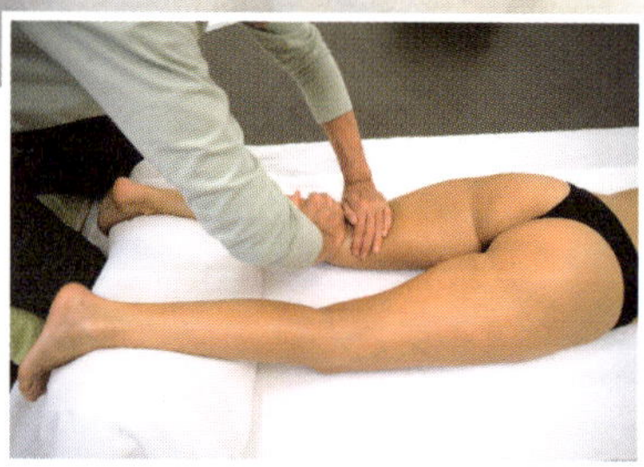

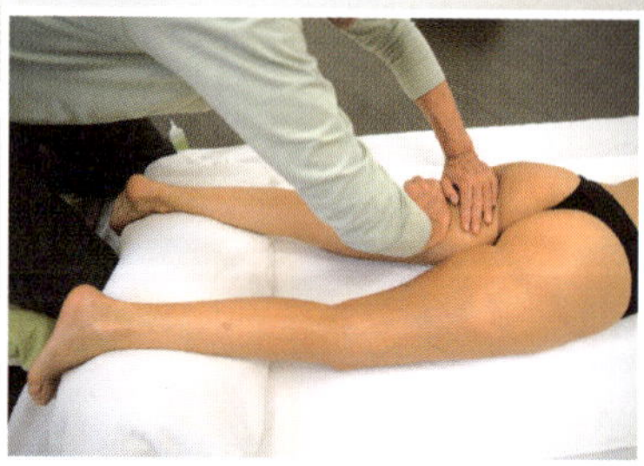

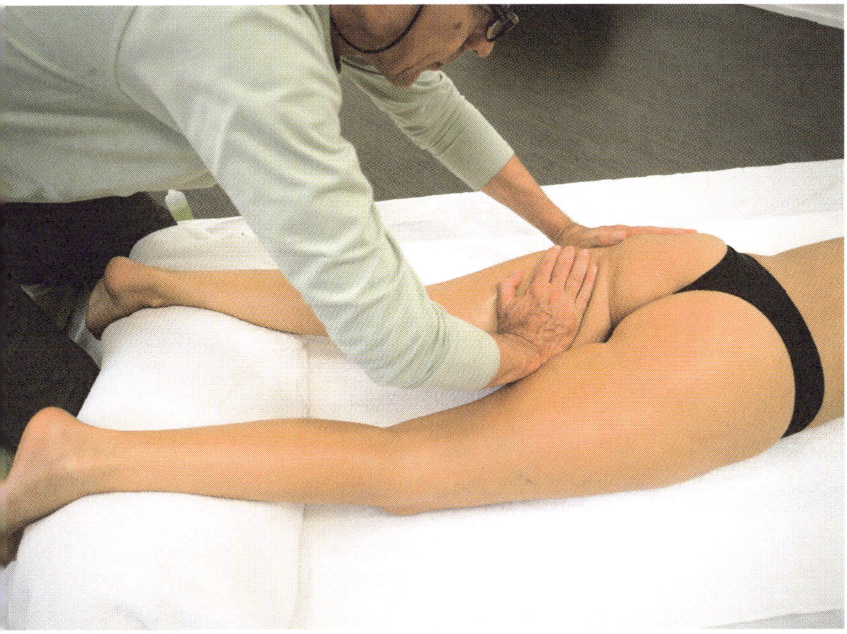

7b Les mains s'écartent en arrivant au muscle fessier : la main extérieure s'écarte sur le côté de la cuisse, la main intérieure redescend à l'intérieur de la jambe. **Glissez ainsi jusqu'au genou avec les deux mains qui tiennent et étirent la cuisse.**

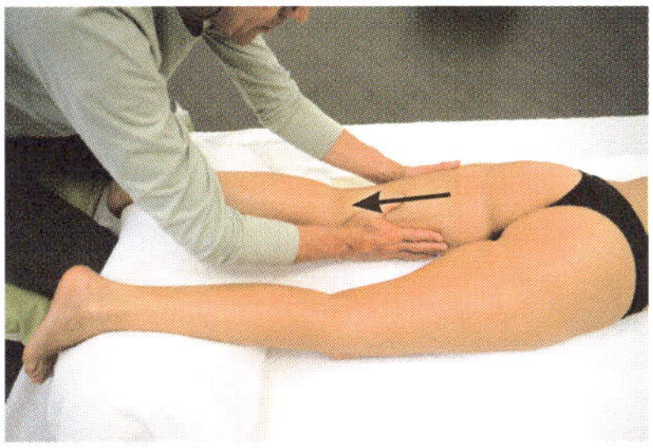

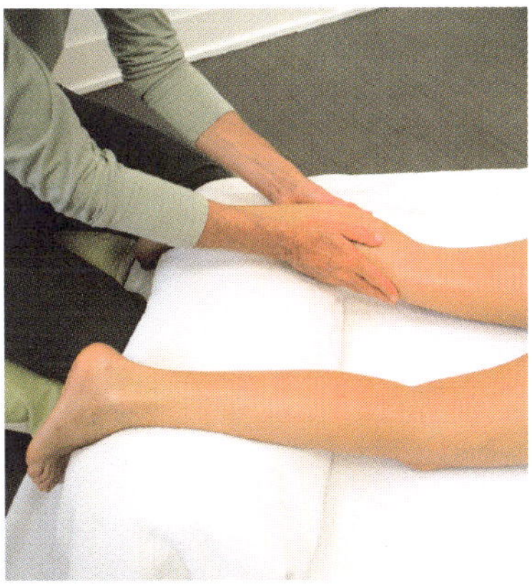

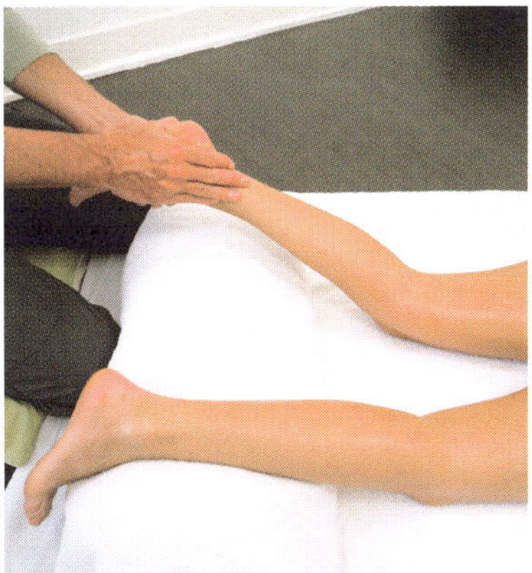

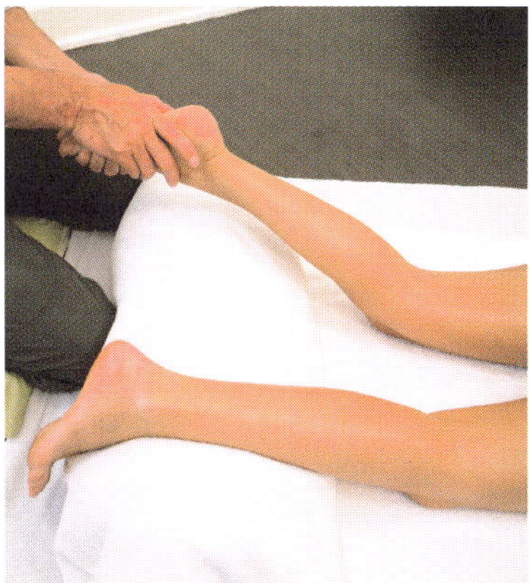

7c **À partir du genou reprenez le mouvement de porter-soulever** pour une seule jambe. Laissez glisser les deux mains ensemble sous le tibia qu'elles soulèvent puis en arrivant à la cheville la main extérieure reste sous le pied et porte tandis que la main intérieure glisse dans la plante du pied. Prenez ainsi le pied « en sandwich ».

2/8

>> **Relier** une jambe et le bas du dos

Harmoniser un côté

Répétez plusieurs fois en l'associant avec le mouvement précédent.

8a Vous avez fait le mouvement comme précédemment 2/6 mais vous le poursuivez sur le muscle fessier pour rejoindre le bas du dos. Dans la position des mains « en bracelet » **soyez attentif que votre main extérieure soit au-dessus de votre main intérieure** pour ce mouvement. Passez avec vos deux mains sur le sacrum.

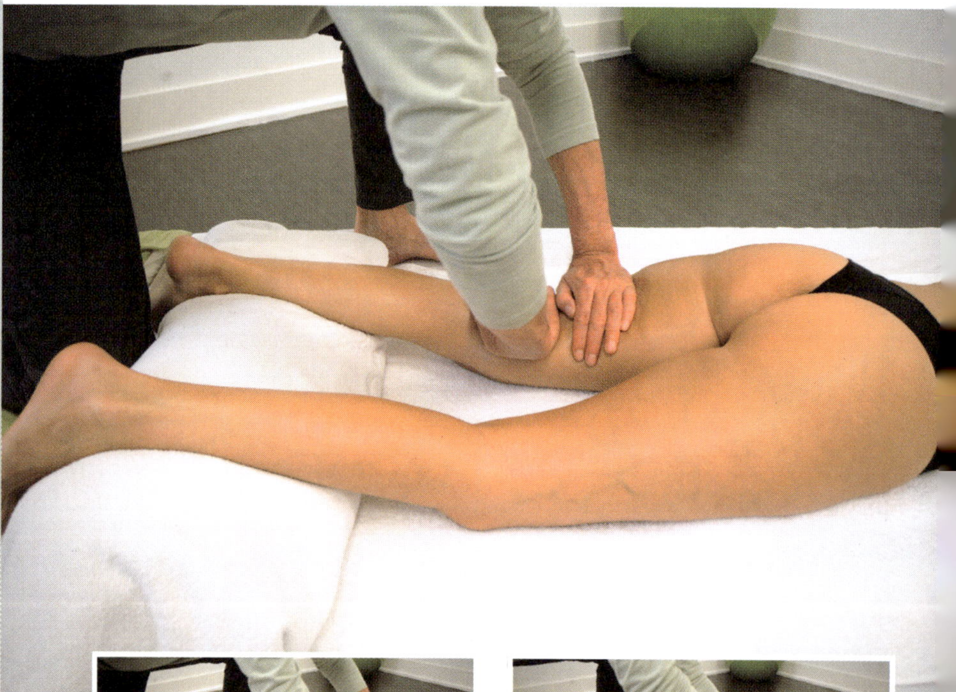

Notre conseil

Épousez bien avec vos mains et dans votre mouvement l'os iliaque du bassin lorsque vous écartez vos mains vers l'extérieur. Ne vous « mélangez pas les pinceaux » avec les mains en apprenant tranquillement. Variez le mouvement de retour: hauteur du porter, étirement plus ou moins intense, prise différente du pied.

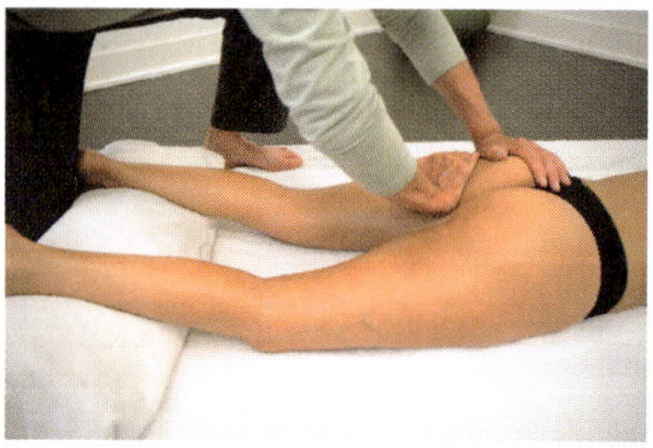

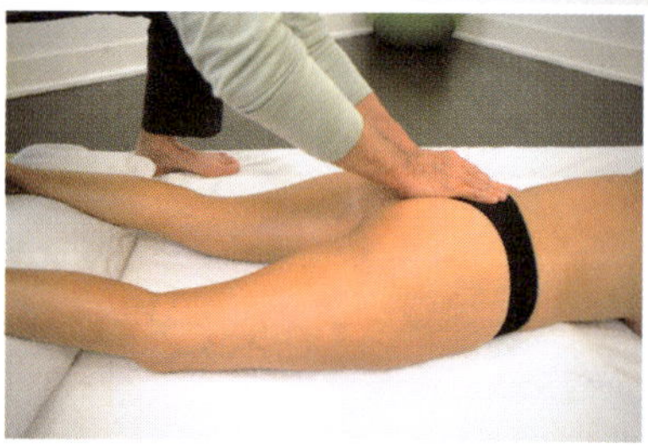

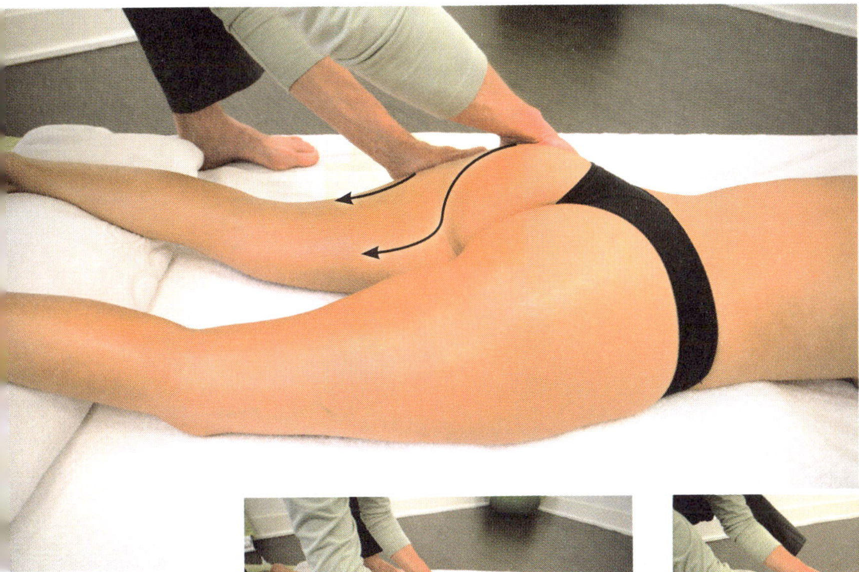

8b Les mains s'écartent vers l'extérieur en suivant l'os de la hanche puis la main intérieure revient sur l'intérieur de la cuisse pour le mouvement de retour : une main à l'extérieur, une main à l'intérieur comme dans le 2/6 en étirant.

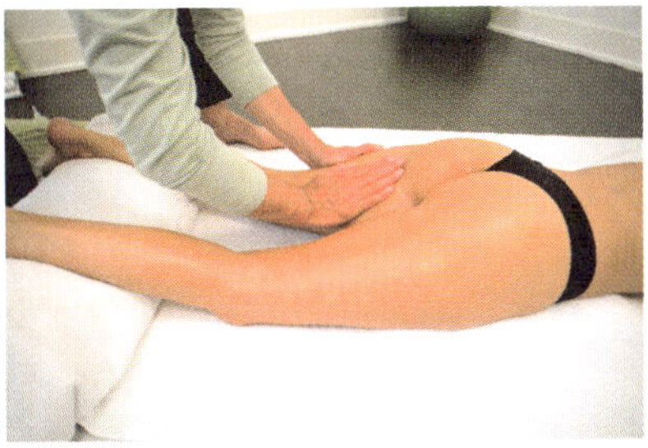

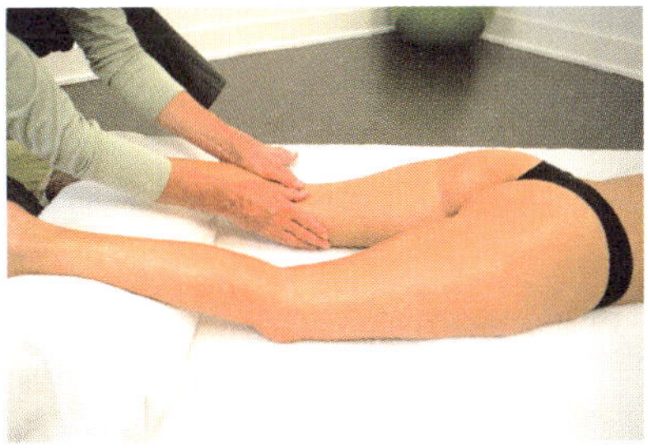

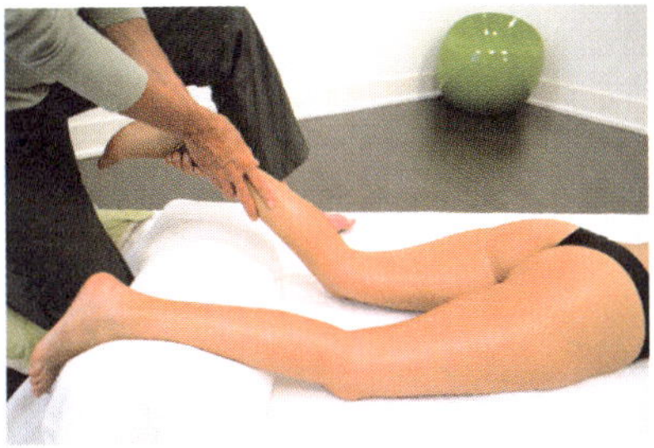

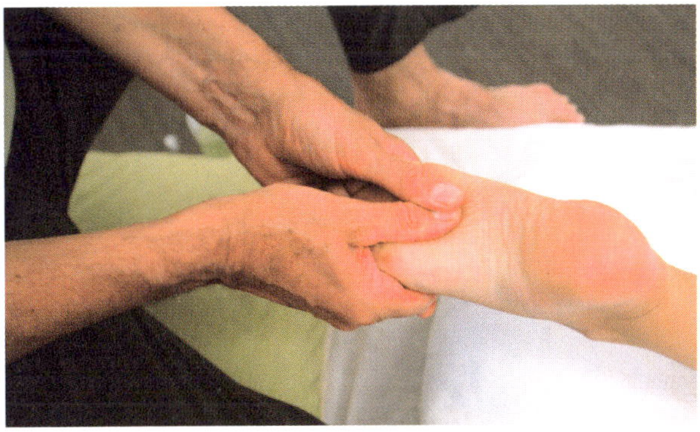

8c À partir du genou c'est le mouvement de porter-soulever pour une seule jambe avec la possibilité de soulever la cheville beaucoup plus haut. Au lieu de glisser les deux mains en sandwich, vous pouvez aussi tenir le pied en glissant les doigts en dessous, les pouces dans la plante.

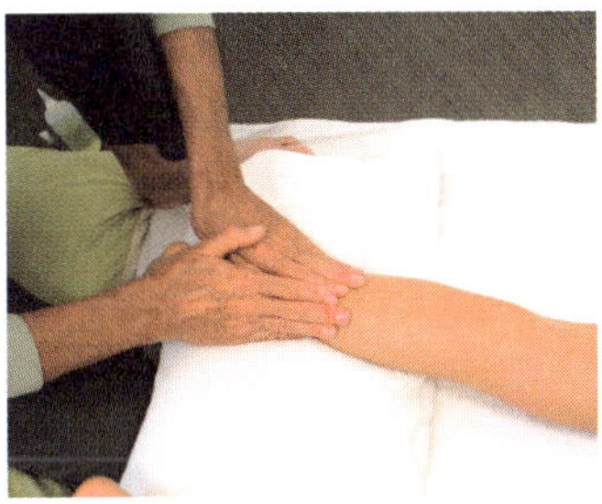

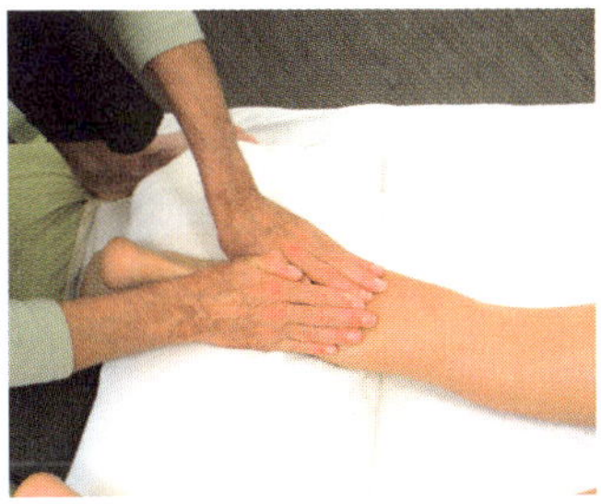

Variante : Vous pouvez aussi masser l'arrière de la jambe avec les deux mains parallèles.

2/9

>> **Relâchement** de la cheville

Faire sentir le poids

Répétez plusieurs fois le lâcher prise d'une main dans l'autre avec la possibilité de l'associer aux mouvements précédents.

Ne reposez pas le pied, enchaînez directement avec le mouvement suivant.

9a Dans le mouvement de retour en porter-soulever, **au lieu de laisser le pied redescendre au sol vous le maintenez élevé avec une main pendant que l'autre main revient sous le mollet**. Et les deux mains vont alternativement glisser sous le tibia et le cou-de-pied en maintenant toujours le bas de la jambe en l'air. Observez bien cette alternance sur le dvd.

Notre conseil

Il n'est pas rare que votre partenaire ne puisse pas facilement se relâcher: sa cheville reste raide et suspendue en l'air. Incitez par la parole à la relâcher en lui demandant de sentir le poids de sa jambe dans votre main. Soupesez la cheville, vibrez la gentiment pour l'inviter à se détendre.

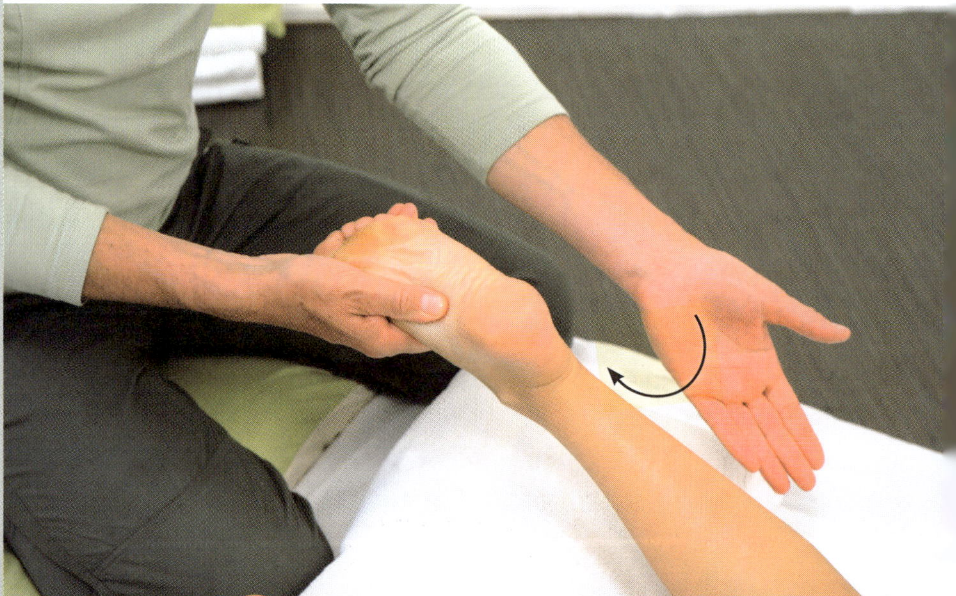

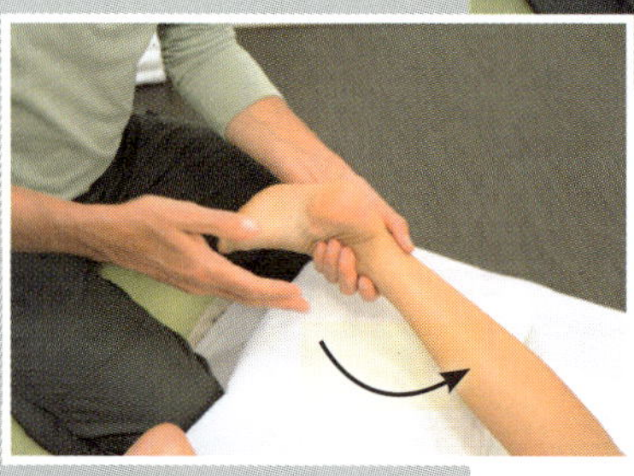

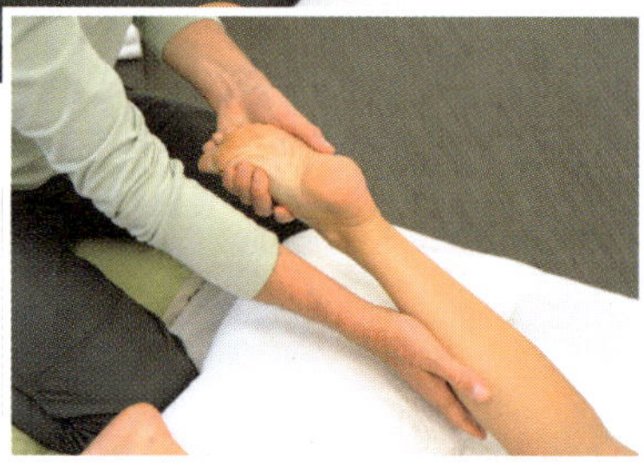

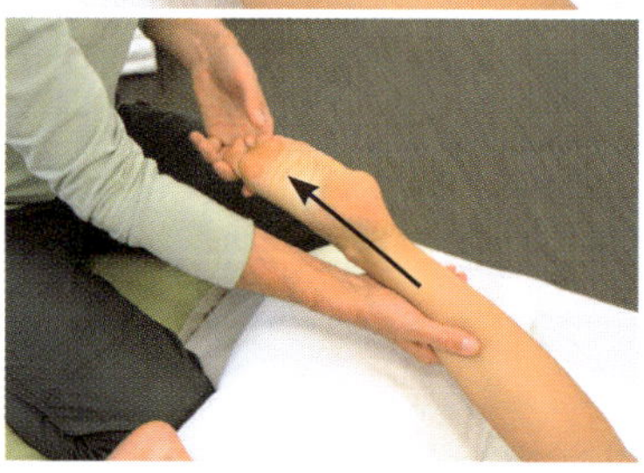

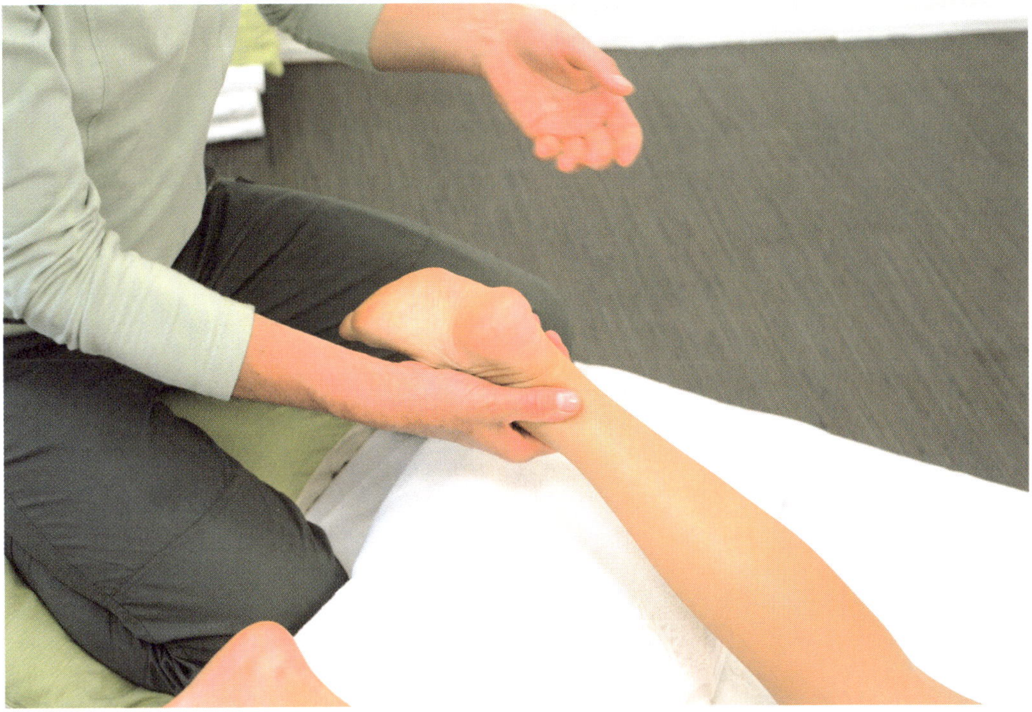

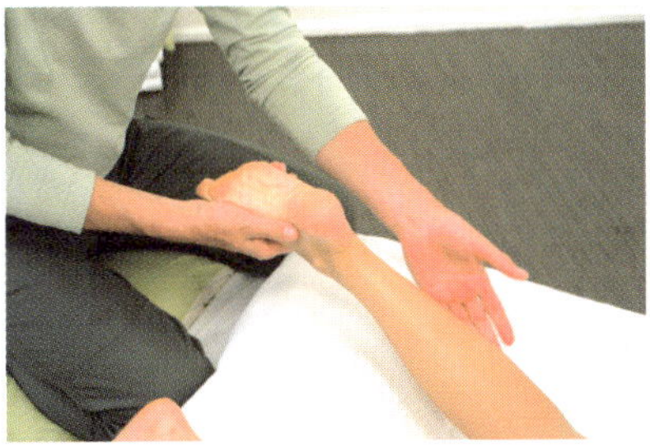

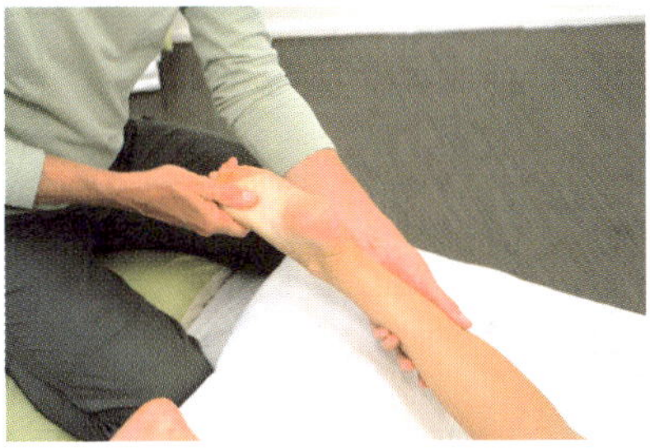

9b Effectuez le mouvement assez lentement avec vos mains pour que la cheville puisse retomber et se relâcher entre le passage des mains. **Allongez bien le mouvement jusqu'au bout des orteils** et prolongez-le comme si vous « retiriez » les tensions par les pieds.

2/10

>> **Masser et étirer** les orteils

En soutenant le pied et en photos

Répétez par exemple 3 fois le massage dans le prolongement de chaque orteil.

10a Le mouvement s'enchaîne avec le précédent. Vous effectuez un **massage alternatif de la plante du pied et des orteils avec les deux mains** : les doigts glissent sous le cou-de-pied en maintenant le bas de la jambe levée pendant que les pouces glissent dans la plante du pied.

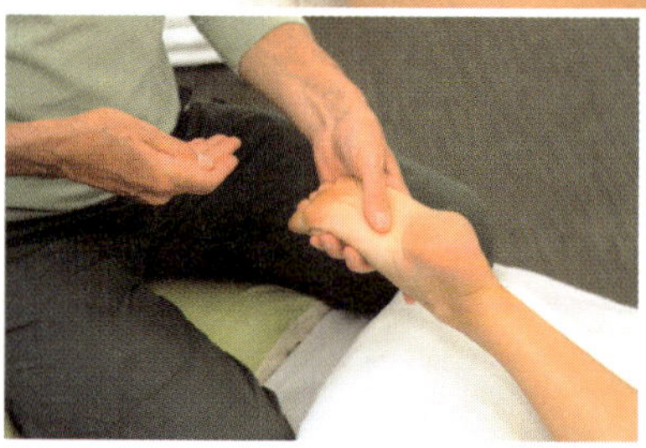

Notre conseil

N'oubliez pas d'orteils ! Et soyez attentif à ne pas les masser et à ne pas les étirer trop fort s'ils sont déformés, ou si les ongles sont abîmés.

En cas d'incertitude pensez toujours à interroger votre partenaire.

On oublie souvent que l'on peut ainsi masser les orteils lorsque le partenaire est allongé sur le ventre (voir aussi le mouvement 2/12).

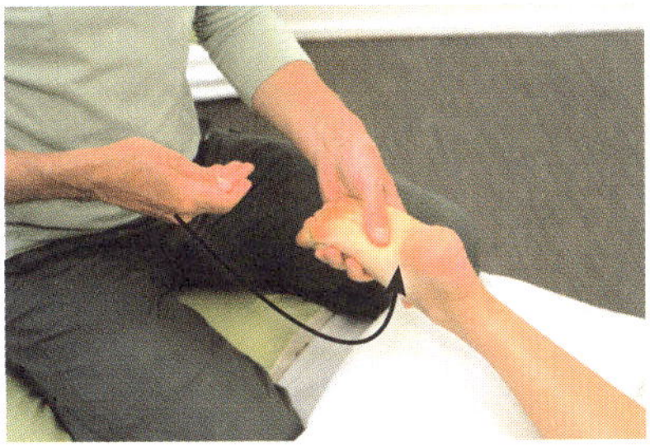

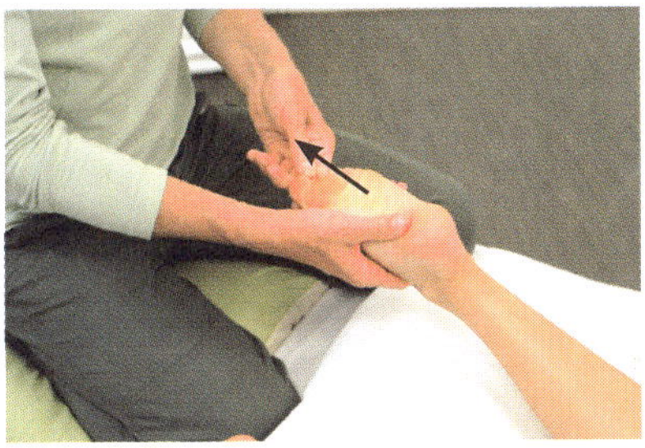

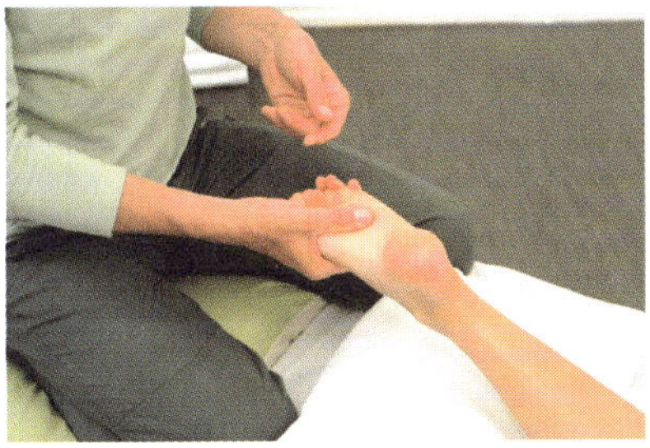

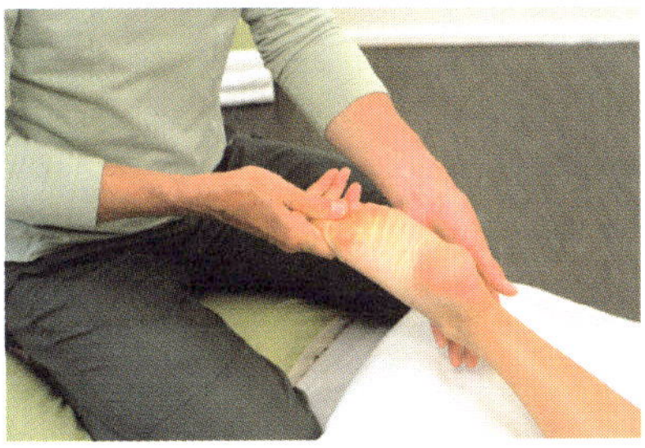

10b Le mouvement **se termine par un massage étirement successif des orteils**. Observez bien comment les deux mains travaillent alternativement.

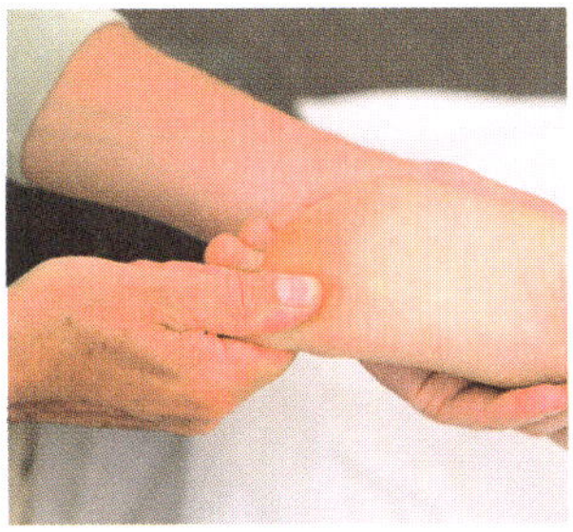
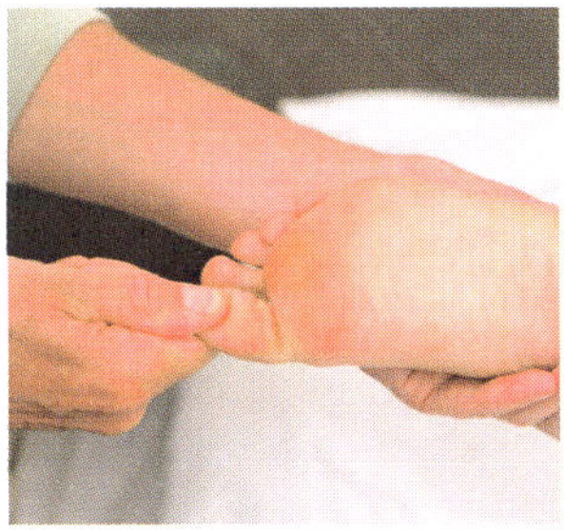
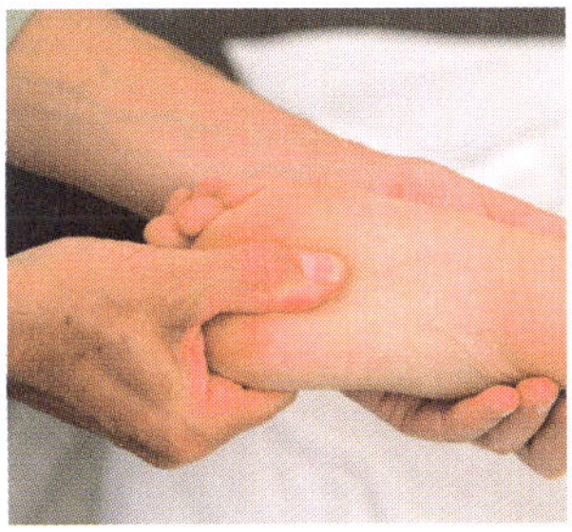
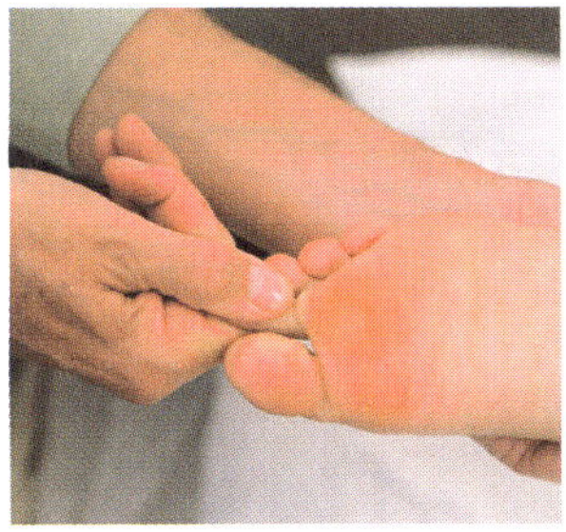
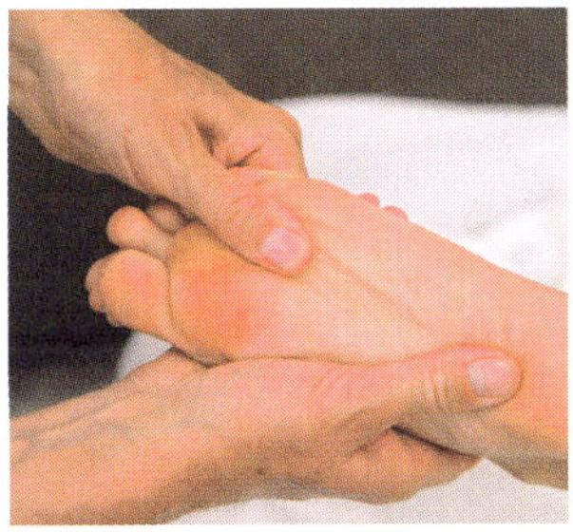
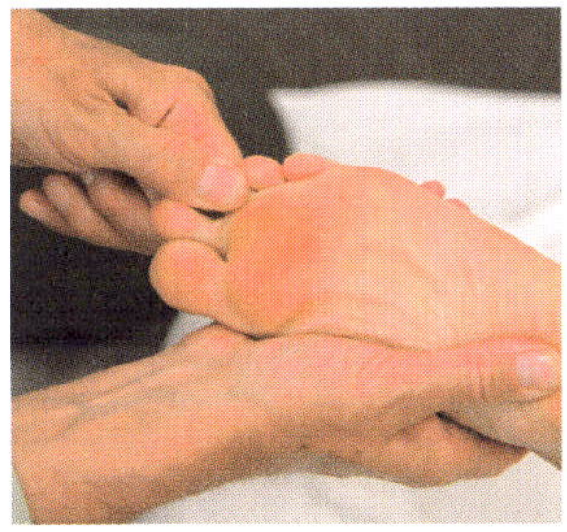
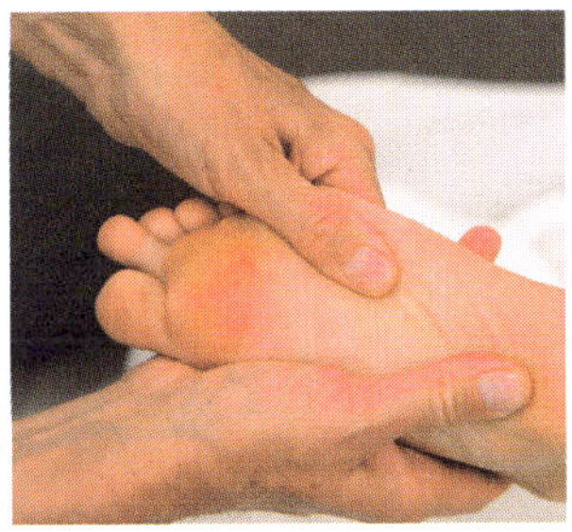
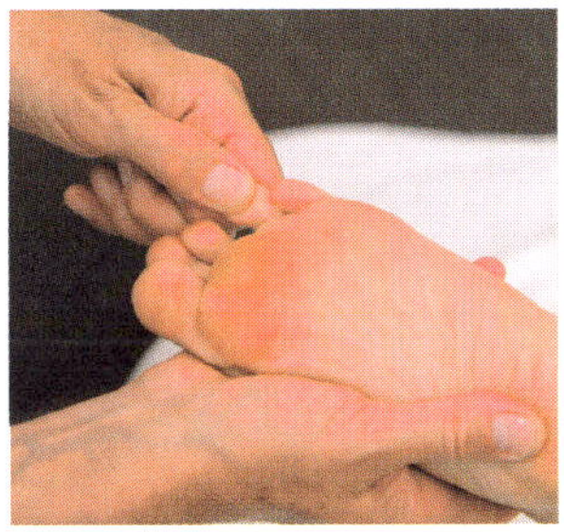
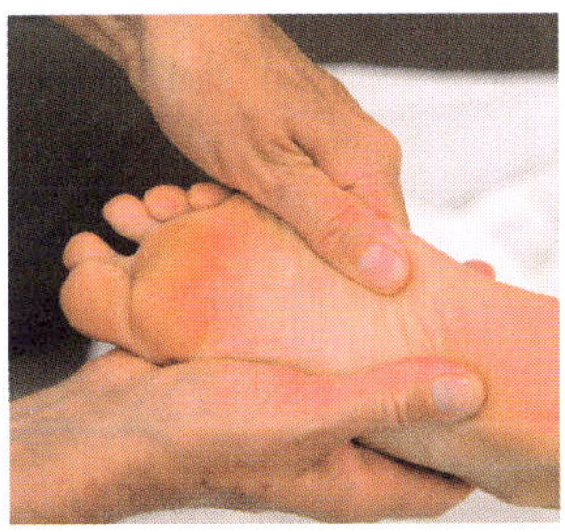
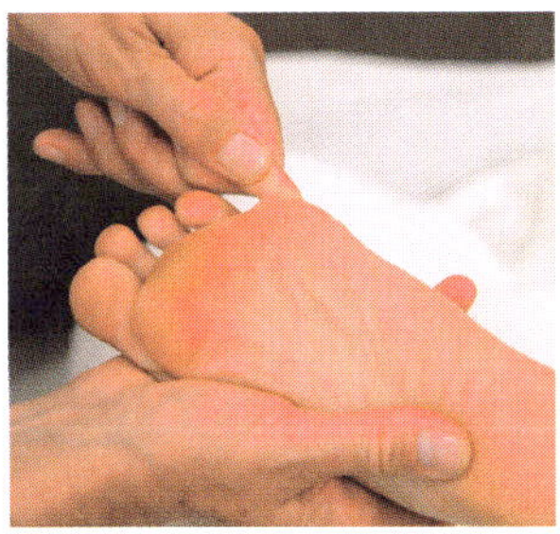

Bien faire chaque orteil.

2/11

>> **Détendre** le talon et la plante du pied

À pleines mains

Répétez chaque mouvement plusieurs fois.

11a Vous maintenez le pied en l'air avec une main, de préférence la main extérieure ici la gauche, pendant qu'avec l'autre main vous effectuez un mouvement tournant tout autour du talon. **Enveloppez complètement le talon avec votre paume** et vos doigts et faites un mouvement en aller-retour.

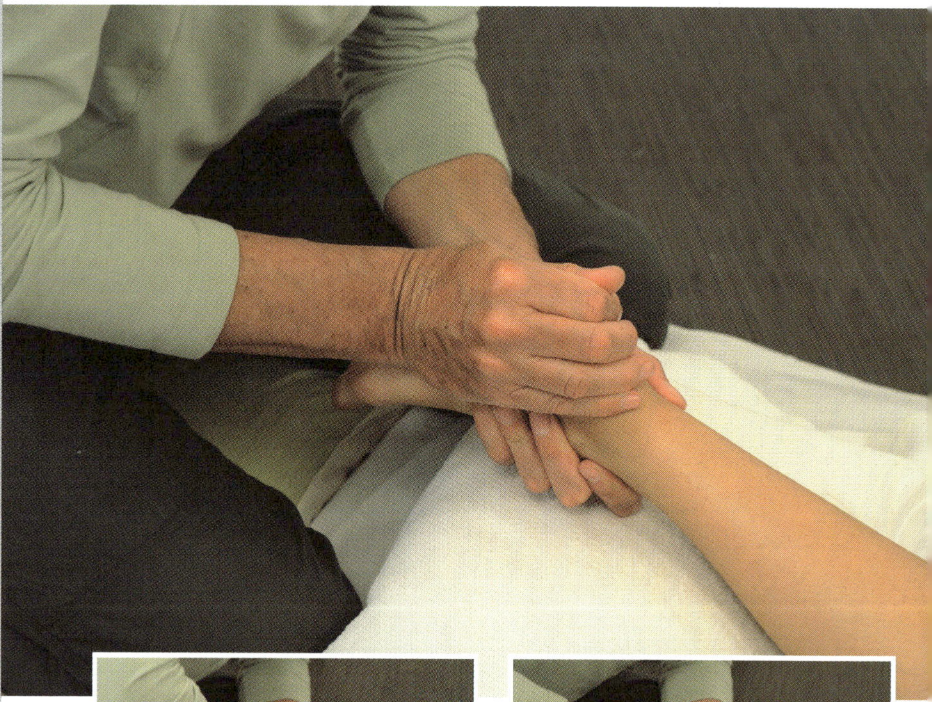

Notre conseil

Sur les pieds ayez un contact direct et assez ferme, sans hésitation surtout si votre partenaire est chatouilleux. Utilisez le poids de votre corps pour exercer de la pression et la souplesse de votre poignet pour envelopper au maximum.

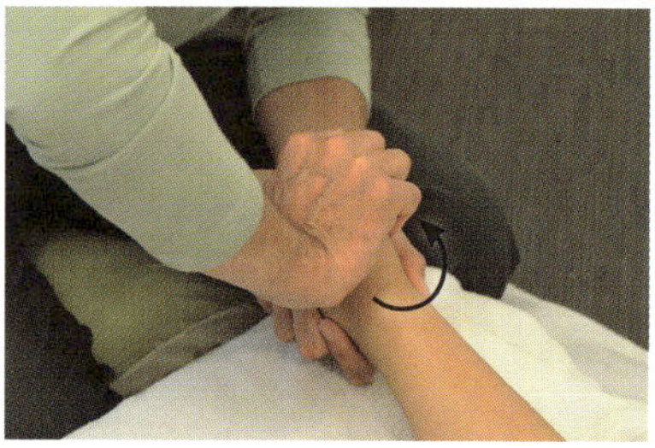

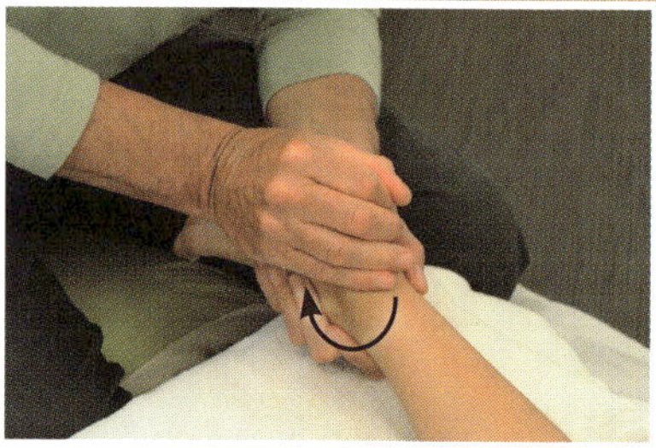

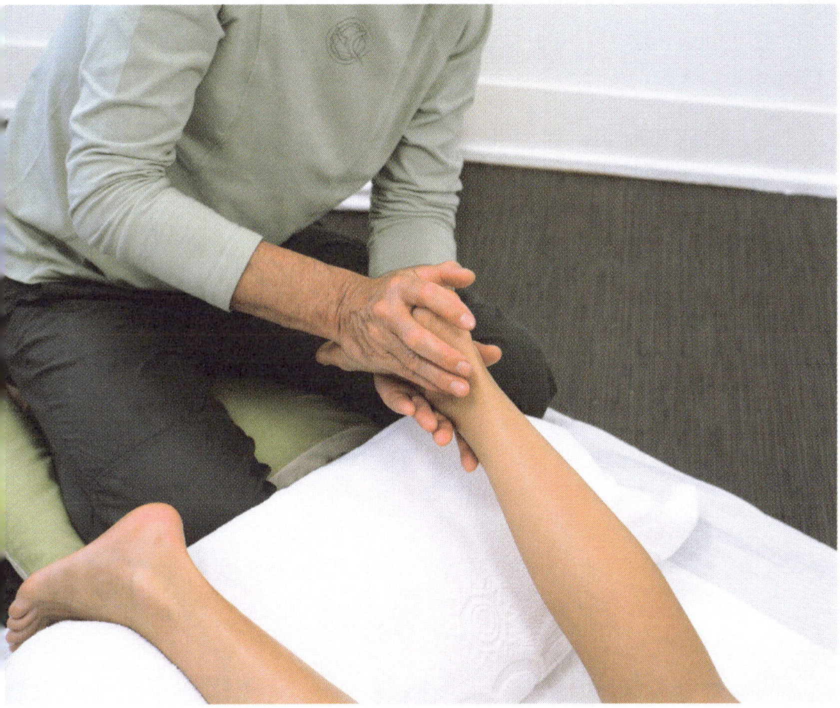

11b Gardez le pied soulevé et soutenez fermement le cou-de-pied. Commencez dans la plante du pied un mouvement remontant avec les doigts de l'autre main. Poursuivez avec le talon de la main en appuyant assez fortement vers le talon comme si vous vouliez « creuser » la plante du pied. **Le retour se fait sans pression**.

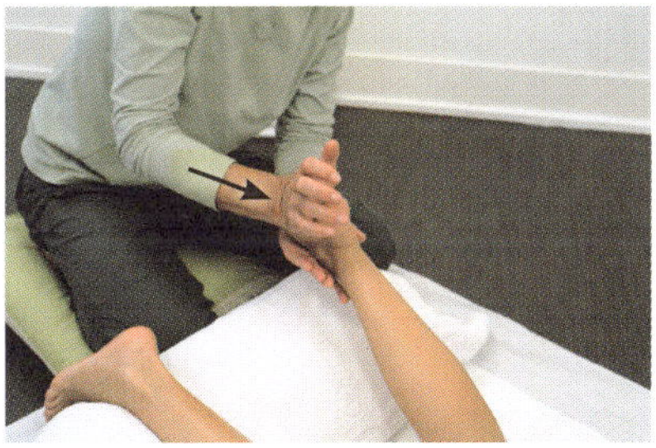

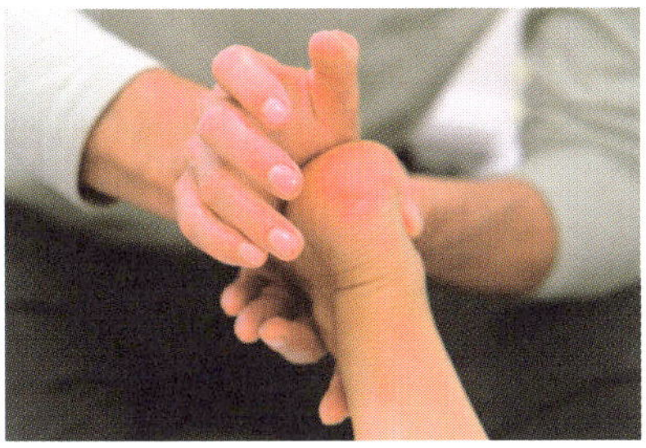

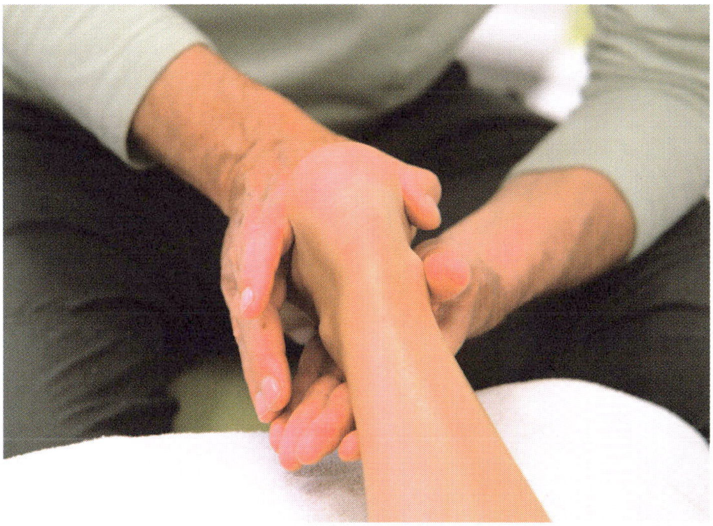

2/12

>> **Étirer** le cou-de-pied

Jambe élevée, pied redressé

Répétez une fois minimum pour passer entre chaque orteil.

12a Vous levez le pied jusqu'à ce que le tibia soit à la verticale et vous vous rapprochez du corps pour être à l'aise dans votre position. Changez la position du pied et redressant les orteils vers le haut. **Vos pouces vont masser alternativement le dessus du pied vers les orteils pendant que le bout de vos doigts recourbés s'enfonce dans la plante du pied**.

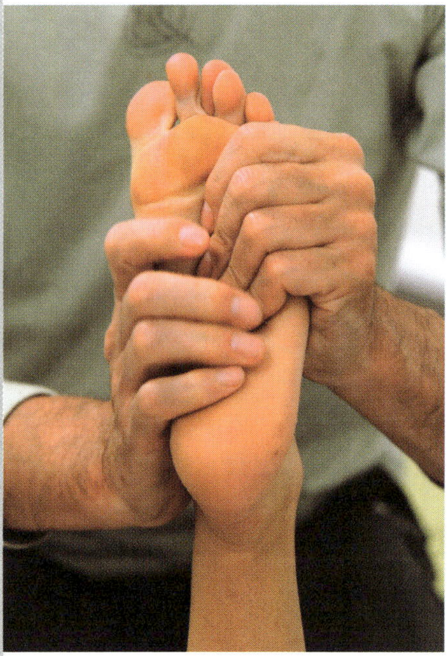

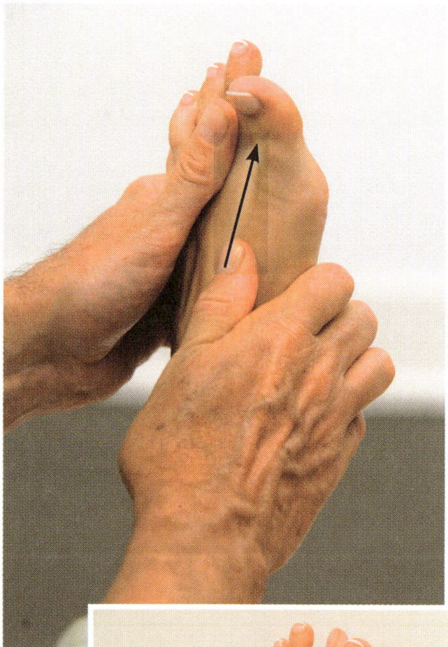

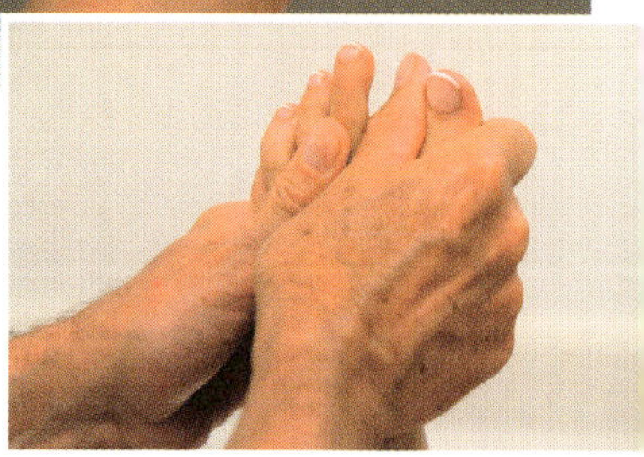

Notre conseil

Rendez votre posture confortable en utilisant le coussin qui était sous les chevilles de votre partenaire. Pour la plupart des personnes le mouvement est très bienfaisant lorsque vous utilisez assez de pression pour vraiment étirer le cou-de-pied.

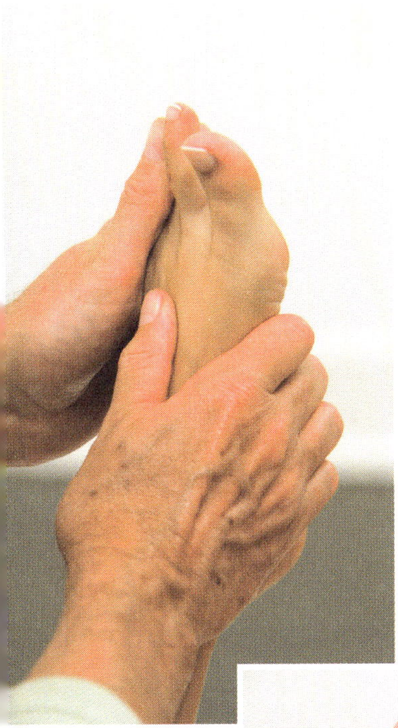

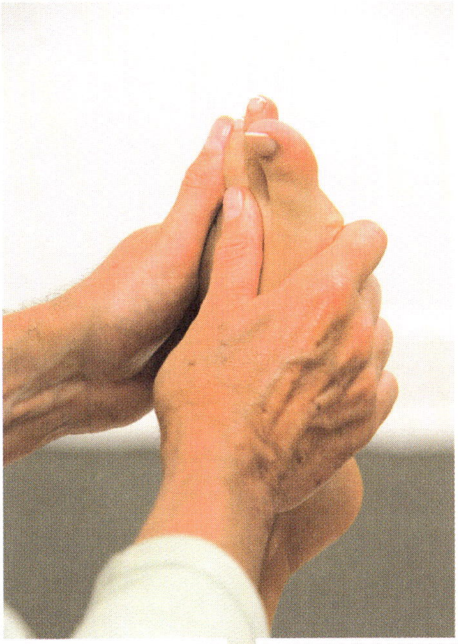

12b Le bout des pouces se glisse entre les os du dessus du pied et termine son mouvement entre les orteils. **Passez successivement dans tous les espaces interosseux**.

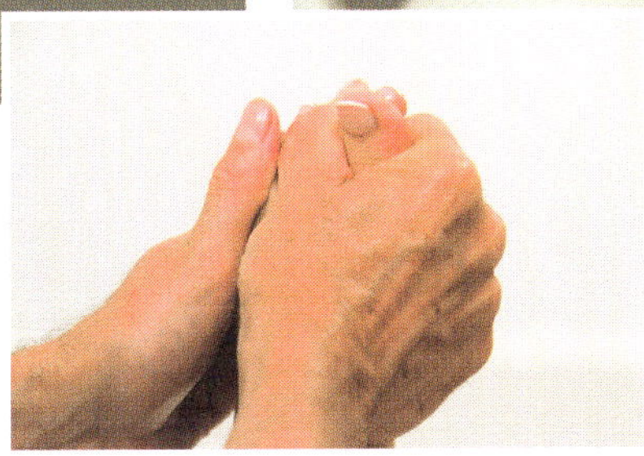

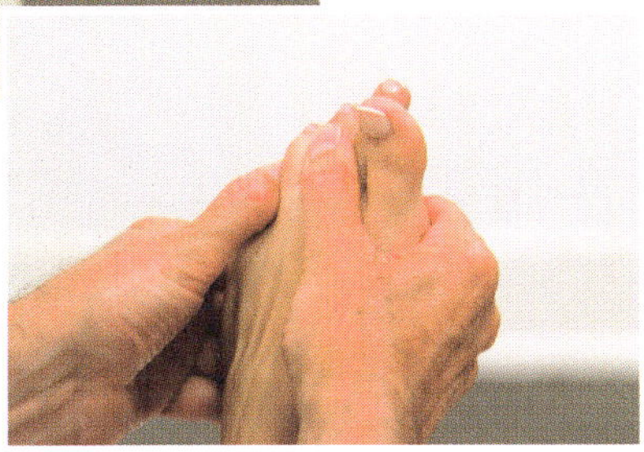

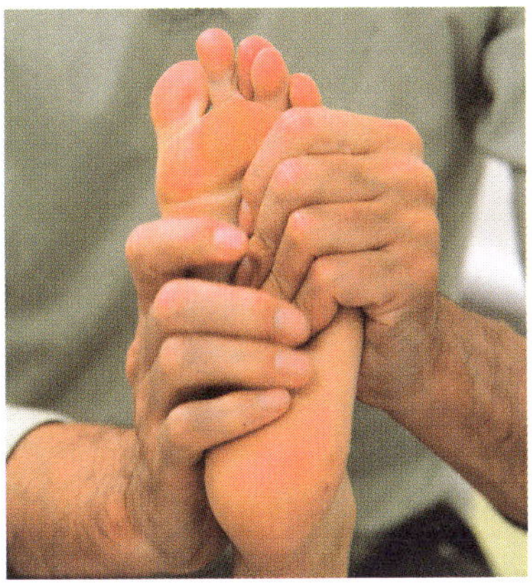

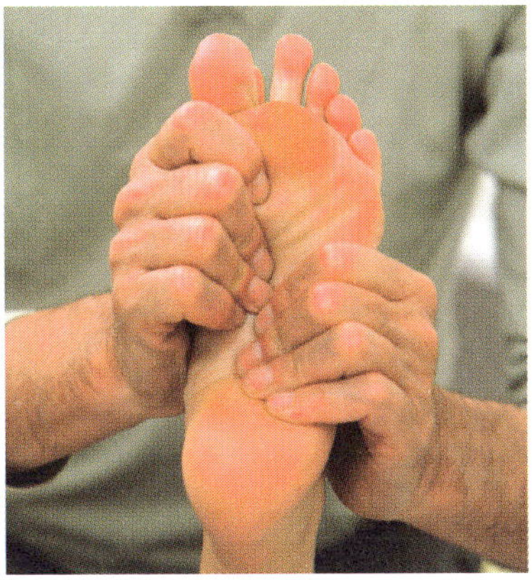

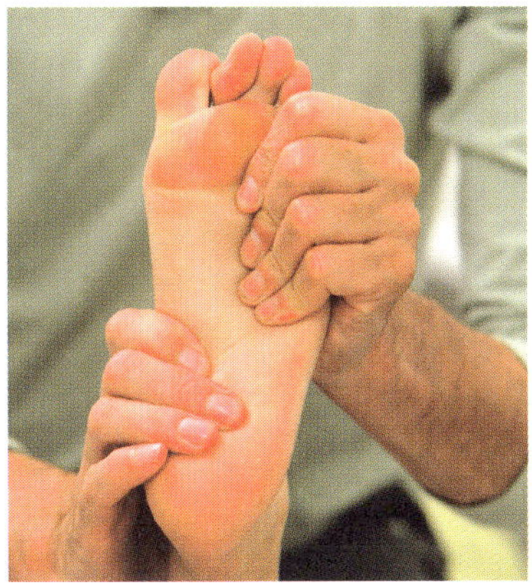

12c Durant tout le mouvement, grâce à l'appui de vos doigts dans la plante du pied vous **continuez à mettre la cheville en extension et à étirer le cou-de-pied**. Les doigts dans la plante se déplacent en même temps que les pouces sur le dessus du pied dans une prise « en pince ».

2/13

>> **Drainer** le mollet

Soulager les jambes lourdes

Répétez plusieurs fois en le faisant lentement.

13a Le bas de la jambe toujours élevée, penchez-vous légèrement en avant et amenez le pied en appui sur votre épaule ou sur le haut de votre buste. Coudes écartés, placez vos deux mains « en cerceau » juste sous le tendon d'Achille les doigts les uns sur les autres et avec les pouces. **Commencez avec vos mains un mouvement descendant, lent et appuyé**.

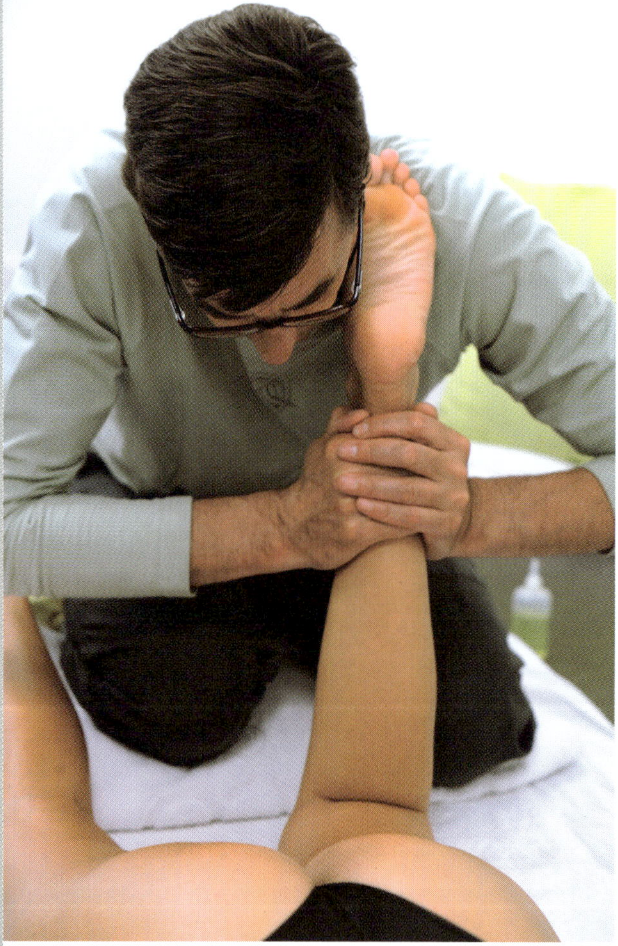

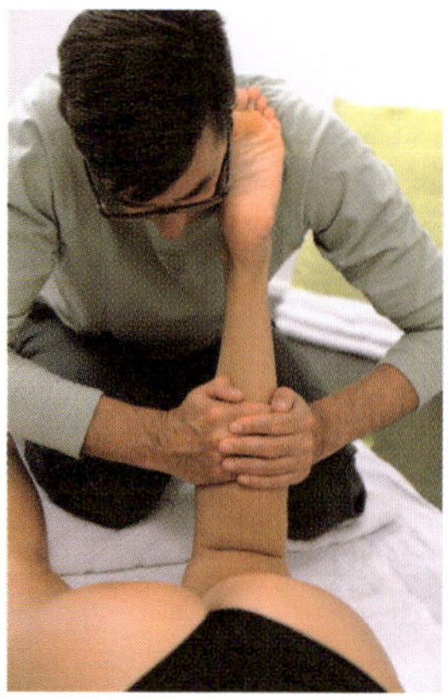

Notre conseil

Épousez bien avec vos mains la forme du mollet pour favoriser l'élimination de toutes les toxines musculaires et soulager la fatigue dues aux rétentions d'eau.

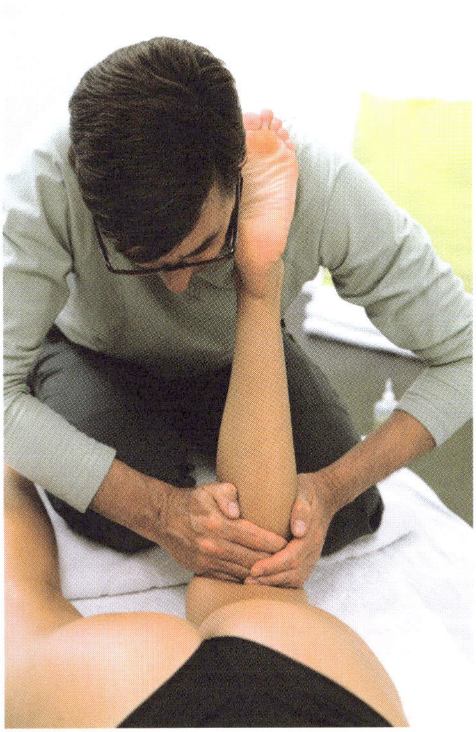

13b Les mains drainent tout le mollet jusqu'à ce que les doigts arrivent au pli du genou et s'écartent vers l'extérieur. **Les mains remontent par l'extérieur vers la cheville**, le bout des doigts pressant le mollet de chaque côté.

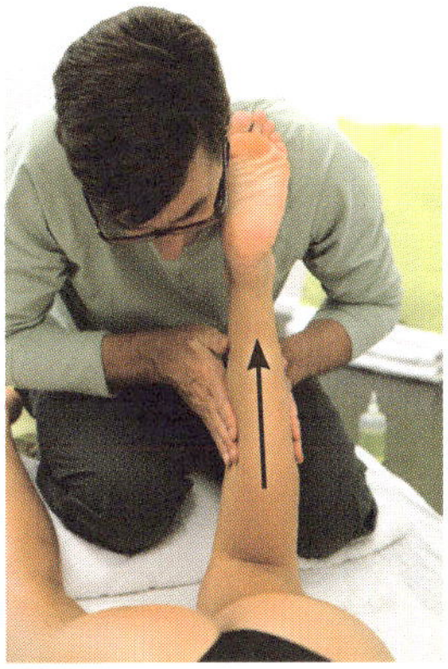

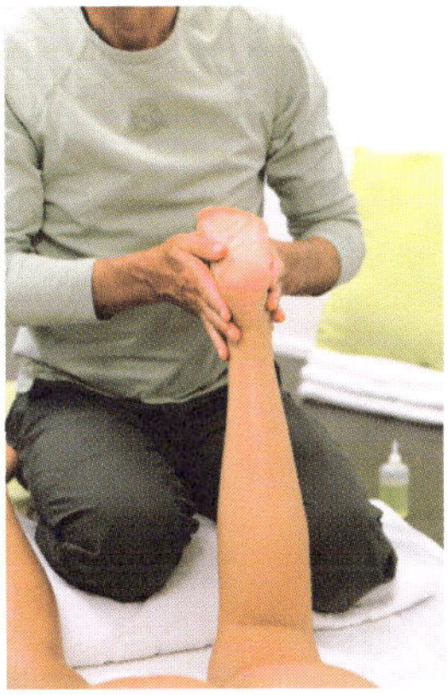

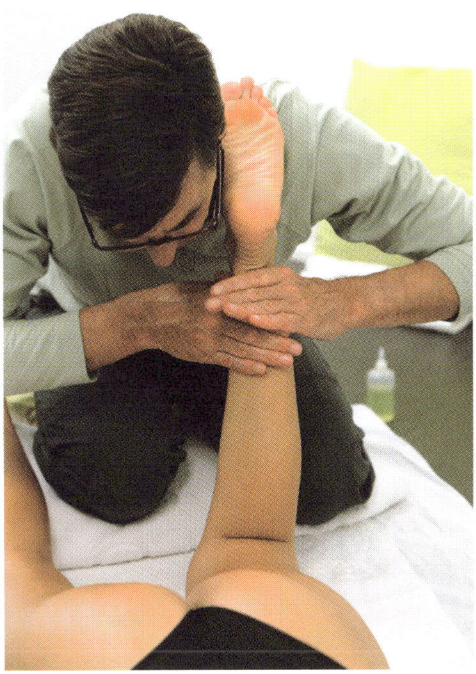

Variante :
Si le mollet n'est pas trop douloureux vous pourrez utiliser le rebord de vos mains pour accentuer la pression.

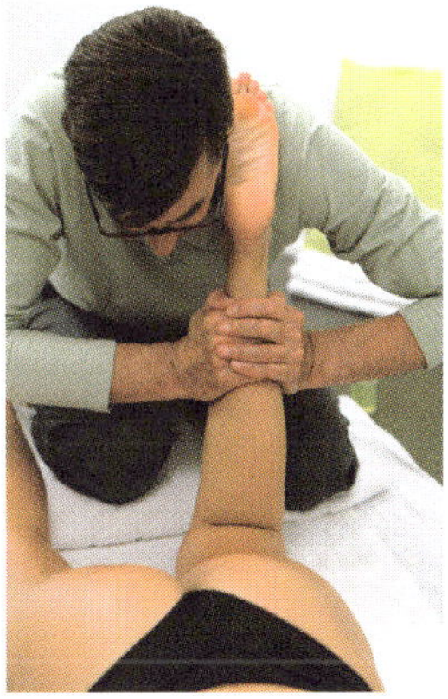

13c **À la fin du mouvement** vous pouvez aussi vous redresser pour tenir le pied avant de reprendre appui pour recommencer le mouvement.

 2/14

>> **Torsion** du mollet

Les deux mains en sens inverse

Effectuez plusieurs fois le mouvement en montant et en descendant à différentes hauteurs du mollet.

À la fin de ce mouvement vous reposez lentement la jambe au sol en vous déplaçant sur le côté du corps.

14a Vous gardez la même position du bout du pied en appui sur votre épaule et vous **effectuez un mouvement de massage alternatif des deux mains en sens inverse**. Servez-vous de la souplesse de vos poignets et de la mobilité de vos coudes écartés pour faciliter et amplifier votre mouvement.

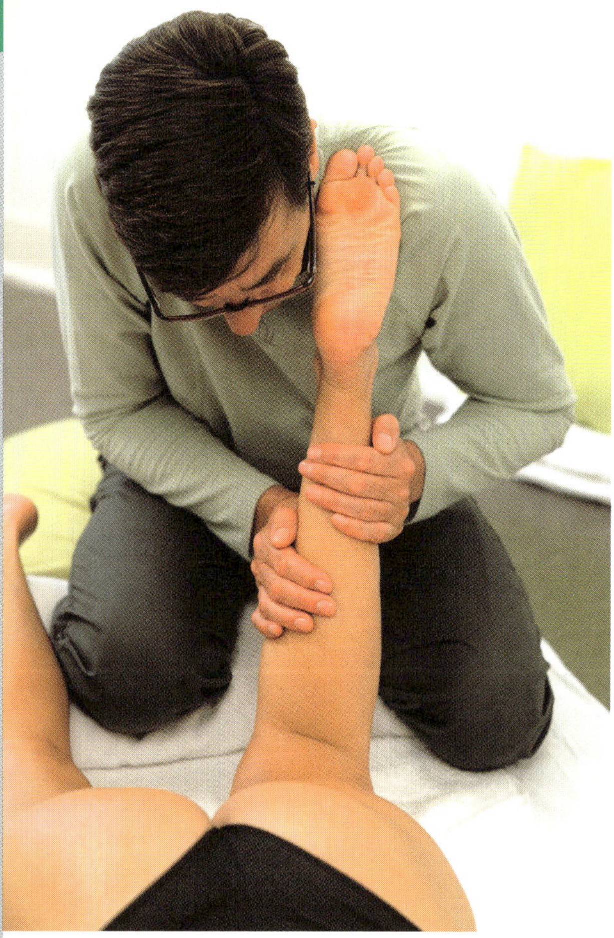

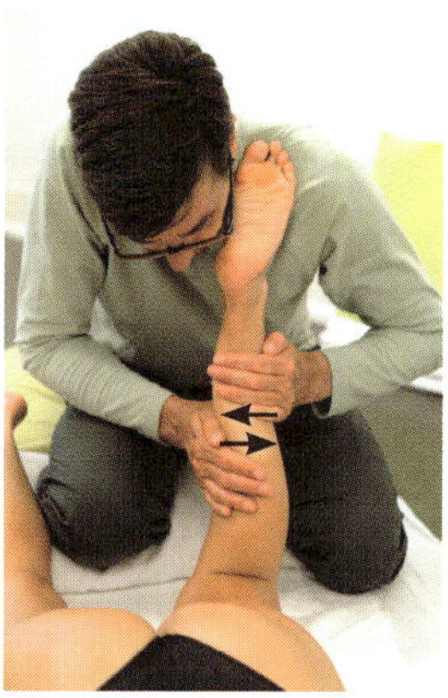

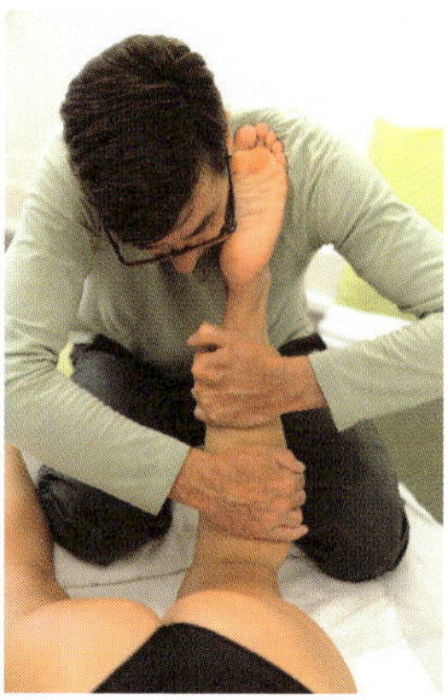

Notre conseil

Gardez les pouces joints avec les doigts. Attention à ne pas effectuer ce mouvement en cas de problèmes circulatoires car il risquerait d'abîmer les vaisseaux superficiels s'ils sont fragiles.

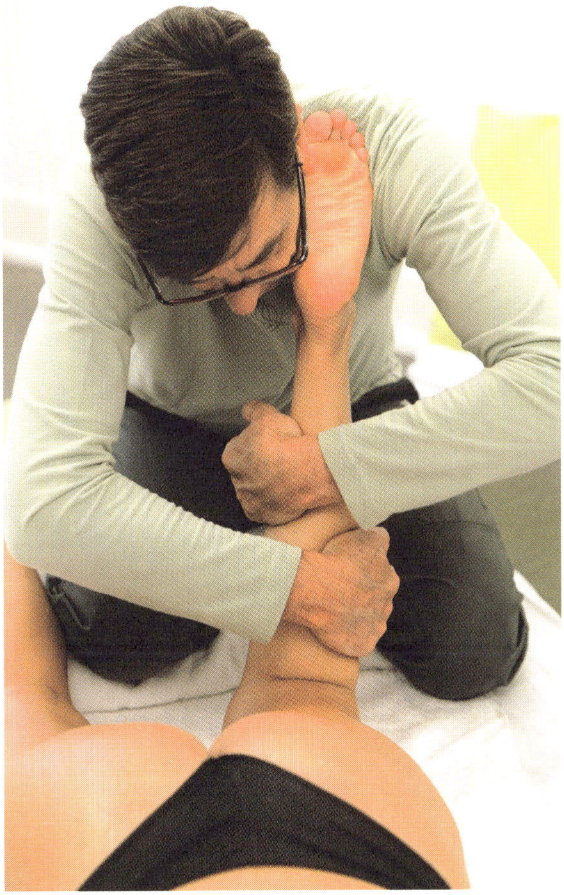

14b Les mains peuvent simplement glisser ou appuyer plus fort dans leur mouvement. Dans ce dernier cas, elles créent un double mouvement de torsion de la masse musculaire. **Dosez votre action en fonction de la sensibilité de votre partenaire.**

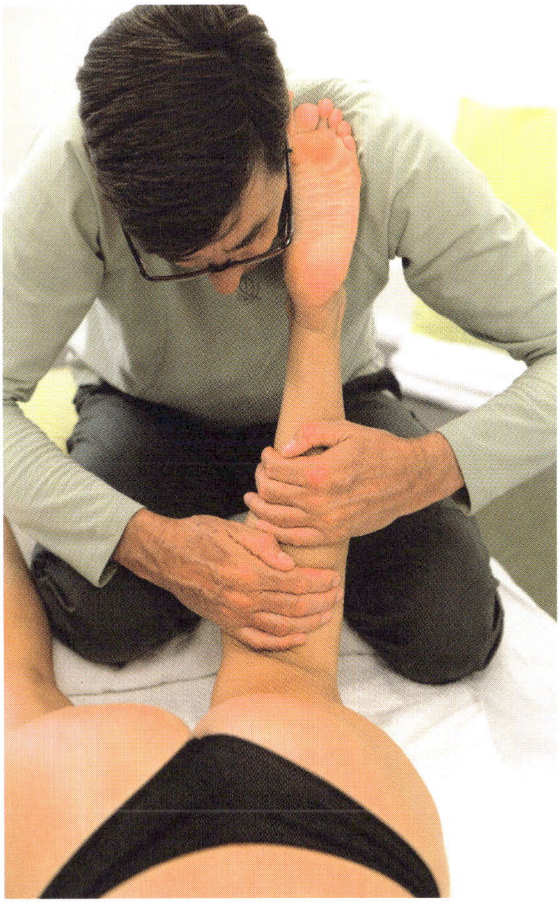

2/15

>> **Pétrissage** arrière du mollet

En souplesse et à pleines mains

Massez pendant au moins une à deux minutes et vous pouvez enchaîner avec le pétrissage de l'arrière de la cuisse du mouvement suivant.

Attention : *Rappelez-vous que les mouvements de pétrissage sont déconseillés pour les personnes présentant des problèmes circulatoires dans les jambes.*

Notre conseil

Soyez attentif à ne pas « pincer » le muscle : pour cela allongez bien les doigts pour assurer votre prise en évitant de les recourber. Commencez par pratiquer lentement pour vous entraîner à faire le mouvement correctement puis avec l'expérience vous pourrez accélérer.

15a Vous vous positionnez assis sur le côté du corps face au mollet et **vous attrapez le muscle à pleines mains en le soulevant pour le décoller de l'os**. En continuant à tenir le muscle « en l'air » entre les doigts et le pouce, vous imprimez un mouvement de pousser-tirer en sens inverse avec chaque main. Ce mouvement de pétrissage est plus facile à observer sur le dvd qu'à décrire.

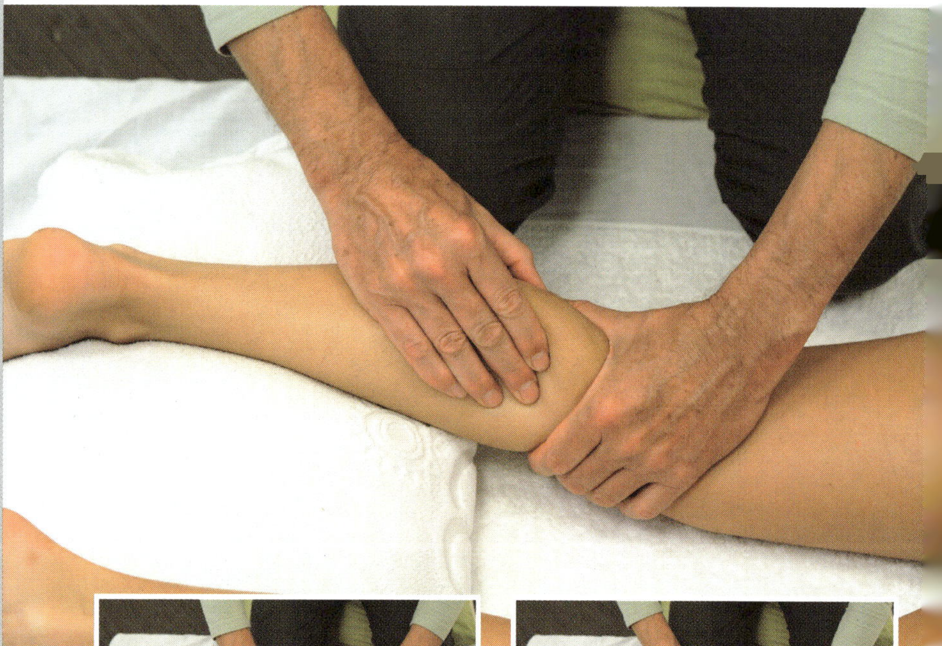

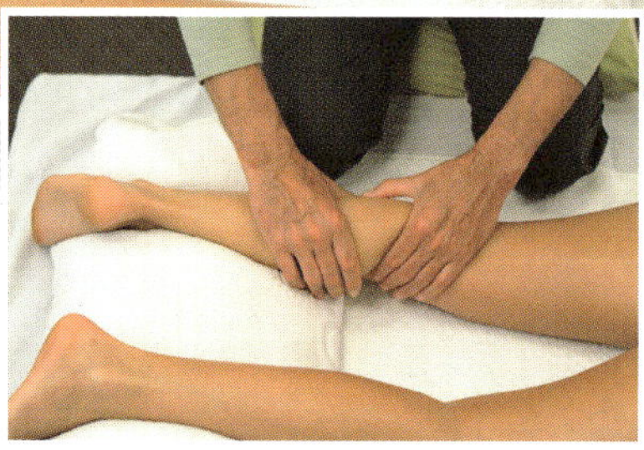

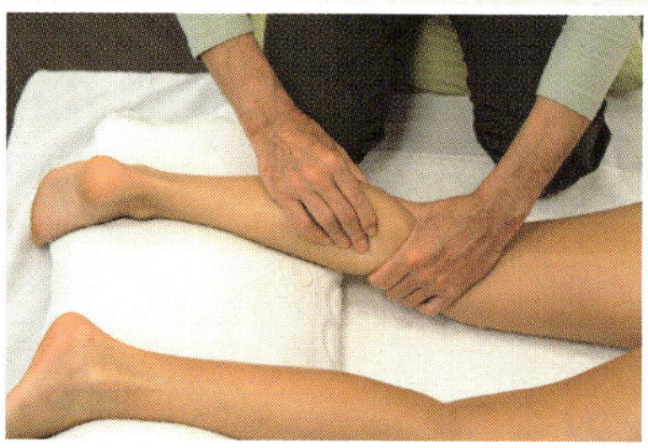

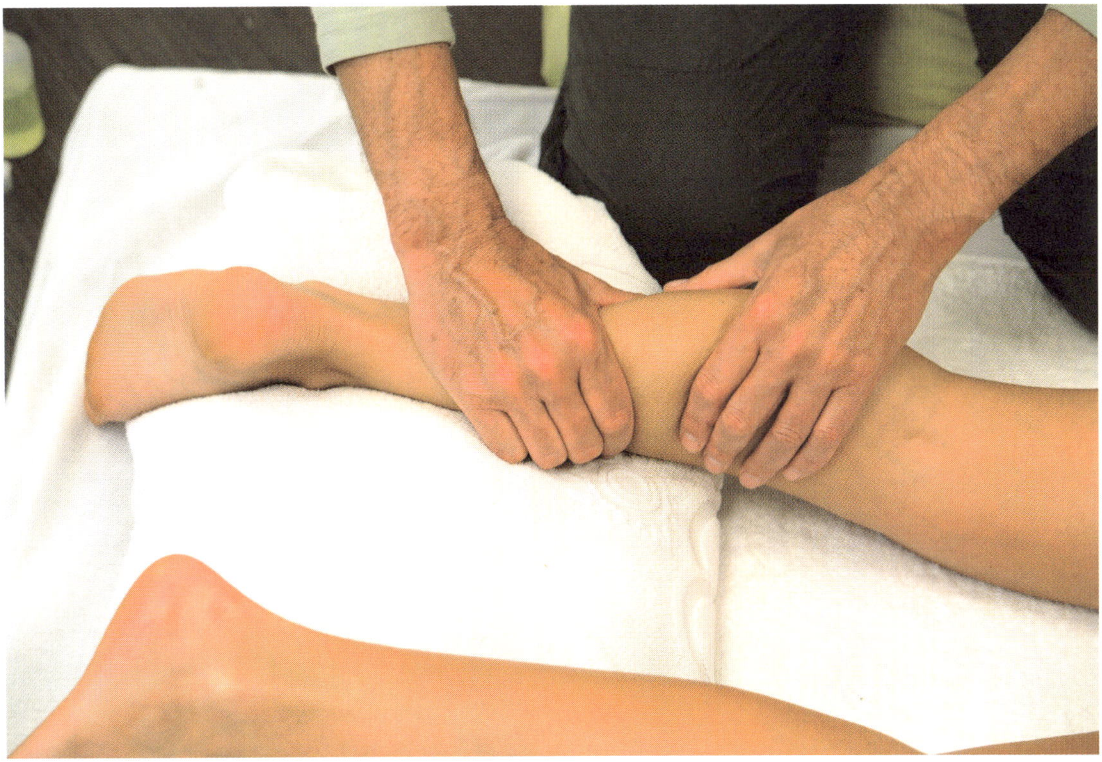

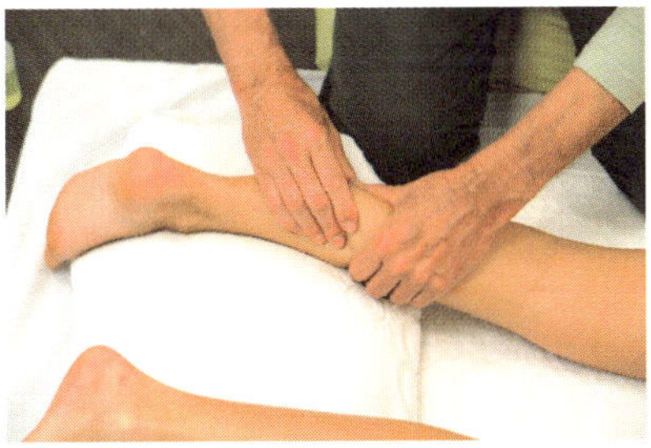

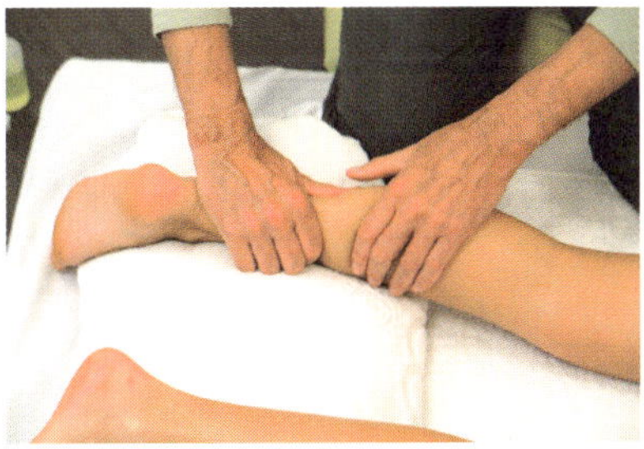

15b Recherchez un mouvement fluide et souple des mains, sans brusquerie, comme si vous pétrissiez de la pâte à pain par exemple en gardant continuellement le muscle décollé de l'os. **Montez et descendez le long du mollet en effectuant le mouvement de manière continue**. Vous agissez plus avec le bout des doigts et le pouce lorsque vous vous rapprochez de la cheville où le muscle est plus fin.

2/16

>> **Massage** du pli du genou

Tout en délicatesse

Massez pendant quelques instants pour une pause et un contraste avec le pétrissage plus physique.

16a Vous vous positionnez en peu plus haut sur le côté de la jambe et vous prenez contact avec la zone légèrement creuse à l'arrière du genou. **Massez avec un simple mouvement circulaire peu appuyé du bout des doigts**. L'arrière du genou est une zone fragile où des pressions fortes sont contre-indiquées quand la jambe est étendue. Massez avec beaucoup de sensibilité en gardant l'autre main posée sans pression en contact avec la jambe.

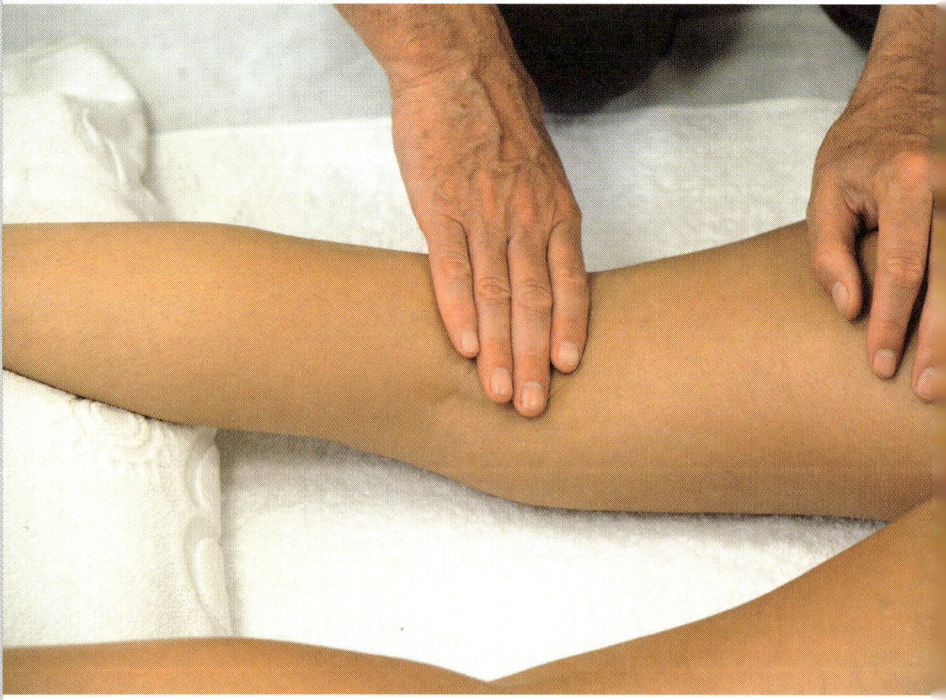

Notre conseil

C'est aussi l'occasion de vous reposer en effectuant ce geste simple mais particulièrement bienfaisant.

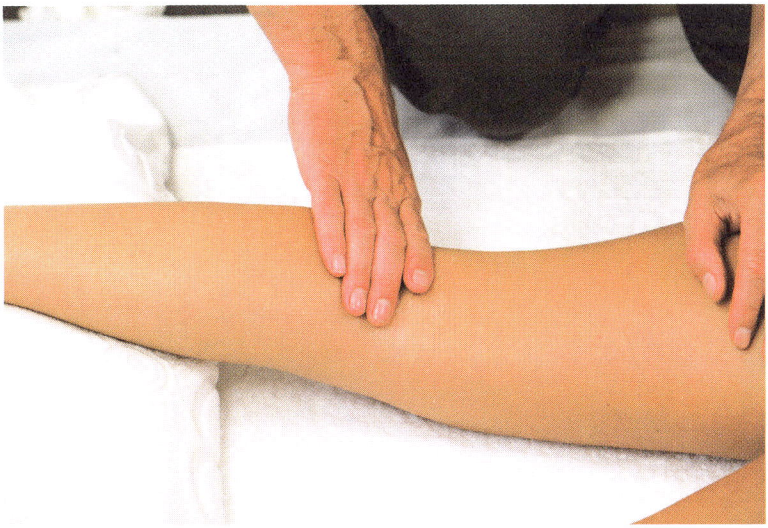

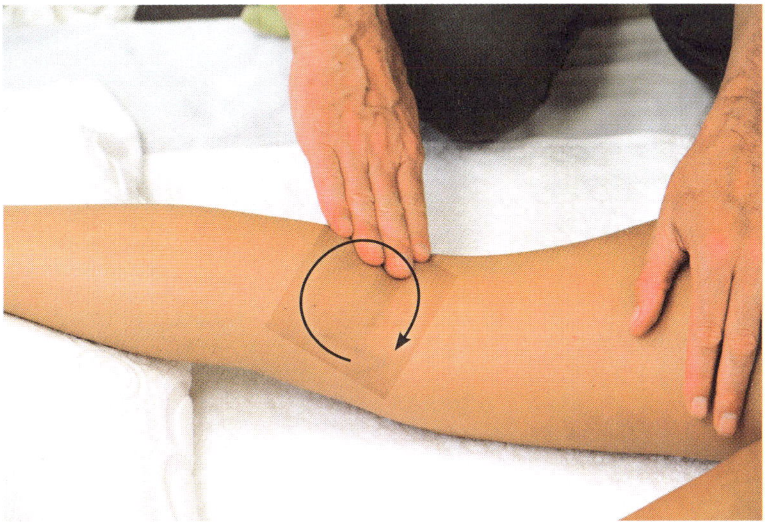

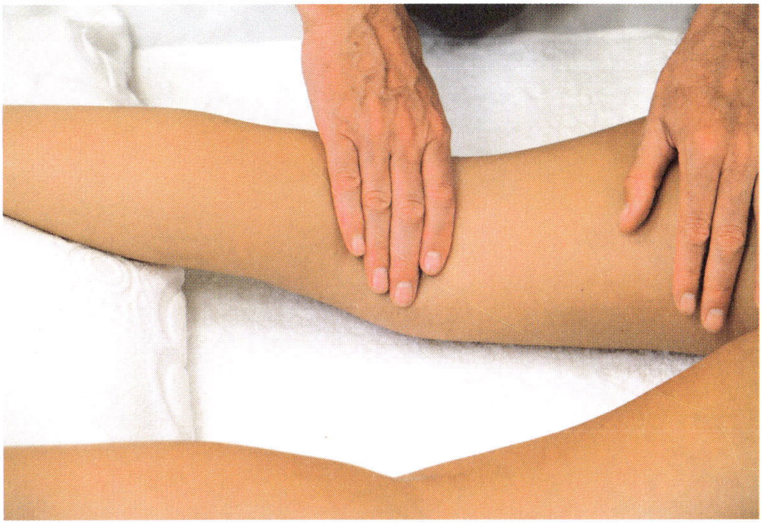

2/17

>> **Pétrissage** arrière de la cuisse

Plutôt en puissance

Massez pendant au moins une à deux minutes en associant avec le pétrissage des mollets. Pensez dans ce cas à sauter la zone du genou.

17a Vous vous positionnez sur le côté face à la cuisse et vous entreprenez le même mouvement de pétrissage que vous avez déjà accompli, pour le mollet. **Commencez par masser à pleines mains la face interne de la cuisse**. Observez le mouvement de double torsion du muscle donné par les mains.

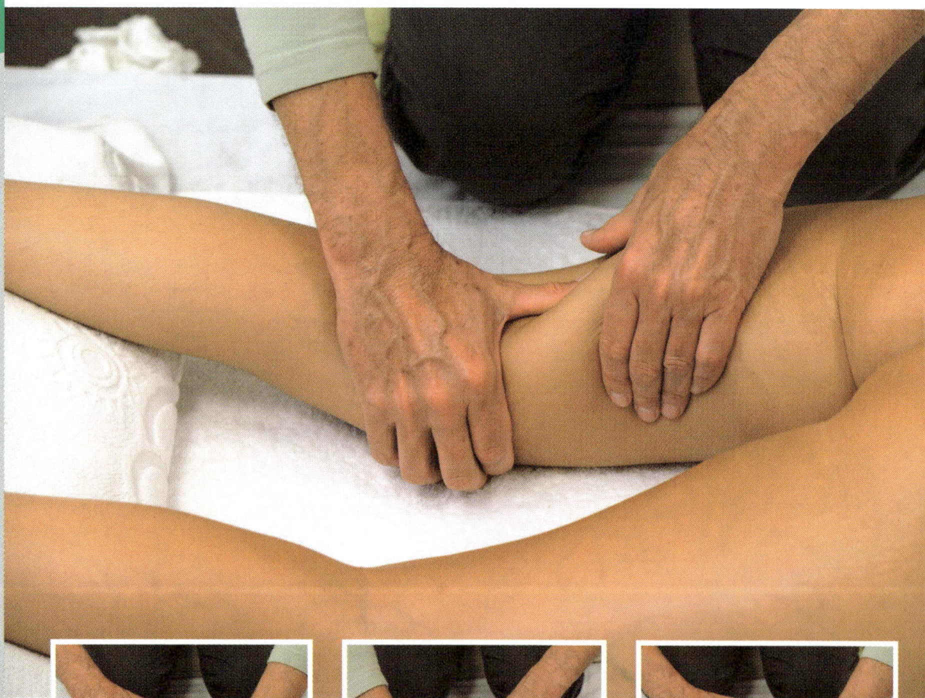

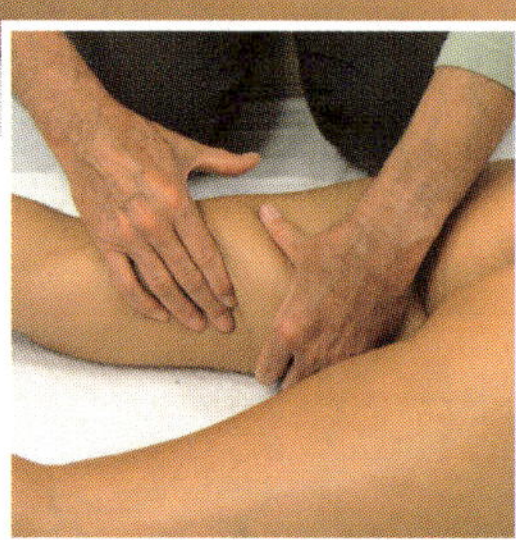

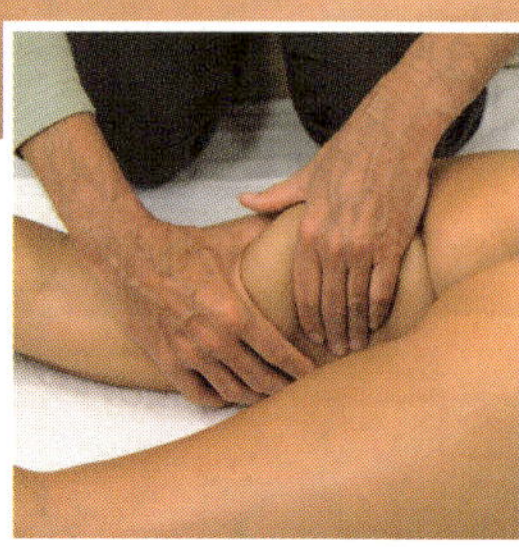

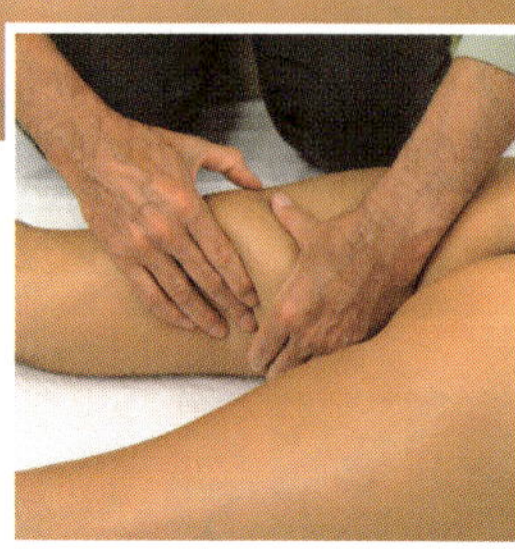

Notre conseil

Accompagnez le mouvement avec tout votre corps. Vous vous trouvez en présence des muscles les plus forts et souvent les plus tendus du corps. Demandez à votre partenaire si le mouvement lui fait du bien et prolongez-le. Si vous êtes fatigué, faites une petite pause en gardant le contact puis reprenez.

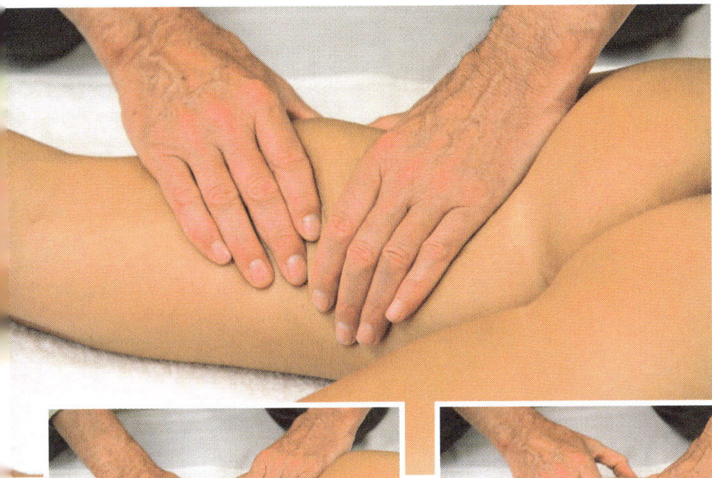

17b **Pétrissez ensuite les muscles du dessus de la cuisse** sur toute leur longueur, toujours à pleines mains, assez puissamment si ce n'est pas douloureux pour votre partenaire.

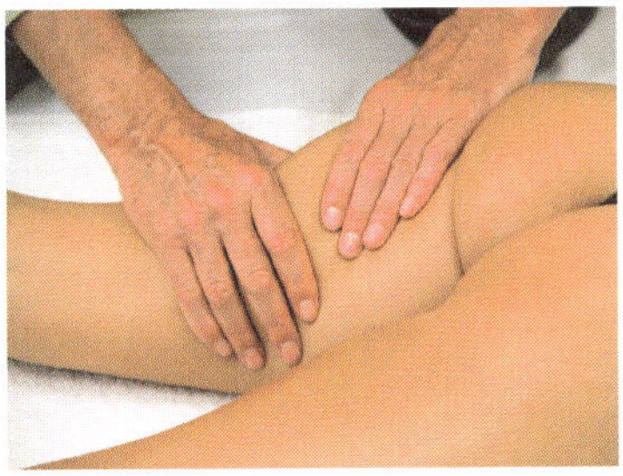

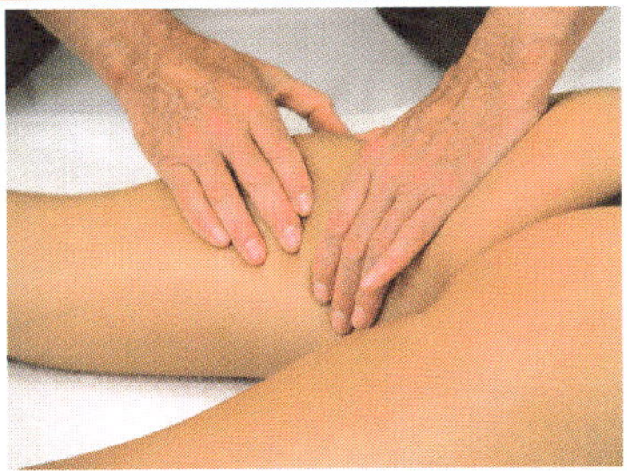

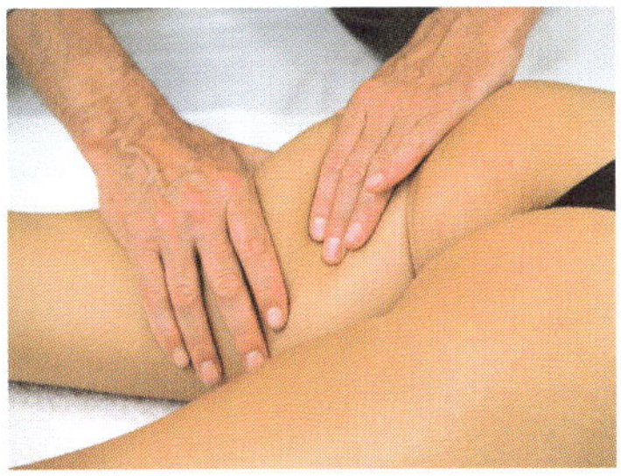

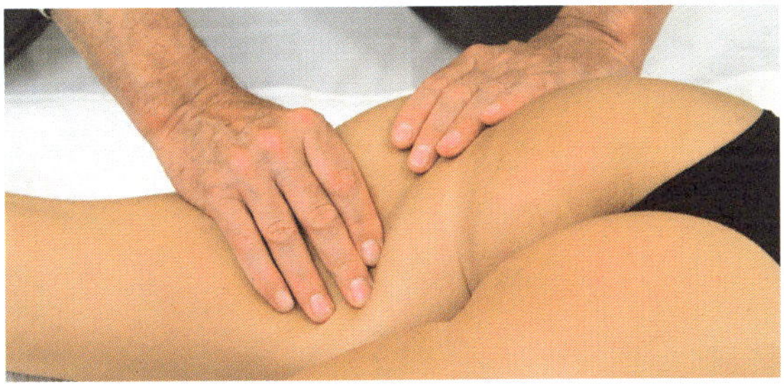

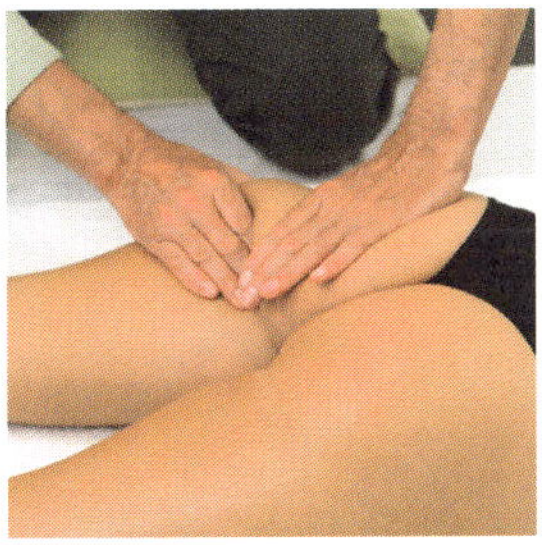

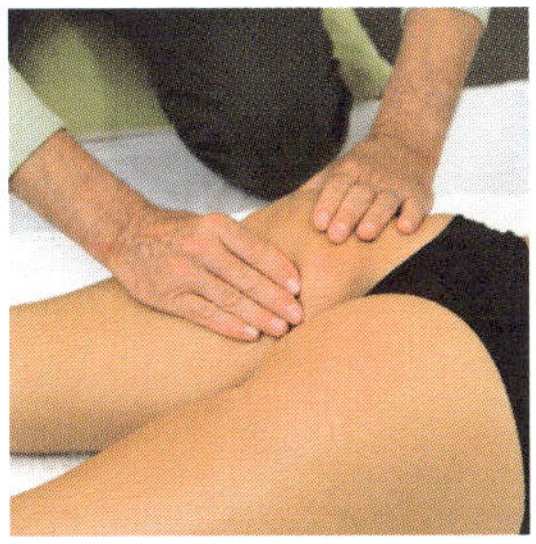

17c Poursuivez le pétrissage sur la face externe plus difficile à saisir puis **continuez sur les muscles fessiers** en adaptant la prise de vos mains au galbe des muscles.

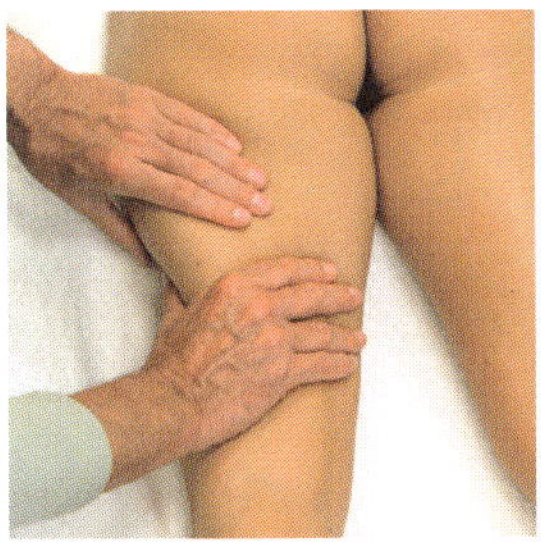

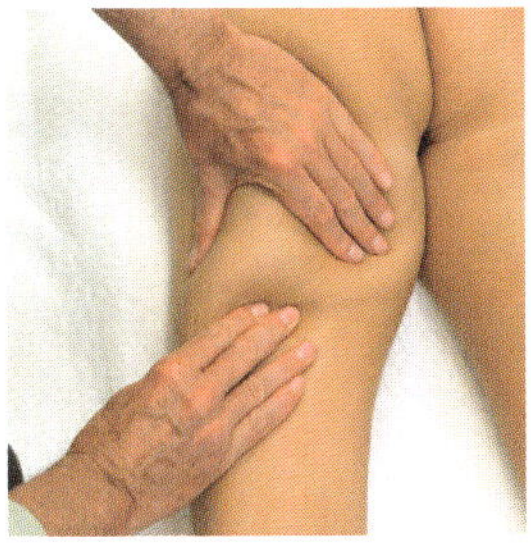

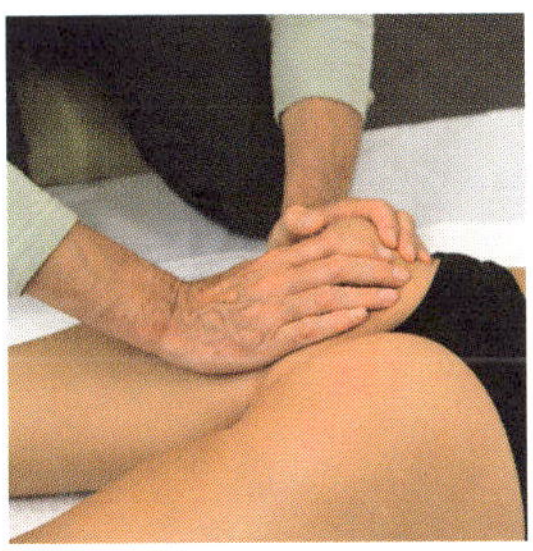

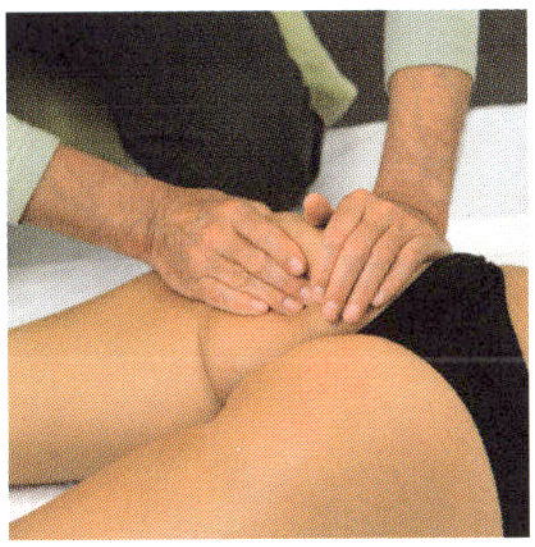

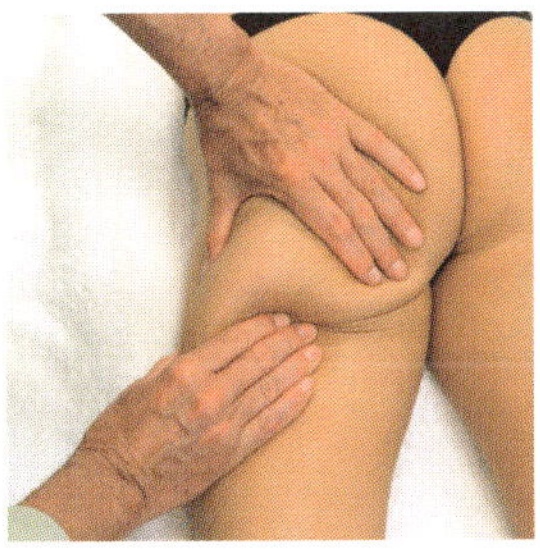

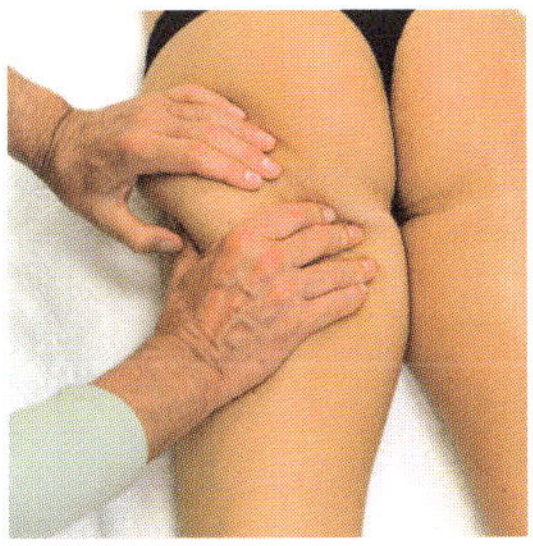

>> **Massage** de l'intérieur de la cuisse

En « pattes de chien »

Massez pendant quelques instants en montant et en descendant le long de la cuisse.

Terminez le massage de la jambe par quelques mouvements glissés ou par un double étirement léger, les deux mains se déplaçant en sens inverse à partir de l'arrière du genou.

En gardant le contact venez vous positionner au pied, dans l'axe de l'autre jambe et reprenez pour la seconde jambe tous les mouvements 6 à 18.

Notre conseil

Il ne s'agit pas de claquer la cuisse avec vos mains mais d'un mouvement très souple et très enchaîné.

18a Terminez les mouvements de pétrissage avec cette manœuvre très relaxante: alternativement avec une main puis l'autre glissez sur l'intérieur de la cuisse vers vous comme « un chien qui ramènerait avec ses pattes quelque chose vers lui ». C'est un mouvement plus rapide que les précédents et plus stimulant aussi. **C'est le bout de vos doigts que vous pouvez écarter qui « accroche » les tissus et les tire vers vous**.

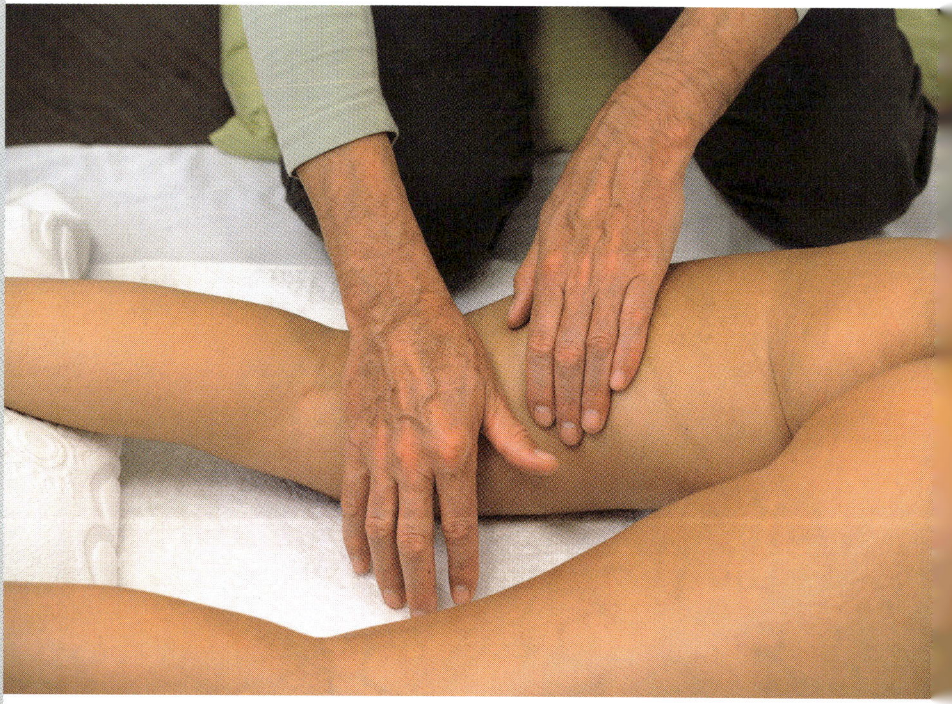

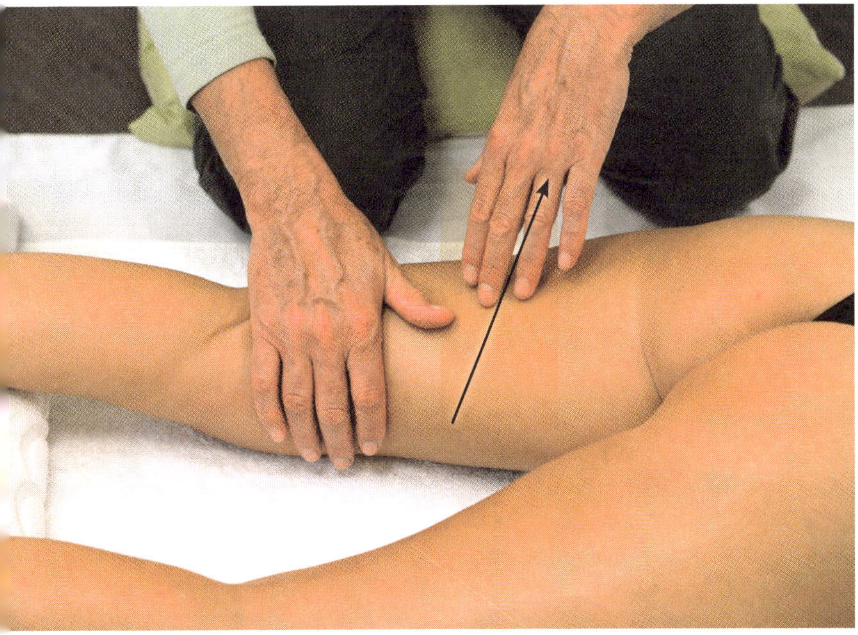

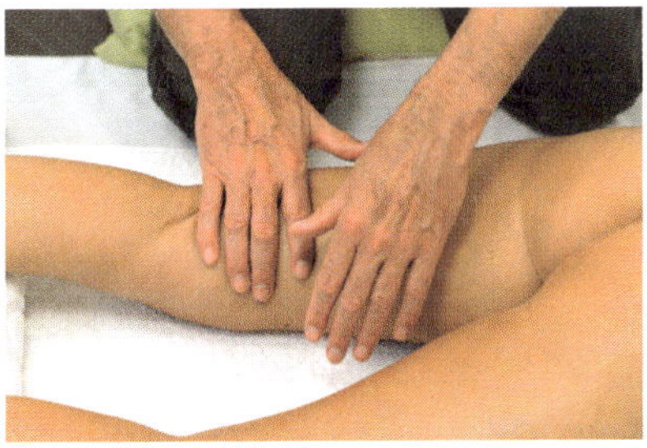

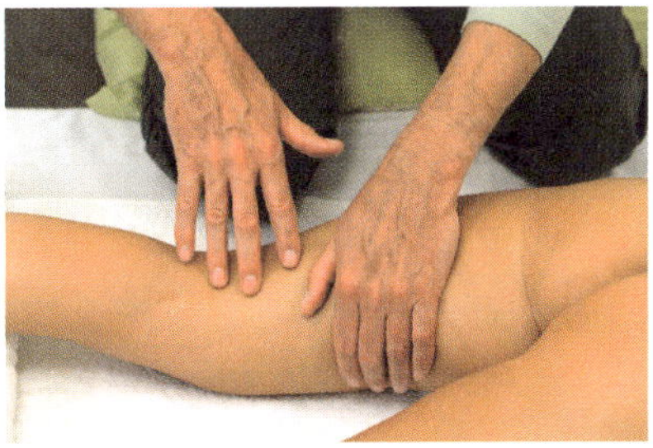

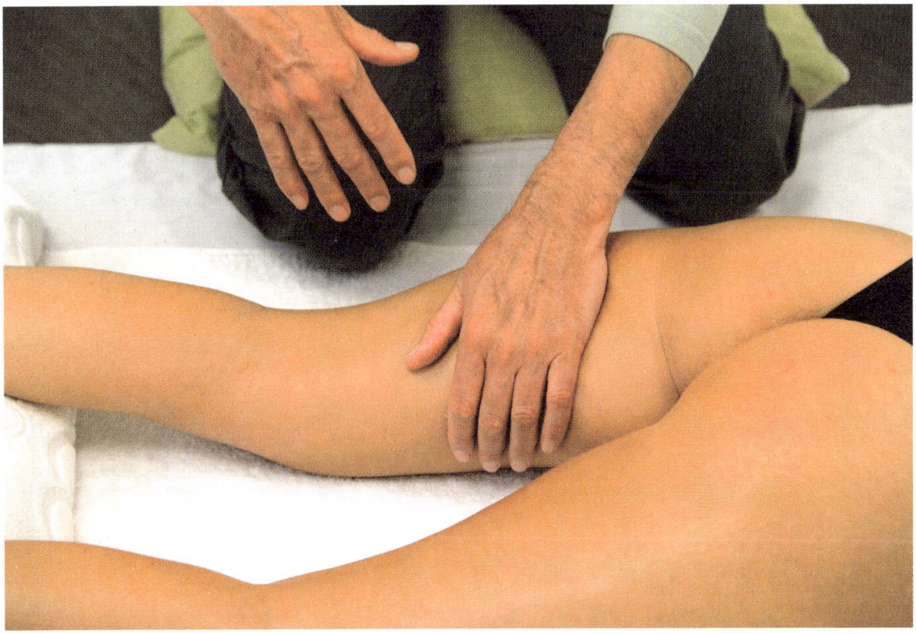

>> LE BUSTE ET LES BRAS

VOTRE PARTENAIRE EST ALLONGÉ SUR LE DOS

L'articulation de l'épaule est normalement la plus souple du corps. Vous massez le bras tout en le mobilisant et en plaçant l'épaule dans différentes positions pour vous donner le maximum de chances de la détendre. Tenir le bras en l'air tout en le faisant bouger et en le massant comme dans certains mouvements exige que vous soyez vous-même bien installé et à l'aise dans votre corps. Ensuite, c'est une question de coordination à acquérir. Rassurez-vous ! Même si le mouvement n'est pas parfaitement exécuté, il fait du bien.

LE BUSTE ET LES BRAS

CETTE PARTIE COMPORTE…

12 mouvements
- 3 grands mouvements d'unification du haut du corps buste-tête-bras avec leurs variantes
- 9 manœuvres sur chaque bras dont 3 pour le massage des mains

3 parties
- massage du buste et des deux bras
- massage successif de chaque bras
- massage des mains (inclus dans le massage de chaque bras)

3 positions pour masser
- assis à la tête de votre partenaire
- sur le côté dans l'axe de chaque bras
- sur le côté du corps près de l'épaule

VOUS APPRENEZ :
- à faciliter la respiration
- à être plus en rythme avec votre partenaire
- à masser les petits muscles des mains
- à mobiliser les épaules pour les relâcher
- à apaiser les émotions

Lors d'un enchaînement…

>> Le massage du buste et des bras précède ou suit celui du cou et de la tête ou celui de l'abdomen suivant votre enchaînement.

>> Vous pouvez aussi effectuer un massage complet du haut du corps : dos + buste et bras + cou et tête.

Le massage bien-être du buste et des bras

Être attentif

Avec le massage du buste, vous débutez dans le massage de l'avant du corps et surtout vous apprenez à associer vos mouvements avec le rythme respiratoire de votre partenaire. Avec celui des bras et des mains, vous découvrez un grand nombre de manœuvres spécifiques, en particulier pour le relâchement des épaules.

Vous massez le buste

1. En vous plaçant à la tête de votre partenaire pour unifier tout le haut du corps avec des mouvements reliant le torse au cou, à l'abdomen et aux bras.
2. Cela vous demande de vous avancer au-dessus du corps de votre partenaire.

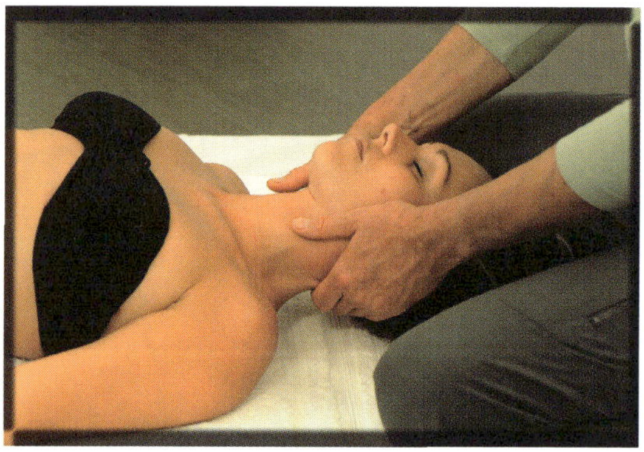

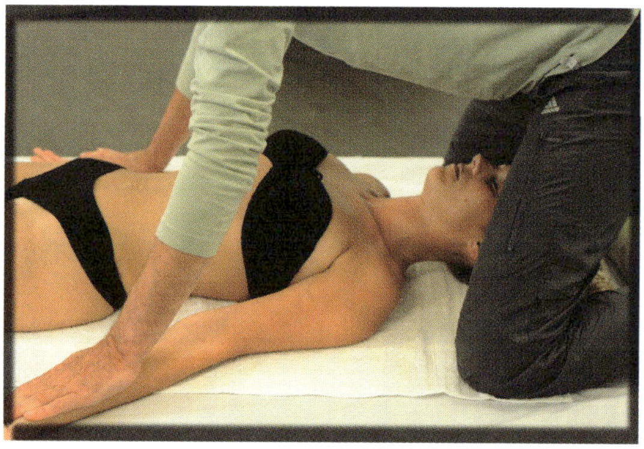

Avec le massage du buste, vous libérez les oppressions respiratoires si fréquentes dans les situations de stress et de mal-être. Les bras et les mains sont tout le temps actifs dans la vie et gardent beaucoup de tensions résiduelles. Leur massage apporte une grande détente intérieure et mentale, en même temps qu'il soulage les douleurs de cou et redonne de la souplesse aux épaules.

Vous massez les bras et les mains

3 En vous plaçant dans l'axe de chaque bras pour de grands mouvements remontants et des porter-soulever.

4 Toujours dans l'axe du bras pour tous les petits gestes et étirements du massage des mains.

5 Enfin, sur le côté du bras en remontant vers la tête pour les manœuvres de relâchement des articulations des épaules.

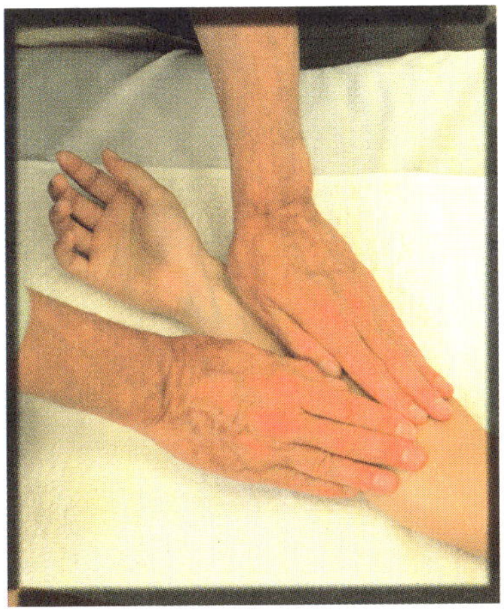

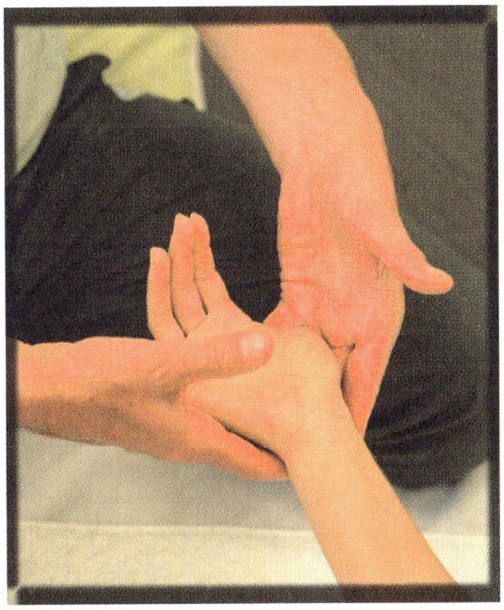

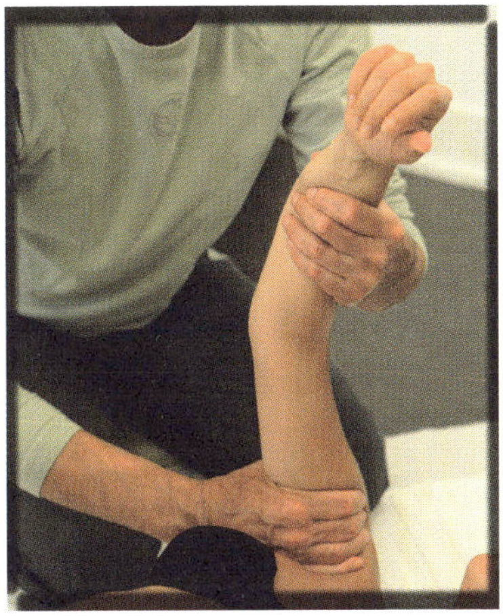

C'est un massage où vous apprenez vraiment à faire bouger le corps de l'autre. Durant le massage du buste chez une femme, vous êtes amené à masser au-dessus du soutien-gorge à moins que celle-ci ne préfère l'enlever. Demandez à votre partenaire ce qui lui conviendrait. Dans tous les cas, ici comme dans d'autres parties du massage, il est important d'éviter tout geste ambigu qui perturberait la détente et ne correspondrait pas au degré d'intimité que vous avez avec votre partenaire.

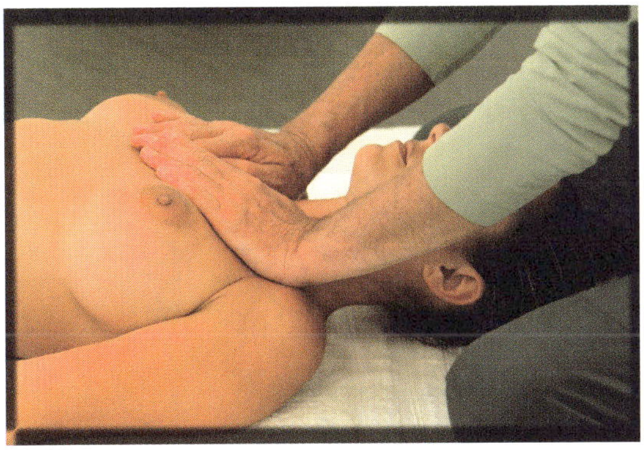

>>Conseils **d'installation**

1 **Votre partenaire est allongé sur le dos et il doit être dans une position confortable en écartant les jambes et les bras du corps**, ses pieds tombent vers l'extérieur. L'idéal anatomique est d'écarter les jambes de la largeur des épaules et les bras d'environ 30° des flancs. Demandez-lui de retourner les paumes des mains vers le haut. Vérifiez s'il est bien dans l'axe de son corps, si par exemple ses jambes ne partent pas sur un côté et demandez-lui si c'est le cas de se remettre dans son axe.

2 **Si votre partenaire est fragile dans le bas du dos ou si cette zone est douloureuse, invitez-le à replier ses deux jambes en ramenant les pieds vers le bassin pour décambrer le bas du dos** puis à les réallonger lentement une à une en glissant le pied sur le sol. Si nécessaire, installez un ou deux gros coussins sous les genoux repliés. Cela diminue la cambrure lombaire et soulage le dos. **Ne placez jamais un coussin ou un oreiller dans le bas du dos** ce qui aurait l'effet inverse de maintenir la cambrure même s'il apporte dans un premier temps une sensation de confort.

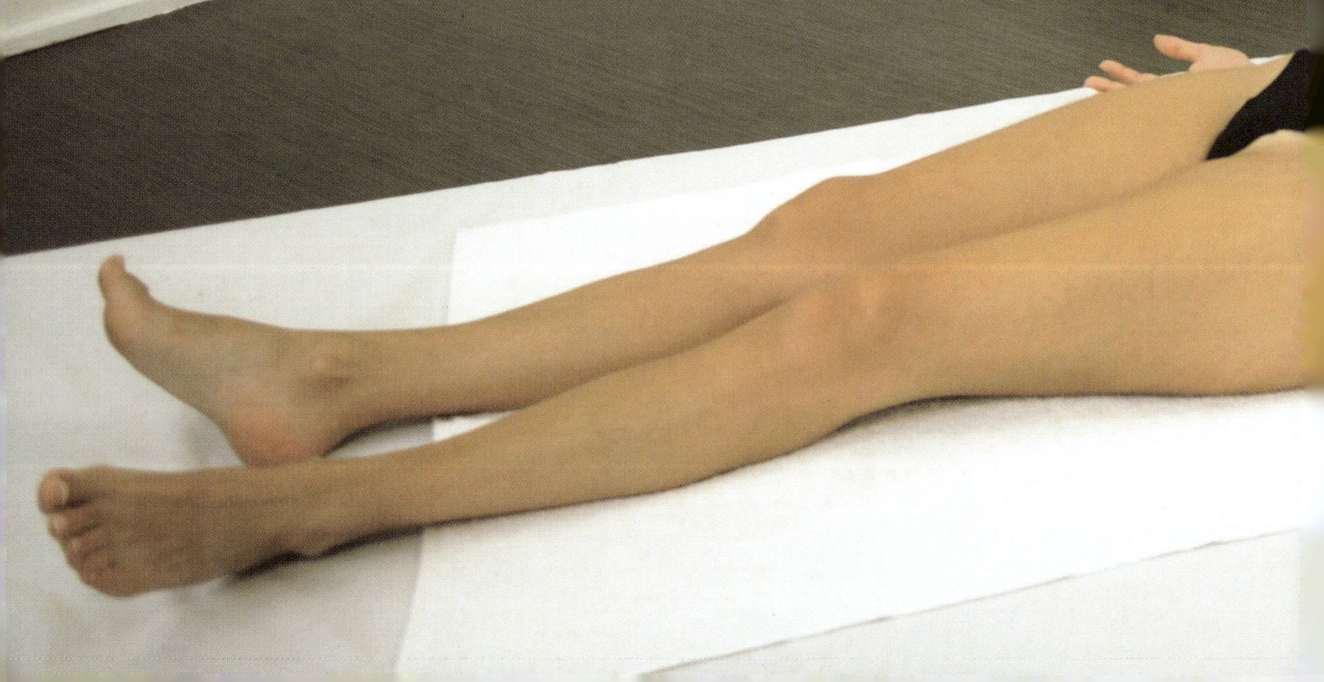

3 **Si votre partenaire a la tête qui part en arrière lorsqu'il est allongé sur le dos car son cou est trop tendu, mettez sous la tête un livre (ou un coussin peu épais et ferme) pour ramener le menton vers la poitrine**. Vous pouvez envelopper le livre dans une serviette pour que ce soit plus confortable.

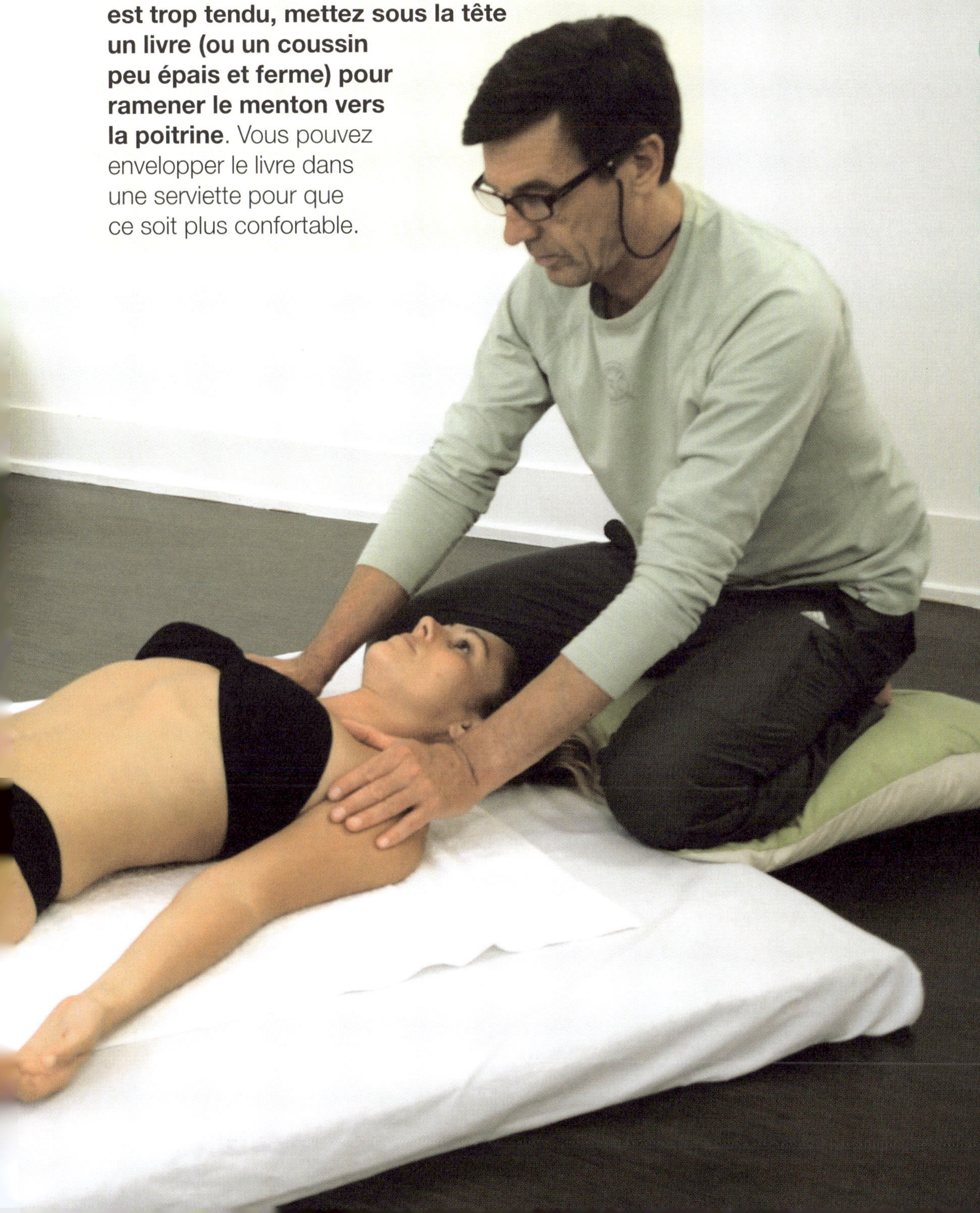

>> **Précautions** à prendre

- **Le haut du torse est une partie assez intime surtout chez les femmes**. Il importe de l'aborder délicatement pour que votre partenaire se sente à l'aise avec vous. Si le contact le gêne, évitez les seins. Prenez le temps du contact et si votre partenaire est mal à l'aise avec les mouvements glissés, remplacez-les par des pressions légères.

- **Sur le torse vous allez sentir la respiration et vous aurez à synchroniser votre pression et votre mouvement avec l'expiration, le retour et le relâchement se faisant dans l'inspiration**. Cela demande que vous soyez à l'écoute et attentif à la respiration de votre partenaire.

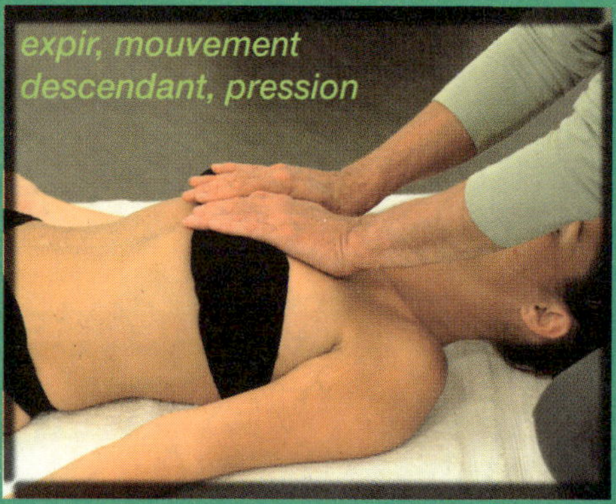

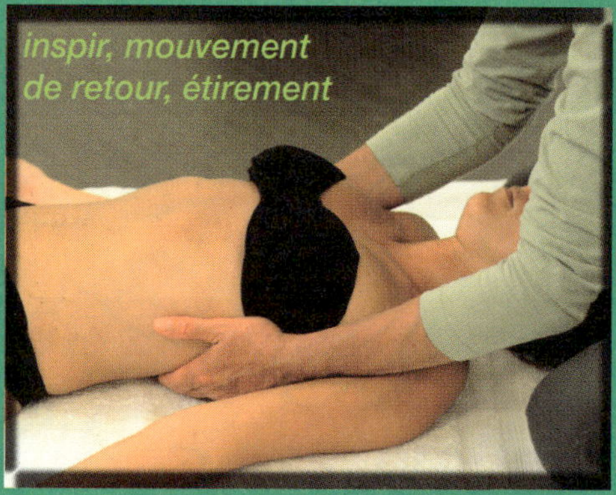

- Lors des différentes manœuvres de mobilisation des bras, il est normal que votre partenaire ait parfois des difficultés à se relâcher. Ne manifestez pas d'agacement, ce n'est pas contre vous ! **Invitez-le verbalement, gentiment et avec patience, à se laisser porter et à se relâcher dans vos mains**.

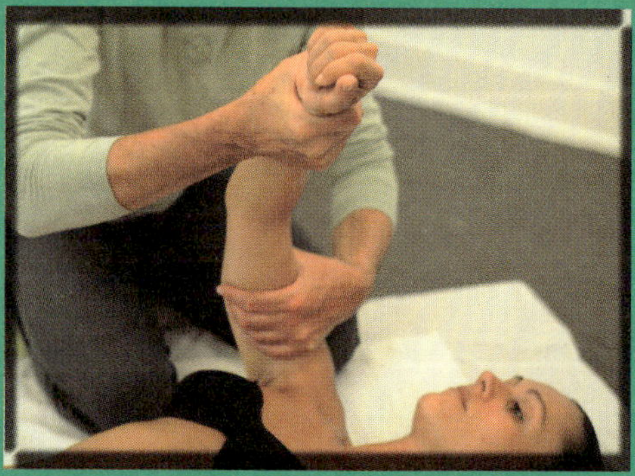

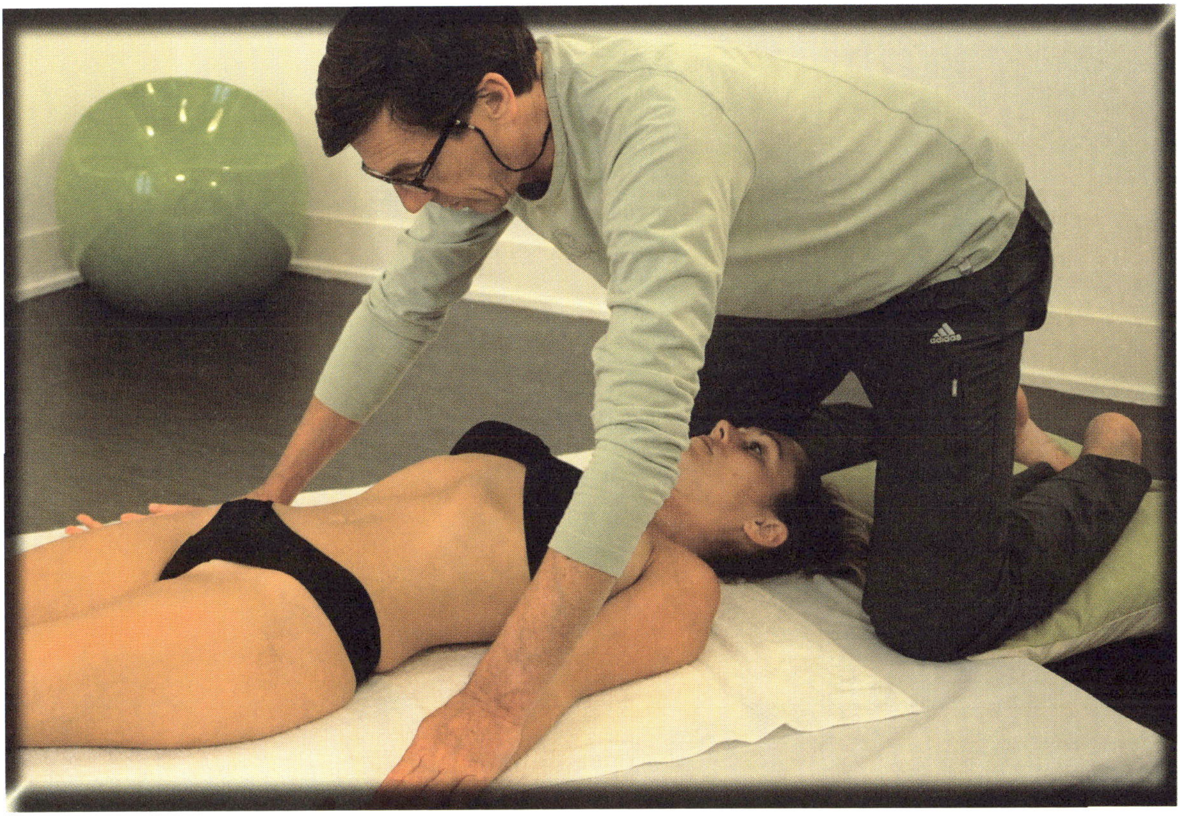

Instructions à suivre dès le début du massage

Comme dans les grands mouvements sur le dos, déplacez votre corps vers l'avant dans la première partie du mouvement et ramenez en arrière dans le mouvement de retour. Lorsque vous vous avancez, veillez à garder votre équilibre sans être en appui sur vos mains, sinon, si votre partenaire bougeait soudainement, badaboum ! Synchronisez-vous aussi naturellement avec votre propre rythme respiratoire.

Le massage des bras se fait en mouvement dans des positions différentes et avec des techniques à maîtriser. Vous ne les acquerrez peut-être pas en une fois, persévérez !

3/1

>> **Relier** le thorax et les bras

S'avancer au-dessus du corps

Répétez au moins trois fois avec la possibilité d'enchaîner avec les autres mouvements de liaison…

Notre conseil

Dans le début du mouvement donnez une impression d'étirement en ouverture vers les épaules puis l'impression d'allonger les bras de votre partenaire sur le sol. Il y a bien sûr le geste physique et ses bienfaits mais aussi la sensation bénéfique que vous donnez à votre partenaire. Elle dépend de votre manière de faire le mouvement et de l'intention que vous y mettez. L'intérieur des bras peut être sensible, n'appuyez pas de tout votre poids.

1a Vous êtes assis à la tête de votre partenaire et vous venez prendre contact avec le haut du thorax en déposant vos mains sous les clavicules. **Restez un moment immobile dans le contact et en sentant le rythme respiratoire de votre partenaire**, l'alternance de l'inspiration et de l'expiration. À partir de cette position de départ, écartez les mains de chaque côté en glissant vers la pointe des épaules puis prolongez votre mouvement une main sur chaque bras.

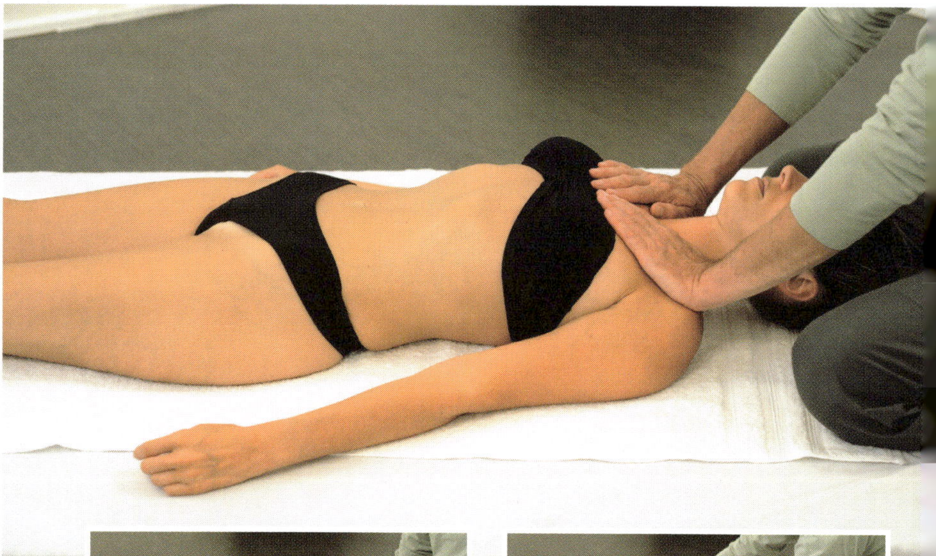

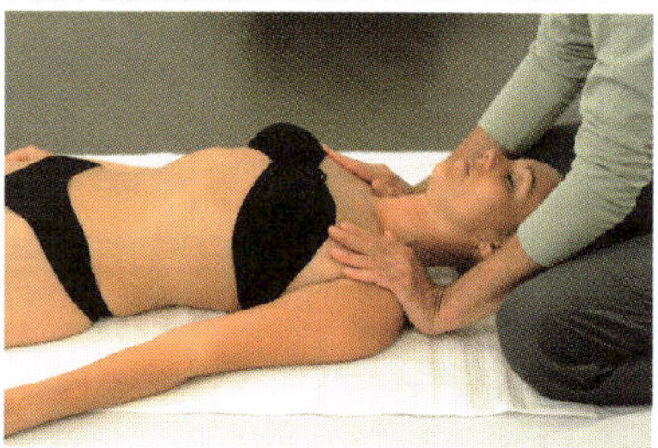

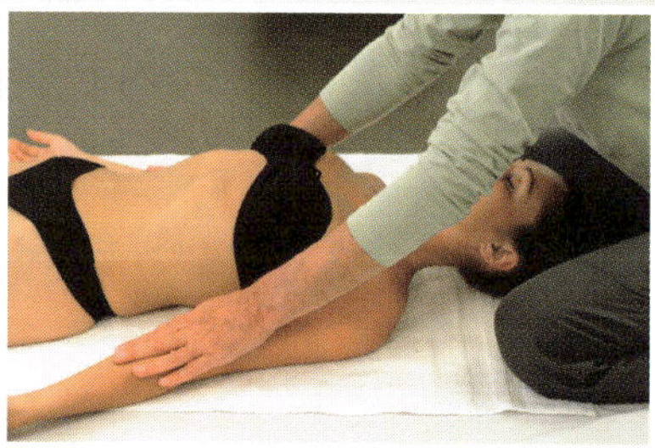

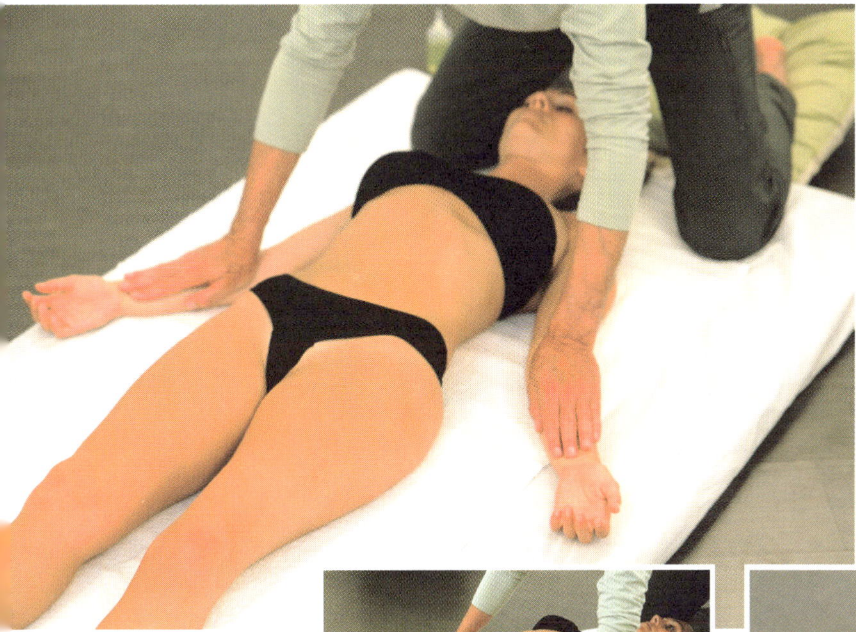

1b En étalant bien vos mains, **descendez jusqu'au poignet** par la face interne des bras puis dans la paume de la main.

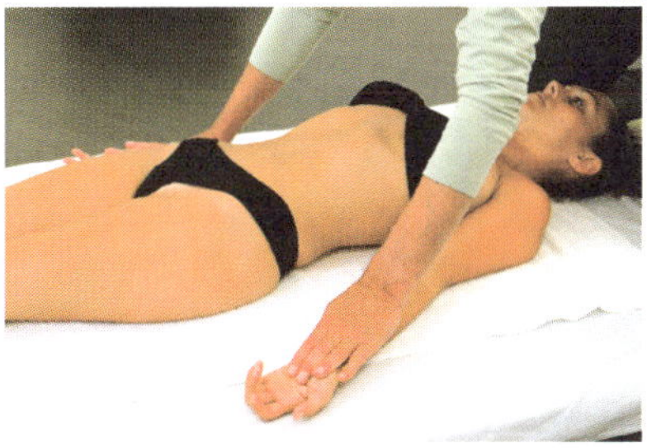

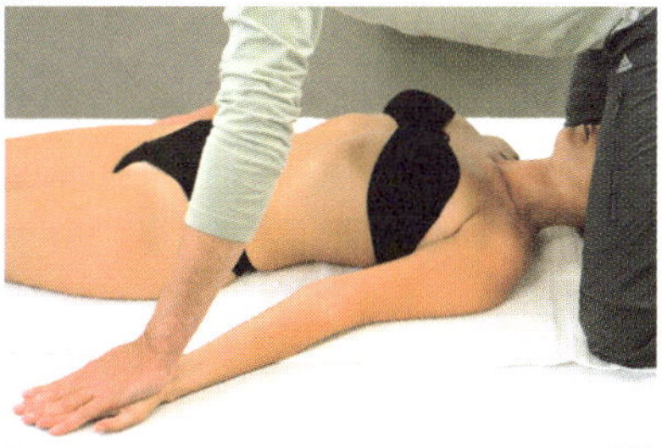

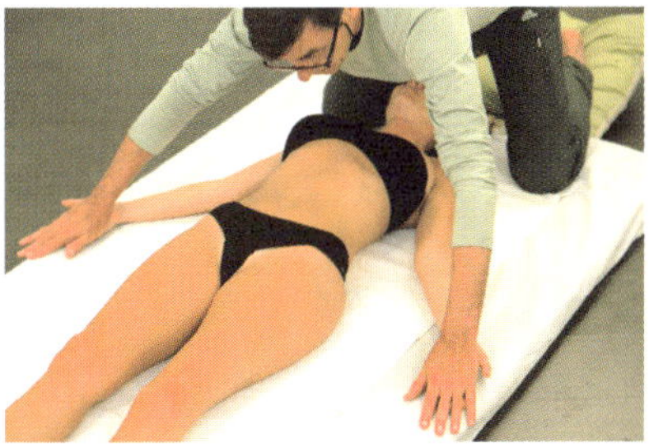

1c « Creusez » plusieurs fois la paume, glissez-vous en aller-retour entre les doigts. **Vous êtes penché en avant bien en équilibre**.

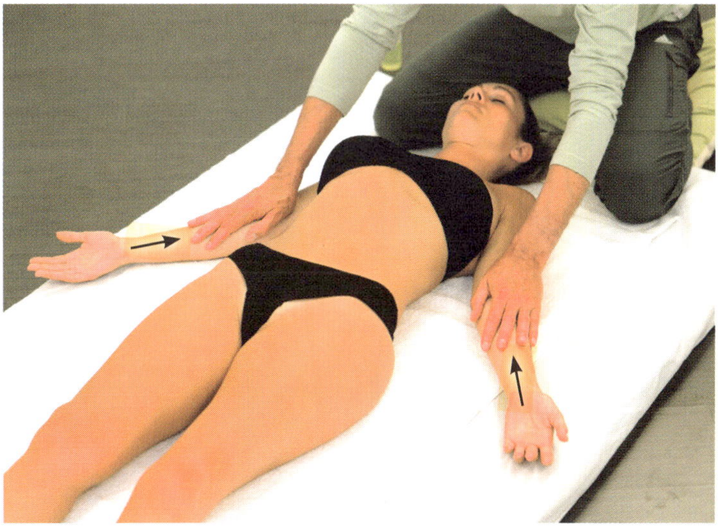

Remontez maintenant sans pression tout le long du bras jusqu'aux épaules et à la position de départ en ramenant votre corps en arrière.

3/2

>> **Relier** les bras et le cou

Dégager la lourdeur

Répétez au moins trois fois en enchaînant avec le 1 et le 3.

Vous retrouverez ce mouvement fondamental de détente du cou au début de la partie 5, mouvement 2 dans lequel il est décrit très en détail.

2a En plus du mouvement précédent chaque fois que vous passez sur la pointe des épaules avec les mains, vous pouvez pivoter et ramener les doigts sous les épaules pour continuer votre mouvement vers la base du cou. **Utilisez la souplesse de vos poignets pour envelopper la forme des épaules et revenir dessous**. Continuez ensuite le mouvement dans le cou.

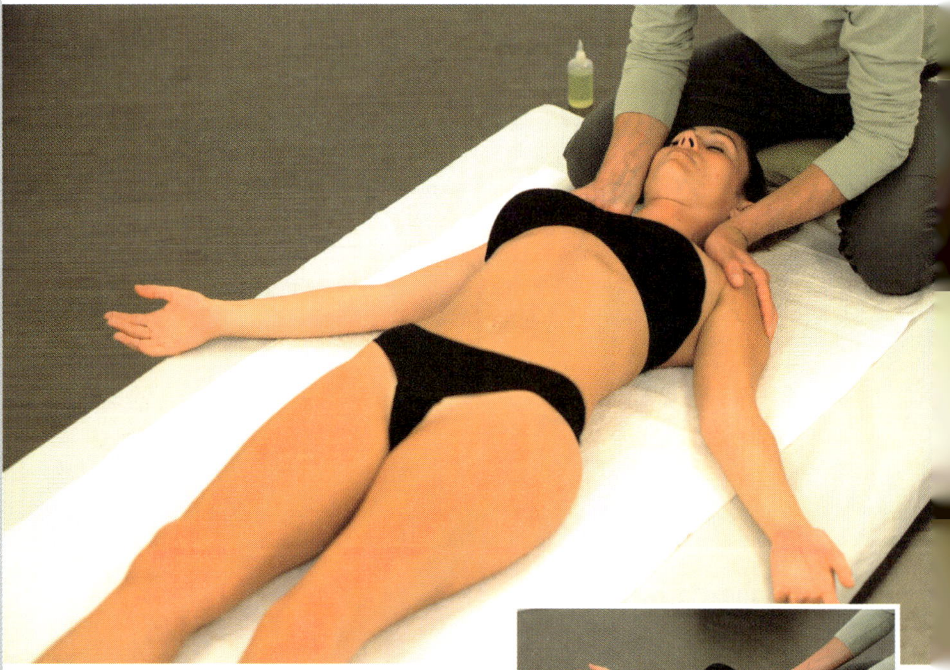

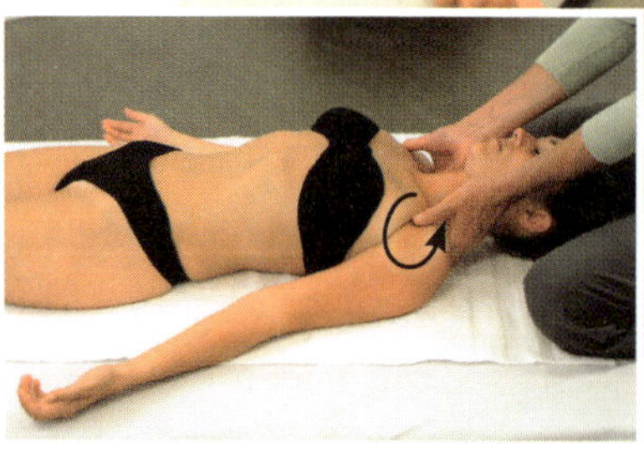

Notre conseil

Soyez prudent lorsque vous passez ainsi dans le cou qui est souvent douloureux et ne soyez pas étonné si la nuque de votre partenaire reste raide lorsque vous la soulevez. Il n'est pas si facile que cela de se détendre.

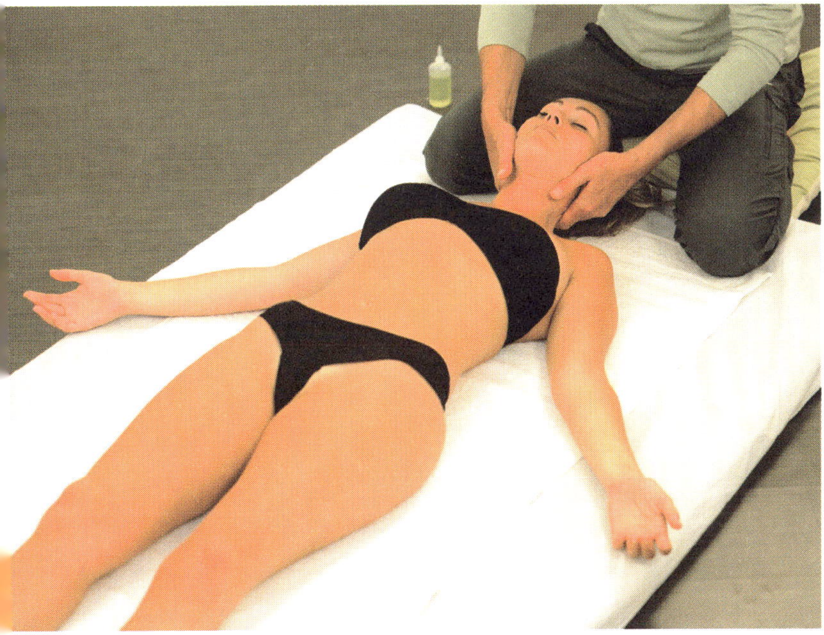

2b Vos deux mains se rejoignent en bas du cou et vos doigts se mettent les uns sur les autres pendant que vos pouces s'écartent. Glissez ainsi avec les mains l'une dans l'autre jusqu'à la base du crâne, on dit que les mains sont « en berceau ». **Étirez légèrement et délicatement le cou**.

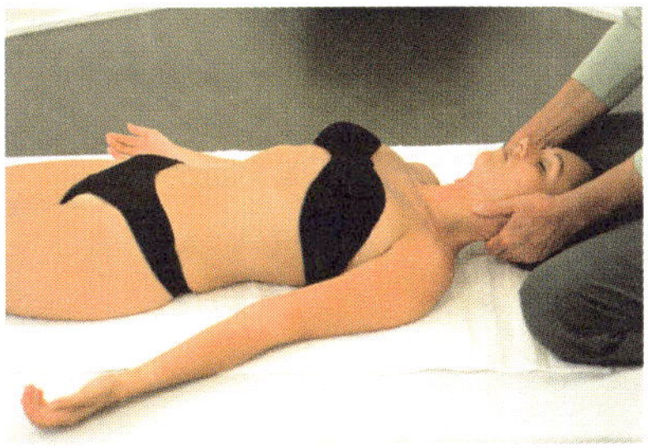

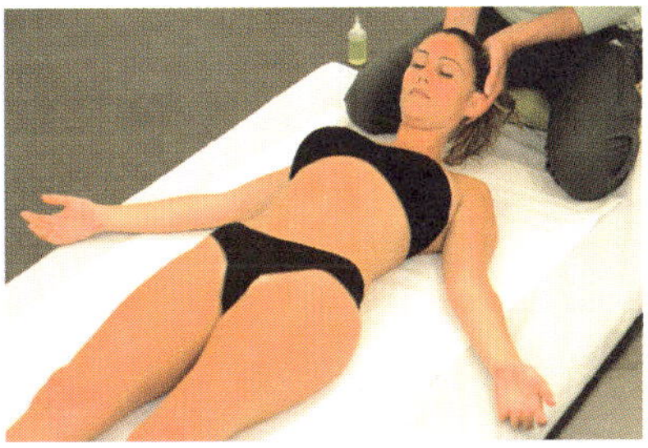

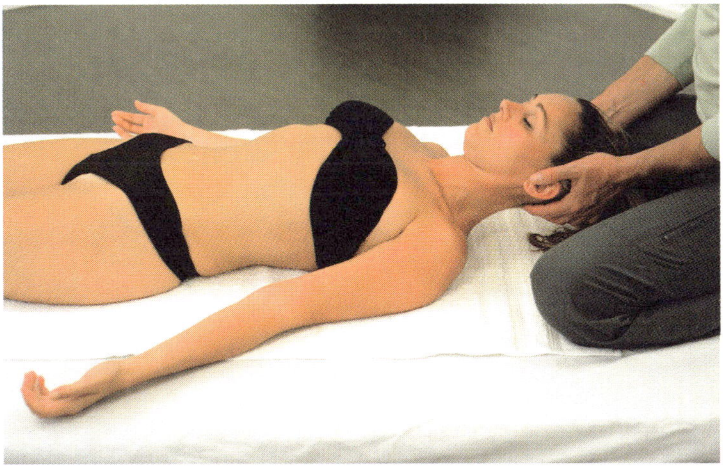

2c Avec vos mains toujours dans la même position, continuez à glisser sous la tête qui va se soulever toute seule puis laissez-la naturellement redescendre au sol. **Ramenez vos mains sans interrompre le contact** sur le haut du thorax dans la position de départ des mouvements 1 et 3.

3/3

>> **Unifier** le buste

En rythme avec la respiration

Répétez au moins trois fois avec la possibilité d'enchaîner avec les mouvements 1 et 2.

***Attention :** Pratiquez avec précaution sur les personnes sujettes à l'asthme et renoncez au mouvement en cas de problèmes cardiaques de quelque nature.*

Notre conseil

Il est très important de vous synchroniser avec la respiration pour ne pas donner le sentiment à votre partenaire que vous l'opprimez. Si vous ne pouvez descendre jusqu'à l'abdomen sur une seule expiration, faites une pause immobile pendant que votre partenaire reprend de l'air puis poursuivez le mouvement. Soignez l'étirement des flancs dans le mouvement de retour. Dosez votre pression afin qu'elle ne soit jamais inconfortable pour partenaire.

3a À partir de la position de départ les mains sous les clavicules, sentez le rythme respiratoire de votre partenaire. **Lorsque votre partenaire expire, commencez à glisser vers le bas avec vos deux mains** en pressant légèrement. Continuez votre mouvement sur la cage thoracique.

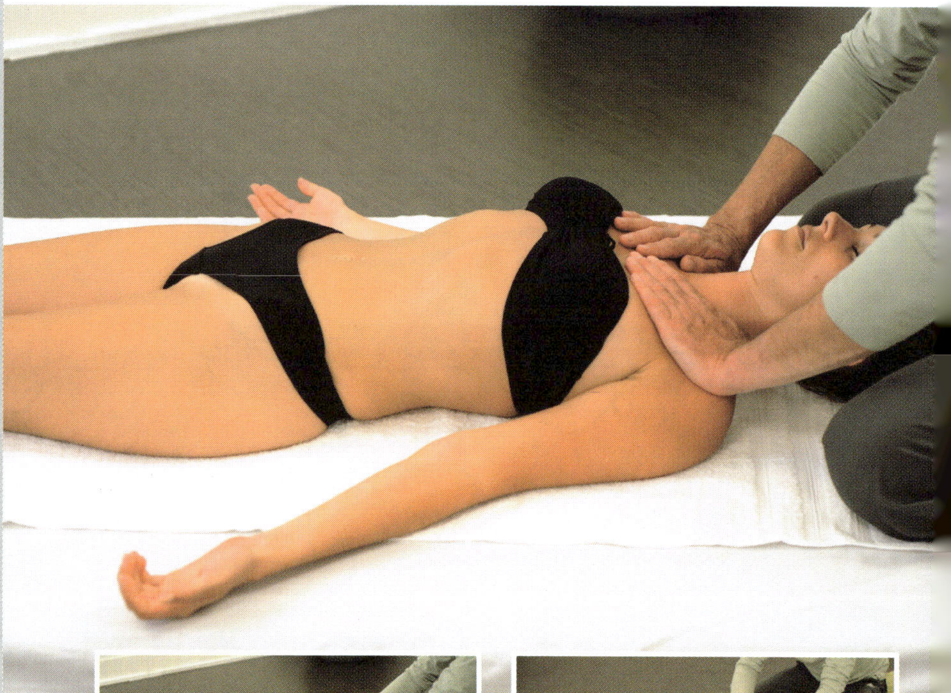

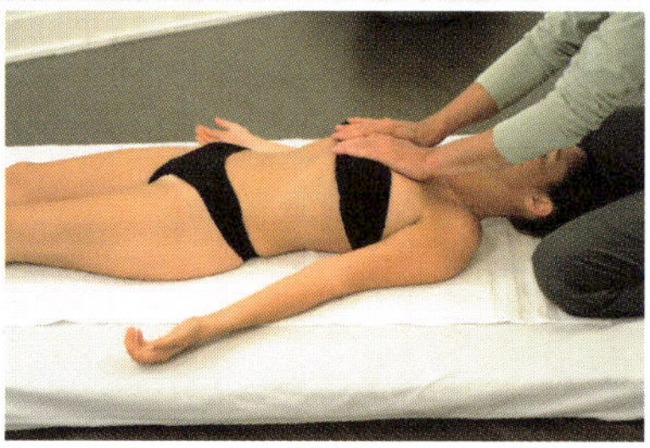

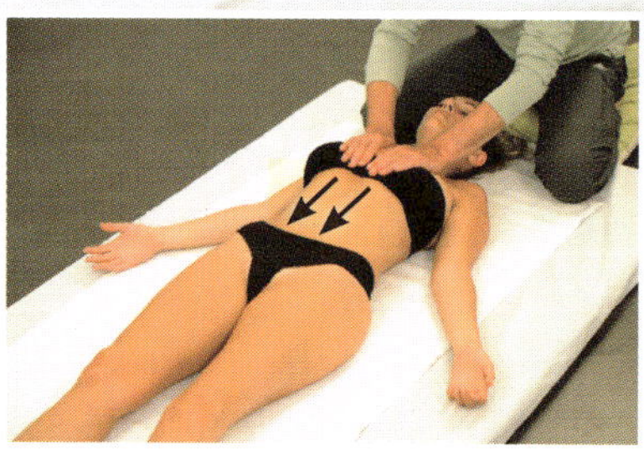

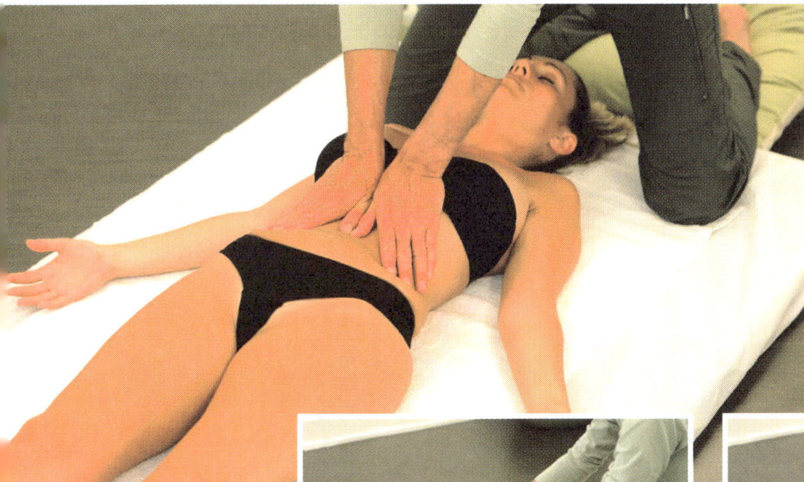

3b **Descendez en relâchant la pression sur l'abdomen** puis écartez vos mains vers les flancs pour revenir par les côtés. Étalez bien vos mains pour envelopper le corps.

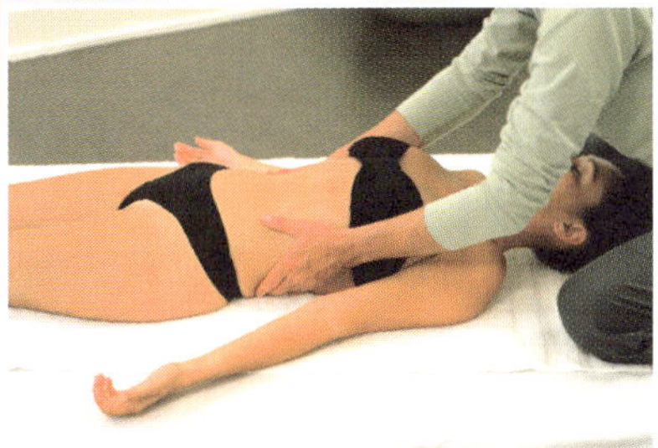

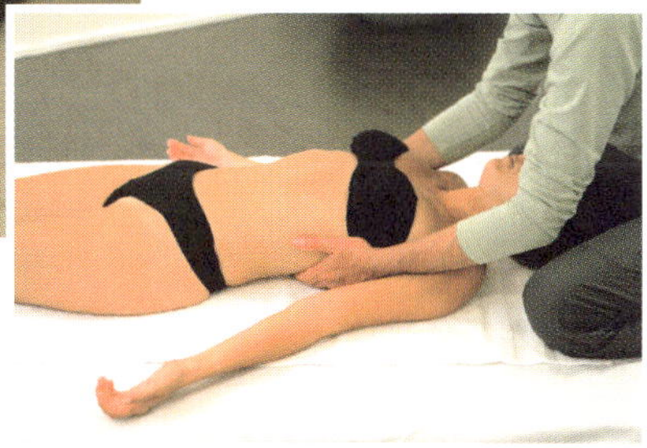

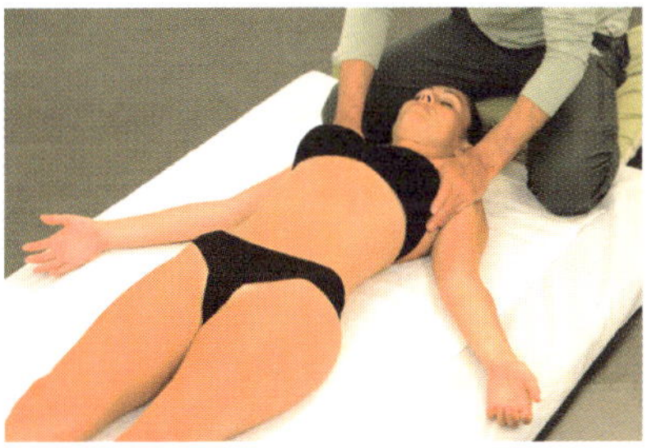

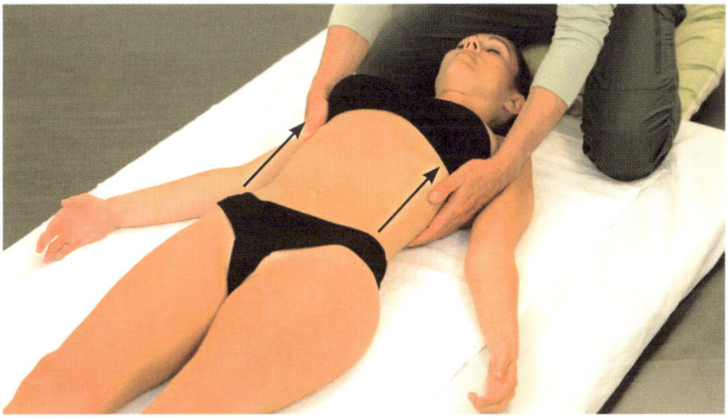

3c Lorsque vous remontez le long des flancs, **étirez le corps jusqu'aux aisselles** en passant presque vos mains sous le dos. Favorisez ainsi une inspiration beaucoup plus profonde car cet étirement élargit la cage thoracique. Revenez par la pointe des épaules à la position de départ ou enchaînez avec le 1 ou le 2.

Variante : Descendez plus bas sur l'abdomen sauf si vous sentez une réticence de votre partenaire et écartez les mains lorsque vous arrivez aux os iliaques du bassin. Le mouvement de retour est le même avec la possibilité d'étirer encore plus en passant dans le creux des reins.

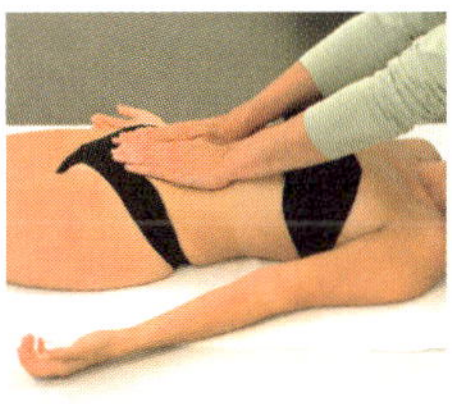

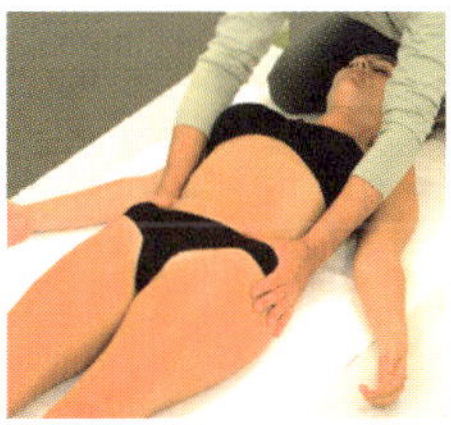

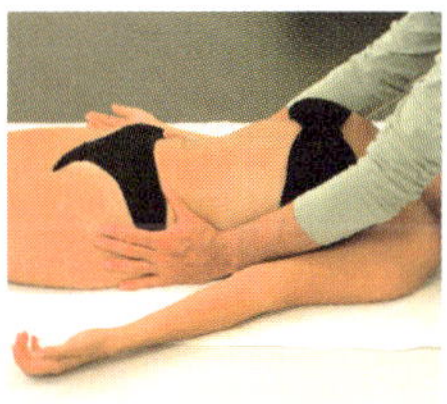

3/4

>> **Unifier** le bras

Masser, porter, soulever à deux mains

Répétez au moins trois fois ainsi que la variante.

Notre conseil

Soyez précis dans votre contact et refermez bien vos mains autour du bras dans le mouvement remontant.
Pour ne pas tirer sur la base votre dos avancez-vous avec votre corps pour accompagner votre mouvement : l'idéal est que vos épaules soient à la verticale de vos mains.
Si le coude est vraiment trop raide pour que votre partenaire soit confortable, placez une serviette repliée sous son poignet.
Soyez particulièrement lent et délicat en vous glissant sous le cou et pensez à vérifier que vous avez aussi de l'huile sur votre avant-bras.

4a Déplacez-vous harmonieusement de la tête dans l'axe d'un des bras – ici le bras droit pour commencer – et installez-vous confortablement tourné vers le visage de votre partenaire. **Prenez le temps d'établir un contact immobile sur la main et le poignet pendant quelques instants** avec vos deux mains. En partant du pli du poignet avec le bout de vos doigts enveloppez le bras avec vos deux mains parallèles et glissez en remontant vers l'épaule.

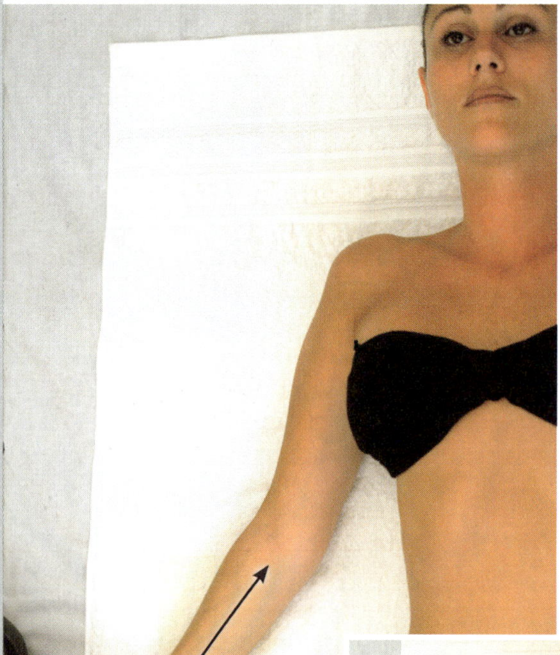

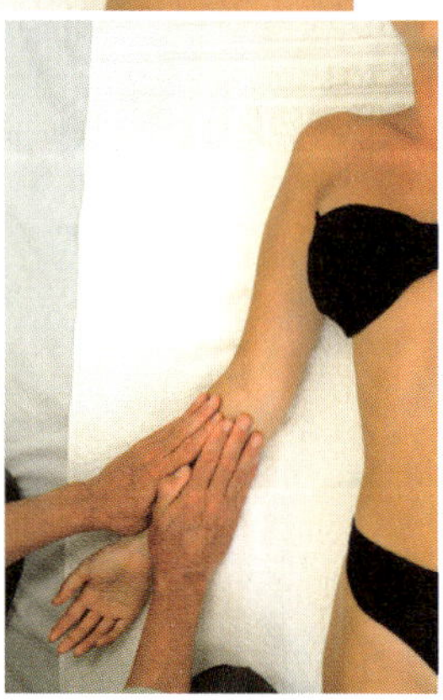

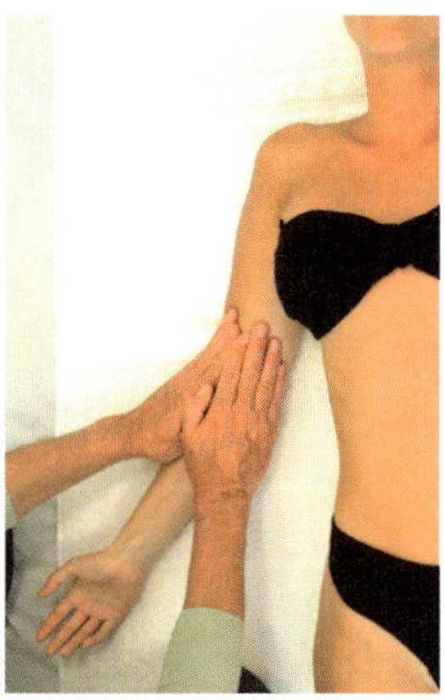

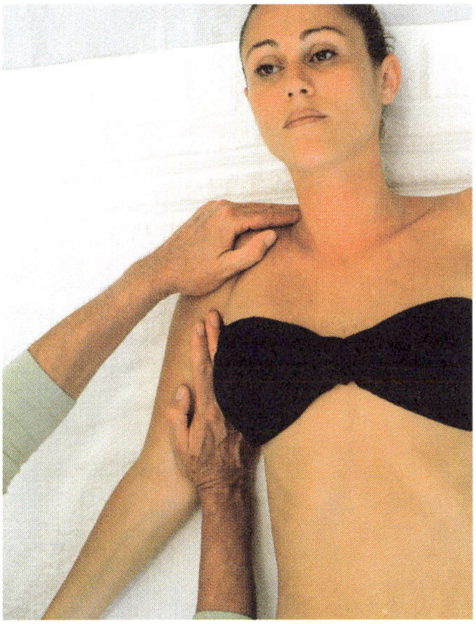

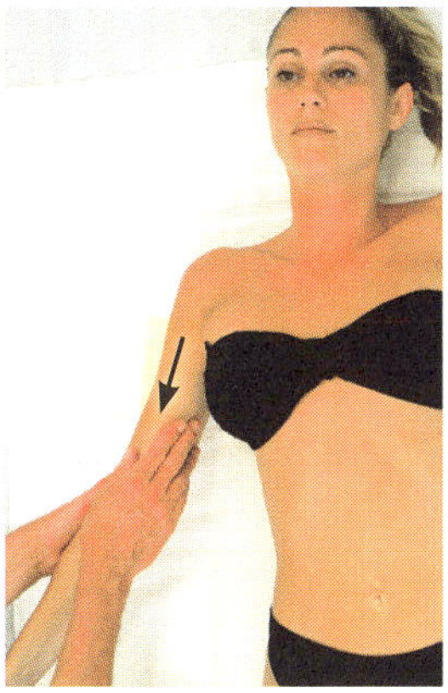

4b Arrivée au niveau de l'aisselle, la main intérieure s'arrête dans son mouvement pendant que la main extérieure (ici la gauche) va envelopper tout le contour de l'épaule avant de revenir sur l'extérieur du bras. **Les deux mains redescendent vers le poignet en étirant légèrement le bras**.

4c **Les mains prennent le bras « en sandwich » et le soulèvent en continuant à glisser vers l'extrémité**. Elles terminent le mouvement en tenant la main avant de la reposer au sol, paume vers le ciel pour revenir à la position de départ.

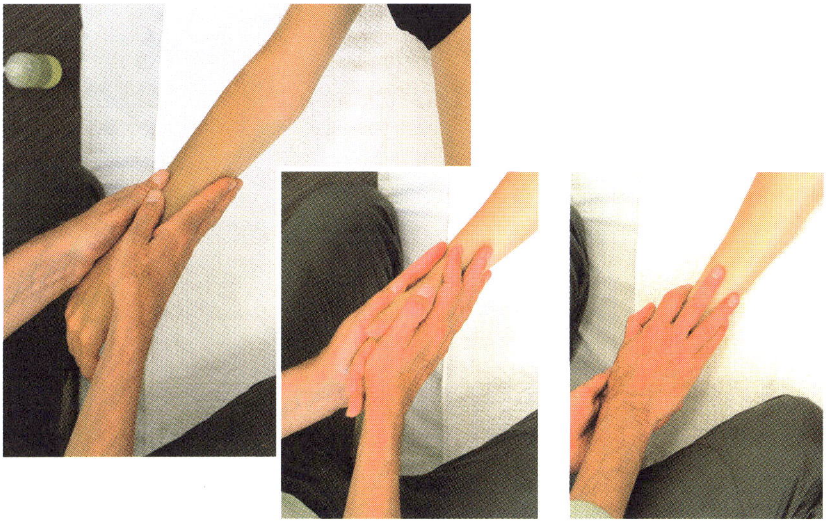

Variante : Au lieu de vous arrêter à l'épaule, poursuivez le mouvement avec la main extérieure jusque sous le cou et même jusque sous l'épaule opposée en passant délicatement avec l'avant-bras sous le cou. Vous pouvez avec bonheur faire un mouvement de va-et-vient et aller masser sous le cou dans cette position.

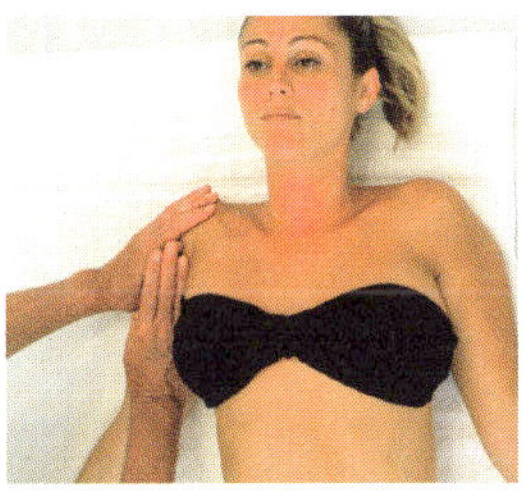

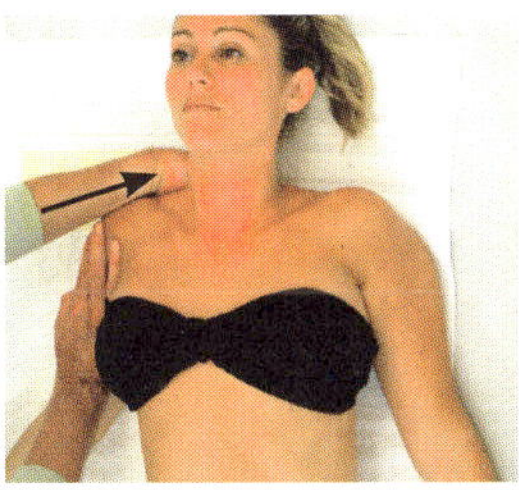

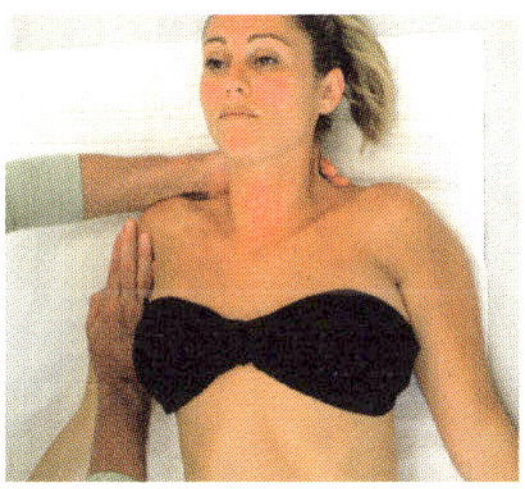

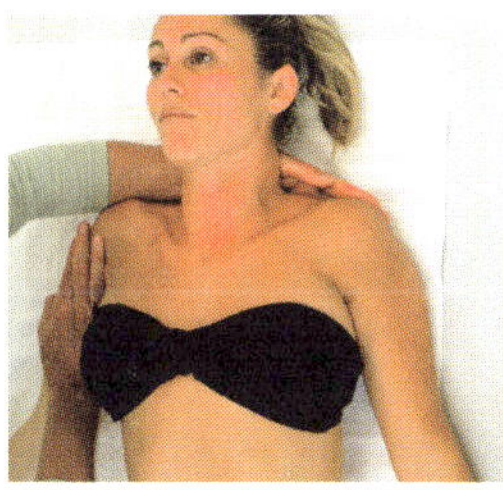

3/5

>> **Ouvrir** la paume de la main

Les doigts dans les doigts

Répétez trois fois la manœuvre d'écartement aux trois hauteurs avant de masser la paume pendant quelques instants.

5a **Vous gardez la main soulevée du sol, paume vers le ciel**. Observons en photos comment la tenir pour le massage de la paume :

1 > **enclenchez** l'auriculaire d'une de vos mains entre le pouce et l'index ;

2 > **passez** l'auriculaire de votre autre main entre l'auriculaire et l'annulaire de votre partenaire ;

3 > **ramenez** le bout des doigts sous le dos de la main tout en étirant le poignet. Vous êtes alors prêt pour le mouvement avec vos pouces.

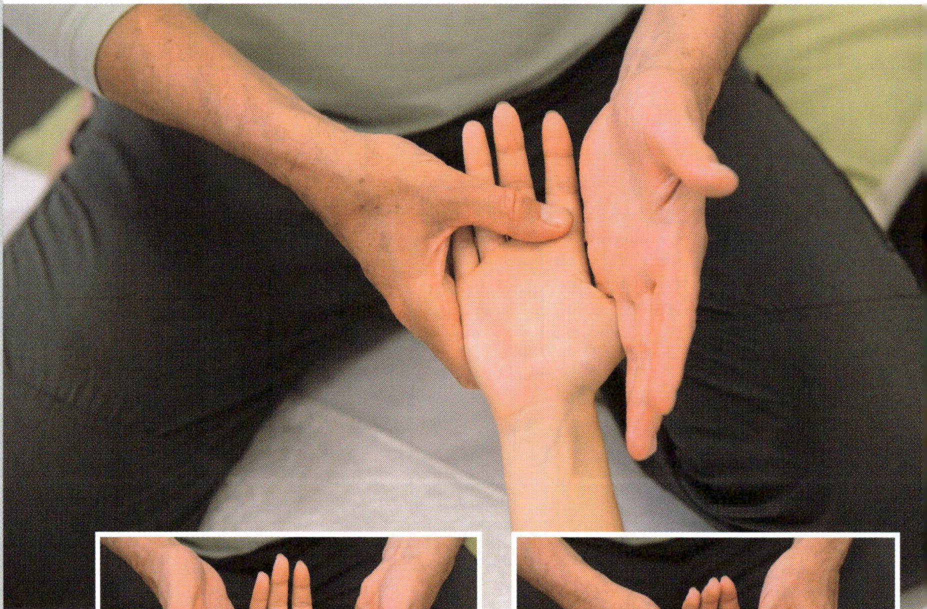

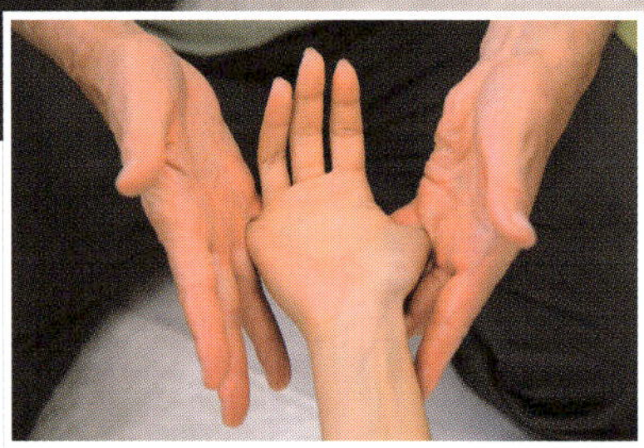

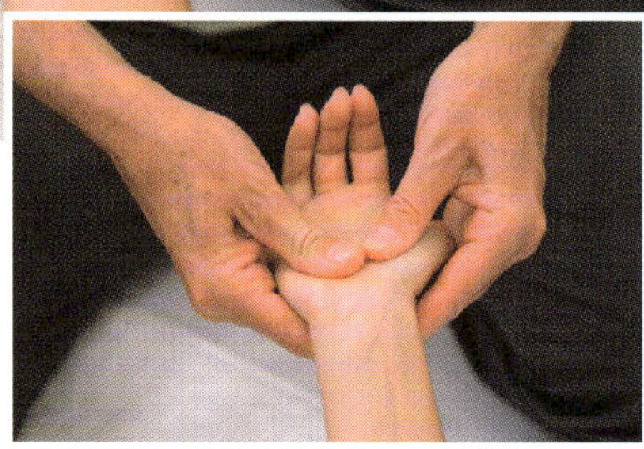

Notre conseil

La manière de prendre la main qui vous est proposée est celle qui permet le meilleur mouvement ensuite. Vous pouvez l'adapter si le poignet de votre partenaire est trop raide ou si votre propre souplesse ne vous permet pas de le faire. Prenez toujours un moment dans un massage des bras pour masser le creux de la paume des mains d'une manière ou d'une autre.

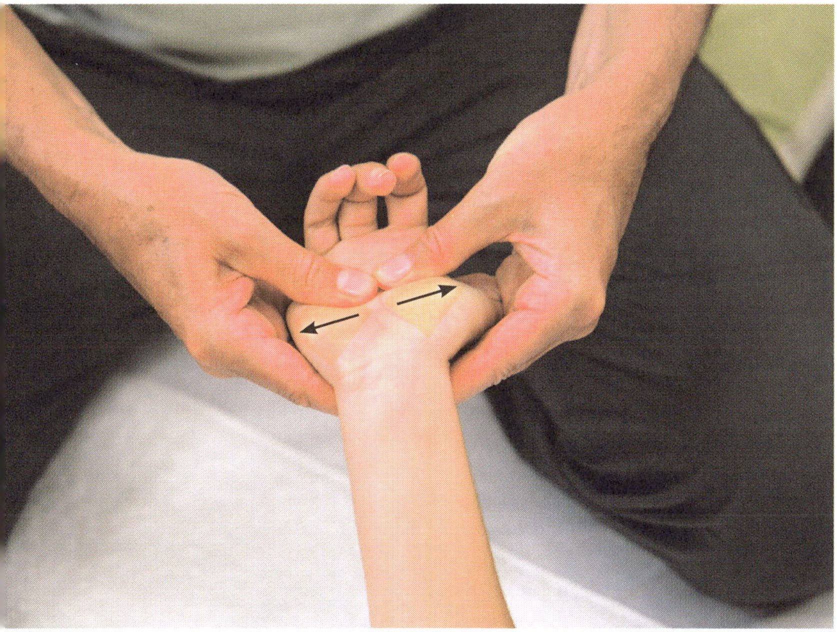

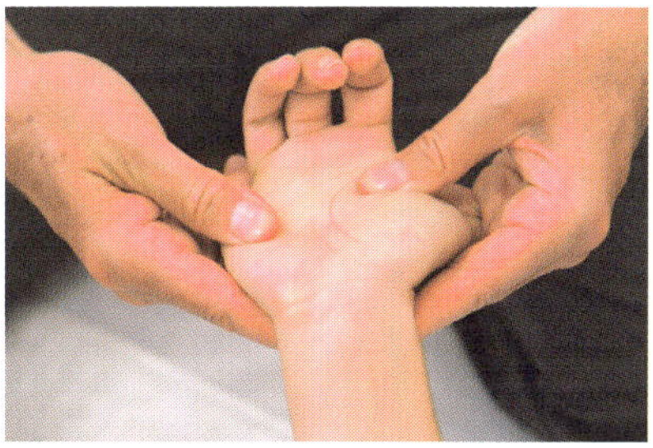

5b À trois hauteurs différentes de la paume **vous écartez vos pouces en sens inverse à partir de l'axe en pressant fortement pour « ouvrir » la paume**. Durant tout le mouvement, le poignet reste en extension et vous prenez appui sur vos doigts en dessous.

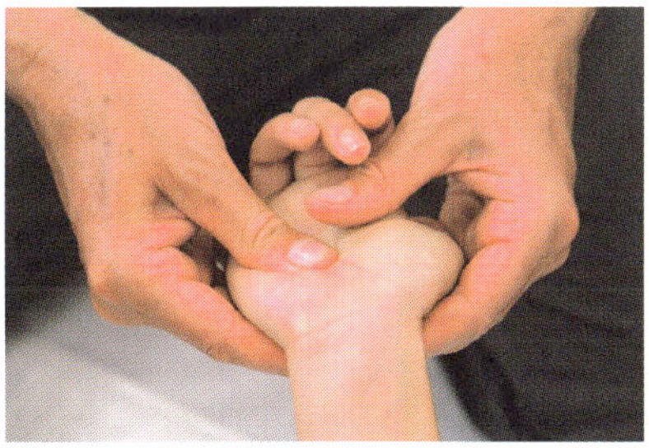

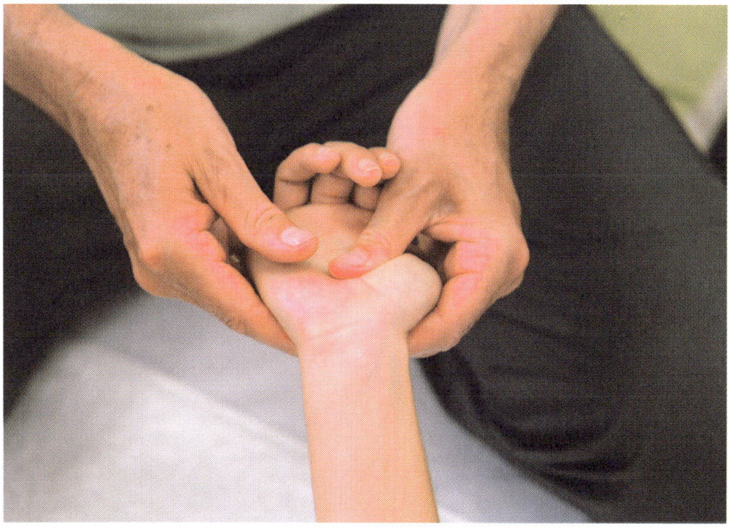

5c Terminez **en massant alternativement avec vos deux pouces** le creux de la paume de la main.

3/6

>> **Mobiliser** les os de la main

À deux mains, glisser, faire bouger

Répétez ce massage mobilisation pendant quelques instants.

6a La main toujours élevée, retournez-la et tenez-la en appui sur le bout de vos doigts dans la paume. **Ramenez les pouces des deux mains sur le dessus et tenez ainsi la main de votre partenaire**. Vous êtes prêt pour la mobilisation.

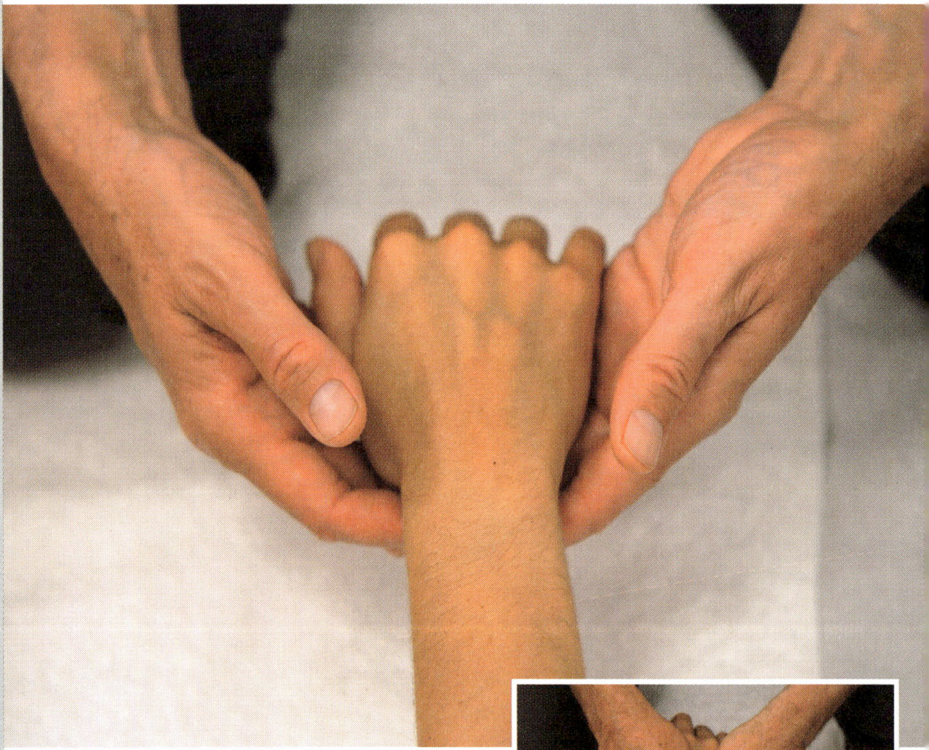

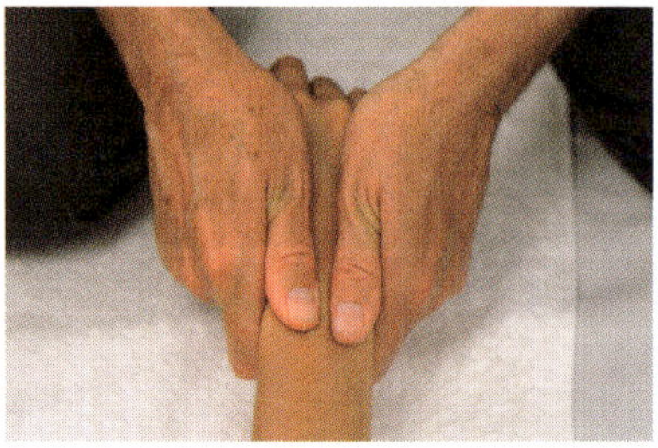

Notre conseil

Plus votre prise sera ferme plus vous mobiliserez l'ossature mais moins vous pourrez masser avec vos pouces et inversement. Alternez donc une prise ferme avec une prise plus légère.

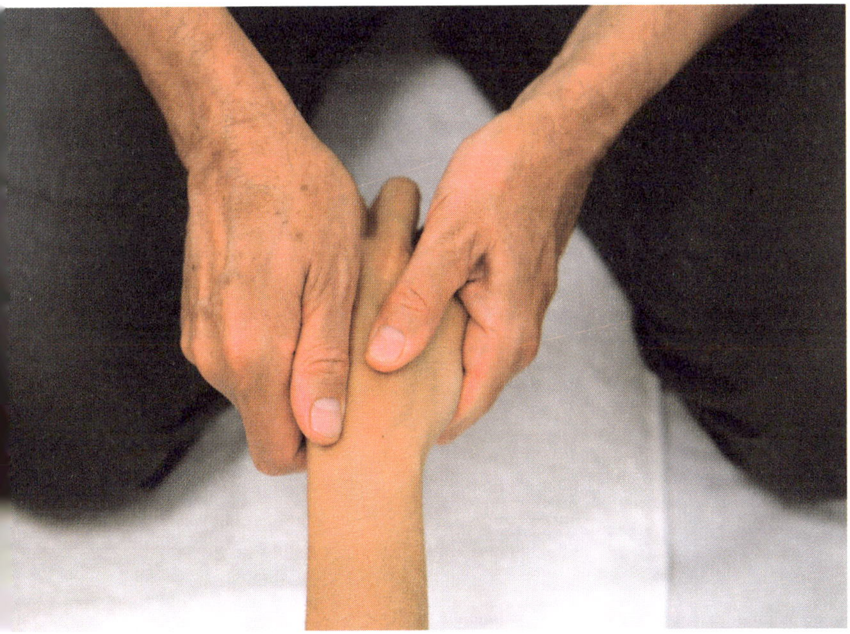

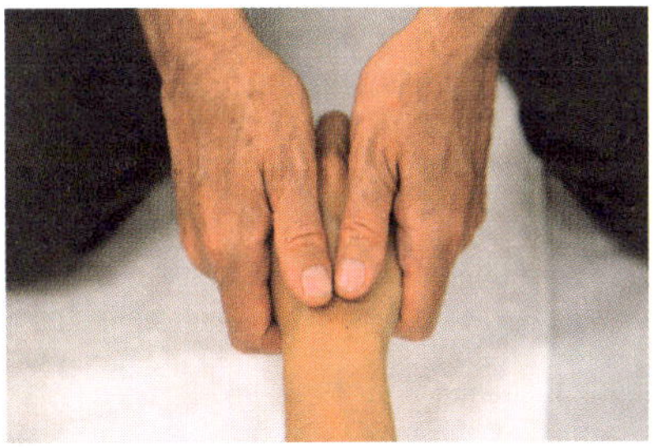

6b Vos pouces vont **masser dans un mouvement alternatif le dessus de la main** pendant que vos deux mains vont effectuer un mouvement circulaire alternatif, un mouvement « de bielle », comme vous pouvez le voir dans le dvd. Ce mouvement va faire bouger la main par rapport au poignet et mobiliser les os du dessus de la main en les décalant les uns par rapport aux autres.

6c **Les pouces se déplacent sur le dessus de la main** du poignet vers les doigts mais aussi latéralement en sentant les os dans le prolongement de chacun des doigts.

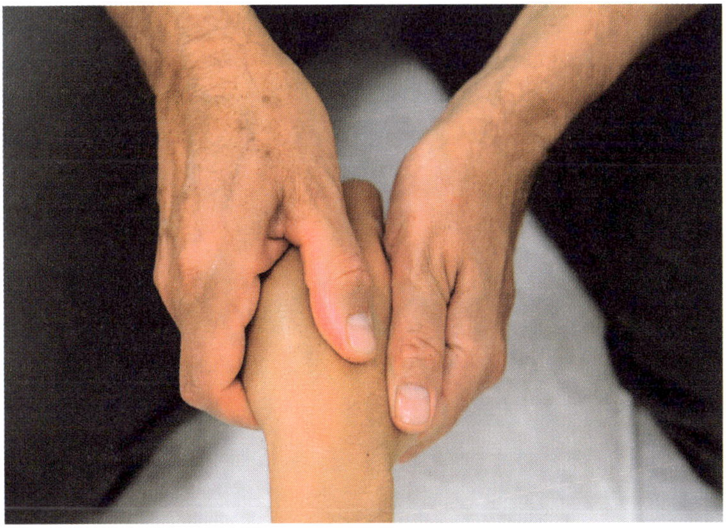

3/7

>> Le **massage étirement** des doigts

Des gestes précis, tout en photos

Vous pouvez **répéter** trois fois chacune des lignes de massage.

Attention :
Abstenez-vous de tout étirement en cas de rhumatismes ou de douleurs chroniques des doigts, contentez-vous alors de les frotter vigoureusement en les enveloppant pour les chauffer.

7a Utilisez un minimum d'huile pour assurer votre prise sur chacun des doigts. **Le massage étirement des doigts part, pour chacun des doigts, du poignet et se termine par un étirement en tenant l'ongle**. Il y a une ligne de massage supplémentaire dans l'espace charnu entre le pouce et l'index que l'on appelle « la tabatière » du temps où les hommes prisaient du tabac en le déposant dans ce creux pour l'aspirer. Vous glissez vers l'extrémité en étirant en même temps dans le mouvement. Lorsque vous arrivez à la base du doigt ou du pouce, enveloppez le plusieurs fois avec vos doigts. En arrivant à l'ongle vous pouvez marquer un léger temps d'arrêt pour l'étirement final.

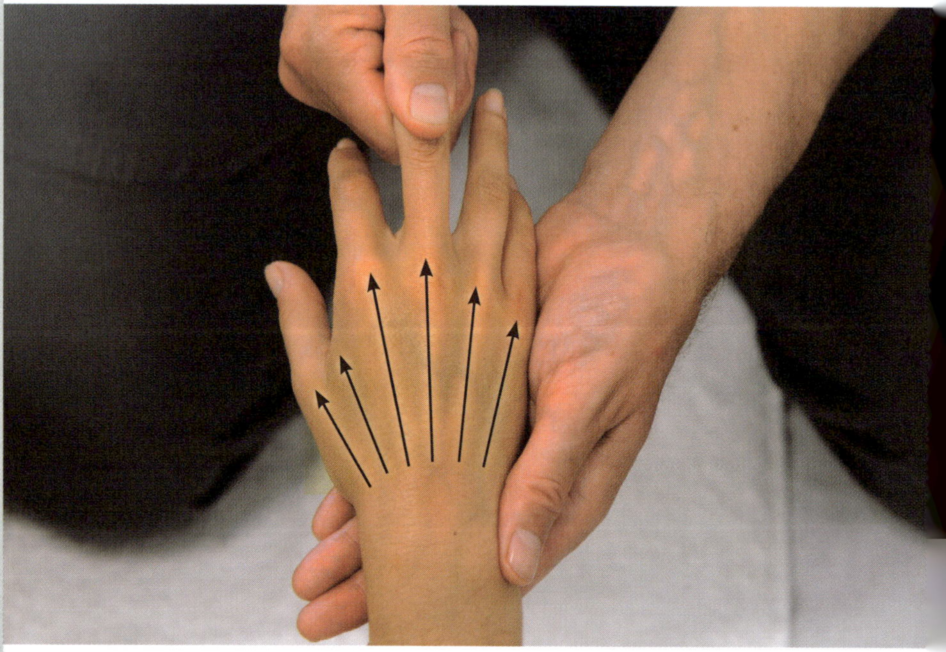

Notre conseil

Vous étirez les premiers doigts avec une main, les derniers avec l'autre. La main passive maintient la main de votre partenaire en position.

Le pouce

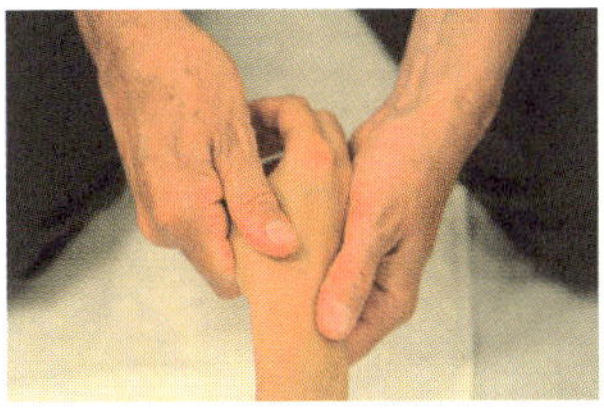
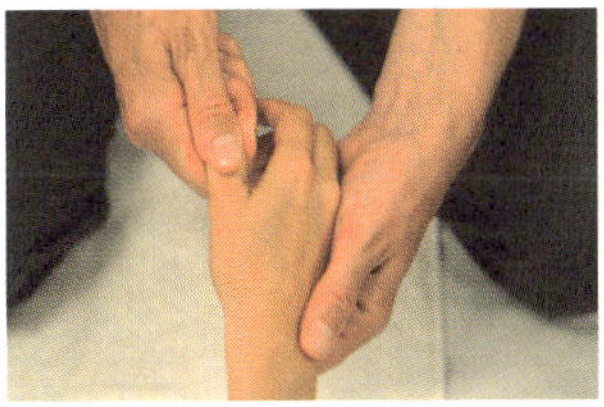
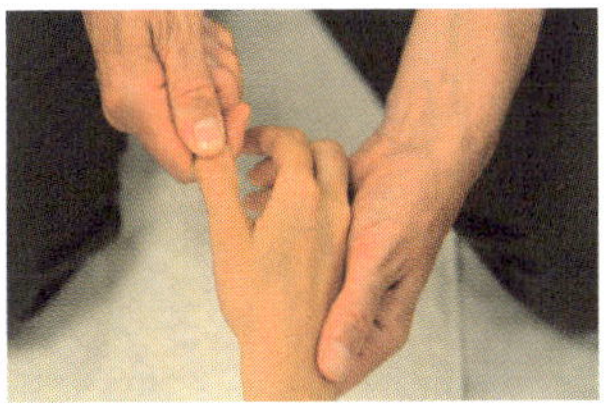

7b Nous les décrivons **tout en photos** ci-après.

L'espace pouce-index

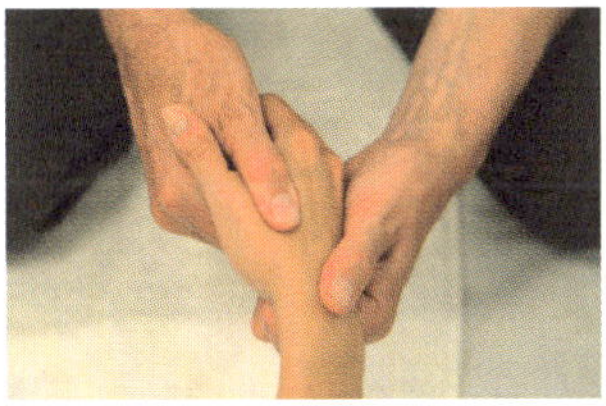
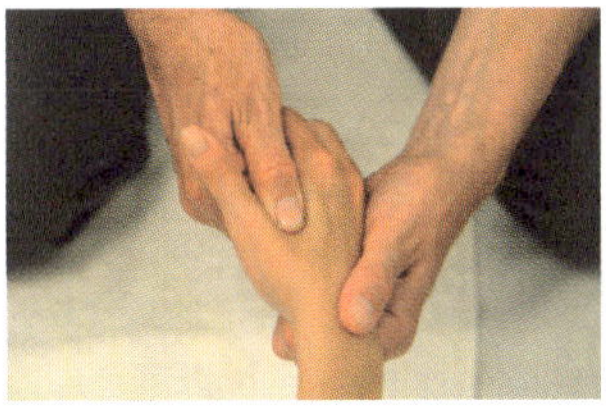

L'index

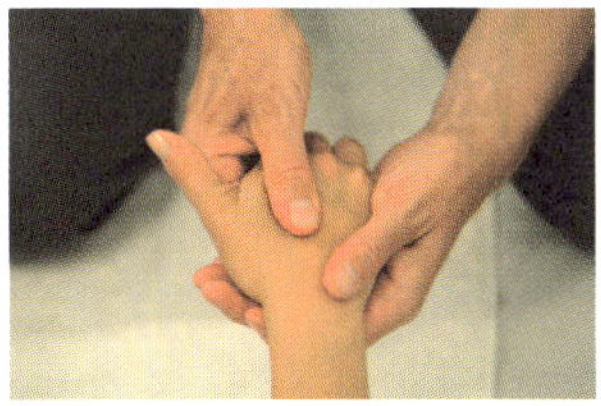
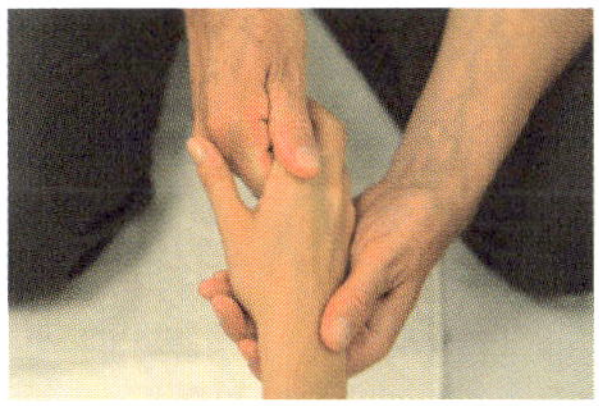
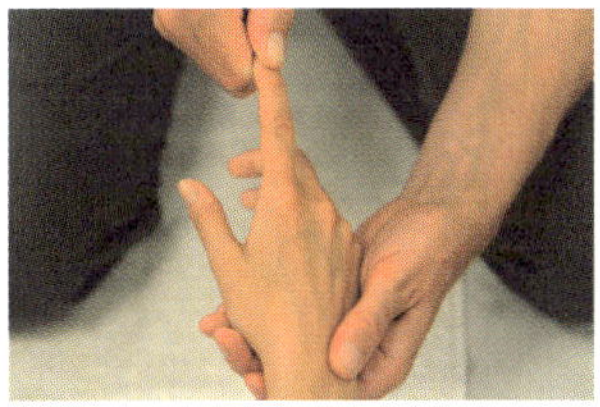

Le majeur

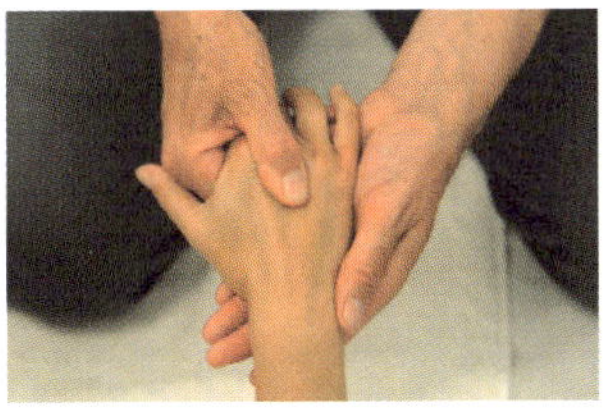
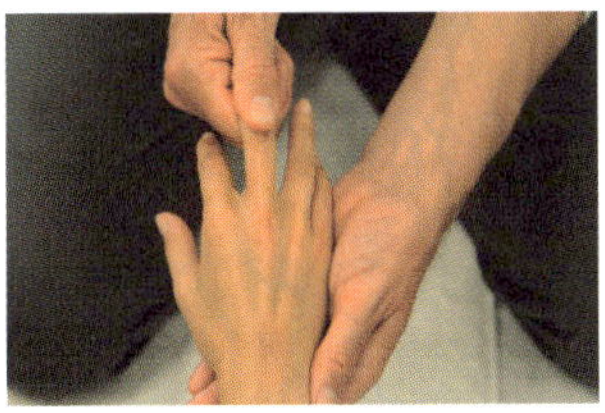
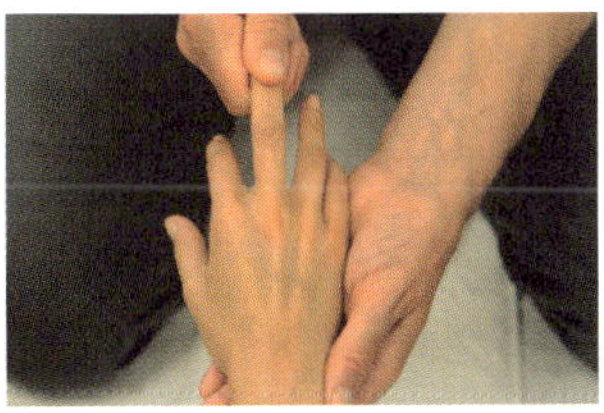

L'annulaire

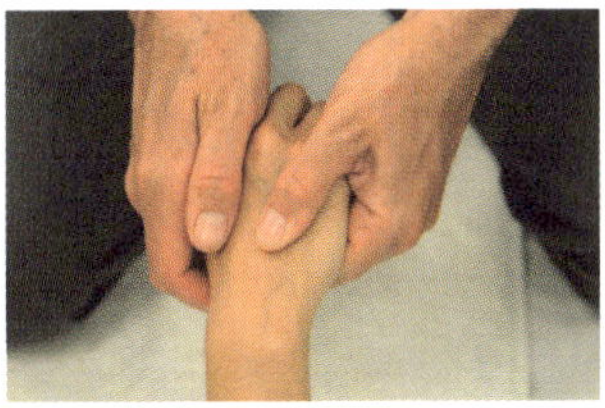
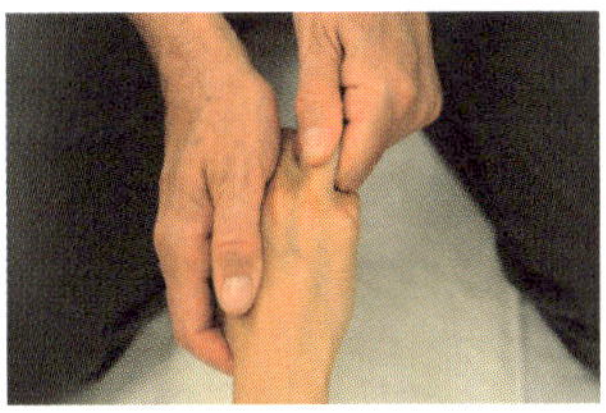
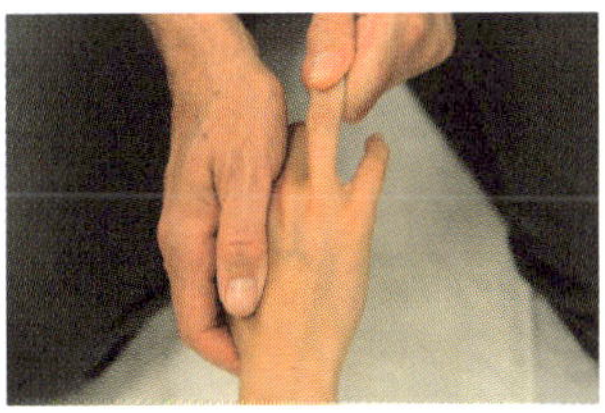

L'auriculaire

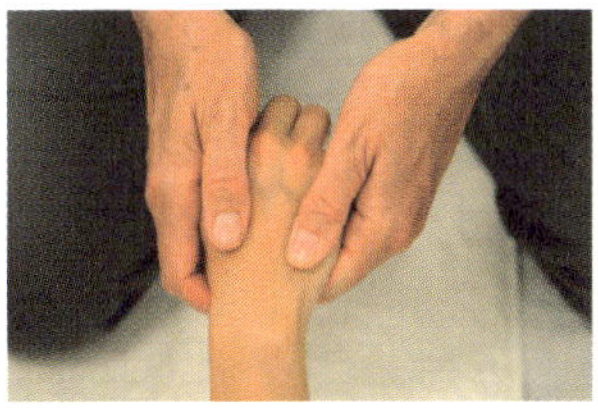
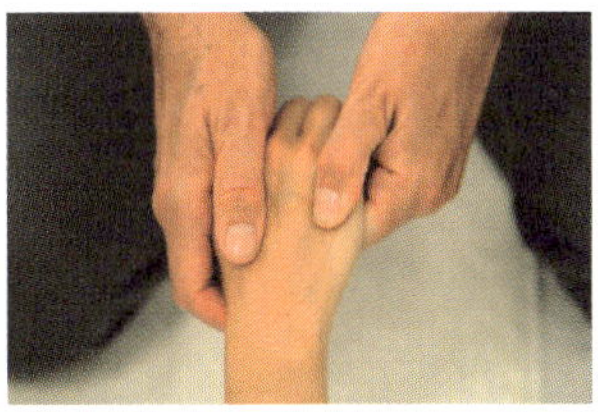
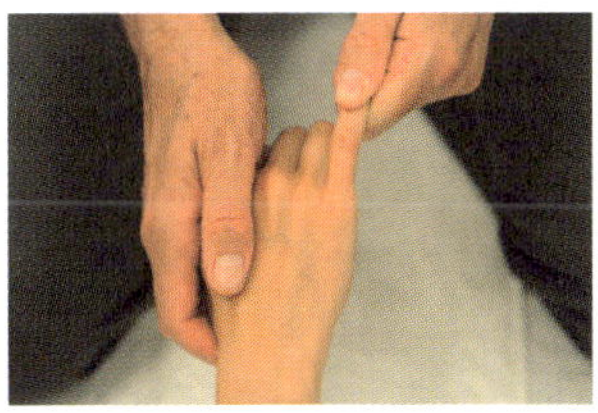

3/8

>> **Drainage** de l'avant-bras

Faire circuler le sang et l'énergie

Répétez le massage lentement un minimum de trois fois.

8a **Retournez à nouveau la main, la paume vers le ciel** et soutenez-la au niveau du dos de la main avec l'une de vos mains, la main à l'extérieur. Avec l'autre main formez une pince, le pouce en travers de l'avant-bras sur le pli du poignet, les doigts sous le bras, et glissez vers le coude.

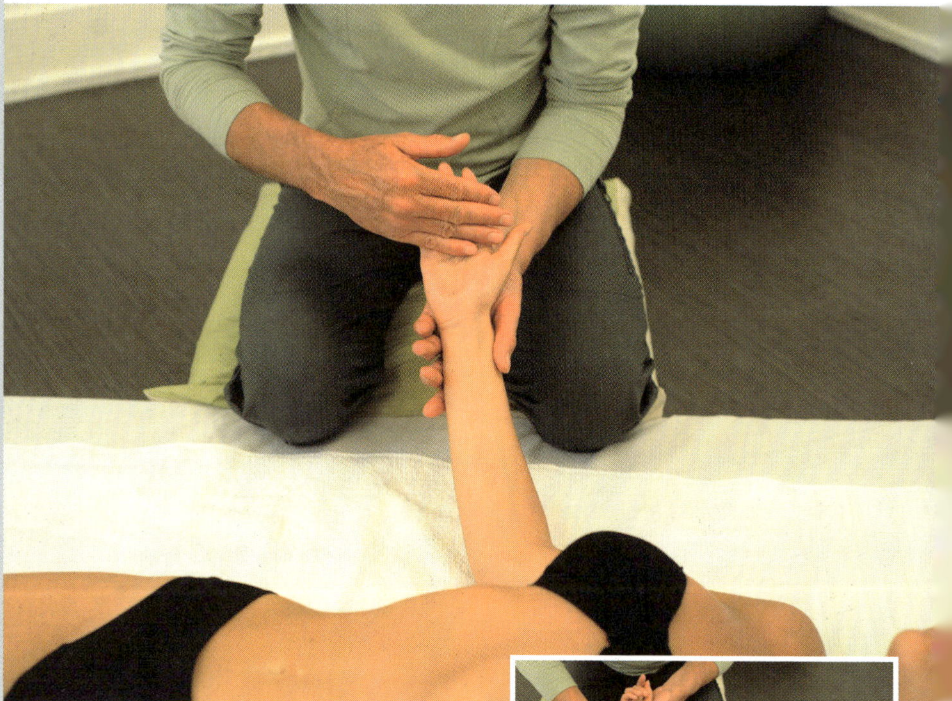

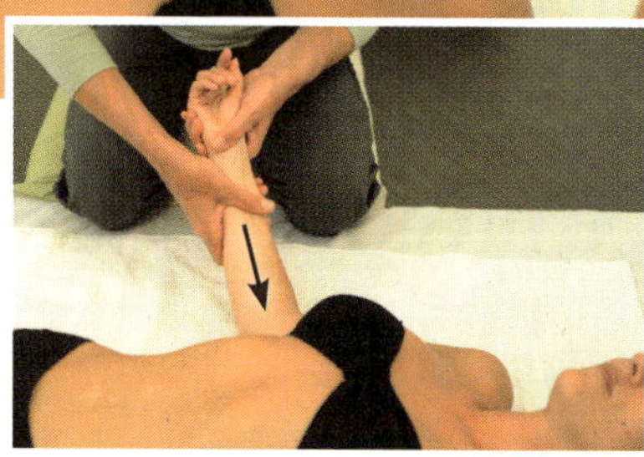

Notre conseil

Adaptez votre pression car il peut y avoir des points douloureux sur l'intérieur des avant-bras. Rappelez-vous si c'est sensible, massez plus lentement et plus longtemps, jamais plus fort.

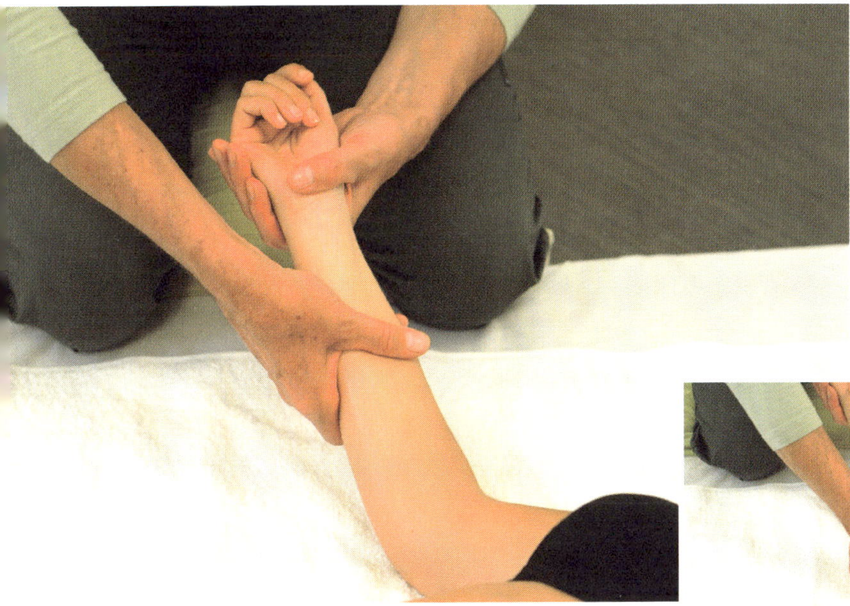

8b Le pouce descend le long de l'intérieur de l'avant-bras **dans un mouvement lent et assez appuyé de drainage**. Il poursuit son mouvement jusque dans le pli du coude.

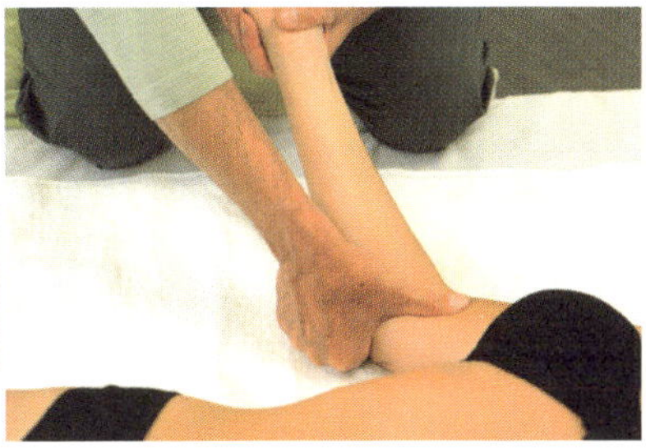

8c Pour revenir à la position de départ, **ramenez la main en glissant avec les doigts** sous le bras sans pression.

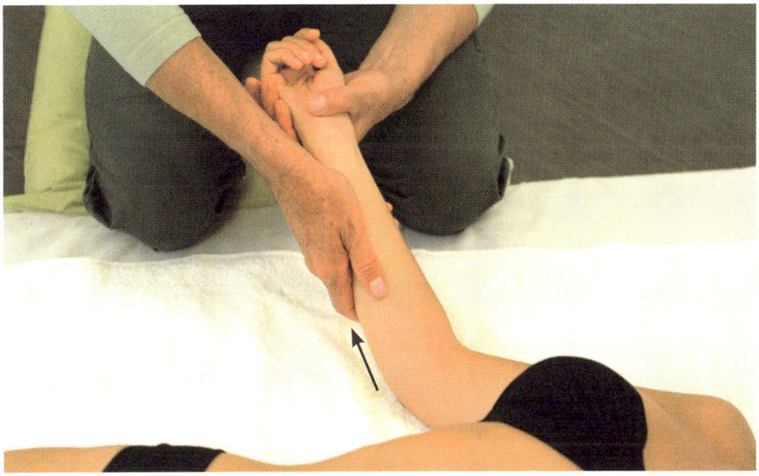

Ce mouvement va s'enchaîner avec les suivants jusqu'au mouvement 12 pour masser le bras dans différentes positions qui mobilisent l'articulation de l'épaule. À la fin des mouvements vous n'allez donc pas ramener le bras dans sa position de départ le long du corps mais poursuivre directement avec le mouvement suivant.

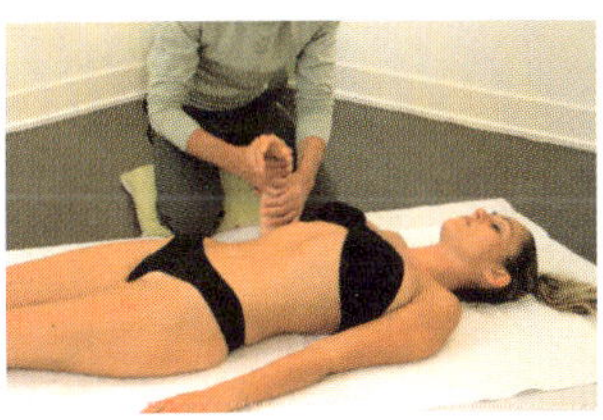

3/9

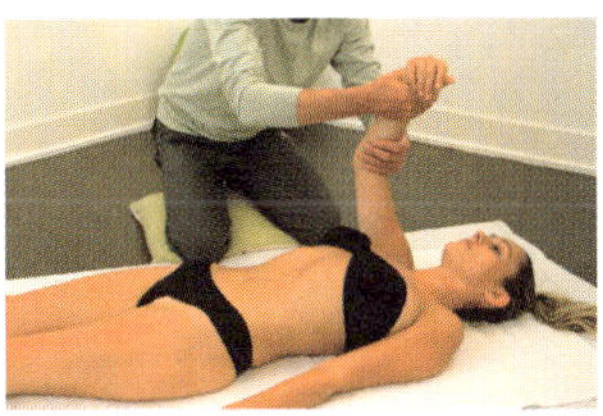

3/10 3/11

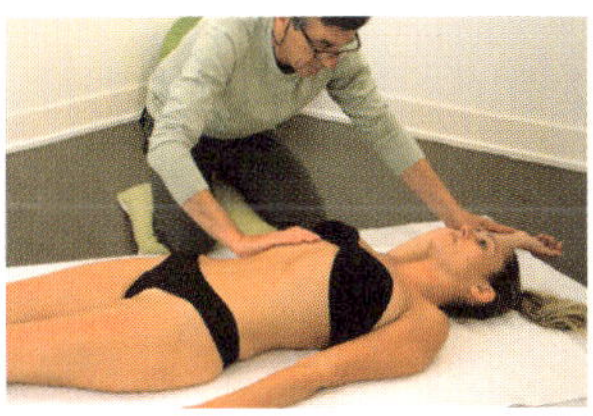

3/12

3/9

>> Massage **en torsion** de l'avant-bras

À deux mains en cerceau

Faites ce mouvement en montant et en descendant entre le poignet et le coude au moins une fois.

9a **Ne reposez pas la main au sol, au contraire redressez l'avant-bras à la verticale** en vous avançant vous-même plus près de votre partenaire pour être plus à l'aise. Refermez vos deux mains en cerceau autour de l'avant-bras et commencez un mouvement de double torsion.

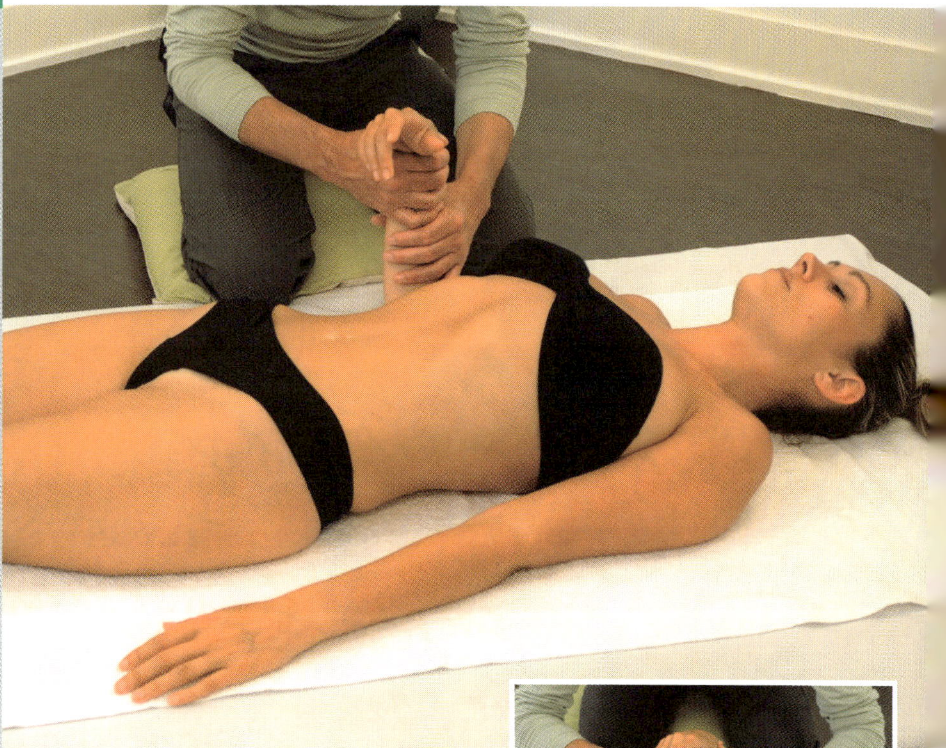

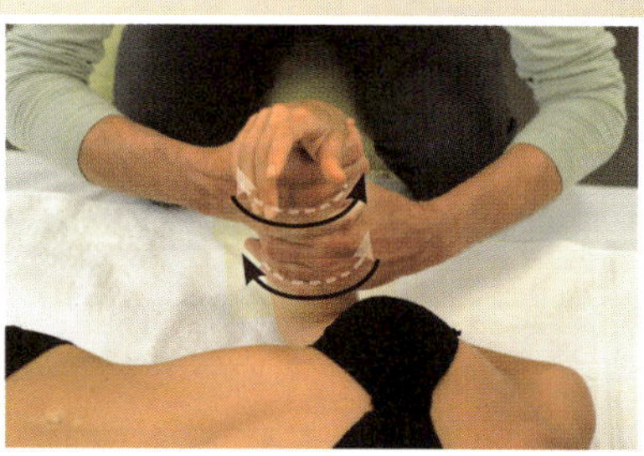

Notre conseil

Soyez attentif à ne pas pincer la peau avec vos mains, la torsion ne doit pas faire mal mais c'est un mouvement assez vigoureux. Il est interdit en cas de problèmes circulatoires apparents : bleus, capillaires éclatés, veines très apparentes.

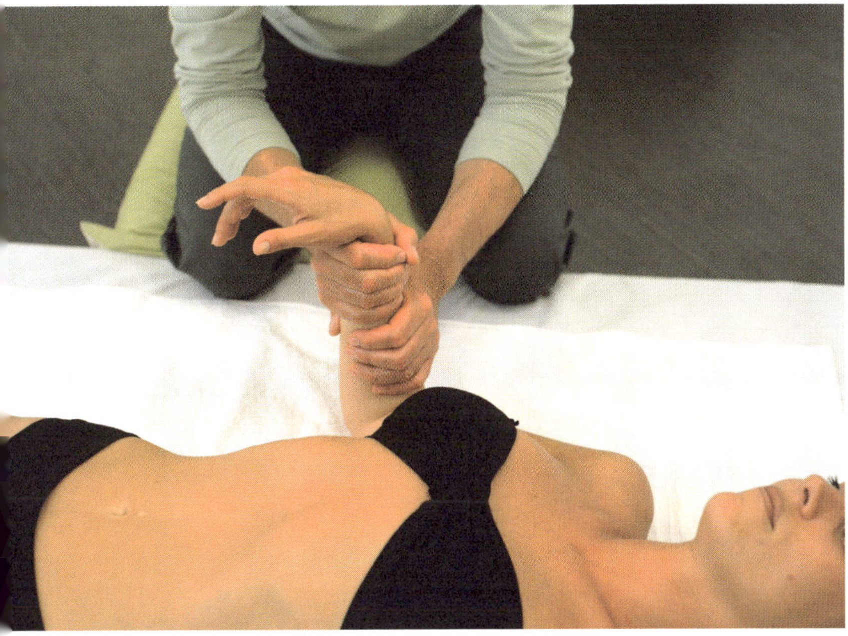

9b Vos deux mains se déplacent en sens inverse, elles montent et descendent le long de l'avant-bras tout en massant. Écartez bien vos coudes et penchez-vous en avant pour pouvoir donner plus d'amplitude à votre torsion. La main de votre partenaire va d'un côté et de l'autre en suivant le mouvement.

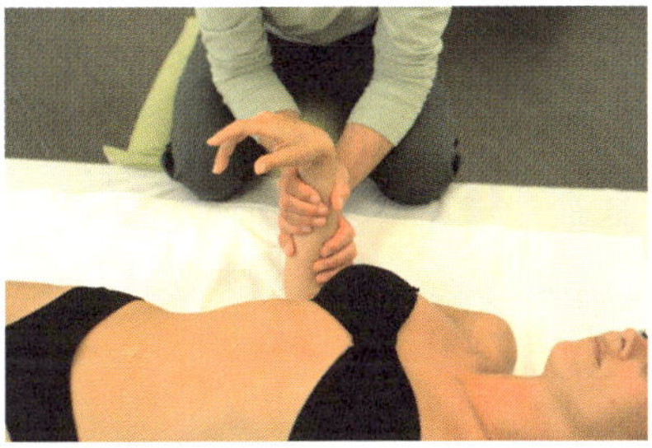

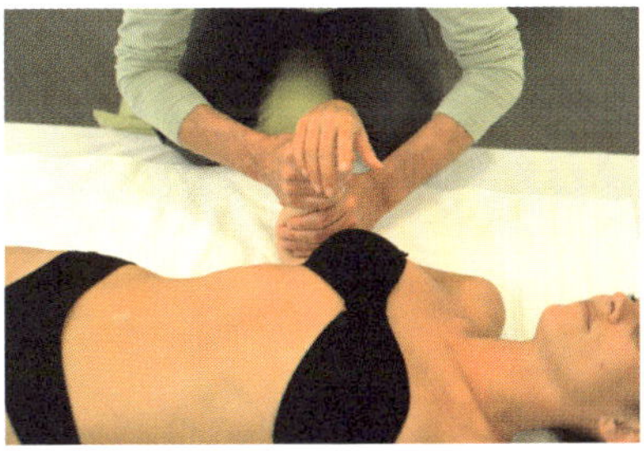

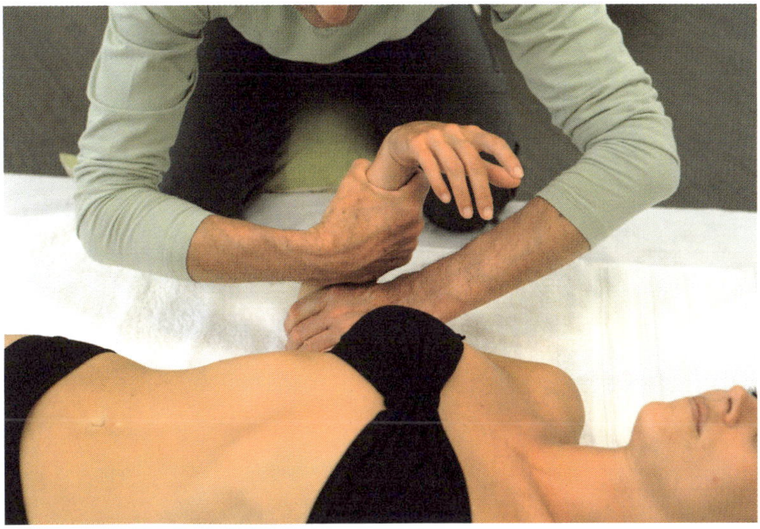

3/10

>> Massage **en torsion** du bras

À deux mains coude levé

Faites au moins un aller-retour en montant et en descendant entre le coude et l'épaule.

10a À partir de la position du mouvement précédent, ramenez l'avant-bras de votre partenaire au-dessus du haut de la poitrine de façon à ce que le haut du bras soit vertical, le coude replié. Vérifiez que votre partenaire garde bien son **coude détendu, l'avant-bras retombant naturellement**, le poignet également relâché.

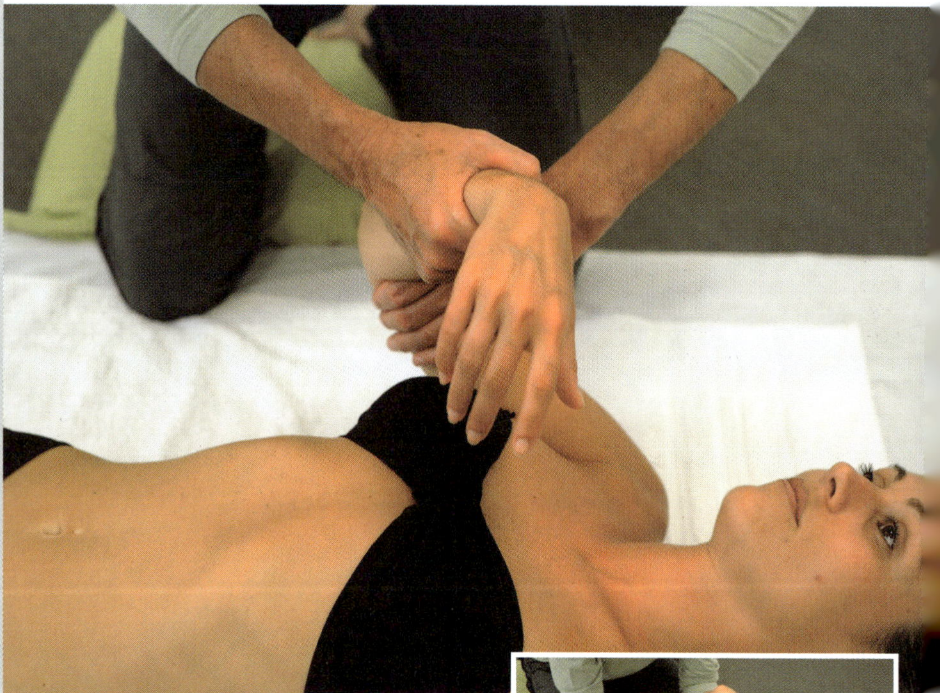

Notre conseil

Si vous voulez que le bras reste bien en position, amenez-le suffisamment au-dessus du corps de votre partenaire avec sa main qui retombe sur l'épaule opposée. Sinon le bras va toujours avoir tendance à glisser vers le sol. Adaptez la vigueur de votre torsion à la sensibilité de votre partenaire et comme le précédent, ce mouvement est interdit en cas de problèmes circulatoires apparents : bleus, capillaires éclatés, veines dilatées.

Avancez-vous vers l'épaule et **positionnez vos mains tout autour du haut du bras en cerceau** comme pour le mouvement précédent.

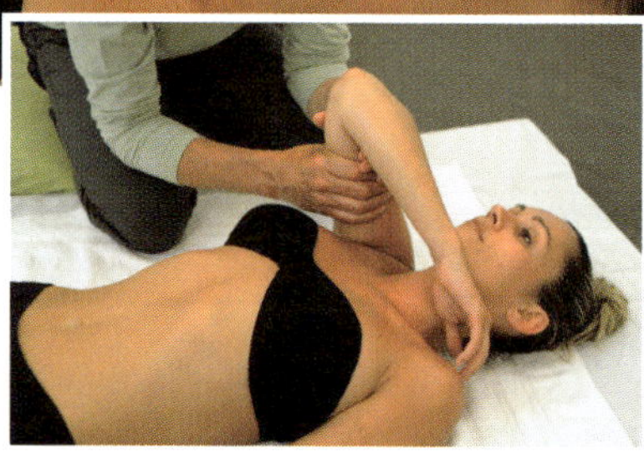

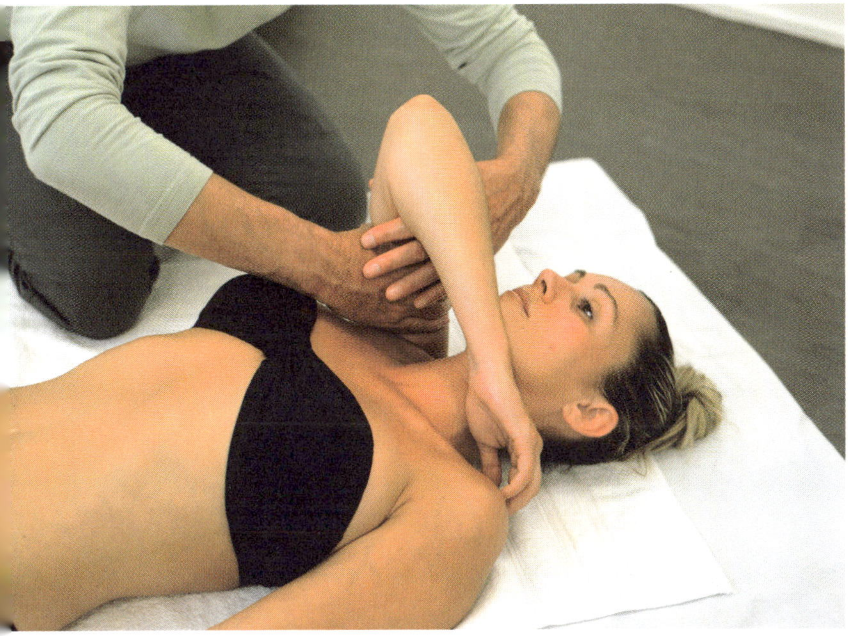

10b En même temps que vous maintenez le haut du bras dans sa position verticale, **vous massez dans un mouvement de double de torsion entre l'épaule et le pli du coude**. Pour la torsion vos deux mains se déplacent en sens inverse et là encore vous écartez bien vos coudes pour donner le plus d'amplitude à votre geste.

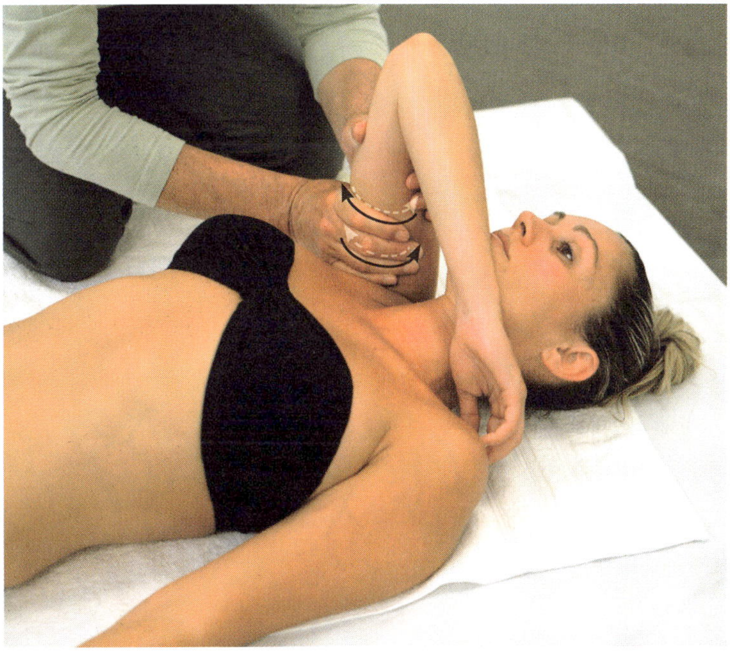

Vérifiez que votre partenaire ne tient pas lui-même son bras dans la position.

3/11

>> **Porter-relâcher** du bras

Comme une roue qui tourne

Faites plusieurs fois ce porter-relâcher le plus fluidement possible « comme une roue qui tourne ».

11a À partir de la position précédente du bras replié, vous allez **masser l'intérieur du bras avec les deux mains alternativement tout en l'étirant vers le haut**. La main droite porte l'avant-bras en l'étirant vers le haut tandis qu'à sa suite la main gauche glisse sur l'intérieur du bras jusqu'au coude – et pas plus loin. Observez plusieurs fois le mouvement sur le dvd pour bien saisir l'enchaînement des gestes des mains.

Notre conseil

Pour maîtriser ce mouvement et être de plus en plus à l'aise, apprenez lentement. Les mains ne doivent pas être trop proches l'une de l'autre sur l'intérieur du bras afin que le bras puisse se relâcher et redescendre avant que la main inférieure n'arrive dans le pli. Si vous n'arrivez pas à faire le mouvement au début, tenez simplement le bras au poignet avec une main pendant que l'autre masse en remontant puis inversez les mains.

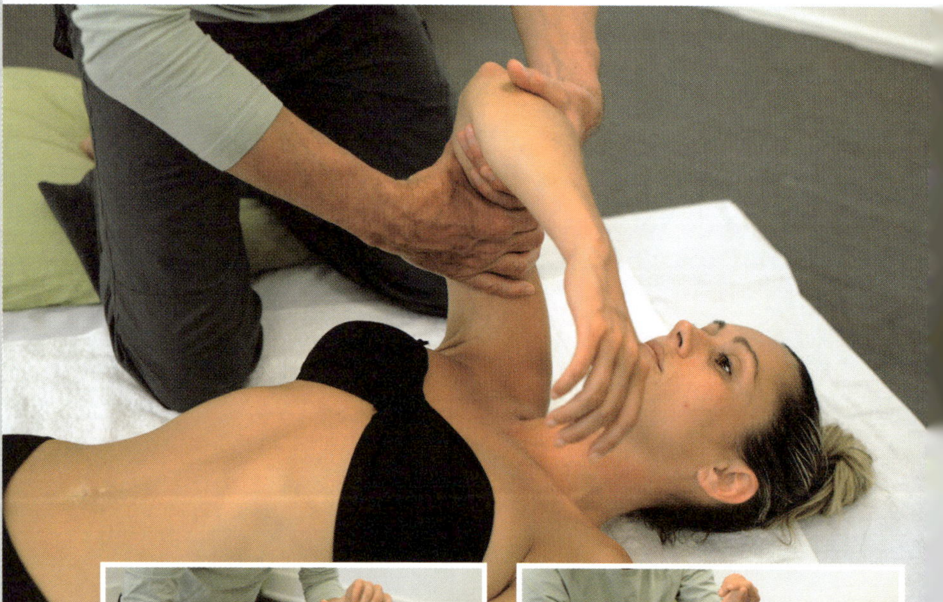

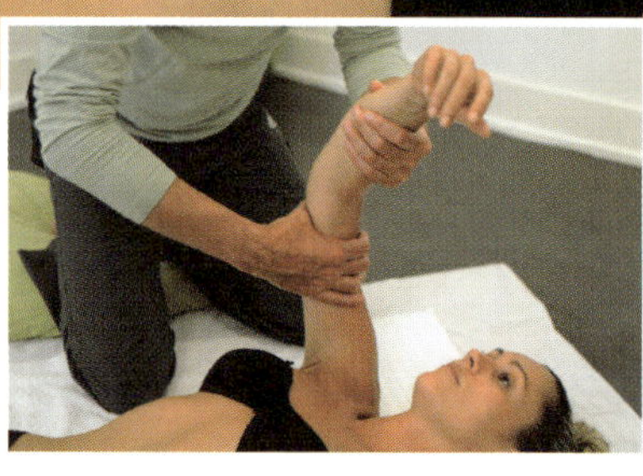

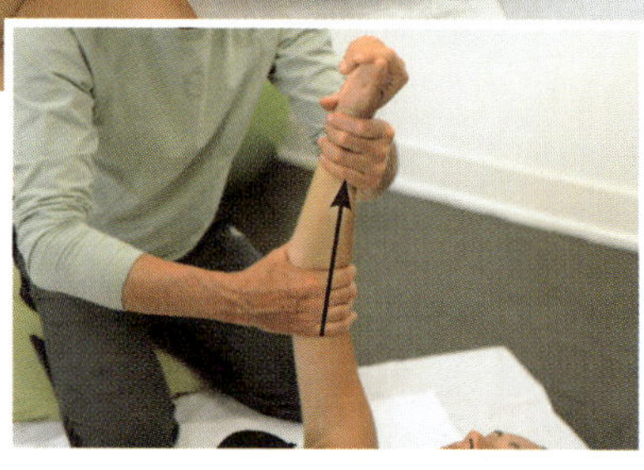

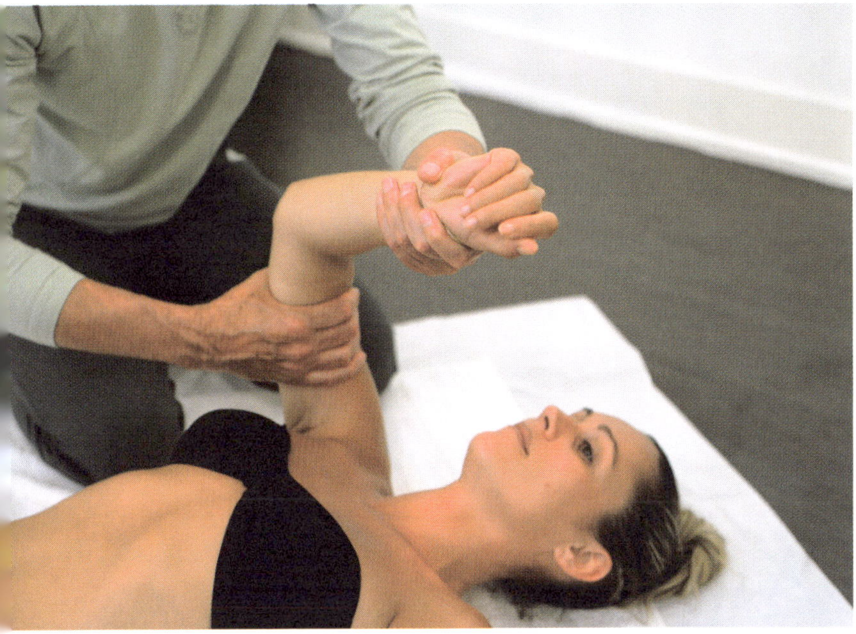

11b Arrivée au poignet, la main droite accompagne le relâchement du coude vers le bas puis va revenir se placer à la base du bras pendant que la main gauche continue à remonter à son tour jusqu'au poignet. **Soyez attentif à tenir le bras avec une main et l'autre, le pouce opposé aux doigts**, pour qu'il ne vous échappe pas, surtout avec l'huile.

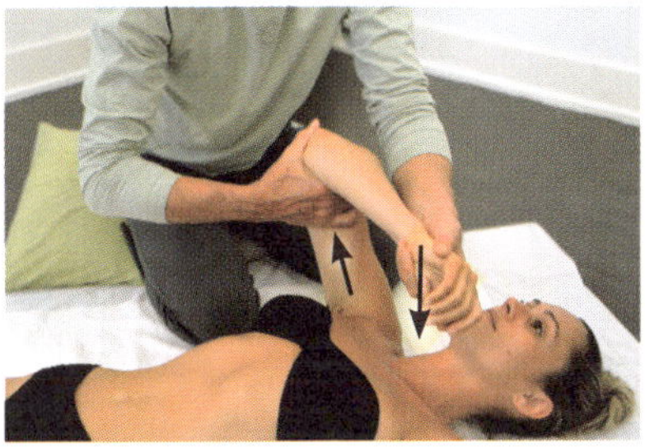

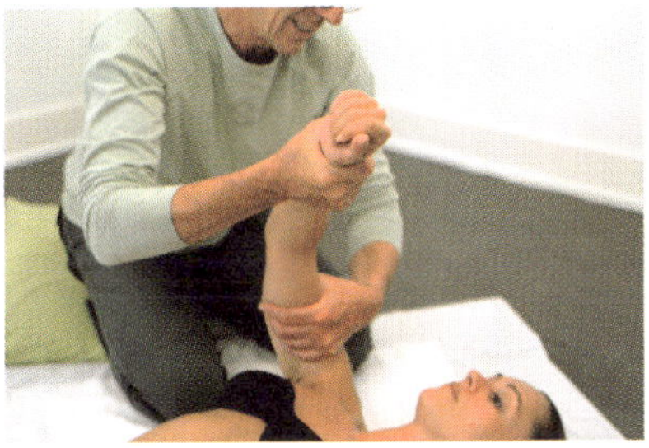

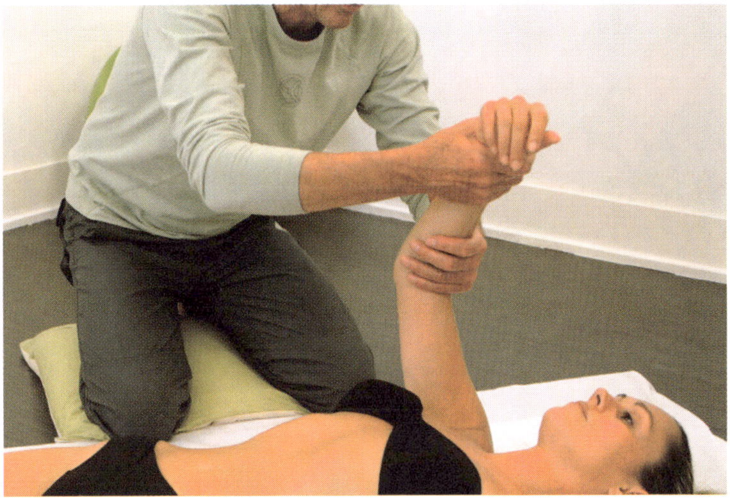

11c Les deux mains se sont inversées, la main gauche est maintenant au-dessus de la main droite qui remonte à l'intérieur du bras.

Pratiquez ainsi le mouvement alternativement avec une main et l'autre en enchaînant les gestes. Invitez votre partenaire à bien se relâcher dans son bras mais aussi dans sa main. Trouvez votre position pour le faire confortablement.

3/12

>> **Grand étirement** latéral

Les deux mains en sens inverse

Faites au moins trois fois ce grand étirement qui termine le massage du bras.

Puis ramenez le bras dans la position de départ le long du corps – celle du mouvement 8 – et déplacez-vous pour reprendre l'ensemble des mouvements de 4 à 12 sur l'autre bras.

Notre conseil

Évitez de presser ou d'étirer la peau au niveau de l'aisselle toujours fragile. Ensuite, le long du flanc et du bras vous pouvez augmenter votre pression. Demandez à votre partenaire ce qui lui fait du bien.

12a Arrêtez-vous dans le mouvement précédent vertical étiré vers le haut et gentiment **amenez vers le sol au-dessus de la tête pour ouvrir l'articulation de l'épaule**. Allez doucement, ne forcez pas et si l'épaule est raide renoncez à étirer le bras droit. Écartez-le du corps dans une position confortable pour votre partenaire. Une fois le bras au sol, placez vos deux mains l'une à côté de l'autre à plat au niveau de l'aisselle.

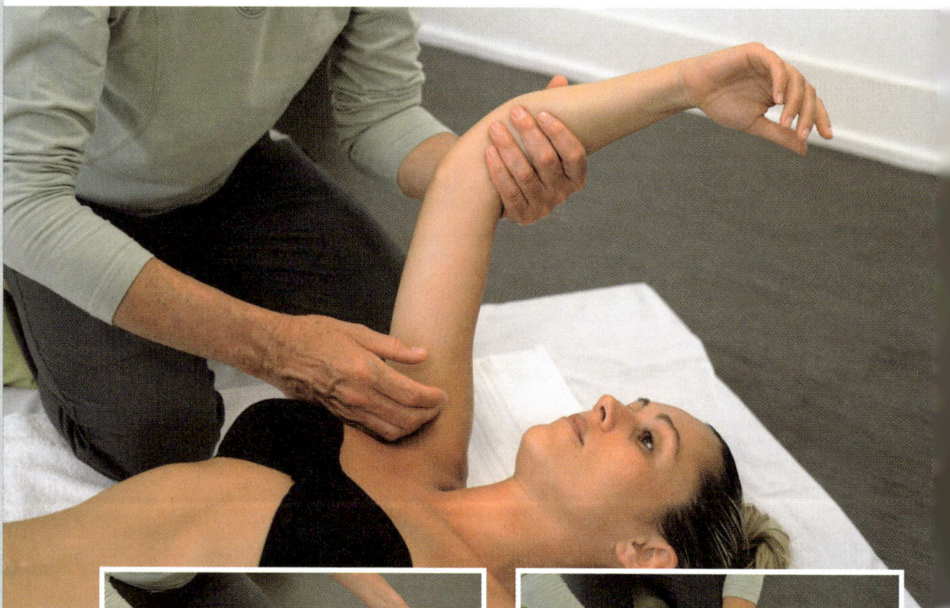

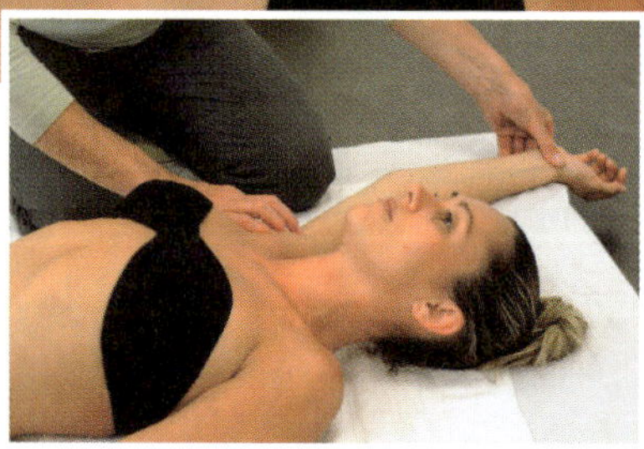

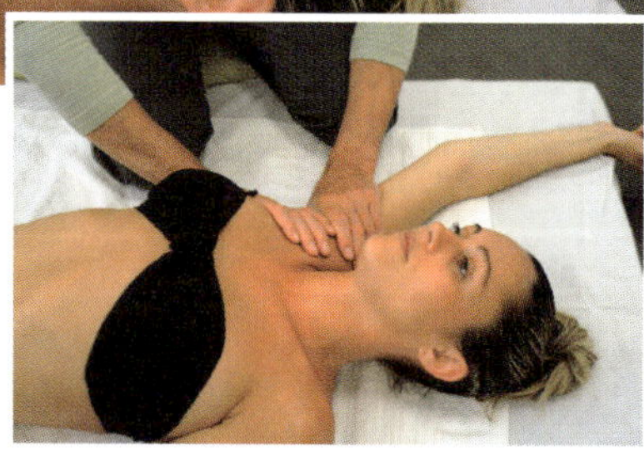

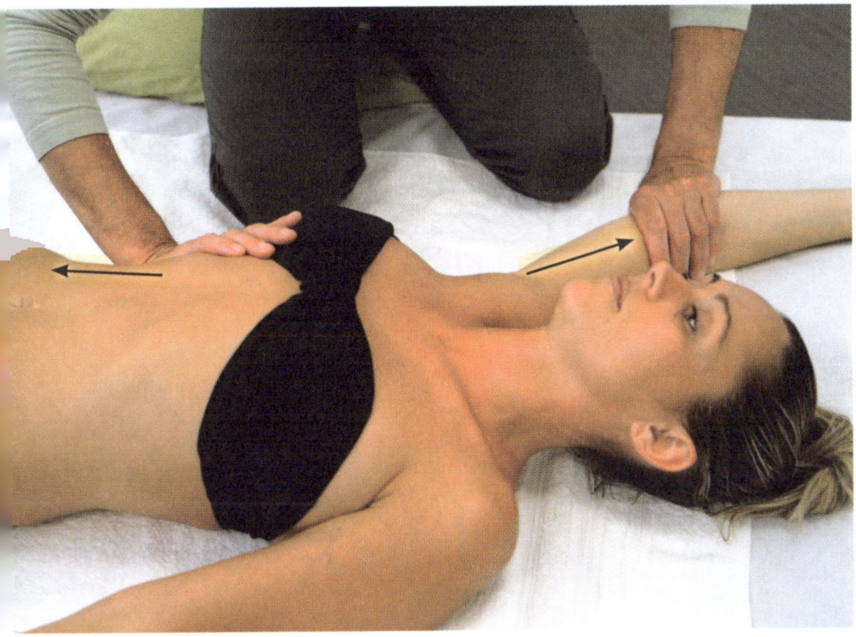

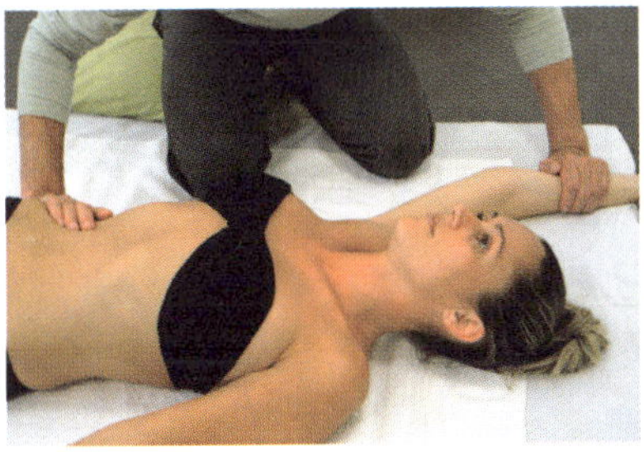

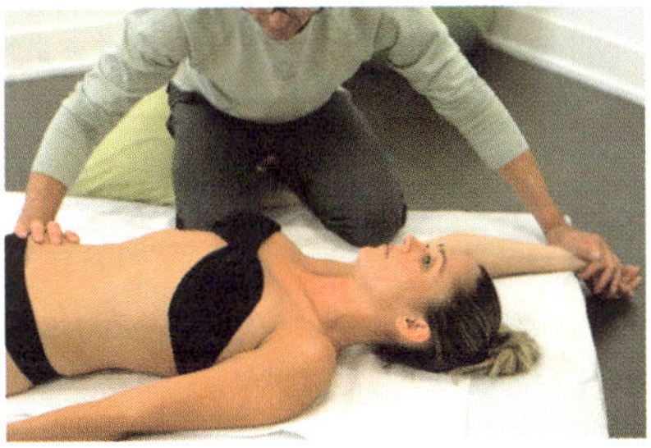

12b **Les deux mains se déplacent en sens opposé**, l'une remonte le long du bras, l'autre descend sur le flanc pour donner une sensation bienfaisante d'étirement. L'une des mains va jusqu'à la main du partenaire qu'elle tient, l'autre main trouve un appui sur l'os du bassin : elles peuvent alors marquer un temps d'arrêt pour un étirement plus intense sans glisser. Puis elles reviennent à la position de départ.

12c **Penchez-vous en avant** pour accompagner avec votre corps le geste d'étirement avec les deux mains en sens opposé.

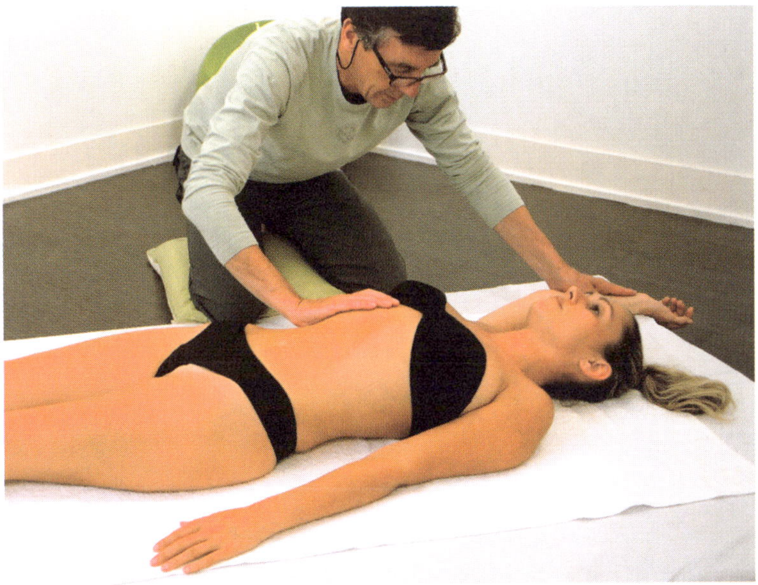

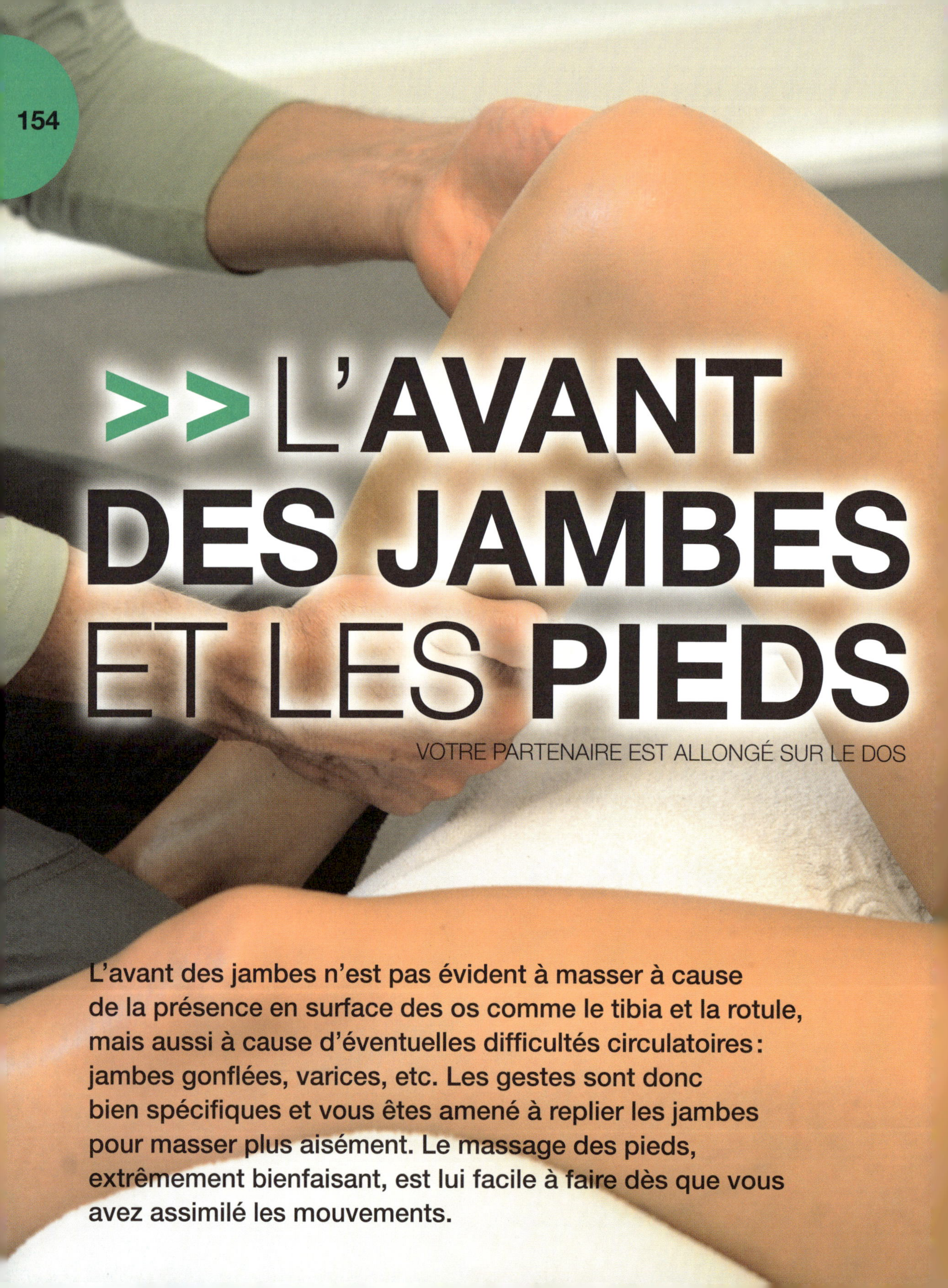

>> L'AVANT DES JAMBES ET LES PIEDS

VOTRE PARTENAIRE EST ALLONGÉ SUR LE DOS

L'avant des jambes n'est pas évident à masser à cause de la présence en surface des os comme le tibia et la rotule, mais aussi à cause d'éventuelles difficultés circulatoires : jambes gonflées, varices, etc. Les gestes sont donc bien spécifiques et vous êtes amené à replier les jambes pour masser plus aisément. Le massage des pieds, extrêmement bienfaisant, est lui facile à faire dès que vous avez assimilé les mouvements.

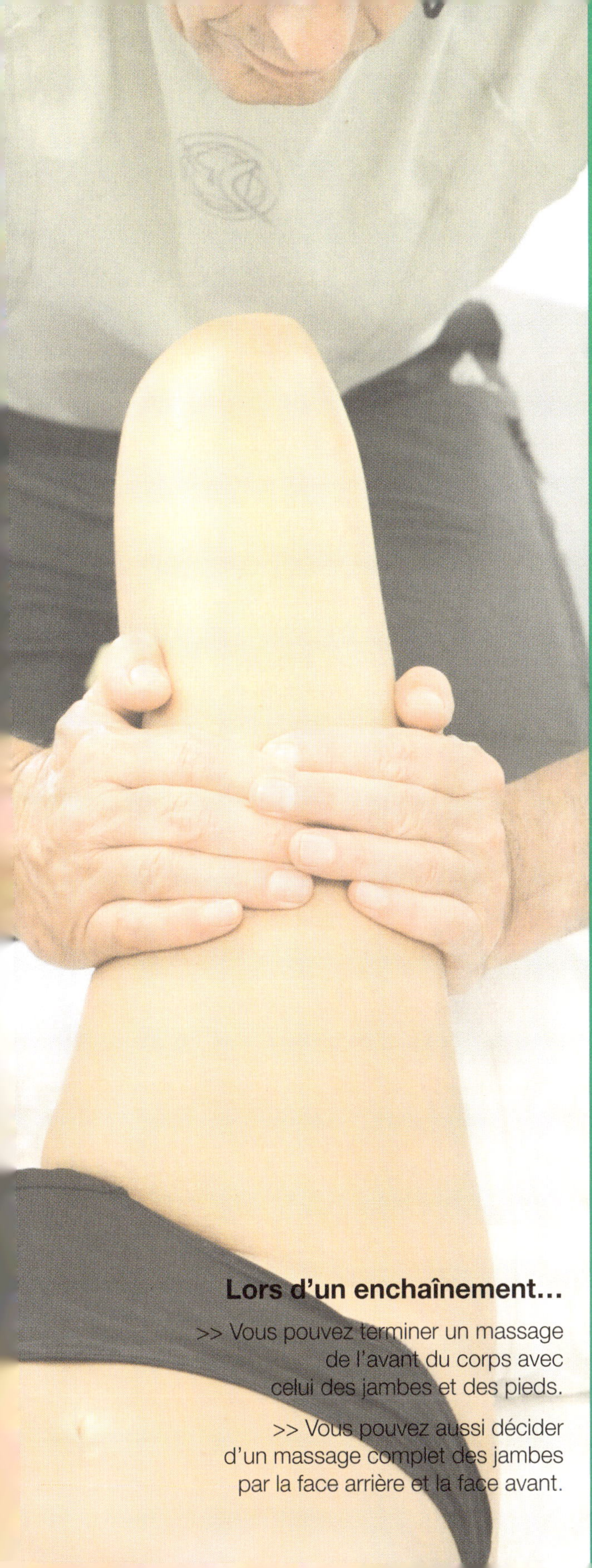

L'AVANT DES JAMBES ET LES PIEDS

CETTE PARTIE COMPORTE…

15 mouvements
- 6 mouvements sur les deux jambes dont le pétrissage
- 9 mouvements sur chacune des jambes dont 5 pour le massage des pieds

4 parties
- pétrissage successivement de chaque jambe
- massage simultané des deux jambes allongées puis repliées
- massage successif de chaque jambe allongée puis repliée
- massage des pieds (inclus dans le massage de chaque jambe)

3 positions pour masser
- assis sur le côté de votre partenaire à la hauteur des jambes, d'un côté puis de l'autre
- aux pieds dans l'axe du corps pour le massage des 2 jambes
- aux pieds dans l'axe de chaque jambe

VOUS APPRENEZ :
- à redonner de l'énergie
- à favoriser la détente profonde et le sommeil
- à pratiquer un massage complet des pieds
- à mieux vous déplacer avec votre corps
- à masser avec des mouvements très spécifiques
- à être plus à l'aise avec l'intimité

Lors d'un enchaînement…

>> Vous pouvez terminer un massage de l'avant du corps avec celui des jambes et des pieds.

>> Vous pouvez aussi décider d'un massage complet des jambes par la face arrière et la face avant.

Le massage bien-être de l'avant des jambes et des pieds

S'adapter

Avec le massage des jambes et des pieds vous terminez le massage de l'avant du corps avec à la fois des grands mouvements comme sur l'arrière des jambes et surtout l'apprentissage d'un massage complet des pieds. Une partie du massage se fait jambes repliées et demande d'utiliser au mieux votre propre corps. À cause de la morphologie spécifique des jambes avec son ossature, vous devez vraiment effectuer les différents mouvements d'une manière précise pour qu'ils apportent tous leurs bienfaits.

Vous massez simultanément les deux jambes

1. D'abord en vous plaçant sur le côté pour un mouvement glissé et enveloppant puis avec le pétrissage de la musculature du dessus et de l'intérieur des cuisses.
2. Puis par de grands mouvements d'unification remontants à partir des pieds, jambes allongées puis repliées. Les mouvements se terminent par des porters et des étirements.

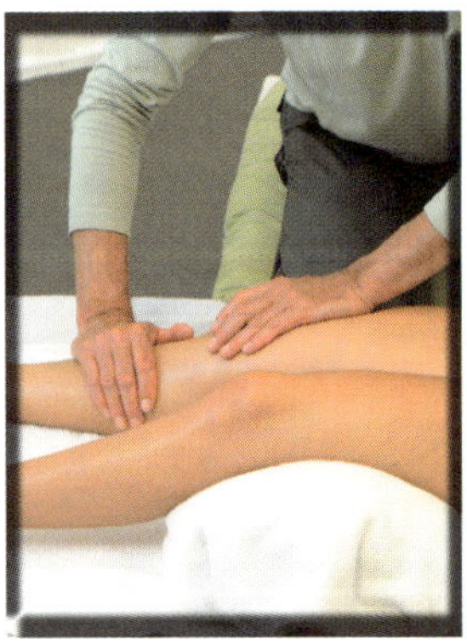

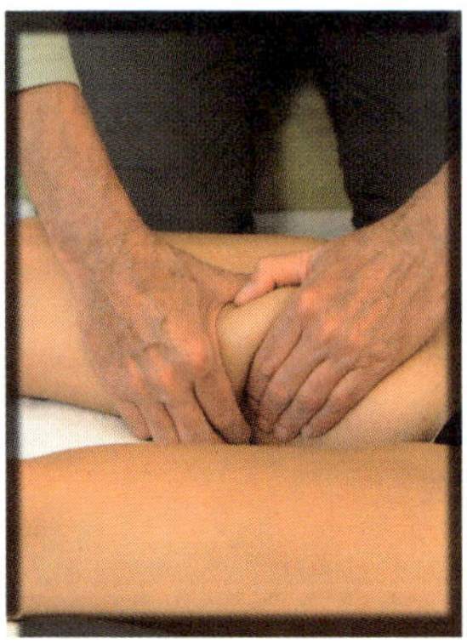

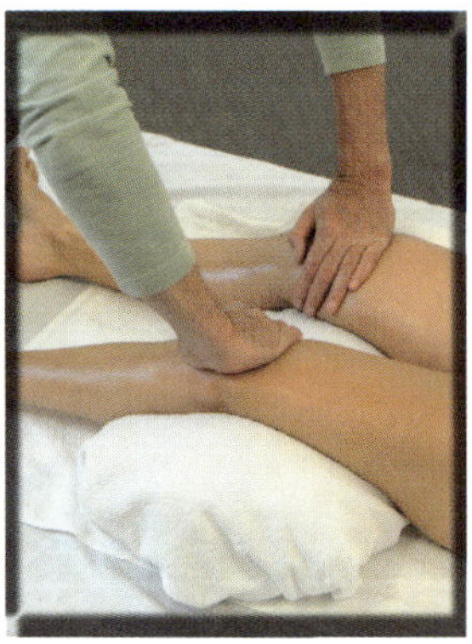

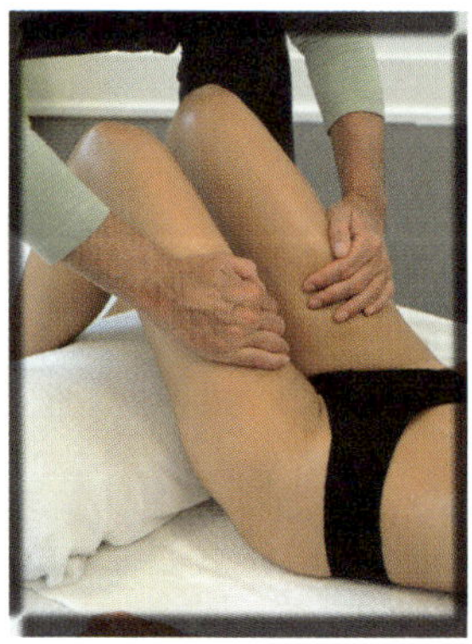

Vous massez chacune des jambes et les pieds

3. En reprenant pour chaque jambe les mêmes mouvements que sur les deux jambes d'abord jambe allongée puis genou plié, toujours avec des porter-soulever.
4. En intégrant dans le massage de la jambe toutes les manœuvres de massage, de mobilisation et d'étirement des pieds.

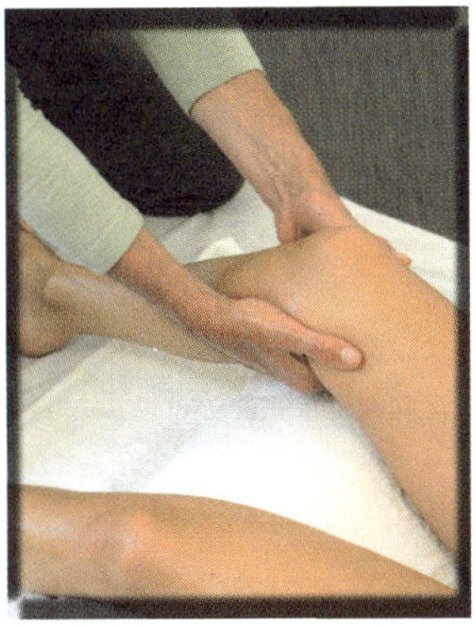

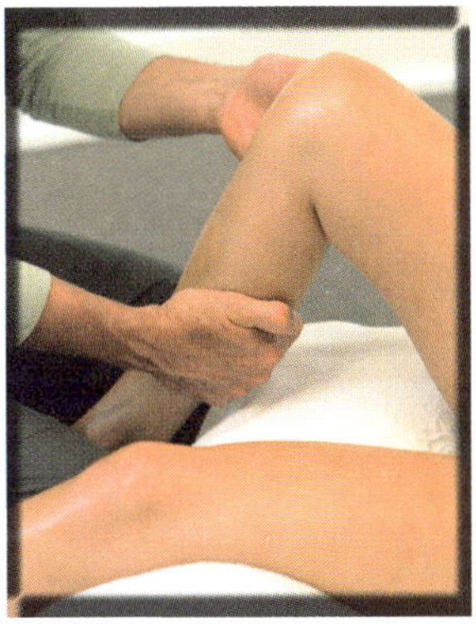

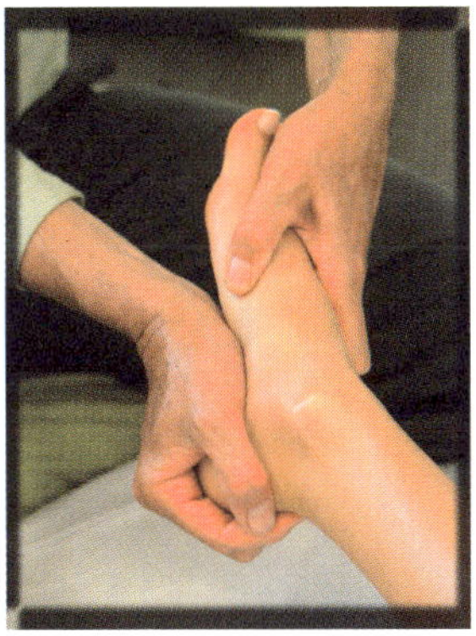

Vous allez alterner avec bonheur des mouvements appuyés et d'autres plus légers, de grands gestes et d'autres méticuleux. Lorsque les mouvements touchent l'intérieur des cuisses, veillez à éviter tout geste et tout contact que votre partenaire pourrait interpréter comme ambigu ou déplacé. Vérifiez avec votre partenaire s'il se sent à l'aise en lui demandant. S'il se contracte pendant que vous massez, mieux vaut respecter sa réserve et renoncer pour cette fois à masser l'intérieur des cuisses.

Avec le massage des cuisses, vous relâchez les muscles les plus forts du corps que nous mobilisons dans la marche et dans pratiquement tous les sports. Avec le massage du bas des jambes, vous allégez la fatigue – comme pour l'arrière des jambes – et vous aidez à trouver un sommeil plus facile et plus réparateur. Le massage des pieds aide à la circulation sanguine de retour et améliore grâce aux zones réflexes le fonctionnement de tous les organes internes. À la fin de ce massage, votre partenaire se sent à la fois détendu, solide sur ses jambes et bien dans ses baskets !

>> Conseils **d'installation**

1 **Votre partenaire est allongé sur le dos** dans son axe, le haut de son corps dans la position qui lui convient, les bras légèrement écartés le long du corps ou les mains ramenées sur son buste. Les jambes sont symétriques et écartées, les pointes des pieds tombent naturellement vers l'extérieur. L'idéal anatomique est d'écarter les jambes environ de la largeur des épaules, mais là encore votre partenaire doit se sentir à l'aise.

2 **Pour que votre partenaire soit vraiment confortable placez un long coussin comme un oreiller replié sous ses genoux** — ou un petit coussin sous chaque genou. Le coussin ramène le bas du dos vers le sol en décambrant votre partenaire et permet au bassin de s'ouvrir. Ce coussin est obligatoire si votre partenaire souffre des vertèbres lombaires. Dans ce cas ne placez jamais un coussin ou un oreiller dans le bas du dos ce qui aurait l'effet inverse de maintenir la cambrure même s'il apporte dans un premier temps une sensation de confort.

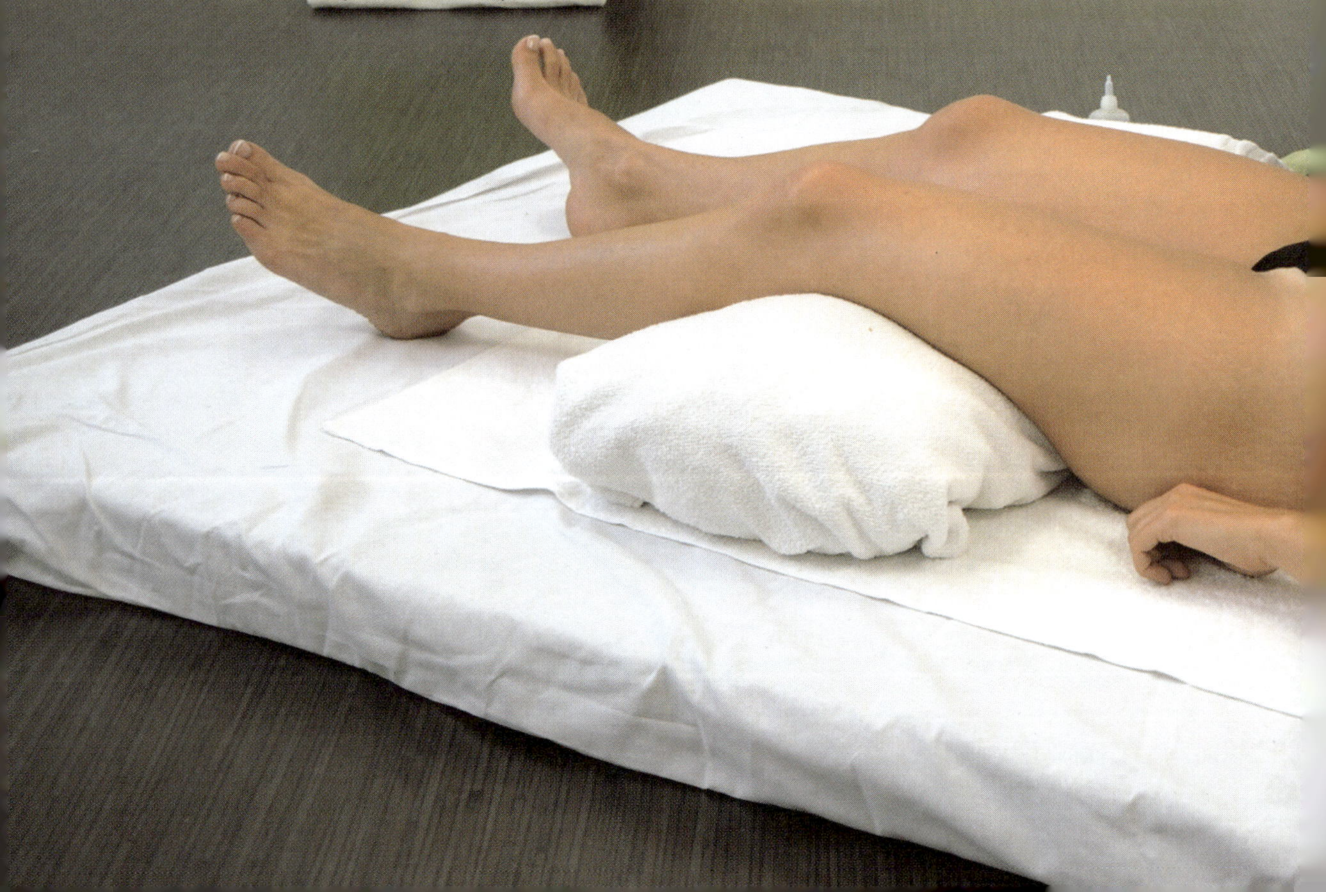

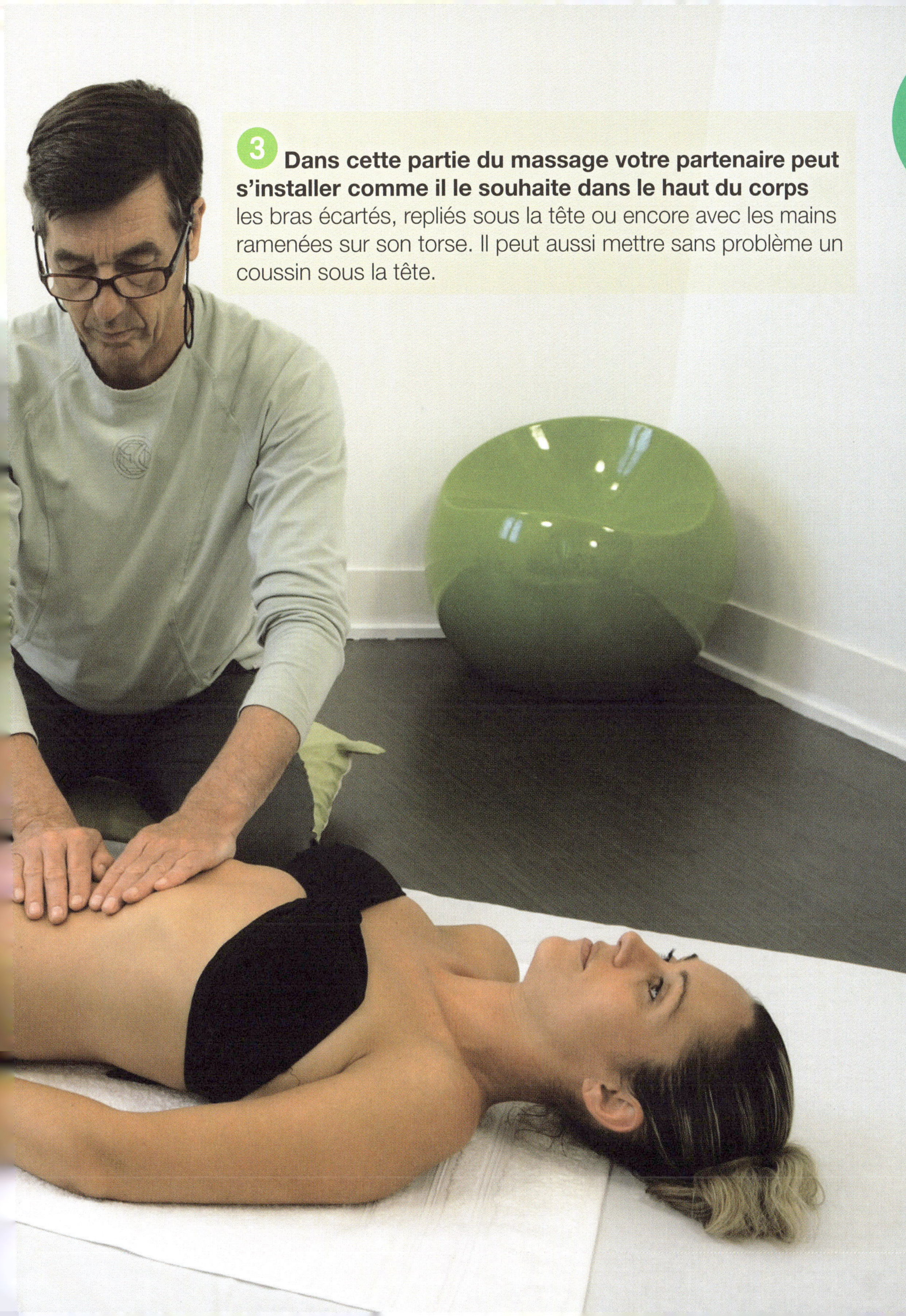

3 **Dans cette partie du massage votre partenaire peut s'installer comme il le souhaite dans le haut du corps** les bras écartés, repliés sous la tête ou encore avec les mains ramenées sur son torse. Il peut aussi mettre sans problème un coussin sous la tête.

>> Précautions à prendre

- **Repérez si votre partenaire a une mauvaise circulation sanguine dans les jambes**. Ce peut être des veines apparentes comme des varices, des capillaires éclatés avec une coloration bleutée ou encore des jambes gonflées par la rétention d'eau. L'intérieur des cuisses est une partie assez intime surtout chez les femmes. Dans tous ces cas vous serez particulièrement prudent en réduisant et même en évitant sur les zones sujettes à ces problèmes les manœuvres de pétrissage et de torsion trop vigoureuses. Vous privilégierez les mouvements glissés et de drainage plus lents.

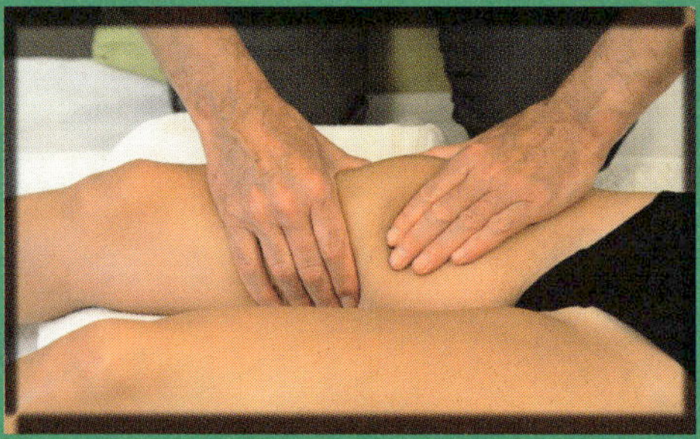

- **Lorsque vous massez l'intérieur des cuisses**, vous pourrez peut-être sentir votre partenaire se contracter sous vos mains à cause du degré d'intimité qu'implique cette zone. Évitez toute manière de faire qui pourrait évoquer un geste caressant d'autant plus que les muscles de cette zone ont besoin pour se relâcher d'une pression profonde. Demandez à votre partenaire s'il est ok avec votre toucher ou s'il préfère que vous évitiez cette zone.

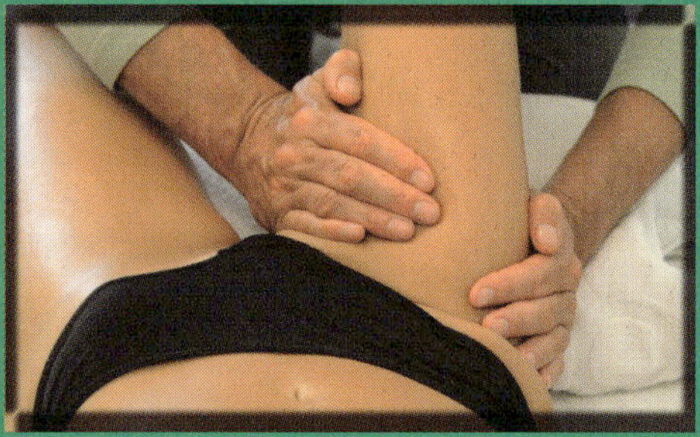

- **Soyez très attentif lors d'un premier passage sur le dessus des chevilles** qui présente souvent des micro-entorses sensibles à la pression et lorsque vous massez les os des pieds et les orteils qui peuvent être douloureux à cause des déformations très fréquentes des pieds. Repérez les crevasses, les orteils abîmés, les ongles incarnés.

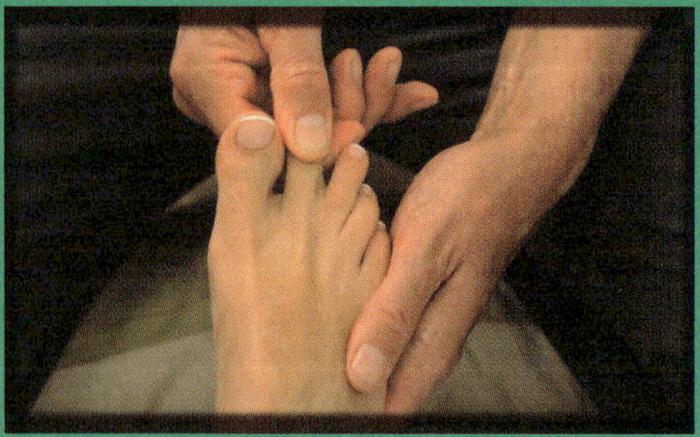

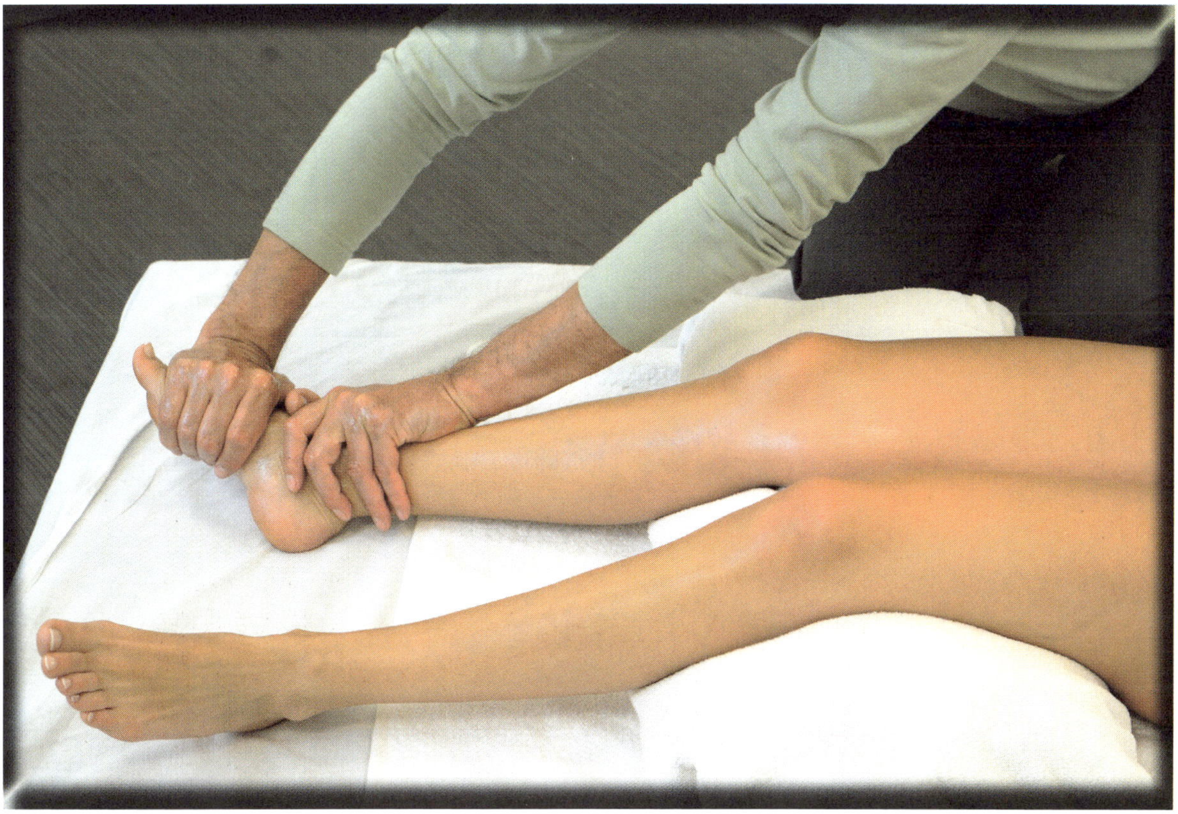

Instructions à suivre dès le début du massage

Les jambes sont longues et, que vous massiez l'arrière ou l'avant, vous êtes amené à vous déplacer pour pouvoir accomplir les grands mouvements mais aussi pour les manœuvres plus spécifiques. Entraînez-vous à le faire lentement et harmonieusement dans le rythme de votre massage. Les jambes sont aussi lourdes – le poids des deux jambes est égal au tiers du poids du corps ; gardez une bonne posture pour éviter de fatiguer votre dos. Lorsque vous prenez l'habitude de masser les pieds, fermez les yeux et sentez l'ossature des pieds qui va guider votre action. Les petits mouvements de massage des pieds, des mains et de la tête suivent les contours osseux facilement perceptibles sous les doigts. Enfin ne soyez pas étonné, votre partenaire s'endormira souvent avec ce massage qui élimine beaucoup de fatigue physique.

4/1

>> **Étendre l'huile** sur les deux jambes

Sur toute la longueur

Couvrez bien toute la surface des jambes, y compris les pieds.

1a Vous prenez contact avec votre partenaire par exemple une main sur chaque hanche puis vous allez étendre l'huile sur toute la longueur des deux jambes. **Commencez par la jambe opposée en vous avançant au-dessus du corps**, épousez bien la forme successivement de la cuisse, du genou et du pied. Descendez et remontez e le long de la jambe.

Notre conseil

Étendre l'huile a facilement tendance à devenir un mouvement machinal alors qu'il s'agit, sur une partie du corps, d'un premier contact qui va contribuer à la confiance que vous accorde votre partenaire. C'est aussi l'occasion d'assouplir vos mains en recherchant l'enveloppement du corps, de sentir éventuellement des zones de tension et d'être attentif aux réactions de votre partenaire.

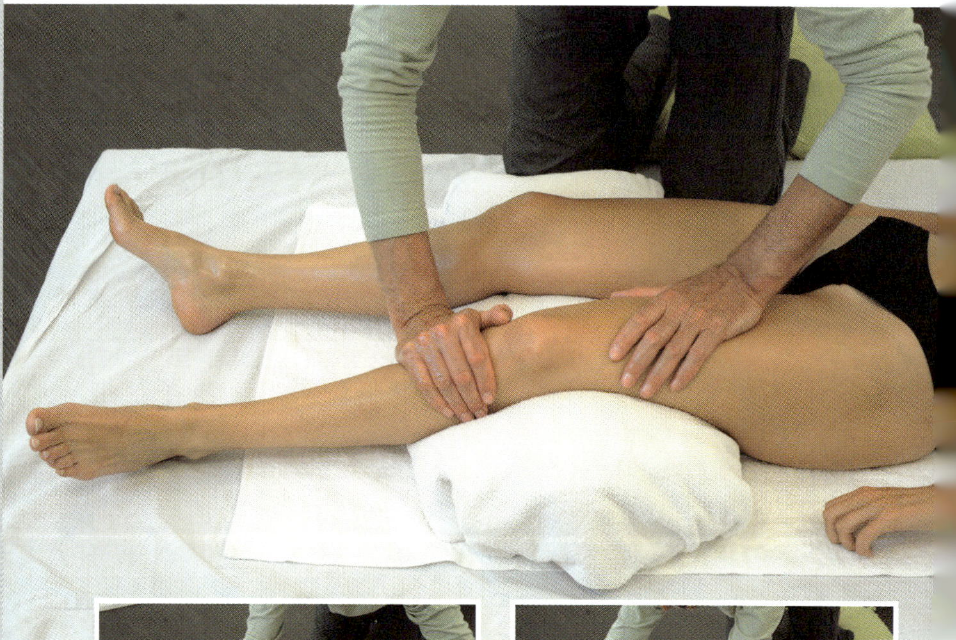

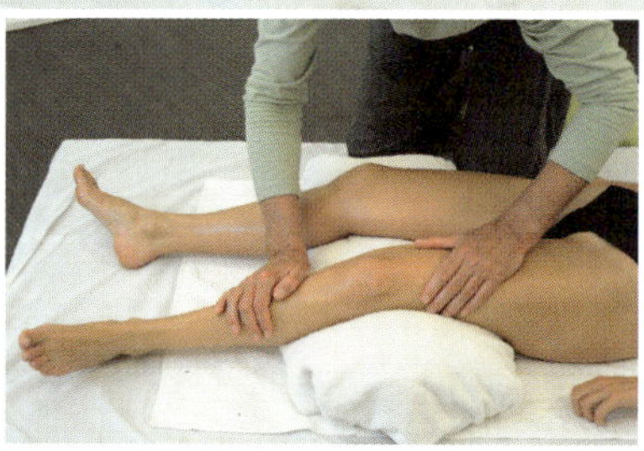

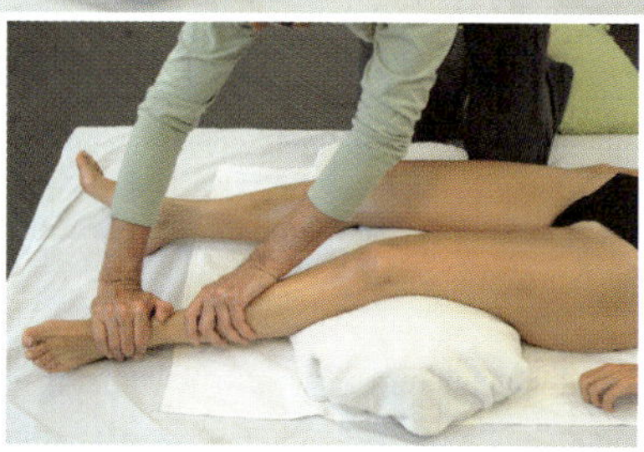

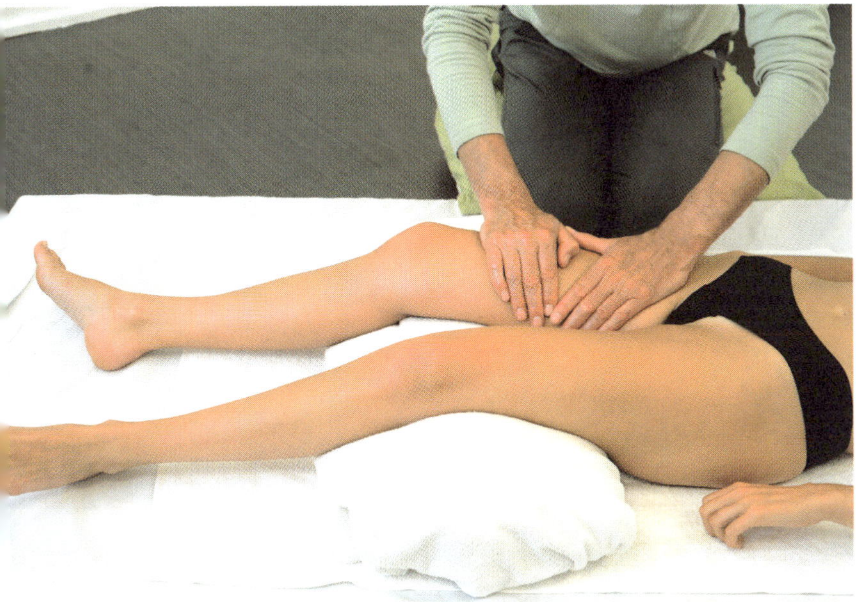

1b Faites ensuite de même sur l'autre jambe en veillant à bien étendre l'huile partout sur l'intérieur de la jambe et sur l'extérieur. **Descendez jusqu'au pied que vous enveloppez soigneusement avec vos mains**. Libérez votre mouvement, assouplissez vos mains, laissez-les bien en contact avec le corps et trouvez un rythme.

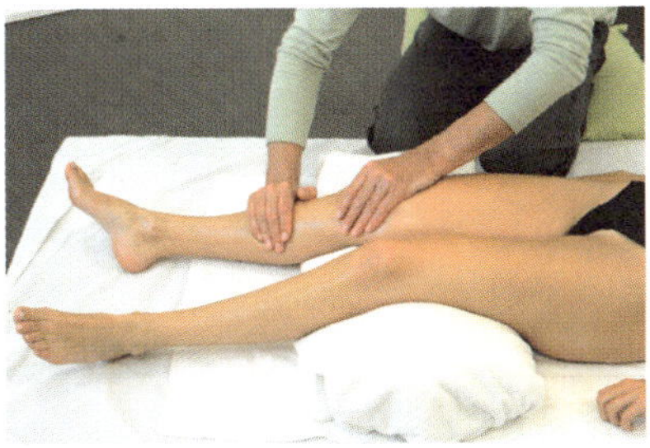

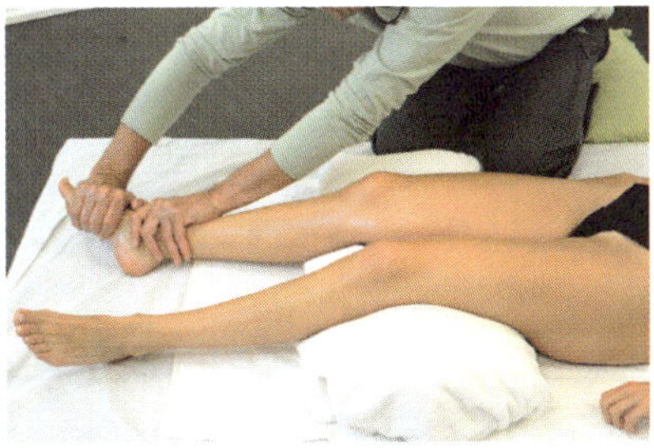

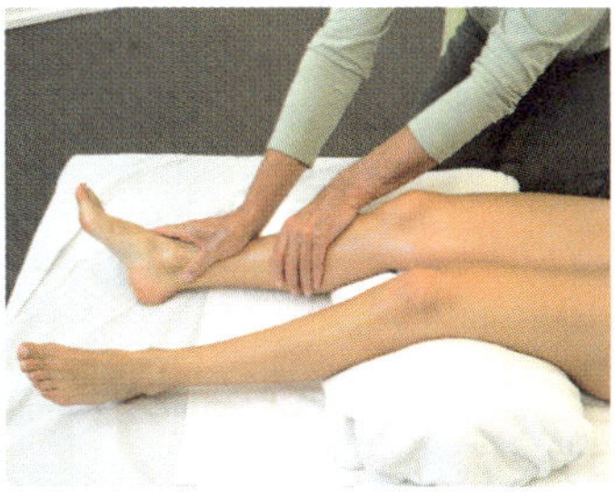

1c Prendre contact aux hanches et étendre ainsi l'huile à partir des cuisses vous permet de faire le lien et d'enchaîner après le massage du buste. Si vous ne voulez faire qu'un massage des jambes ou si vous commencez le massage de l'avant du corps par les jambes vous pouvez tout à fait étendre l'huile en vous positionnant aux pieds puis poursuivre l'enchaînement des mouvements à partir de 4/3. Vous pouvez alors effectuer le pétrissage en fin de séance sur chaque jambe.

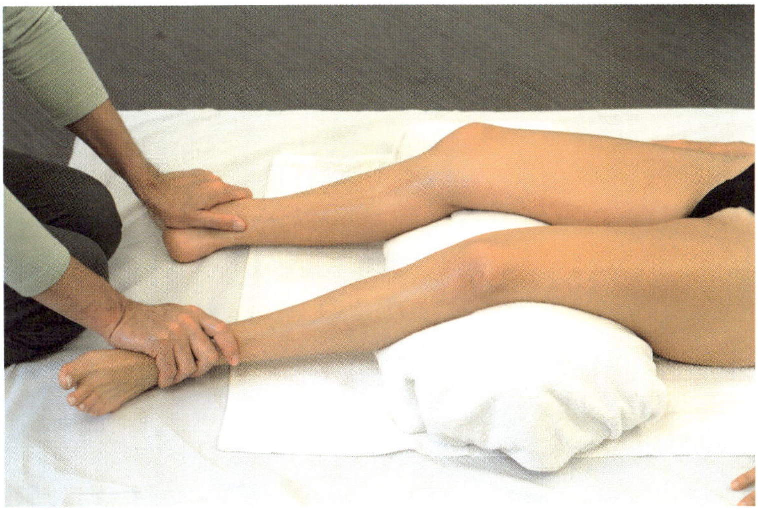

4/2

>> **Pétrissage** avant des cuisses

À pleines mains pour les muscles

Pratiquez pendant quelques instants puis passez de l'autre côté du corps et reprenez les mêmes mouvements sur l'autre cuisse.

2a **Placez-vous sur le côté du corps à la hauteur de la cuisse** et commencez à pétrir les muscles du dessus de la cuisse dans un mouvement souple et délié. Le mouvement de pétrissage est un mouvement de pousser-tirer alternatif avec les deux mains accompagné d'un geste de torsion. Tout en massant, déplacez-vous tout le long du muscle en remontant et en descendant entre la hanche et le genou.

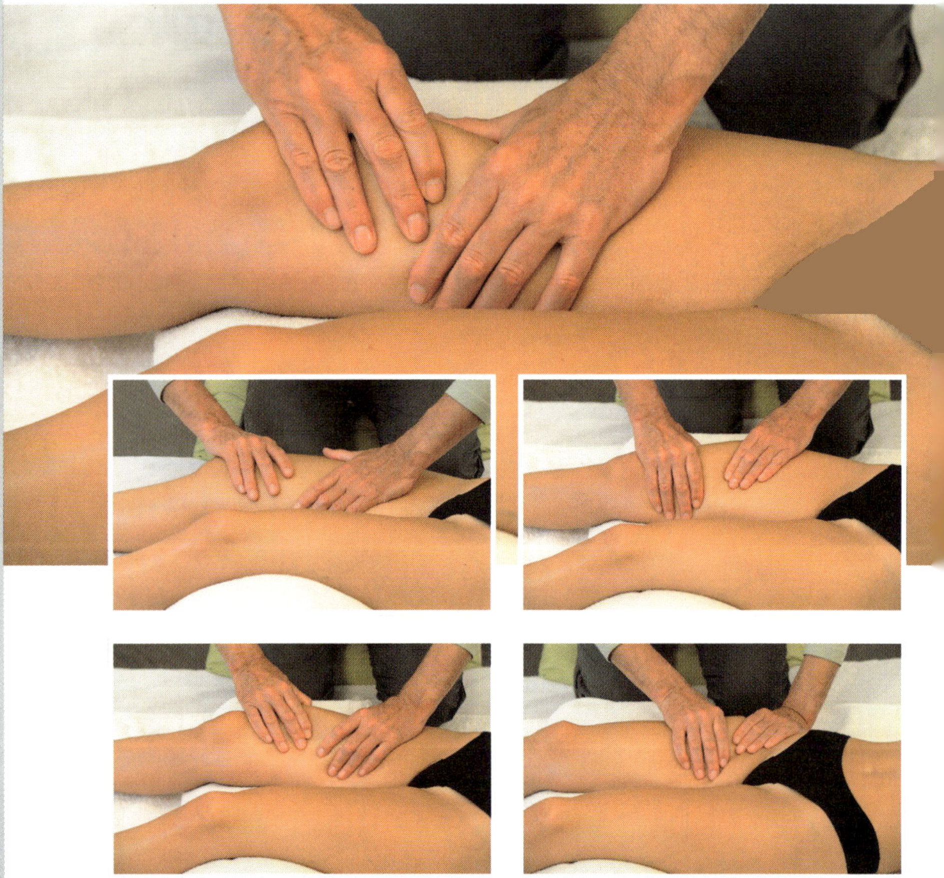

Notre conseil

En particulier en présence de cellulite, faites attention à ne pas pincer la peau en effectuant le mouvement.
Plus vous allongez les doigts à l'opposé du pouce pendant le mouvement sans les replier, plus vous pouvez saisir une masse musculaire importante pour la pétrir. Le mouvement sera d'autant plus bienfaisant que le geste de vos mains sera continu et fluide. Fermez les yeux, quelquefois c'est plus facile ainsi.

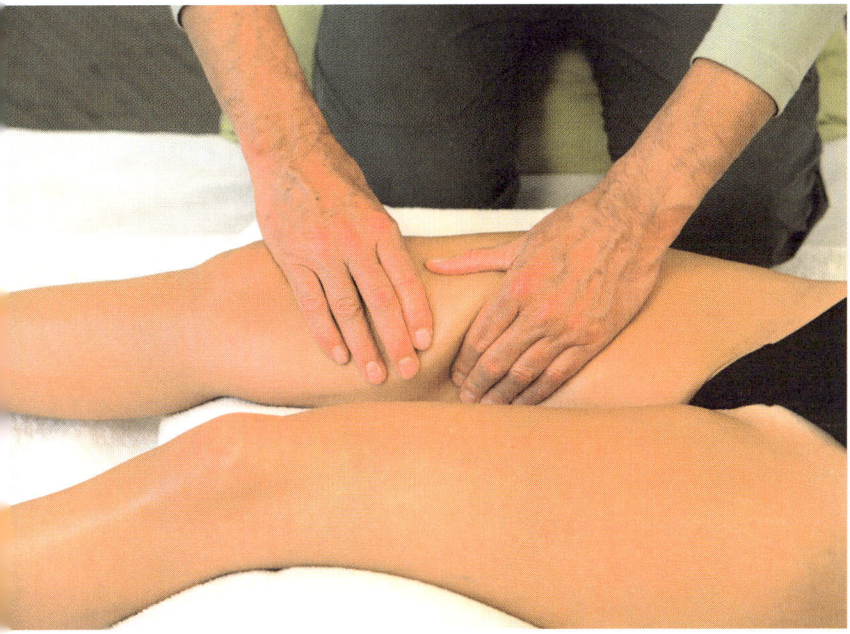

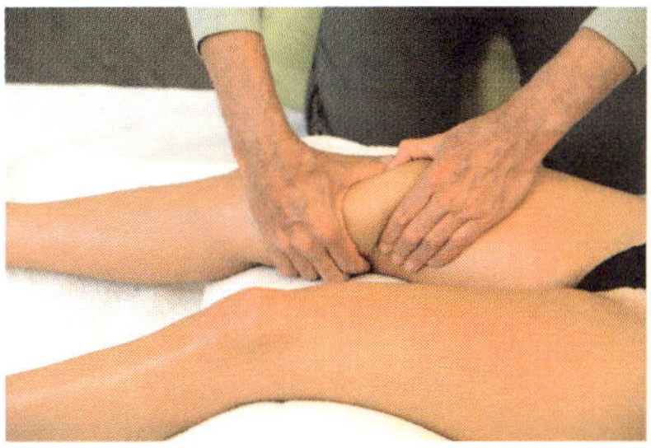

2b **Poursuivez le mouvement de pétrissage maintenant sur la musculature interne des cuisses**. Soyez attentif dans la zone près du genou qui est souvent douloureuse chez les femmes. Observez bien sur le dvd comment les mains attrapent le muscle et le soulèvent tout en massant.

Grâce à ce mouvement que vous pouvez ainsi effectuer dès le début du massage avant des jambes, vous favorisez une détente rapide de toute la jambe et le lâcher des pointes des pieds vers l'extérieur. Si par contre vous commencez le massage des jambes aux pieds, alors vous pratiquerez le pétrissage sur chaque jambe à la fin pour terminer votre massage.

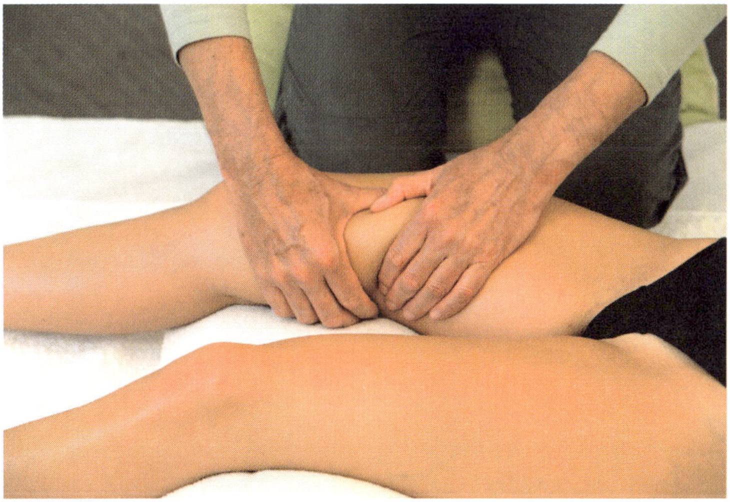

4/3

>> **Ouvrir** les chevilles

Détendre en ouvrant

Pratiquez ce mouvement quelques instants avant d'engager le grand mouvement d'unification suivant.

3a **Venez vous positionner aux pieds de votre partenaire, une main en contact avec chacun de ses pieds**. Reprenez et étendez à nouveau de l'huile si nécessaire comme dans le dvd. Enveloppez le pied avec quelques mouvements, puis les doigts en appui sur le dessus du pied massez quelques instants la plante des pieds avec les pouces dans des mouvements plutôt circulaires.

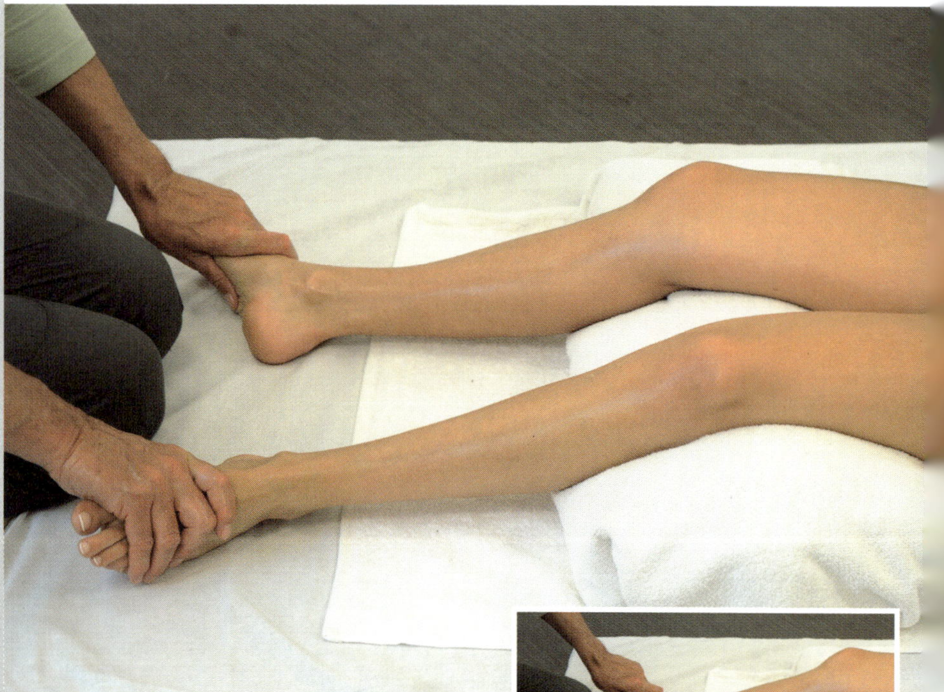

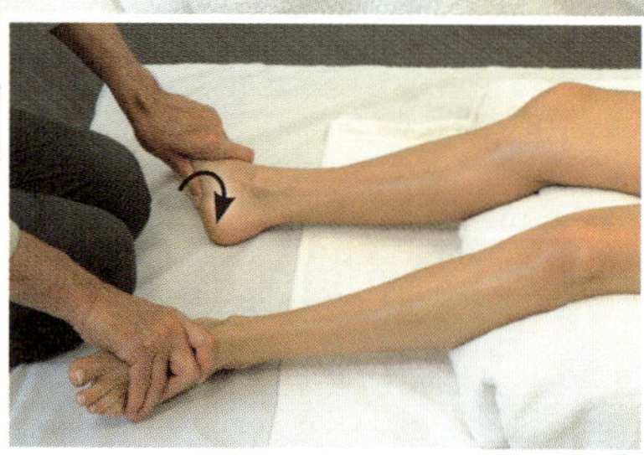

Notre conseil

Ne forcez pas sur les chevilles, l'ouverture est plus difficile à obtenir si vous n'avez pas mis de coussins sous les genoux. Le massage de la plante avec les pouces s'intègre dans un mouvement plus général d'enveloppement.

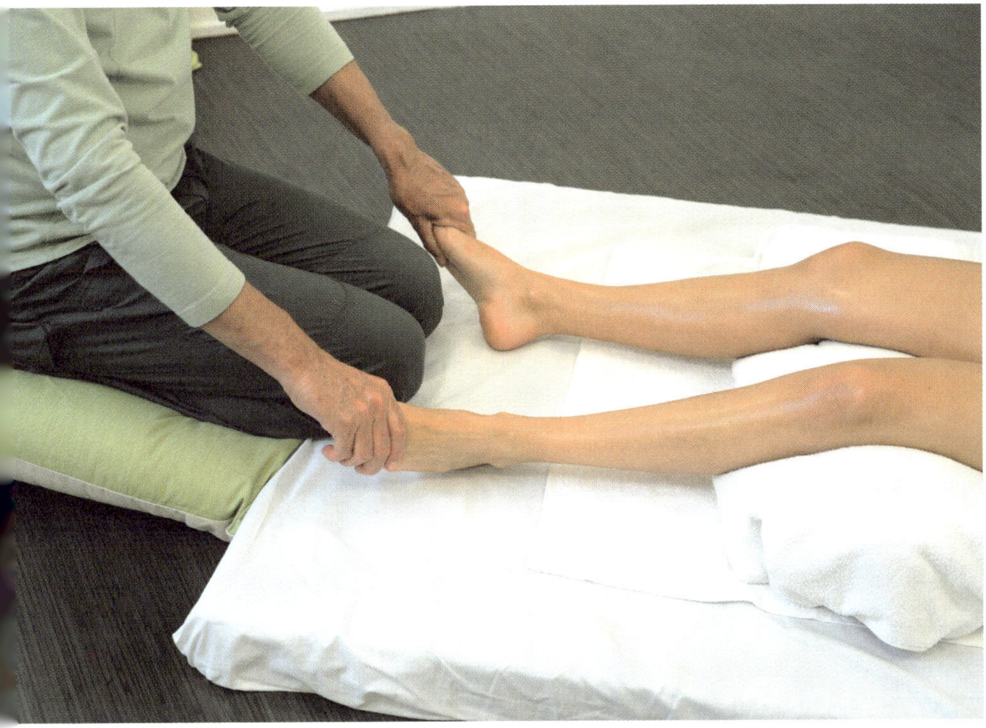

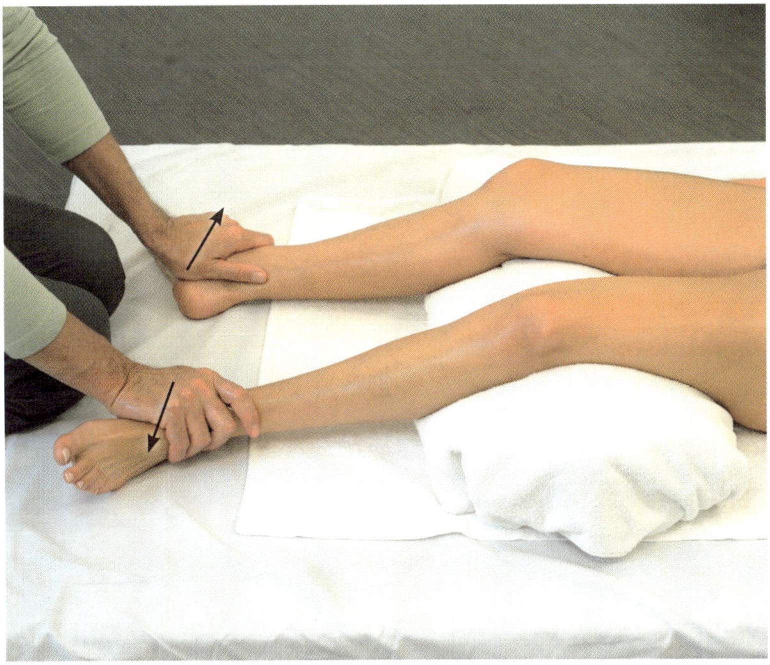

3b **Massez bien toute la plante du pied jusqu'aux orteils** et en même temps par la pression de vos mains à l'intérieur des chevilles favorisez l'ouverture des hanches et le relâchement des pointes des pieds vers l'extérieur. Si cela aide votre partenaire, vous pouvez presser alternativement avec la main sur l'intérieur d'une cheville puis de l'autre.

4/4

>> **Relâcher** le bas des jambes

Par l'avant avec porter-soulever

Répétez au moins trois fois sans porter puis trois fois avec porter-soulever. Vous avez la possibilité d'enchaîner avec le mouvement suivant qui remonte plus haut sur les jambes.

4a Toujours aux pieds de votre partenaire dans la continuité du contact à l'intérieur des chevilles **remontez avec chacune de vos mains sur l'intérieur des jambes**. Vos doigts sont orientés vers l'intérieur, chaque main perpendiculaire à la jambe pour favoriser le drainage. Fléchissez les coudes, avancez votre corps vers l'avant et utilisez la souplesse de vos poignets pour bien refermer vos mains autour de la forme des jambes.

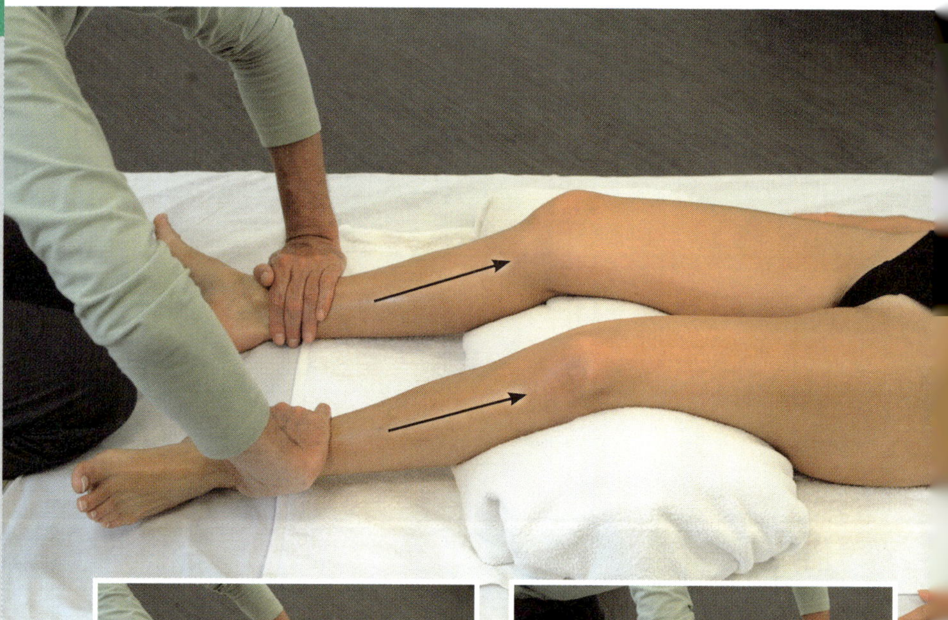

Notre conseil

Dans le mouvement remontant, le bout de vos doigts est bien à l'intérieur des jambes sur le galbe du mollet. À la fin du mouvement vous vous glissez pratiquement sous le genou. En même temps vous exercez une légère pression vers l'extérieur toujours dans l'intention d'ouvrir.

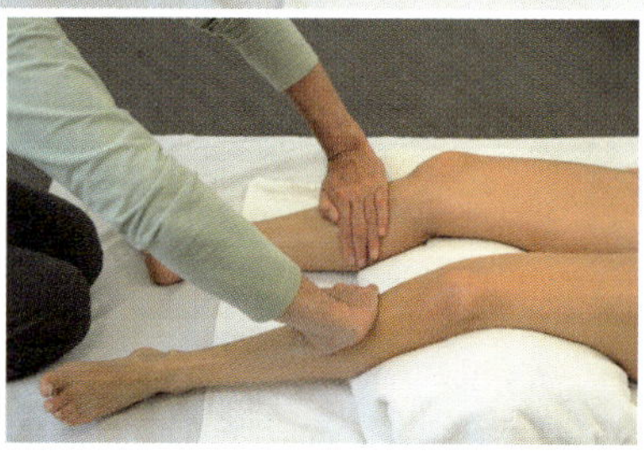

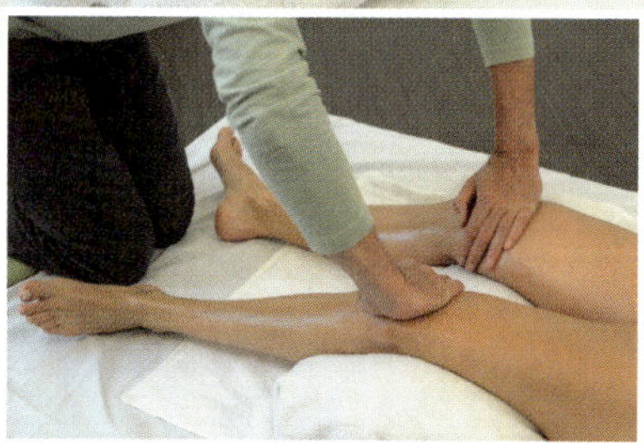

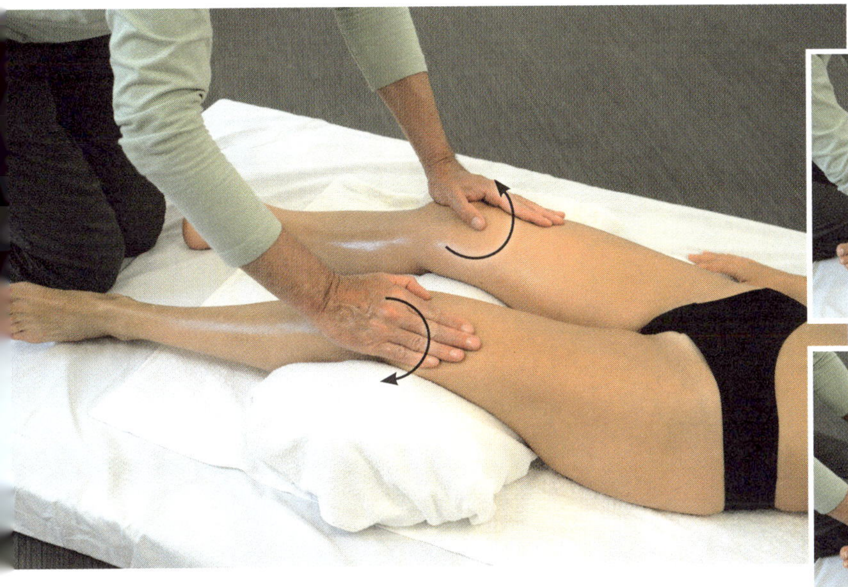

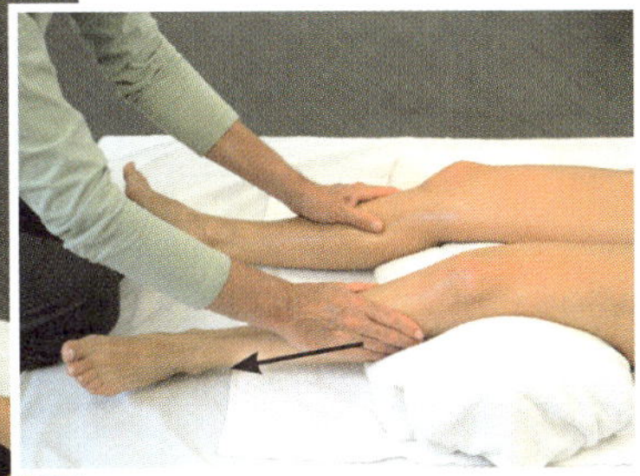

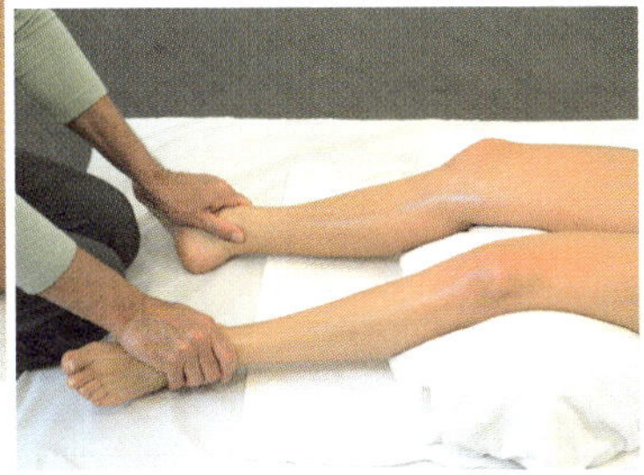

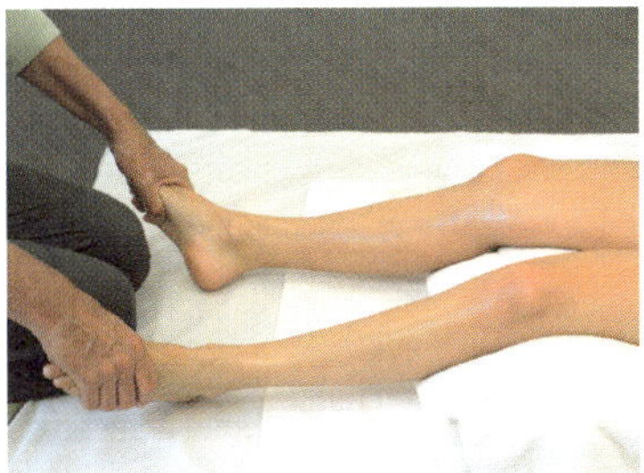

4b **Vous montez jusqu'aux genoux puis vous pivotez vos mains vers l'extérieur pour redescendre** en glissant vers les chevilles par l'extérieur des jambes. Le mouvement de retour se fait sans pression jusqu'aux orteils. Sur les pieds, les doigts glissent sur le dessus tandis que les pouces passent dans la plante. Ramenez vos mains à la position de départ par l'extérieur.

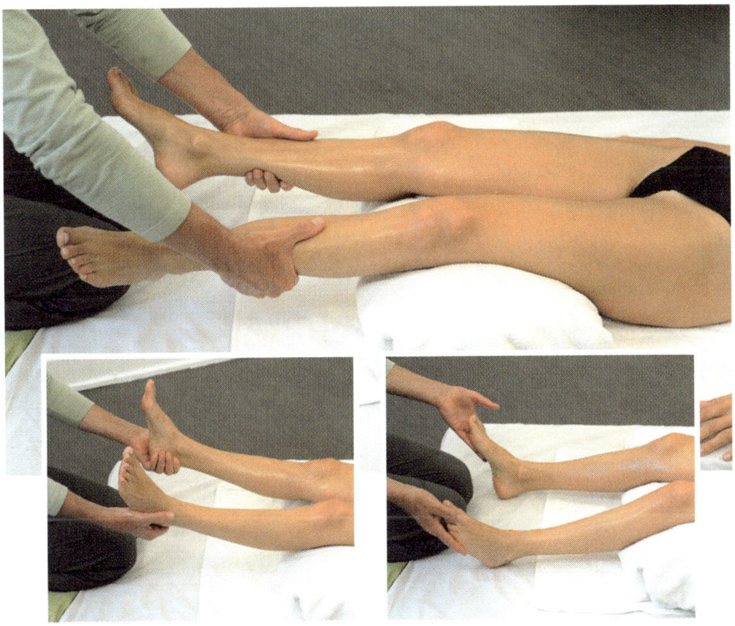

4c Dans le mouvement de retour au lieu de simplement glisser ajoutez un porter-soulever du bas de la jambe. **Vous vous glissez sous les mollets avec les mains pour porter le bas de la jambe et en même temps étirer**. Arrivé aux chevilles vous continuez sous la plante des pieds en les laissant revenir naturellement au sol.

4/5

>> **Unifier** l'avant des jambes

Une main sur chaque jambe

Répétez au moins trois fois le premier mouvement jusqu'aux cuisses puis trois fois celui jusqu'au bassin avec la possibilité de les enchaîner entre eux et avec les précédents.

5a Vous repartez de l'intérieur des chevilles avec le même mouvement et la même position des mains. **Au lieu de vous arrêter aux genoux, vous poursuivez le mouvement sur l'intérieur des cuisses**. Dès que vous avez dépassé les genoux, ralentissez votre mouvement et augmentez votre pression en vérifiant qu'elle reste confortable pour votre partenaire.

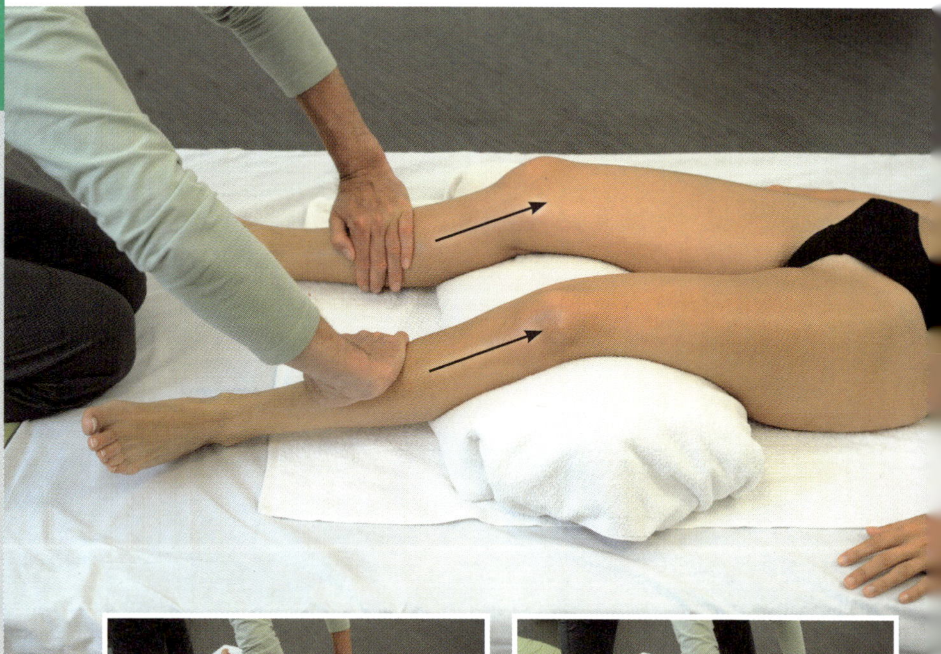

Notre conseil

Avancez-vous vers l'avant à mesure que vous remontez le long des jambes pour ne pas vous retrouver en déséquilibre. Dans le mouvement de retour ramenez vos mains en amenant aussi votre corps en arrière. N'étirez pas au ras du sol surtout si votre partenaire est cambré mais plutôt avec un angle d'environ 30° au-dessus du sol.

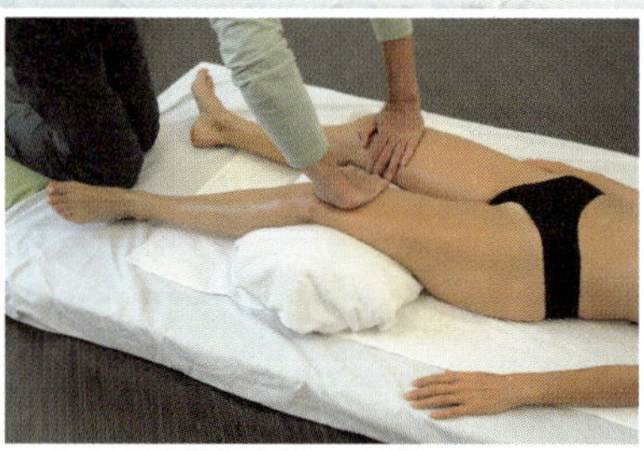

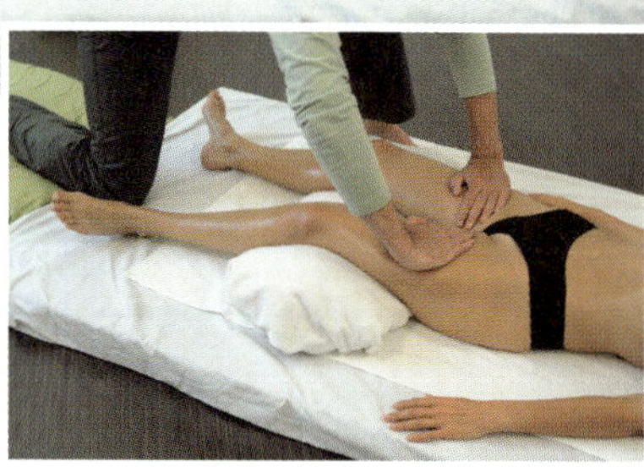

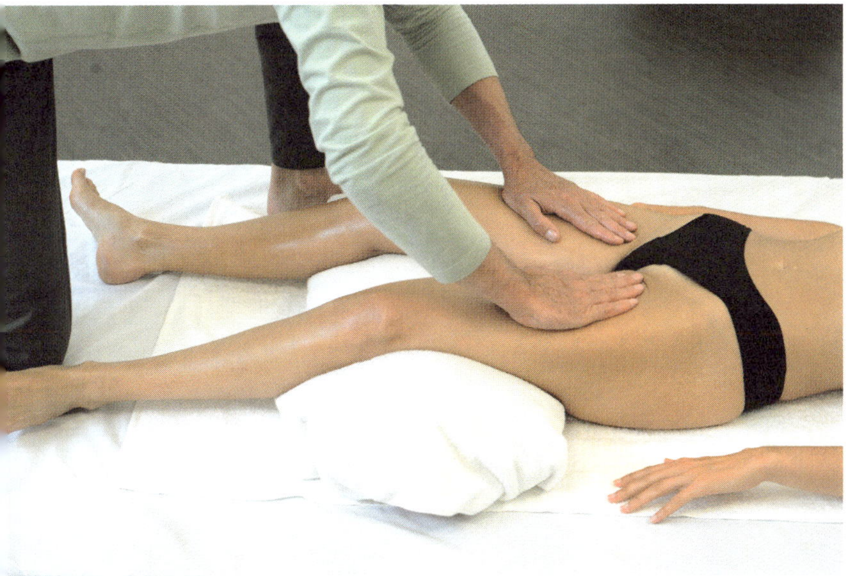

5b Avant d'arriver dans le pli de l'aine, redressez vos mains, doigts vers la tête, et commencez à pivoter pour les amener sur l'extérieur. **Redescendez en glissant sur la face externe de la cuisse**, glissez-vous sous le genou puis terminez comme précédemment avec un porter-soulever.

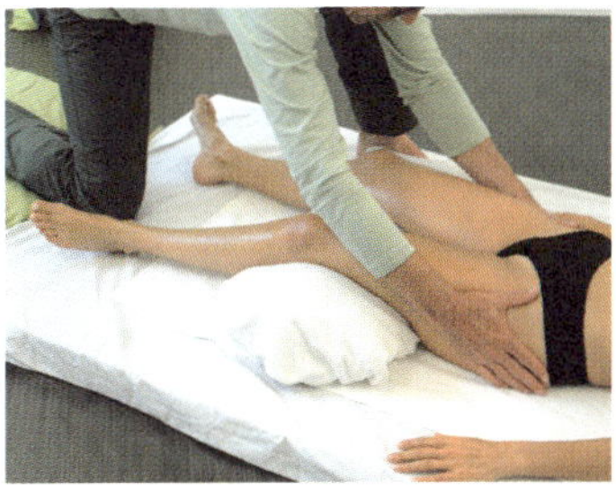

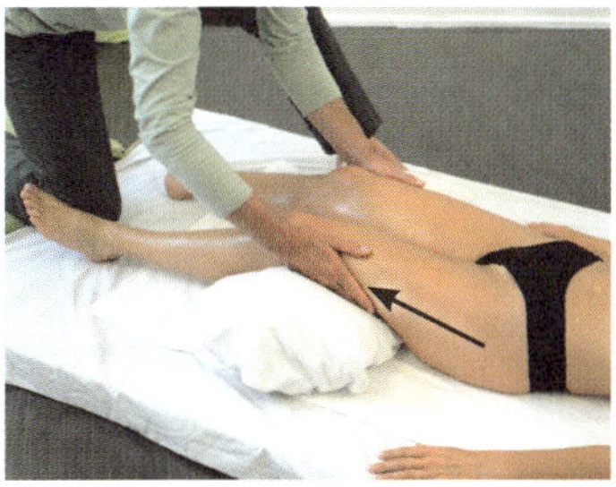

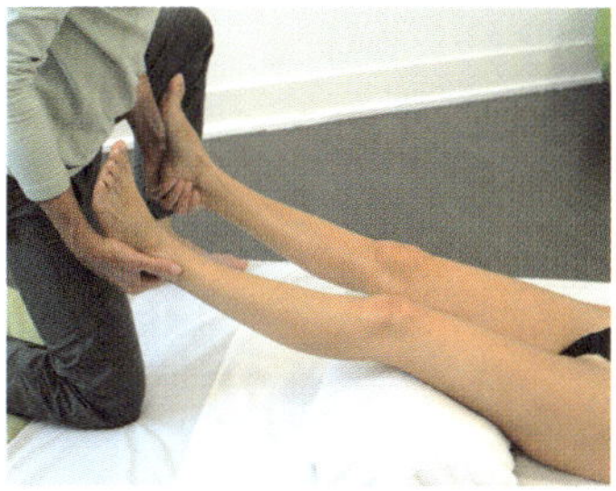

5c Vous allez monter encore plus haut : à partir du moment où vous avez redressé les mains sur les cuisses, **continuez vers le haut jusqu'à sentir que vous pouvez prendre appui sur les os iliaques du bassin** avec le talon de vos mains. Pivotez ensuite vers l'extérieur pour redescendre presque sous les cuisses, vous glisser sous le genou et porter en étirant jusqu'aux pieds.

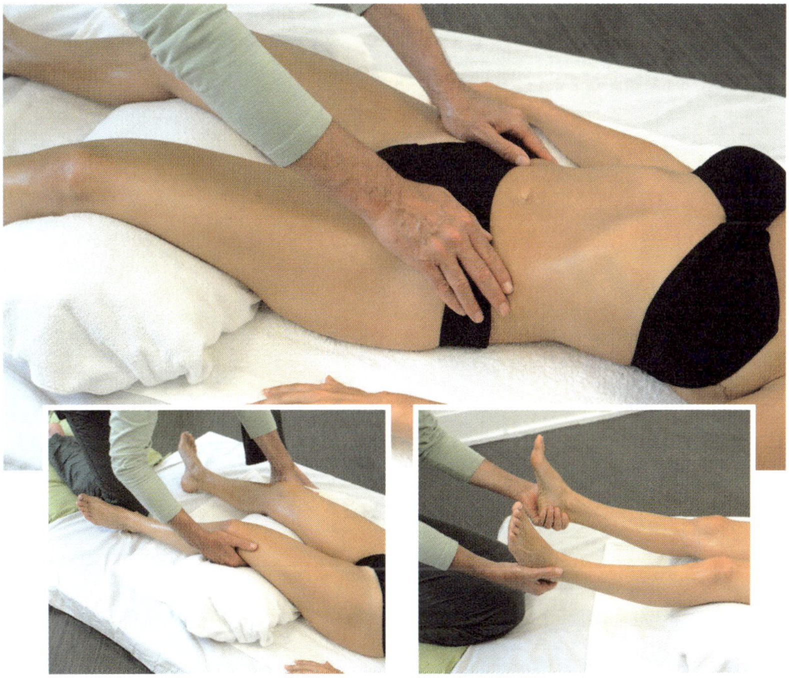

4/6

>> **Drainage** des cuisses

Jambes repliées ensemble

Alternez plusieurs fois grand mouvement de drainage et vagues successives. Puis ré-étendez les jambes en position allongée.

6a Vous allez maintenant **replier les genoux de votre partenaire pour qu'il ait les plantes des pieds au sol**. Vous allez vous avancer et vous positionner en fente pour être à l'aise. Placez les mains, doigts vers l'intérieur, au sommet des cuisses juste après les genoux et glissez lentement en descendant sur le dessus des cuisses. Exercez de la pression avec le poids de votre corps.

Notre conseil

Plus vous appuyez avec le rebord des mains, plus vous éliminez les toxines musculaires responsables de la fatigue. Vous verrez apparaître un petit « bourrelet » de peau en avant des mains. C'est bénéfique après l'effort et pour la récupération. Avant l'effort pour la préparation il faut mieux activer le sang en massant plus léger et plus rapide.

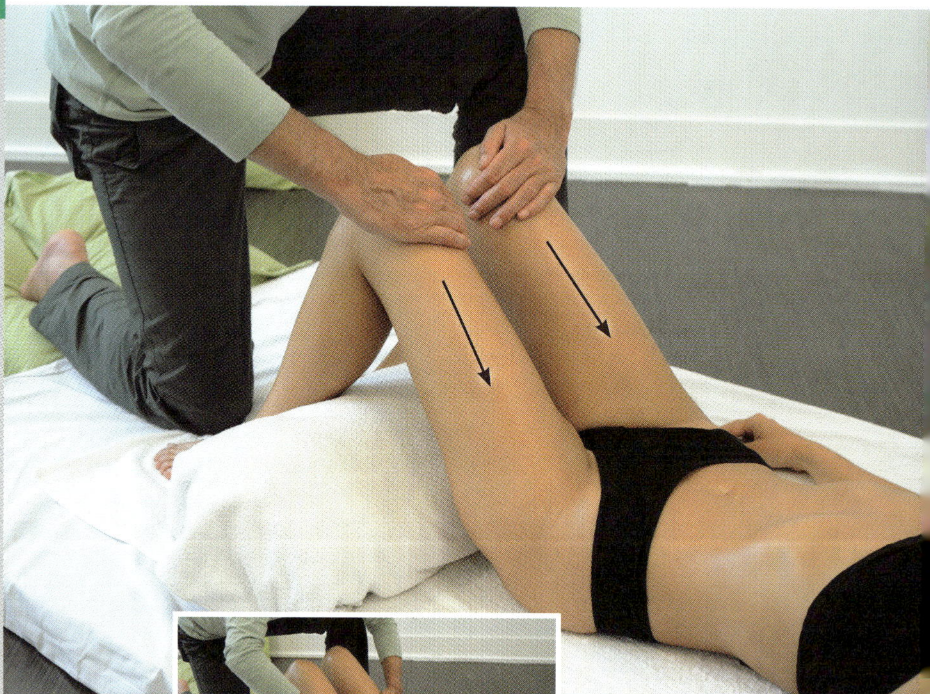

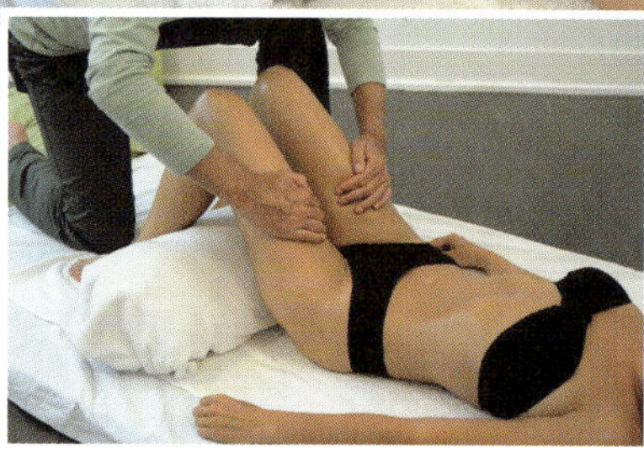

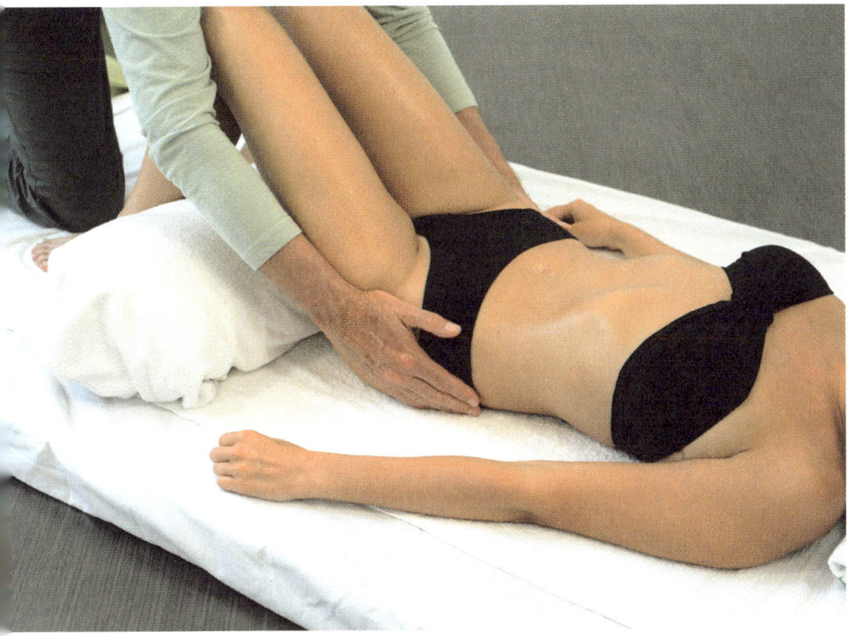

6b Vous descendez jusqu'au bassin et lorsque vous sentez l'os iliaque sous vos mains, vous pivotez vos doigts vers l'extérieur, vous enveloppez la fesse et **vous revenez en remontant par l'extérieur des cuisses**. « Tirez » vos mains avec votre corps en vous redressant pour le mouvement de retour.

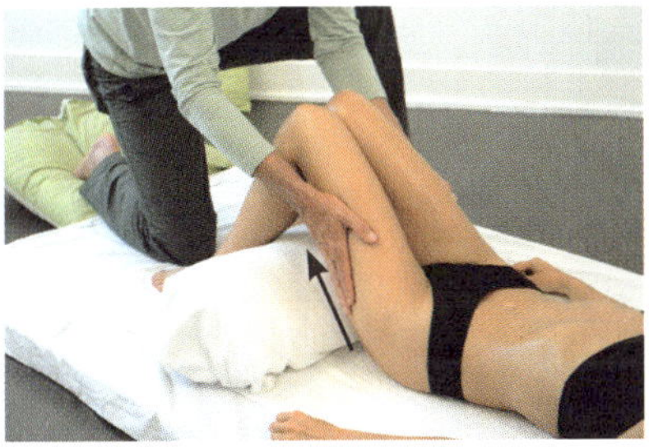

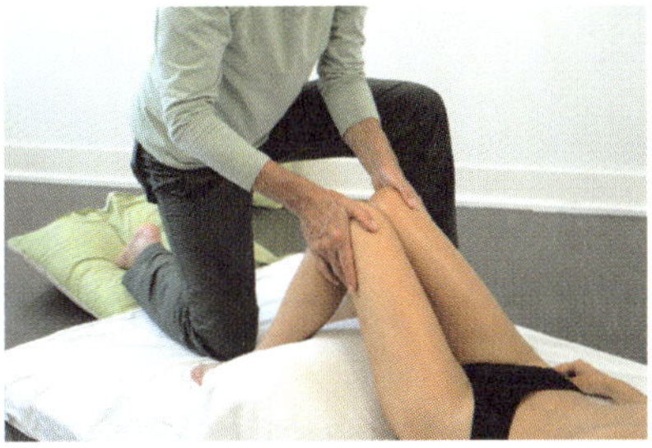

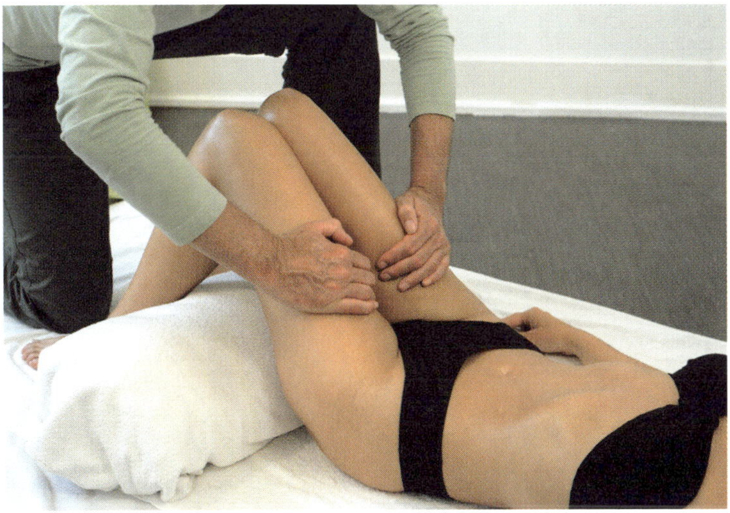

6c Au lieu d'un mouvement systématique **vous pouvez aussi effectuer le même trajet en « vagues » successives**, une fois par exemple vous descendez jusqu'au tiers de la cuisse puis vous remontez par les côtés, une seconde fois un peu plus loin et ainsi de suite. Vous pouvez aussi varier la pression et la vitesse : accomplir par exemple ce mouvement rapidement en chauffant la peau ou au contraire très lentement en drainant. C'est ainsi que votre massage se personnalise.

4/7

>> **Drainage** avant du mollet

Mains en cerceau sur une jambe

Répétez au moins trois fois en enchaînant avec les mouvements suivants.

Vous allez d'abord effectuer les mouvements de détente 4/7 à 4/10 puis le massage du pied en les enchaînant sur une jambe avant de passer à l'autre.

Notre conseil

Lors du mouvement remontant, vous suivez le tibia avec les mains bien étalées. Avant de redescendre glissez-vous sous le genou et glissez vers la cheville : le bas de la jambe va se soulever tout seul. N'hésitez pas à bien étirer la jambe en tenant à deux mains au niveau de la cheville.

7a **Installez-vous maintenant dans l'axe d'une des deux jambes**, ici la gauche et placez vos deux mains l'une à côté de l'autre à plat, doigts vers l'intérieur juste au-dessus de la cheville. Lentement comme dans le mouvement 4/4 sur les deux jambes, glissez en remontant sur l'intérieur jusqu'au genou.

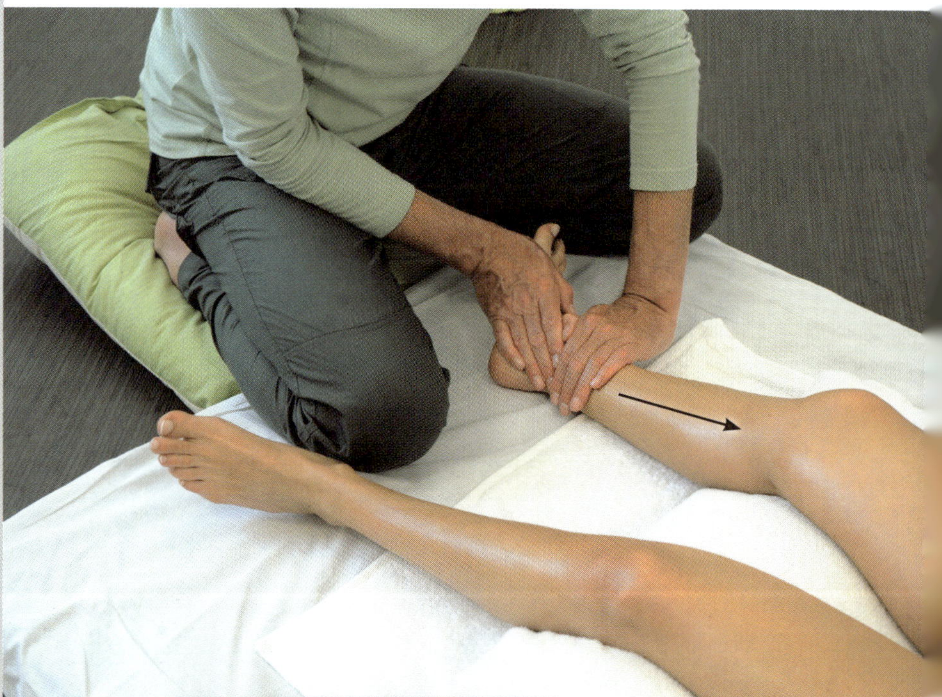

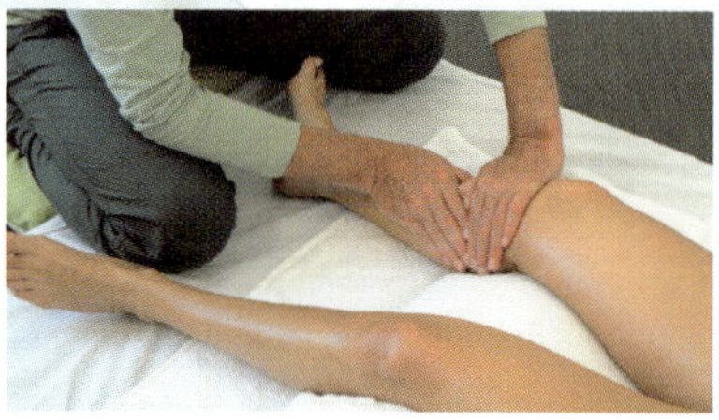

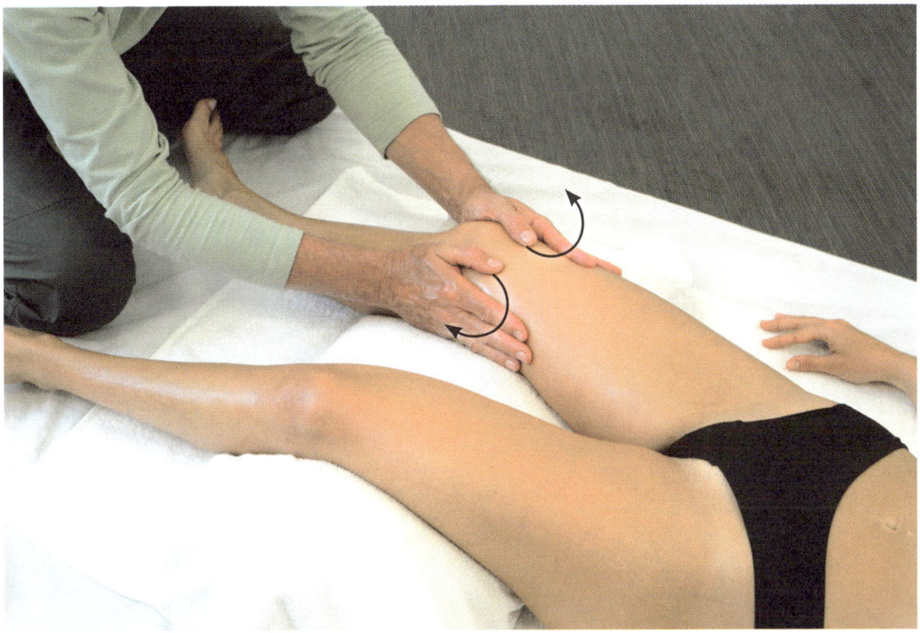

7b Sur le genou, la main supérieure pivote vers l'extérieur de la jambe tandis que la main inférieure reste à l'intérieur. Pour le mouvement de retour **les deux mains vont se glisser sous le mollet qu'elles vont soulever**.

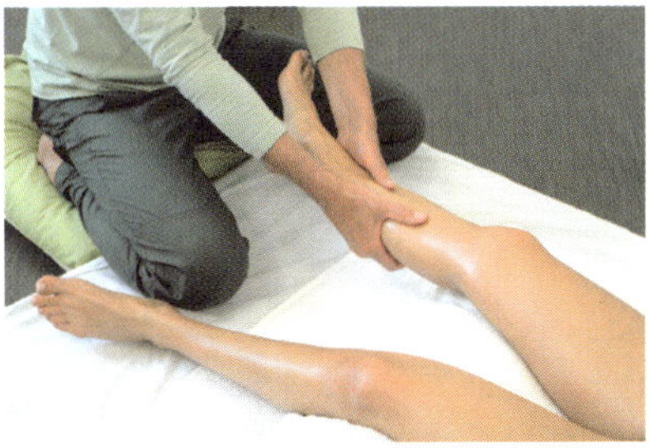

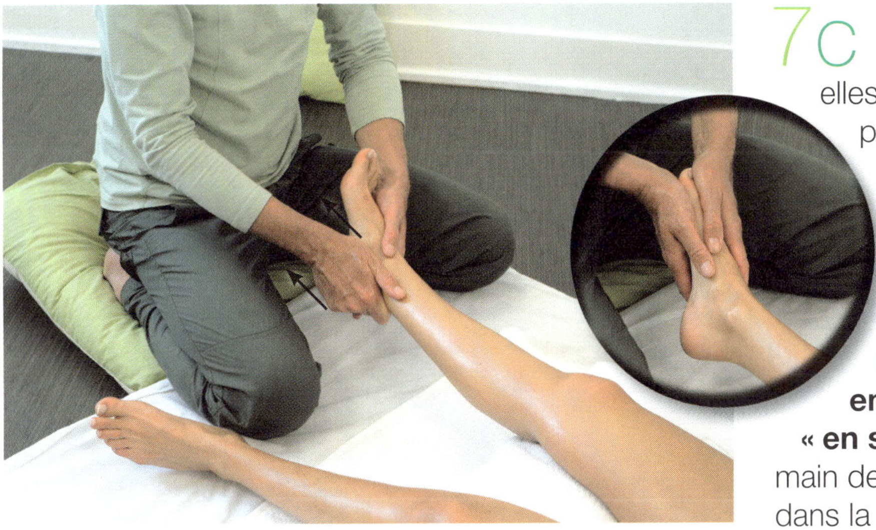

7c Lorsque les mains arrivent à la cheville, elles l'insèrent, en particulier la main intérieure en tenant le talon va étirer la jambe. Puis elles relâchent leur prise pour terminer leur **mouvement glissé en prenant le pied « en sandwich »**, une main dessus, une main dans la plante.

4/8

>> **Drainage** de l'intérieur de la jambe

Avec porter-soulever

Répétez au moins trois fois sur la cuisse et jusqu'au bassin et en enchaînant avec le mouvement précédent.

8a La position de départ et le début de ce mouvement sont identiques au précédent. Les deux mains côte à côte glissent sur l'intérieur de la jambe mais elles vont ici dépasser le genou et continuer à remonter sur l'intérieur de la cuisse. **Exercez une légère pression vers l'extérieur tout en glissant pour aider à l'ouverture**. Avant le pli de l'aine, les deux mains côte à côte pivotent, doigts vers la tête de votre partenaire.

Notre conseil

Pivotez assez tôt avant d'arriver au pli de l'aine pour éviter un contact ambigu. Lors du mouvement de retour tenez la jambe entre vos deux mains au niveau de la cuisse pour bien donner une sensation d'étirer. Poursuivez l'étirement en glissant sous le mollet.

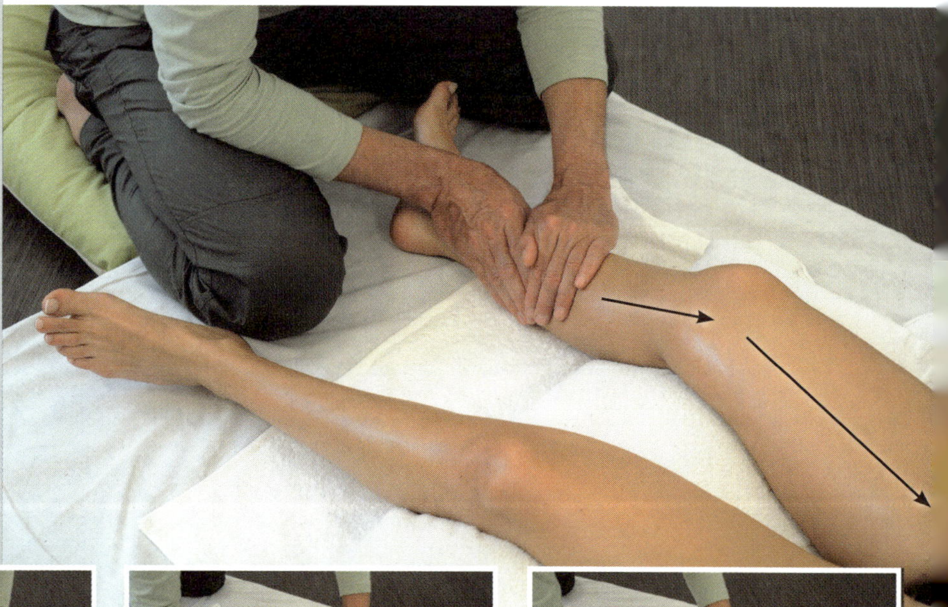

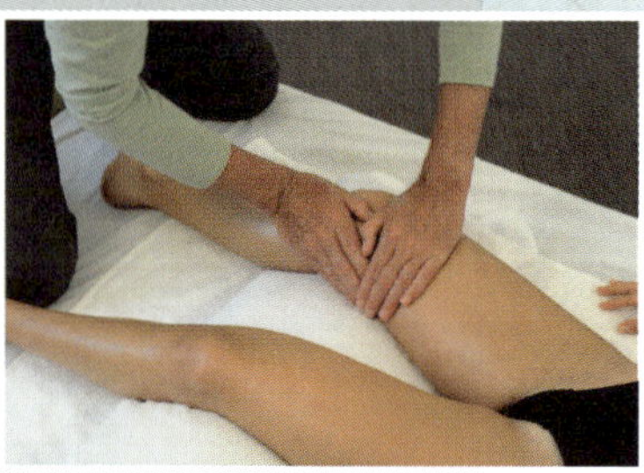

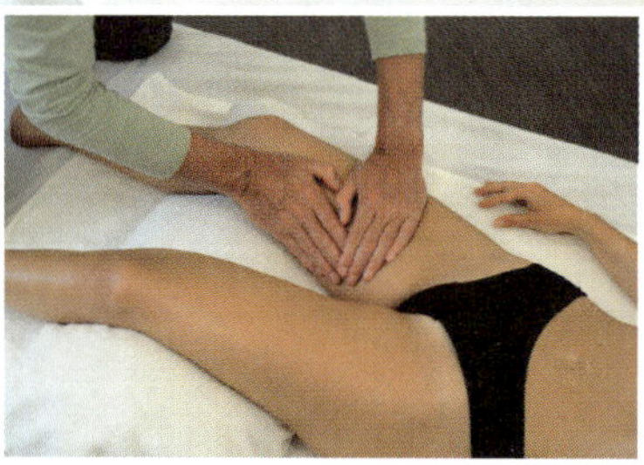

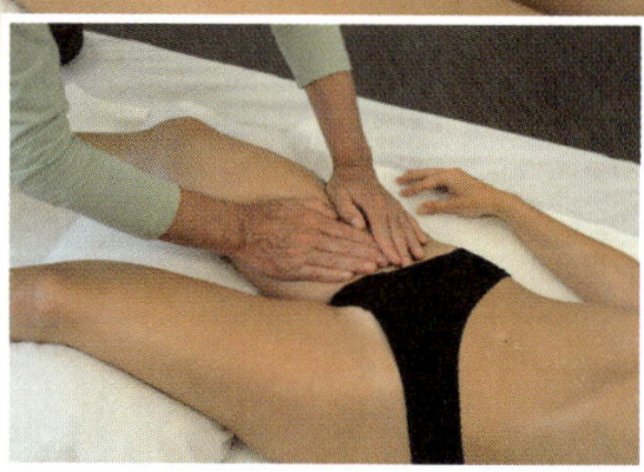

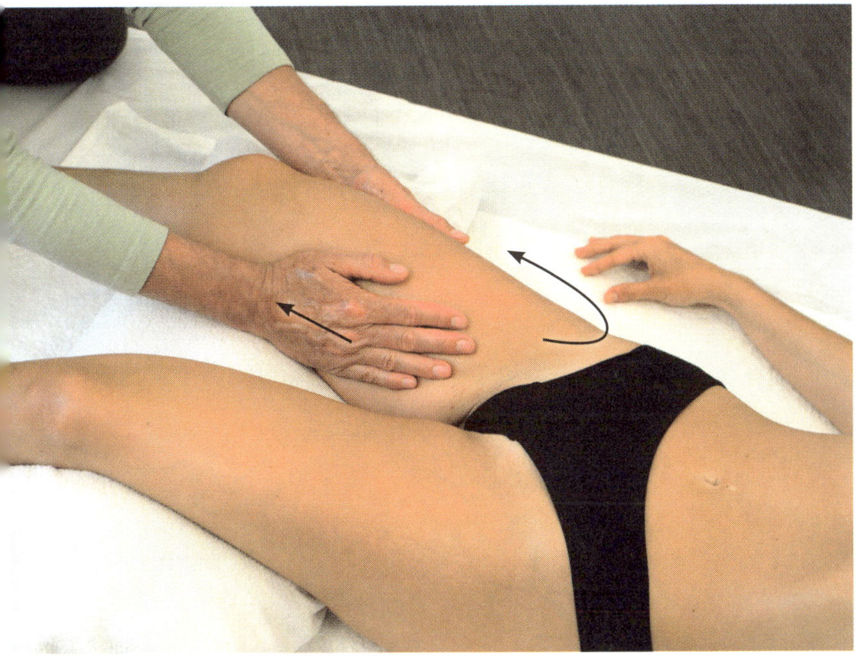

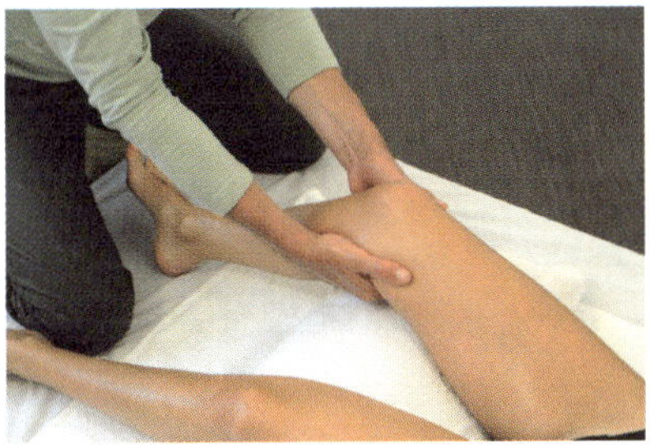

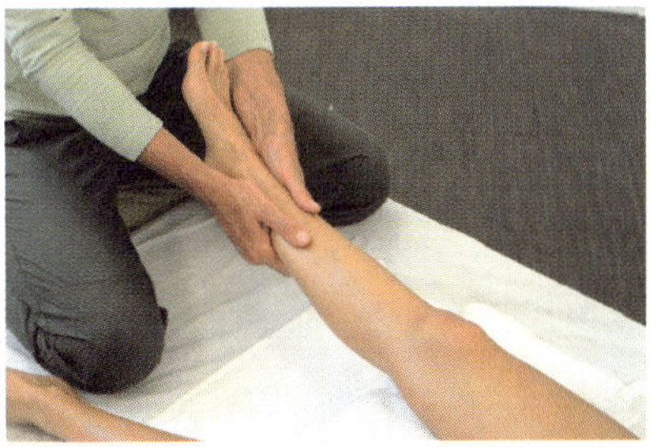

8b Chacune des mains va s'écarter, l'une vers l'extérieur, l'autre vers l'intérieur et elles vont redescendre vers le genou en glissant sans pression tout en étirant la jambe. **Arrivées aux genoux, elles se glissent ensemble dessous en le soulevant**. La fin du mouvement de retour est exactement identique au mouvement précédent, les deux mains portent la jambe, l'étirent en arrivant à la cheville puis prennent le pied en sandwich. Laissez le pied redescendre naturellement au sol à la fin du mouvement.

8c En effectuant le même mouvement **remontez sur la cuisse** jusqu'à ressentir sous votre main l'os du bassin comme dans le mouvement 4/5 sur les deux jambes.

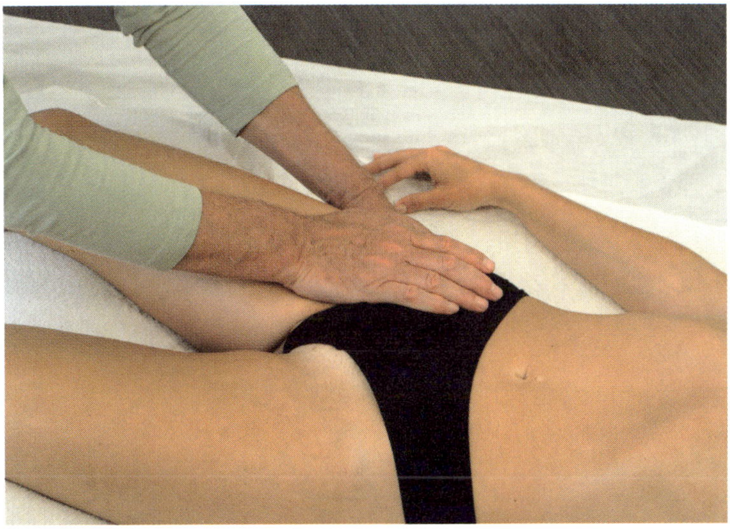

4/9

>> **Drainage** d'une cuisse

Jambe repliée, pied au sol

Répétez au moins trois fois en procédant lentement.

9a En glissant une main dans le pli du genou **repliez verticalement la jambe de votre partenaire**, le genou vers le haut, la plante du pied au sol. Installé confortablement penchez-vous en avant pour placer vos deux mains comme un arceau autour du haut de la cuisse. Vous avez les coudes bien écartés et vous utilisez la souplesse de vos poignets pour étaler vos mains au maximum. Glissez lentement pour descendre sur le dessus de la cuisse.

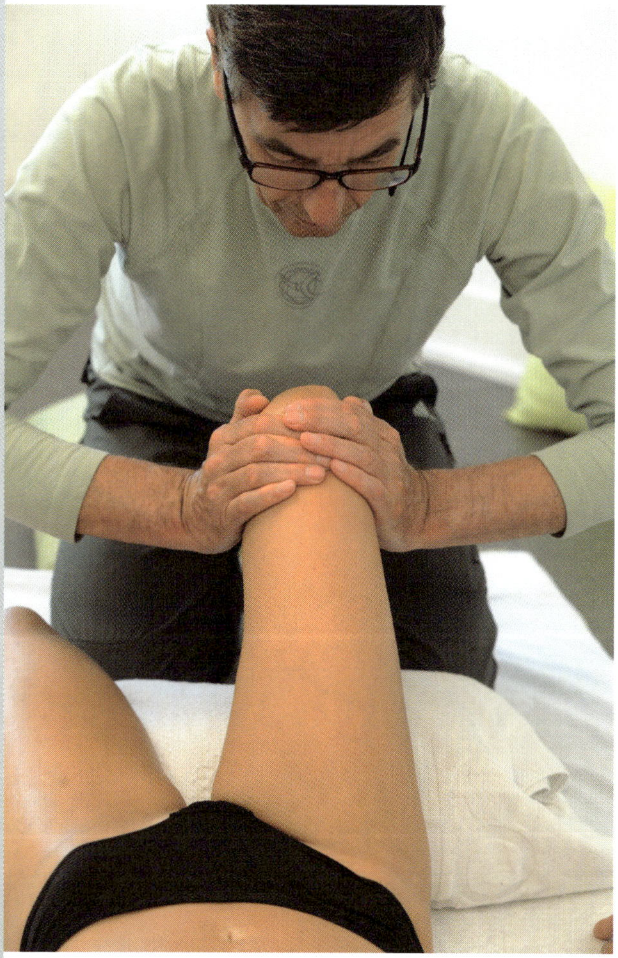

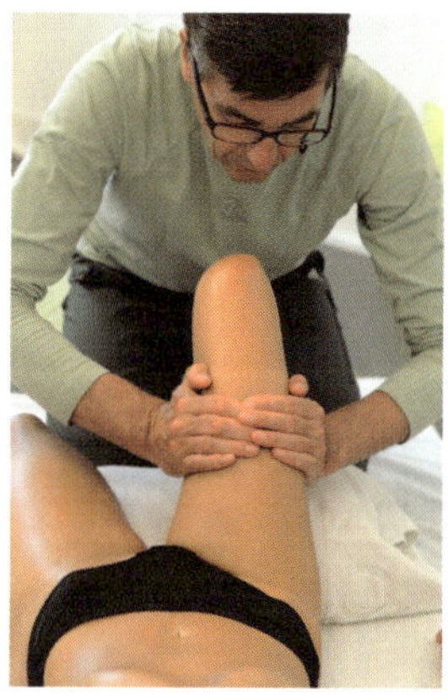

Notre conseil

Pour bien effectuer ce mouvement le positionnement de votre corps est très important. Vous vous êtes avancé vers le pied pour être à l'aise et vous êtes bien penché en avant. Dans le mouvement de retour c'est votre corps qui revient en arrière qui « tire » vos mains. Remarquez aussi comment la main à l'intérieur doit attendre l'autre main pour le retour.

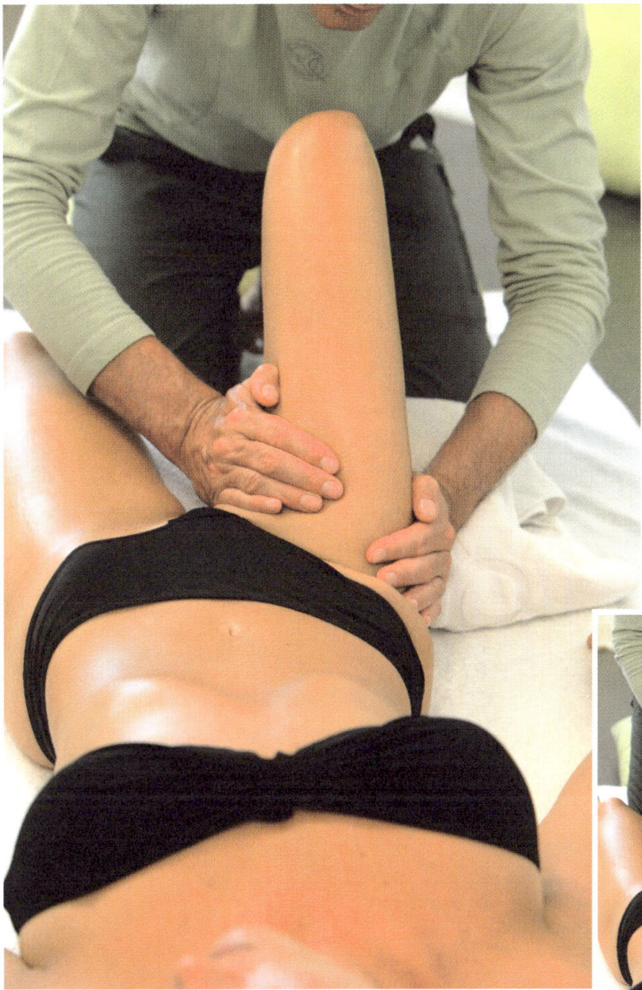

9b Arrivées au bout du muscle, vos mains s'écartent l'une vers l'extérieur, l'autre vers l'intérieur. Elles remontent sans pression mais avec étirement vers le genou pendant que vous vous redressez dans votre corps. **Le mouvement se termine dans le pli du genou** avant que vous ne replaciez les mains dans la position de départ.

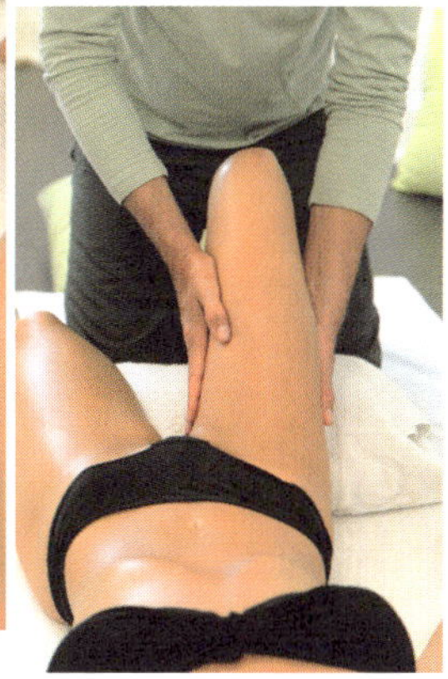

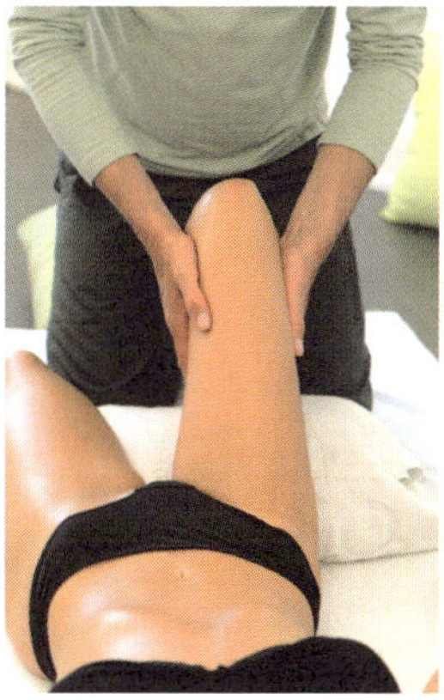

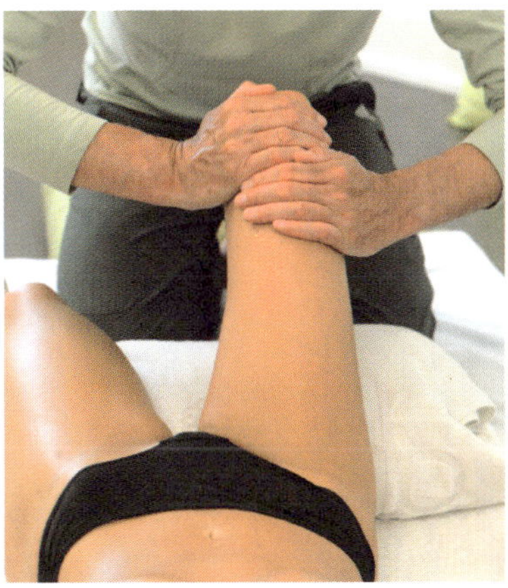

Variante : Cette position différente des mains augmente l'effet d'élimination des toxines.

4/10

>> **Genou** et détente du mollet

Plus en douceur

Enveloppez le genou et répétez le geste pour le mollet une dizaine de fois. Puis étendez la jambe allongée sur le sol.

10a Après les mouvements précédents qui peuvent être éprouvants **reposez-vous quelques instants avec un mouvement circulaire enveloppant du genou**. La jambe est toujours dans la même position et vous massez lentement et soigneusement en épousant au maximum avec vos mains la forme du genou.

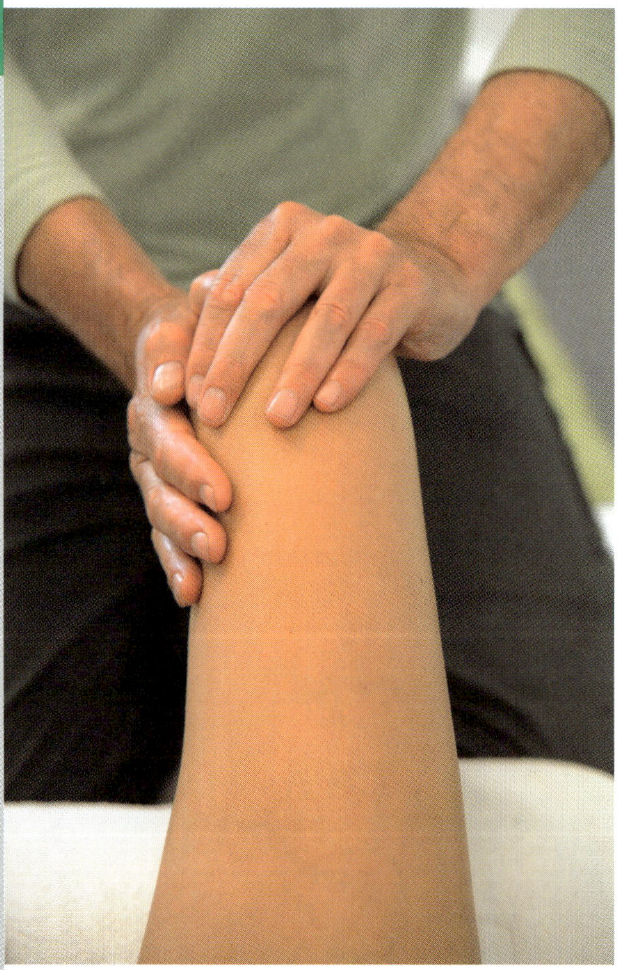

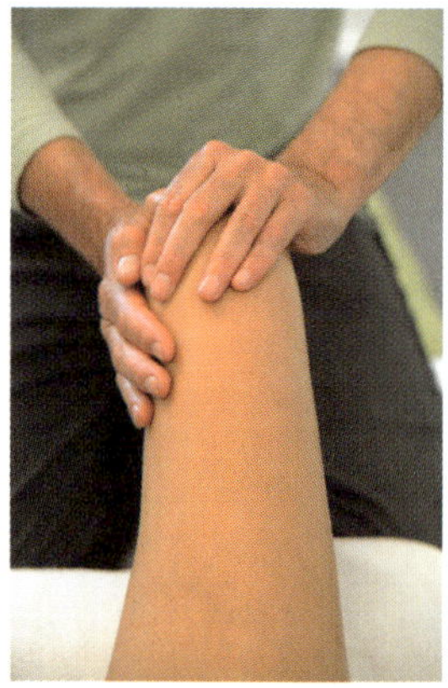

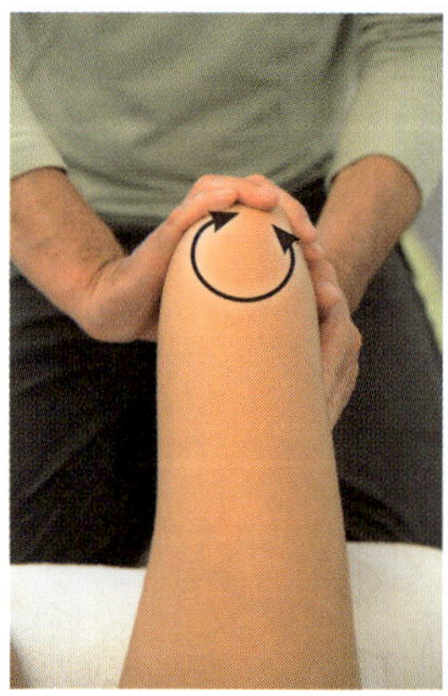

Notre conseil

Ces deux mouvements sont rassemblés ici car ils sont assez simples. Ils nécessitent tous les deux un contact enveloppant et un geste fluide. Pour bien effectuer le mouvement sous le mollet, le positionnement de votre corps est très important. Vous vous êtes avancé vers le pied pour être à l'aise et vous êtes bien penché en avant. Dans le mouvement de retour c'est votre corps qui revient en arrière qui « tire » vos mains.

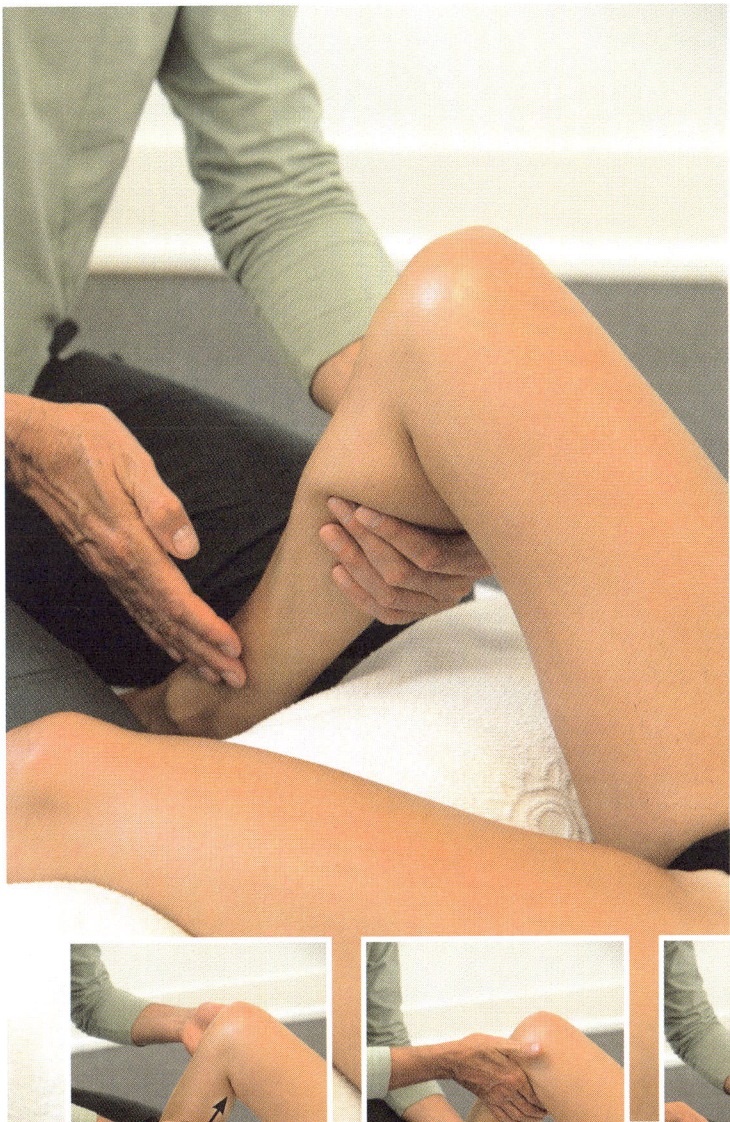

10b Venez masser en remontant dans un mouvement alternatif d'une main et de l'autre le mollet par en dessous. Vous partez avec une main juste au-dessus de la cheville en glissant vers le haut puis l'autre main prend le relais avec le même mouvement pendant que la première retourne à sa position de départ. Sentez bien le muscle relâché dans la paume de vos mains et poursuivez votre geste remontant jusque dans le pli du genou.

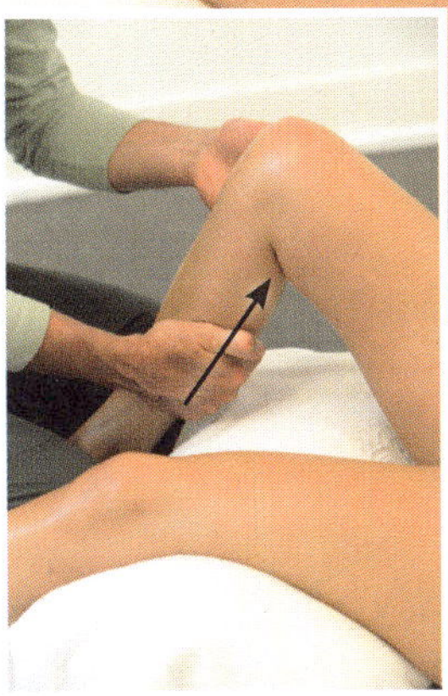

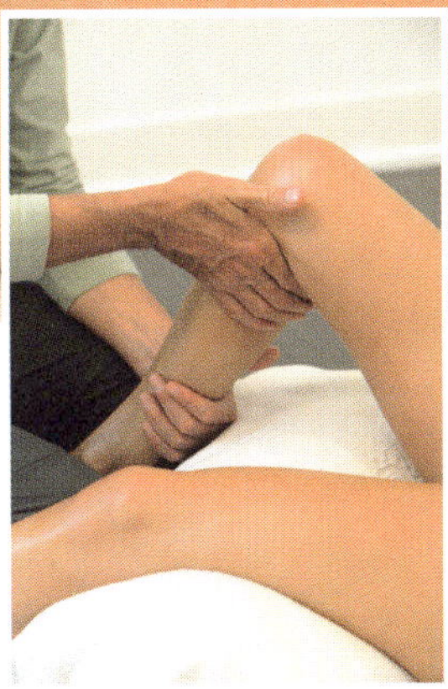

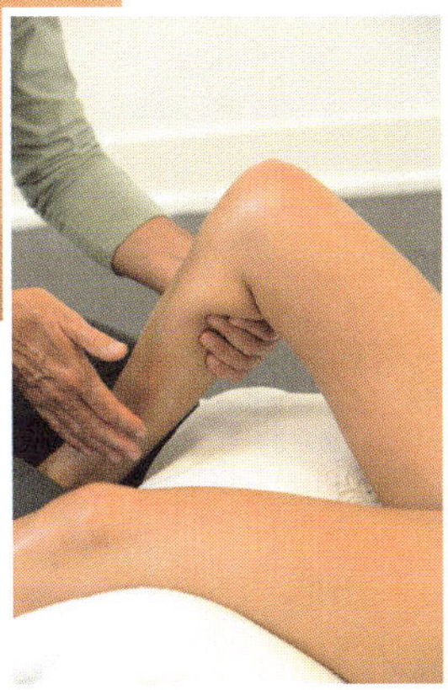

Dans le dvd nous n'allons pas tout de suite reprendre ces mouvements sur l'autre jambe mais passer au massage du pied. Si vous préférez vous pouvez faire les mouvements 4/7 à 4/10 sur la seconde jambe avant d'engager le massage des pieds.

4/11

>> **Étirement** du tendon d'Achille

Alternatif pouce-doigts

Répétez au moins une dizaine de fois ce massage étirement alternatif.

11a Vous vous replacez assis dans l'axe de la jambe face au pied. **Glissez les doigts sous la cheville et élevez-la à une dizaine de centimètres du sol**. En partant de la base du mollet, glissez avec une main puis l'autre sous le tendon d'Achille en enserrant celui-ci entre le bout des doigts et le pouce. Comme vos deux mains se succèdent dans le mouvement, elles tiennent la jambe élevée.

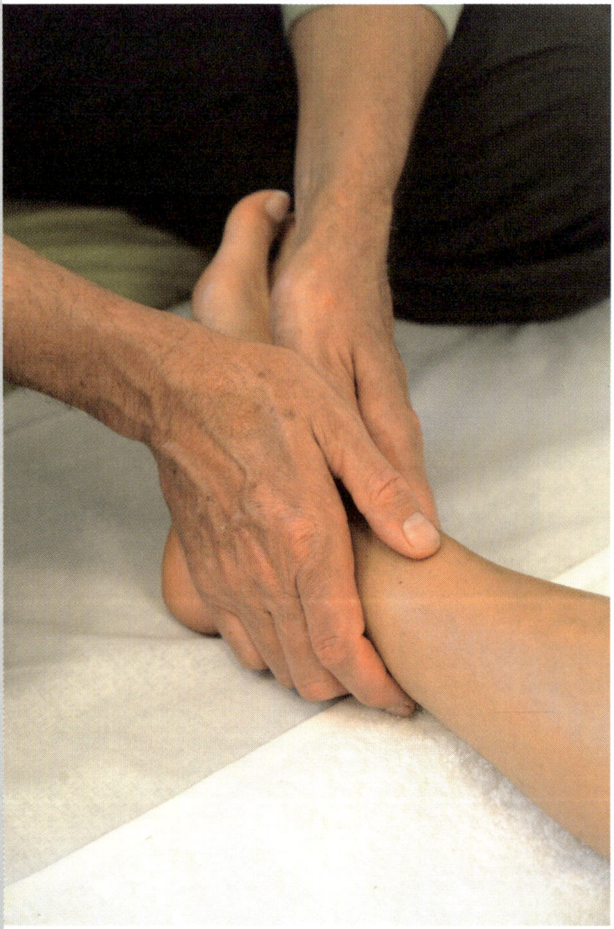

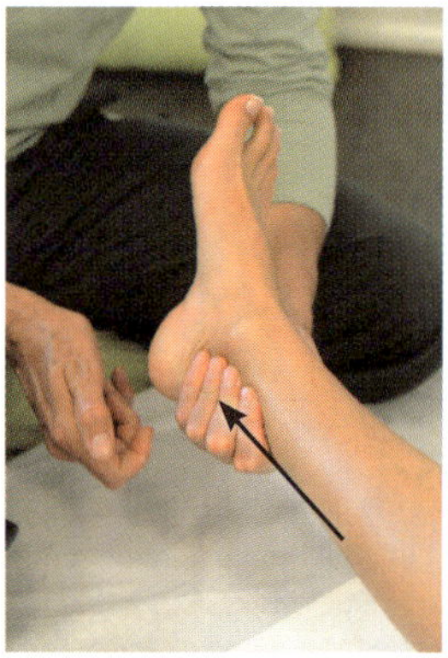

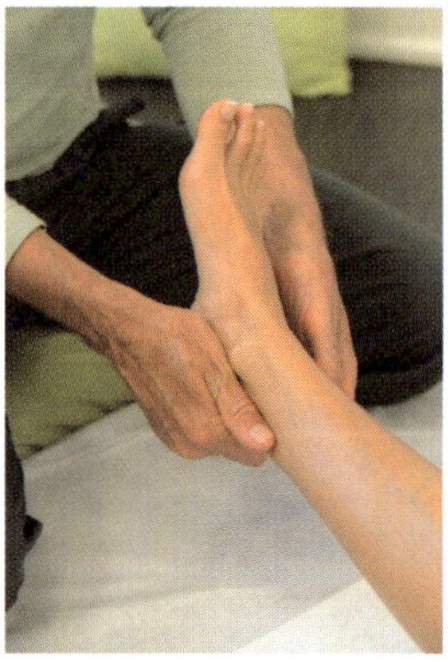

Notre conseil

Vos deux mains ne doivent pas être trop proches l'une de l'autre dans le mouvement, l'une débute le mouvement sous le mollet pendant que l'autre le termine au talon. Sinon vous allez avoir du mal à porter la jambe en même temps. Si vous n'y arrivez pas, soutenez la jambe avec une main sous le mollet pendant que vous effectuez le mouvement avec l'autre main.

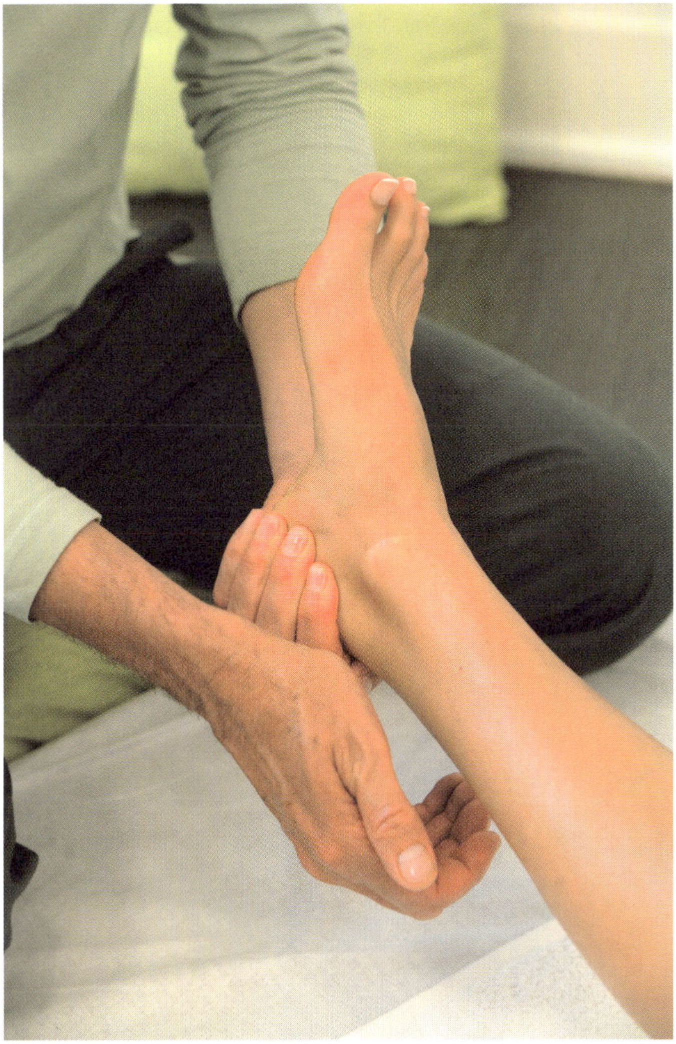

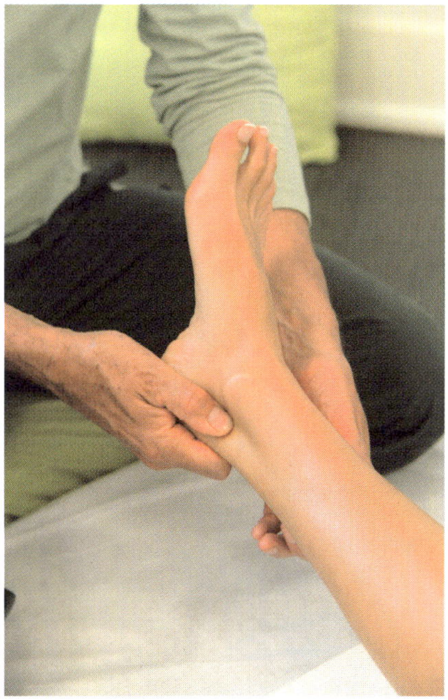

11b Le pouce d'un côté, le bout des doigts de l'autre se referment et glissent dans la dépression entre le tendon d'Achille et la malléole de la cheville. **Lorsque la main arrive au talon, elle termine son mouvement en étirant le tendon d'Achille** avant de repartir de la base du mollet. Laissez la cheville retomber de l'une dans l'autre.

4/12

>> **Talon** et plante du pied

Avec toute la main, jambe élevée

Répétez le mouvement de va-et-vient au moins une dizaine de fois.

12a Gardez la jambe élevée en la tenant avec une main par le bout du pied. Avec l'autre main vous allez prendre le talon dans le creux de la paume et refermez les doigts et les pouces tout autour. **Donnez un mouvement tournant dans un sens et l'autre comme si vous « vissiez et dévissiez »**.

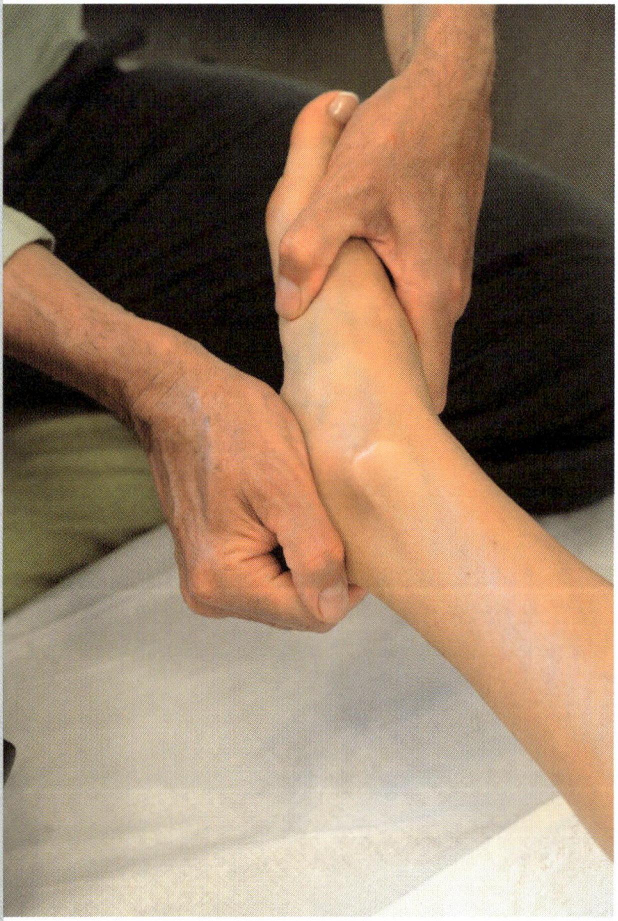

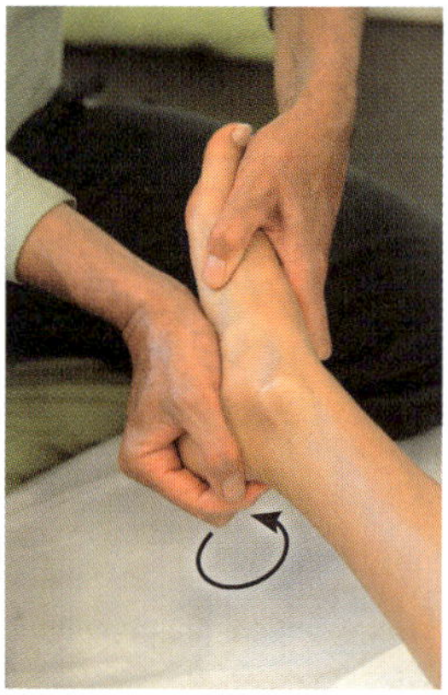

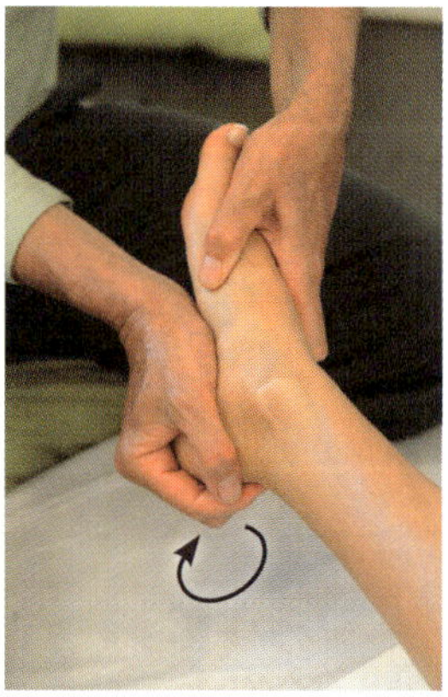

Notre conseil

Veillez à exercer la pression profonde dans la plante du pied avec le poids de votre corps comme si c'était votre épaule qui, en s'avançant, poussait votre main. Si votre poignet n'arrive pas à prendre cette position, vous pouvez aussi effectuer le même geste avec le poing fermé qui va masser dans la plante du pied.

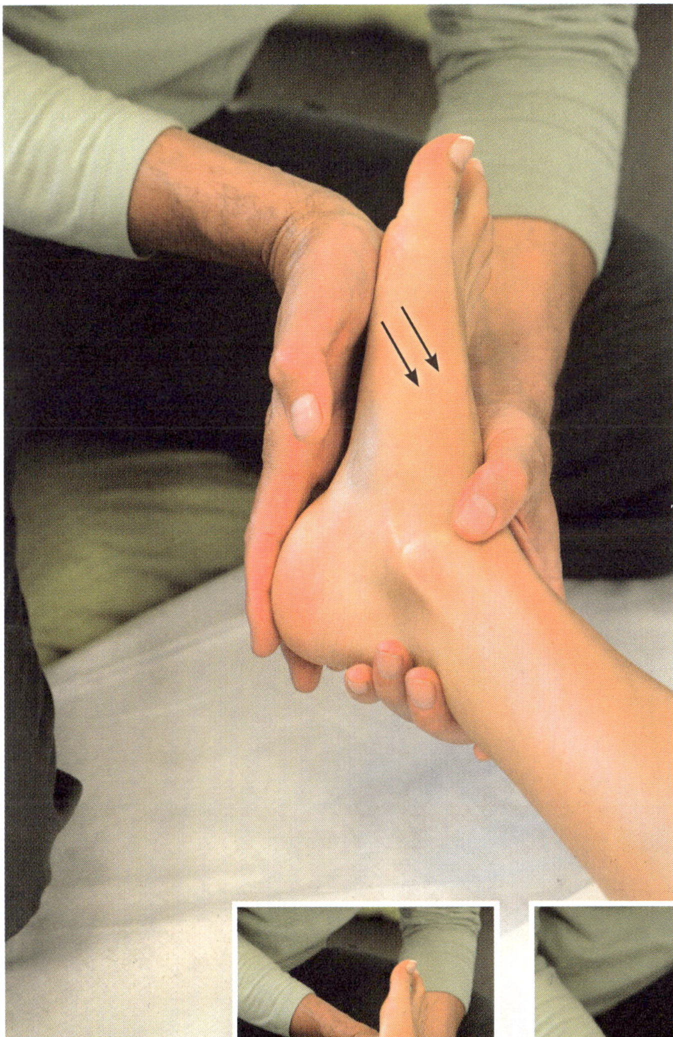

12b Continuez à soutenir la jambe avec une main et avec l'autre **débutez un mouvement de va-et-vient appuyé dans la plante du pied**. Même si presque toute la main est en contact c'est le talon de la main qui exerce la pression comme si vous vouliez « creuser » la plante du pied. Vous pouvez insister sur certaines zones comme l'arche du pied ou à la base du talon. Lorsque vous avez terminé, vous reposez le pied au sol.

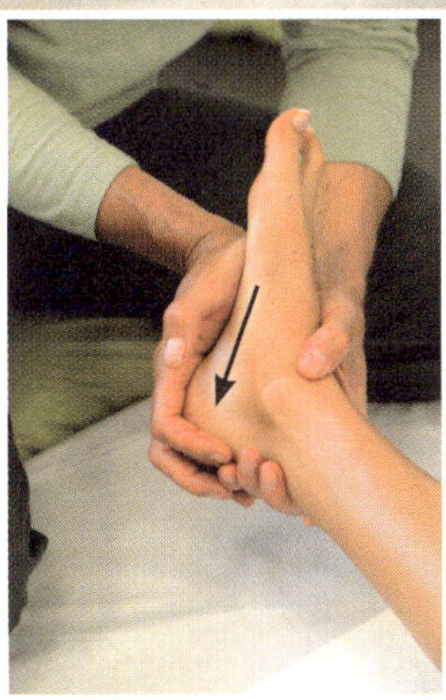

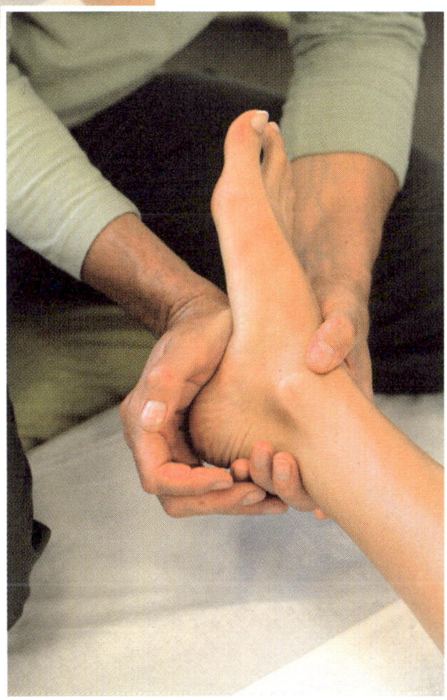

4/13

>> **Massage** de la cheville

Avec le bout des doigts de chaque côté

Faites ainsi trois fois le tour des malléoles des chevilles en massant.

13a Le pied posé au sol, redressez légèrement la cheville pour qu'elle soit dans l'axe de la jambe, les orteils vers vous. Placez le bout des doigts de chacune des mains juste sous la cheville. **En prenant appui sur vos pouces, massez circulairement** avec le bout des doigts tout autour des chevilles.

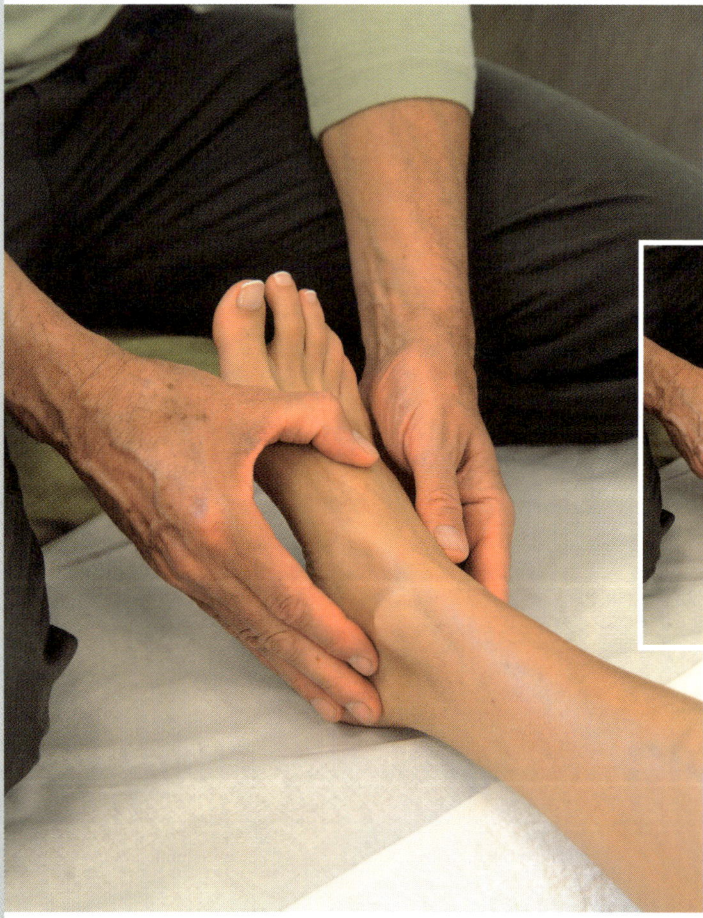

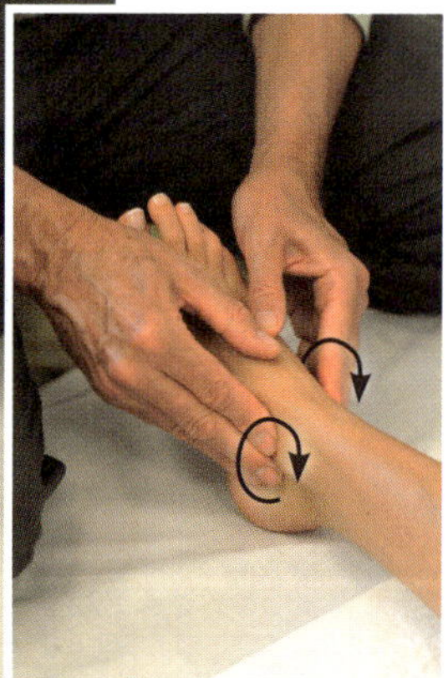

Notre conseil

Vous pouvez fermer les yeux pour entrer en contact intérieurement avec les os et mieux sentir ce que vous faites. Dans ces petits creux que vous massez vous rencontrez souvent des points douloureux dus à des micro-entorses des chevilles très fréquentes. Dosez votre pression et soulagez ces points en les massant doucement.

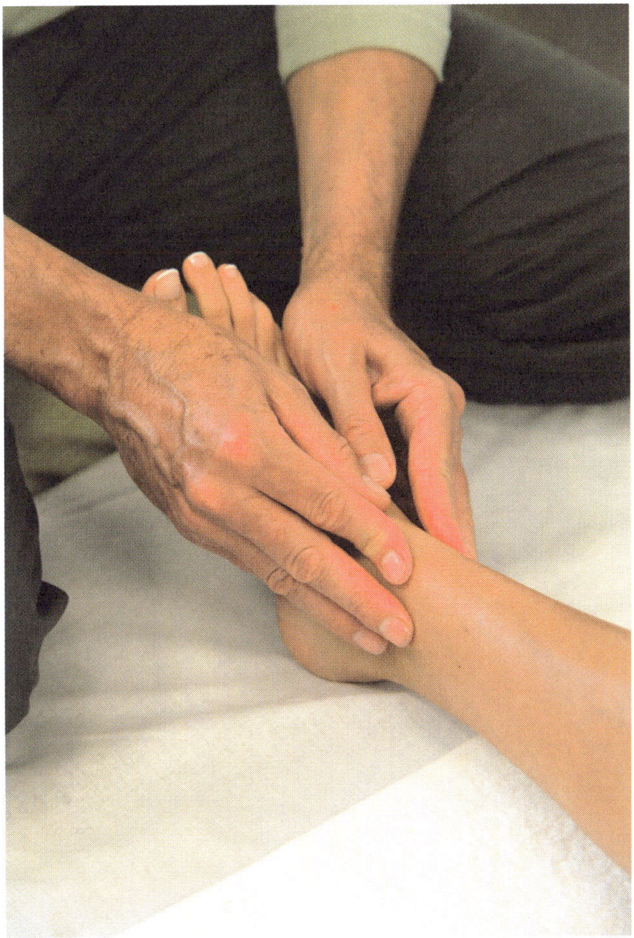

13b **Avec le bout des doigts faites ainsi le tour des malléoles** à l'intérieur et à l'extérieur, au-dessus, en dessous, entre la cheville et le tendon d'Achille.

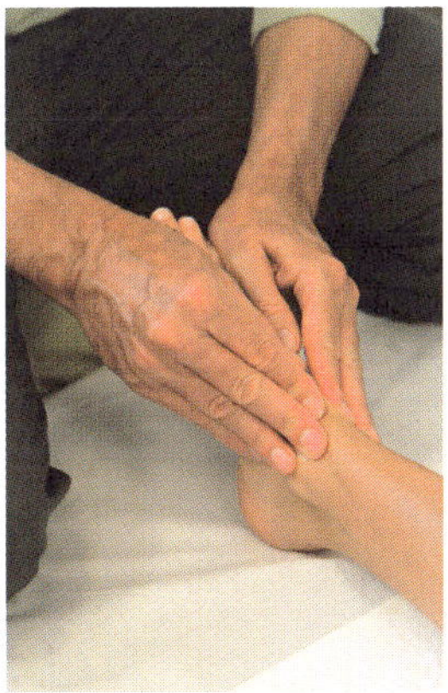

Restez près des malléoles si vous voulez, et massez dans tous les petits creux osseux pour dissiper les sensations douloureuses.

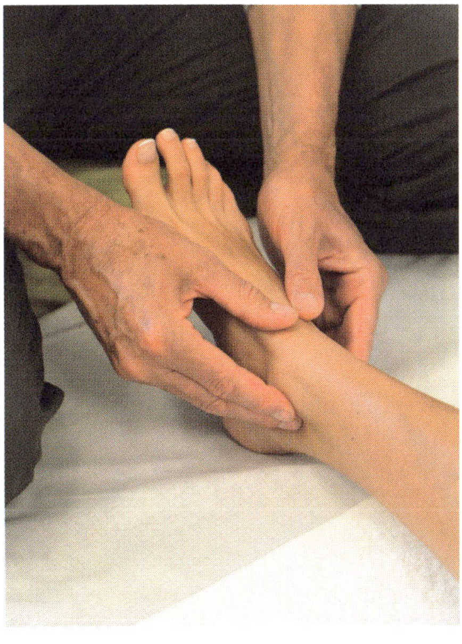

4/14

>> **Assouplir** le dessus du pied

Mobilisation à deux mains

Faites tout le dessus du pied au moins une fois.

14a Tenez maintenant le pied fermement entre vos deux mains les pouces au-dessus, les doigts en dessous. **Commencez par étirer légèrement la pointe du pied vers vous** puis en prenant appui sur vos doigts dans la plante commencez à masser alternativement le dessus du pied avec vos pouces. En même temps que vous massez, faites bouger les os des pieds les uns par rapport aux autres.

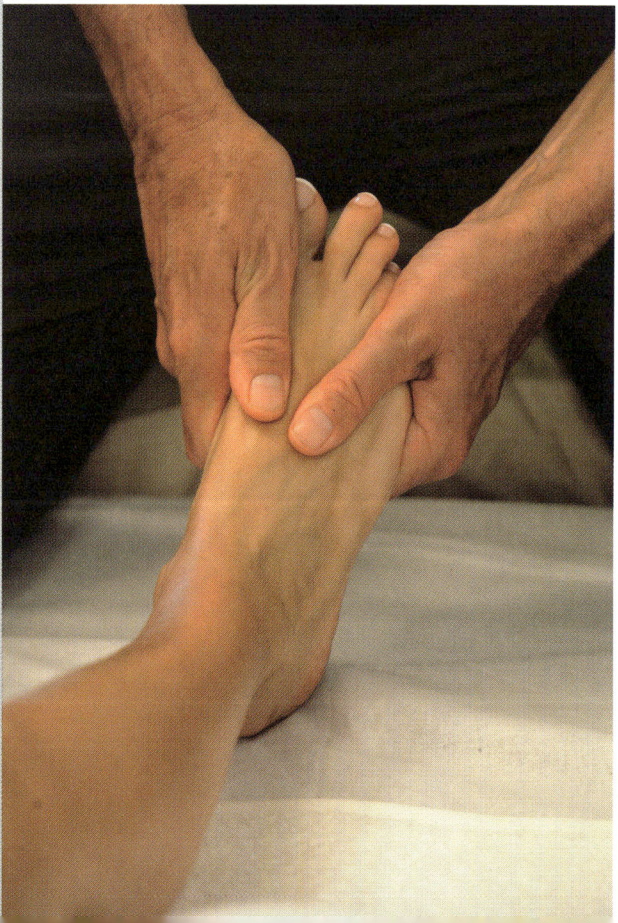

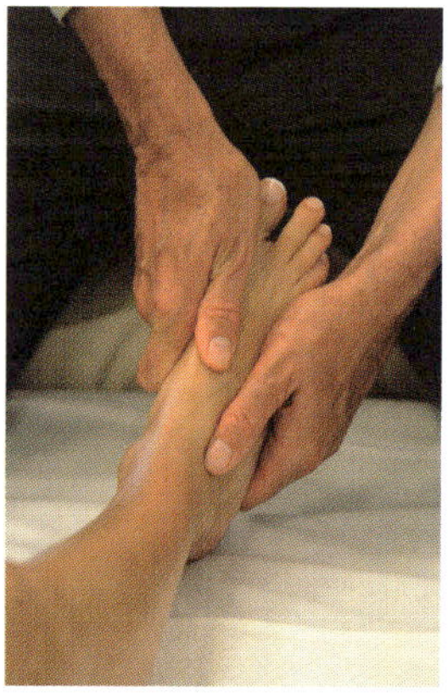

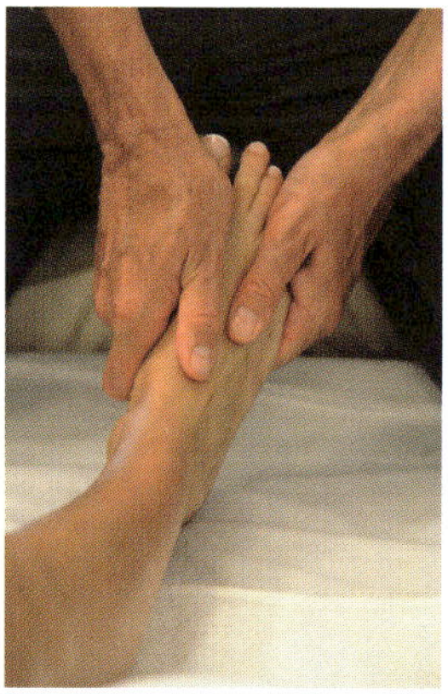

Notre conseil

Si votre prise n'est pas assez ferme, vos pouces et vos doigts bougent, vous massez le dessus et la plante mais vous ne mobilisez pas l'ossature du pied. Si votre prise est trop ferme, vous mobilisez l'ossature mais vous ne pouvez plus masser. Si c'est difficile alternez. C'est le même mouvement que pour la main 3/6.

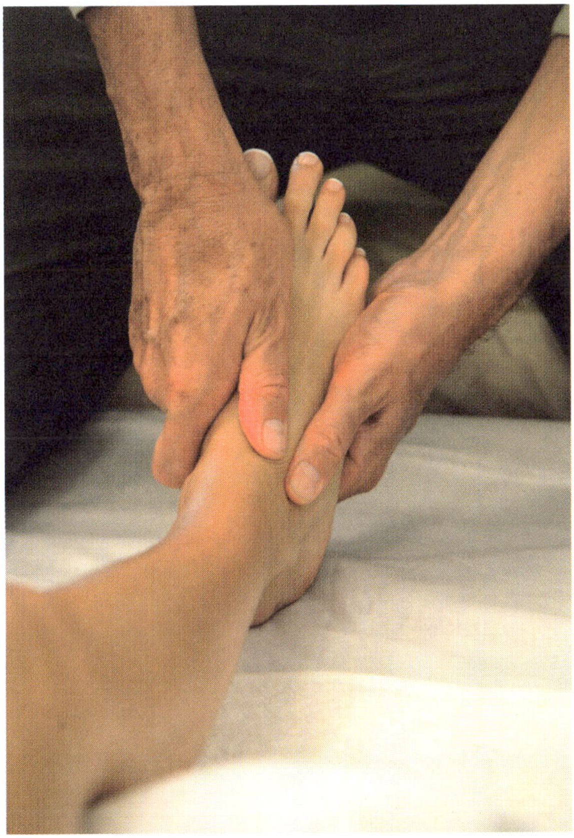

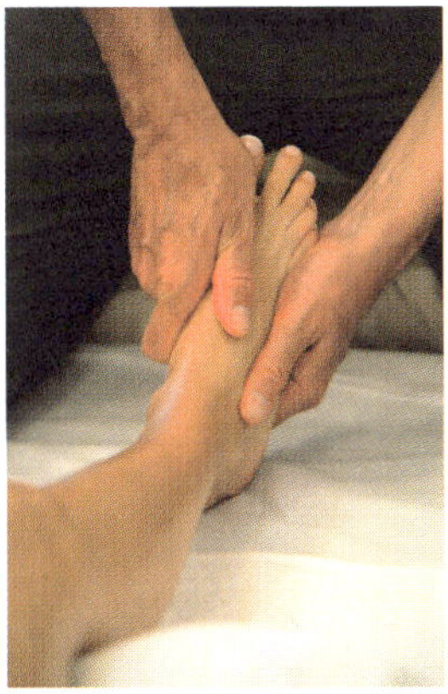

14b Observez bien le mouvement sur le dvd, il n'est pas facile à décrire en détail avec des mots. **Déplacez vos pouces pour couvrir toute la surface du dessus du pied** et mobilisez tous les petits os les uns par rapport aux autres.

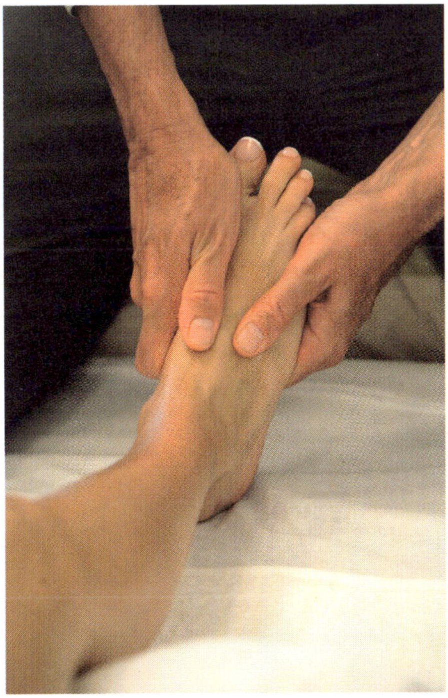

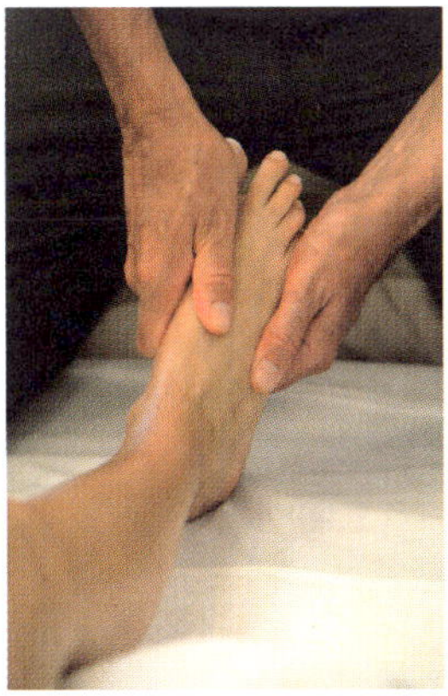

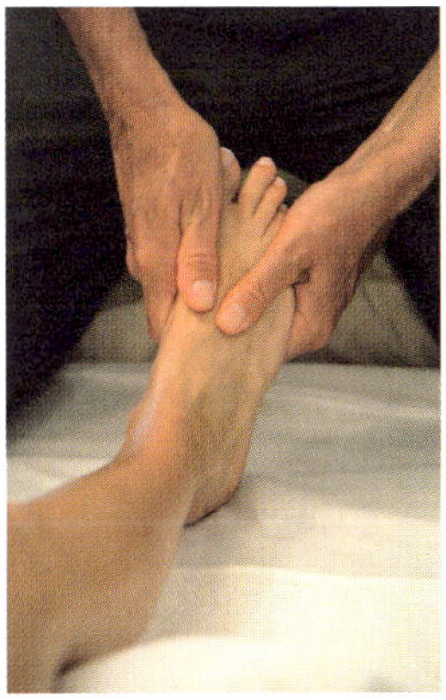

4/15

>> **Grand étirement** des orteils

Avec une main et l'autre en photos

Répétez par exemple trois fois le massage étirement de chaque orteil.

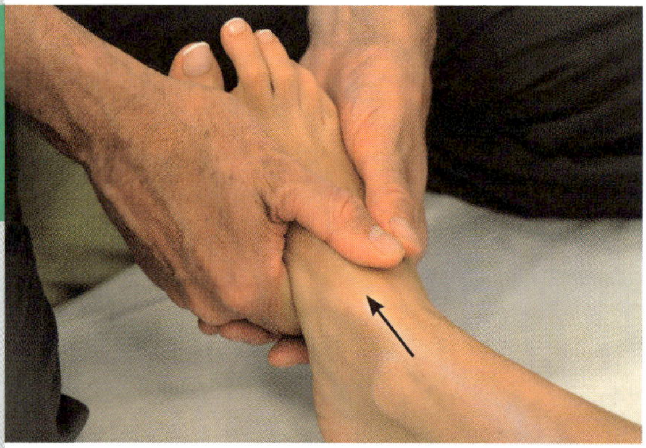

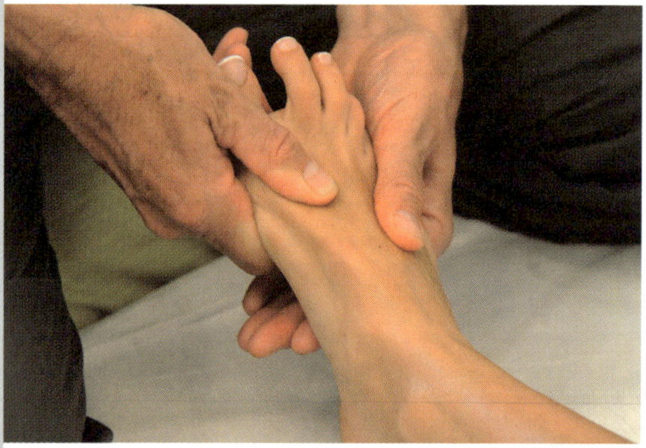

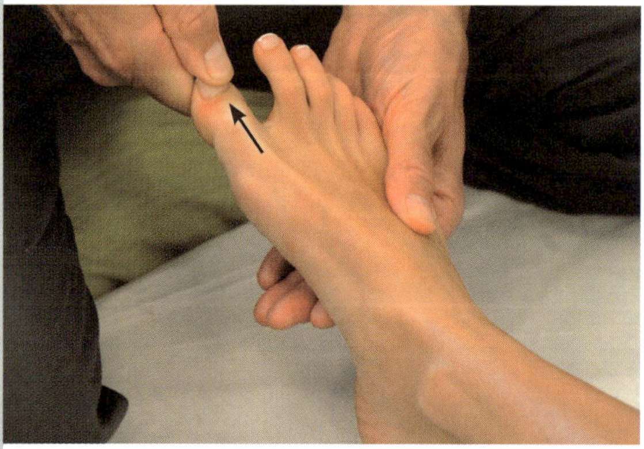

15a Pour chaque orteil le mouvement commence près de la cheville : avec la main en pince, le pouce au-dessus, les doigts dans la plante, **vous glissez en étirant les os dans le prolongement de l'orteil**. Vous terminez le mouvement par un grand étirement de l'orteil que vous tenez entre le pouce et l'index replié. Voyons successivement chacun des orteils en commençant par le gros orteil.

Notre conseil

Trouvez une prise ferme malgré l'huile. Si la peau glisse trop, essuyez une partie de l'huile superflue avec une serviette. Avant d'arriver à l'orteil, vous massez le long des os du cou-de-pied avec les pouces et dans la plante du pied avec le bout des doigts. Soyez délicat avec les orteils déformés ou les ongles abîmés.

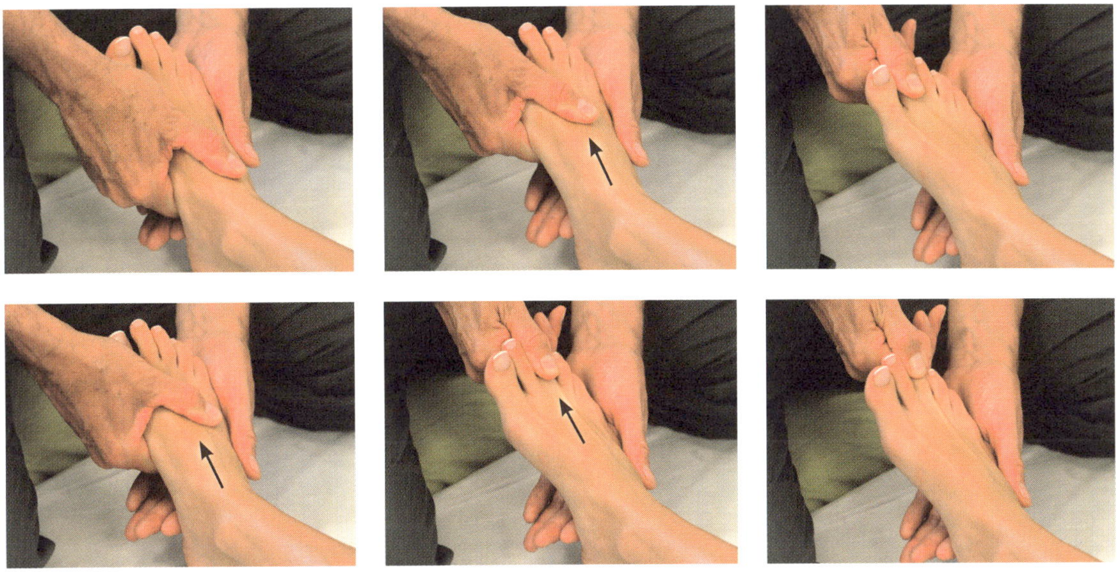

15b **Vous changez de main pour les deux derniers orteils**, l'autre main tient et étire le pied en même temps sauf si votre partenaire souffre d'une crampe. Ne cherchez pas à faire craquer les orteils, ce n'est pas nécessaire.

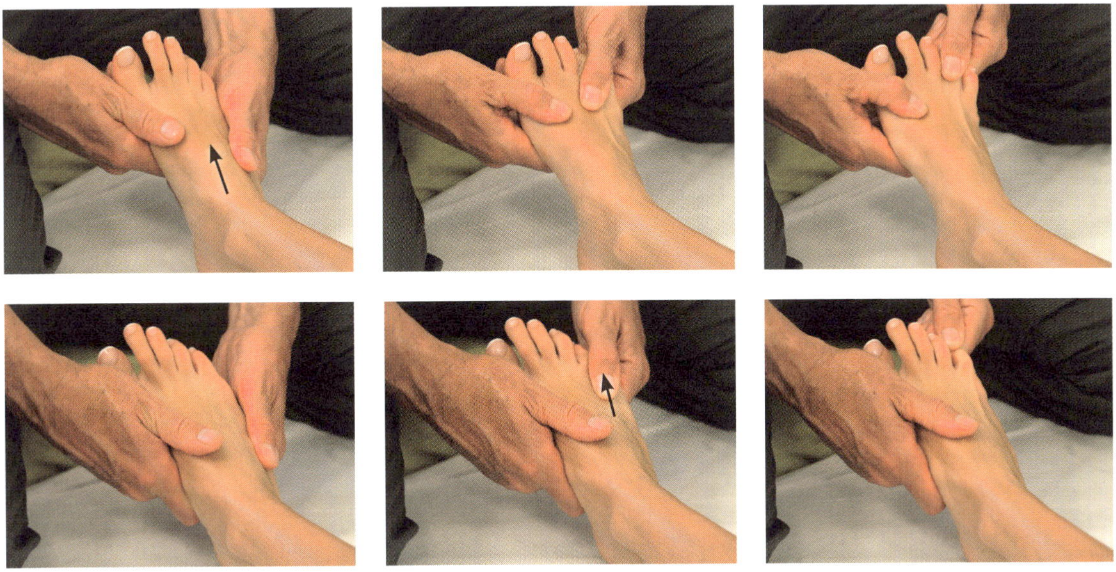

Cette manœuvre termine le massage du pied. Vous pouvez maintenant, sans interrompre le contact, passer à l'autre jambe en reprenant d'abord les mouvements 4/7 à 4/10 et leurs variantes pour la détente globale, et les mouvements 4/11 à 4/15 pour le massage complet du pied.

>> LE COU

VOTRE PARTENAIRE EST ALLONGÉ SUR LE DOS

Dans cette partie concernant le cou les mouvements demandent beaucoup d'attention : ils sont à pratiquer avec précaution au risque de réveiller des douleurs. Familiarisez-vous avant avec le massage des autres parties du corps. Les mouvements pour le visage sont très faciles à effectuer et particulièrement bienfaisants : vous pouvez les utiliser à part quand vous le souhaitez pour un massage rapide.

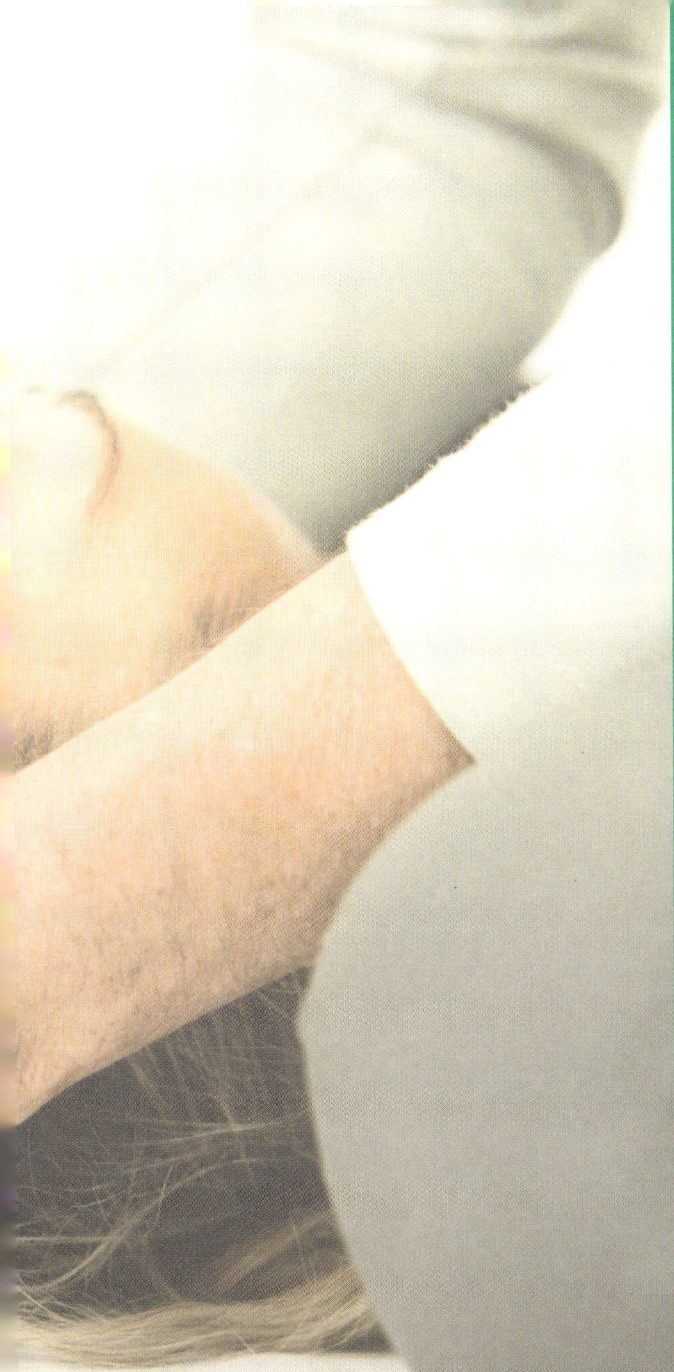

LE **COU**

CETTE PARTIE COMPORTE…

18 mouvements
- 9 mouvements détaillés pour le cou et le crâne
- une série de 9 manœuvres enchaînées pour le visage

2 parties
- massage du cou
- massage du visage

1 position pour masser
- assis à la tête de son partenaire

VOUS APPRENEZ :
- à aider votre partenaire à relâcher son cou
- à masser les tensions des vertèbres cervicales
- à étirer sans danger le cou
- à apporter une grande détente nerveuse
- à améliorer l'éclat et le teint du visage

Lors d'un enchaînement…

>> Vous pouvez pratiquer le massage du cou et du visage après le massage du buste et des bras pour terminer par exemple un massage de tout l'avant du corps.

>> Vous pouvez aussi à l'inverse commencer un massage de l'avant du corps par celui du cou et du visage par exemple après avoir massé le dos.

Le massage bien-être du cou, de la tête et du visage

Être délicat

Pendant tout votre massage vous êtes assis à la tête de votre partenaire sur un ou deux coussins pour être confortable dans vos jambes et pouvoir facilement vous pencher en avant.

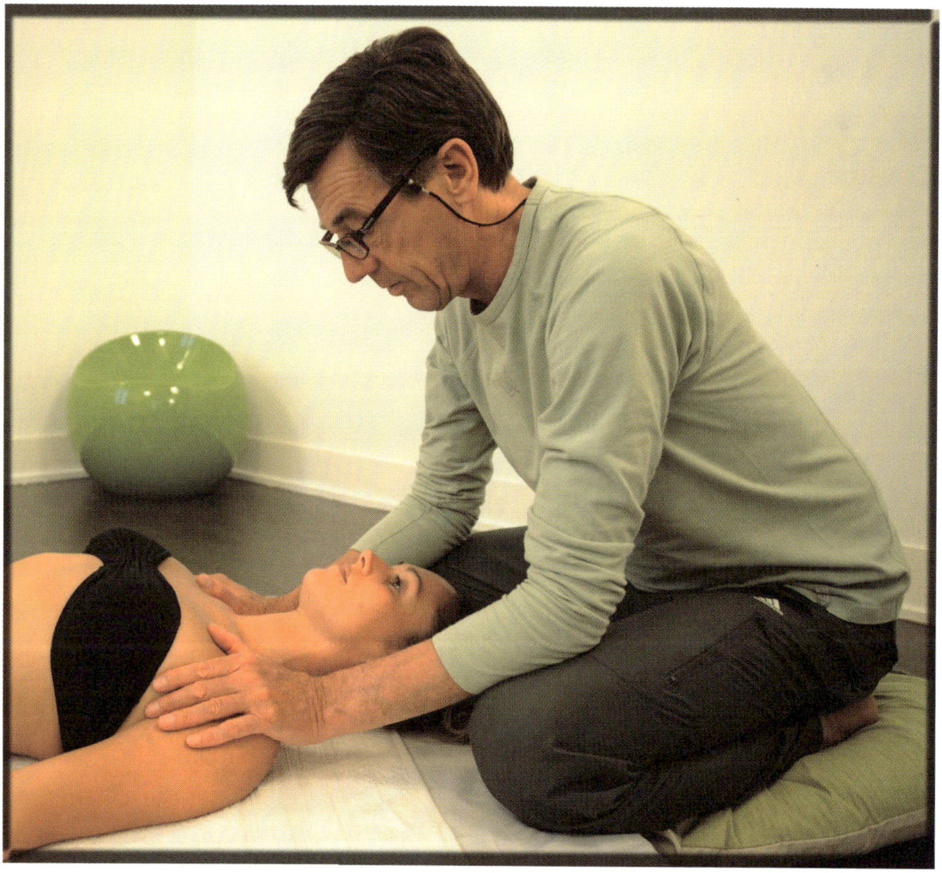

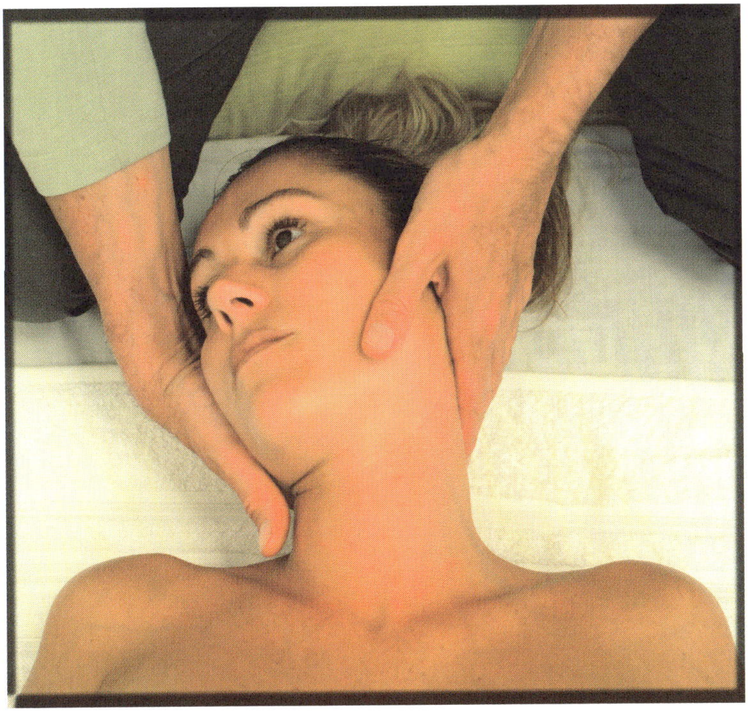

Avec le massage du cou, vous apprenez des mouvements spécifiques et des mobilisations de cette zone fragile pour libérer les raideurs et **aider au lâcher-prise**.

Pour le massage de la tête et du visage, vous utilisez de petits mouvements faciles et immédiatement bienfaisants qui apportent **détente nerveuse et bienfaits esthétiques**.

>>Conseils **d’installation**

1 **Votre partenaire replie ses deux jambes en ramenant les pieds vers le bassin** pour décambrer le bas du dos puis les allonge lentement une à une en glissant le pied sur le sol. Le cou ne peut se détendre si votre partenaire est trop cambré et qu’il reste tendu dans le bas du dos. Placez si nécessaire un ou deux gros coussins sous les genoux repliés. Cela diminue la cambrure lombaire et soulage le dos. Ne placez jamais un coussin ou un oreiller dans le bas du dos ce qui aurait l’effet inverse de maintenir la cambrure même s’il apporte dans un premier temps une sensation de confort.

2 **Votre partenaire écarte les jambes et les bras de long du corps** dans la position où il est le plus à l’aise. Il veille à relâcher les chevilles pour que les pieds tombent vers l’extérieur. L’idéal anatomique est d’écarter les jambes de la largeur des épaules et les bras d’environ 30° du flanc, les paumes des mains ouvertes vers le haut.

3 Si votre partenaire a la tête qui part en arrière lorsqu'il est allongé sur le dos car son cou est trop tendu, mettez sous la tête un livre (ou un autre support ferme) plus ou moins épais pour ramener le menton vers la poitrine. Vous pouvez envelopper le livre dans une serviette pour que ce soit plus confortable. N'utilisez pas d'oreiller sous la tête ce qui vous empêcherait d'accomplir la plupart des mouvements (sauf si vous ne faites qu'un massage de la tête et du visage).

>> Précautions à prendre

- **Le cou est une zone particulière fragile** et souvent douloureuse. Il ne peut se détendre que lentement et progressivement. Évitez d'appuyer directement sur les vertèbres, évitez toute pression ou étirement brusque. N'hésitez pas à demander à votre partenaire ce qu'il ressent chaque fois que vous sentez une raideur sous vos doigts ou quand vous avez un doute.

- **Renseignez-vous avant le massage :** Votre partenaire souffre-t-il régulièrement de douleurs aiguës dans le cou ? A-t-il eu des accidents touchant le cou : coup du lapin, chute ? A-t-il subi des opérations ? Si oui, évitez de masser son cou. Ne vous considérez jamais comme un professionnel.

- **Durant le massage vous utilisez des mobilisations du cou** en le plaçant dans différentes positions : ne forcez jamais un mouvement – la position finale doit rester confortable –, interrompez immédiatement tout mouvement ou toute pression provoquant une douleur vive.

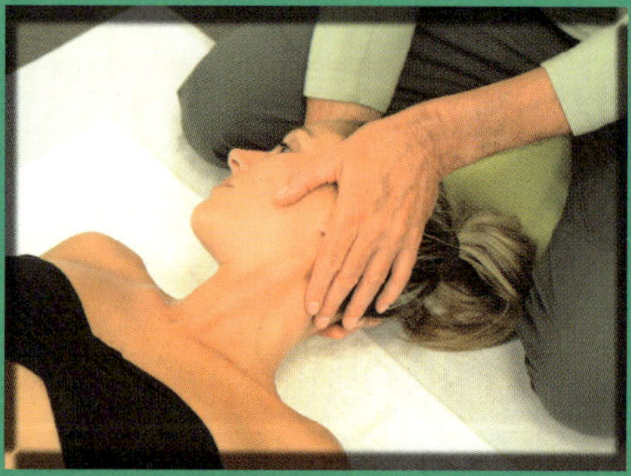

- **D'une manière générale, dosez toujours votre pression** en fonction des réactions de votre partenaire. Il est néfaste de réveiller ou d'intensifier une douleur.

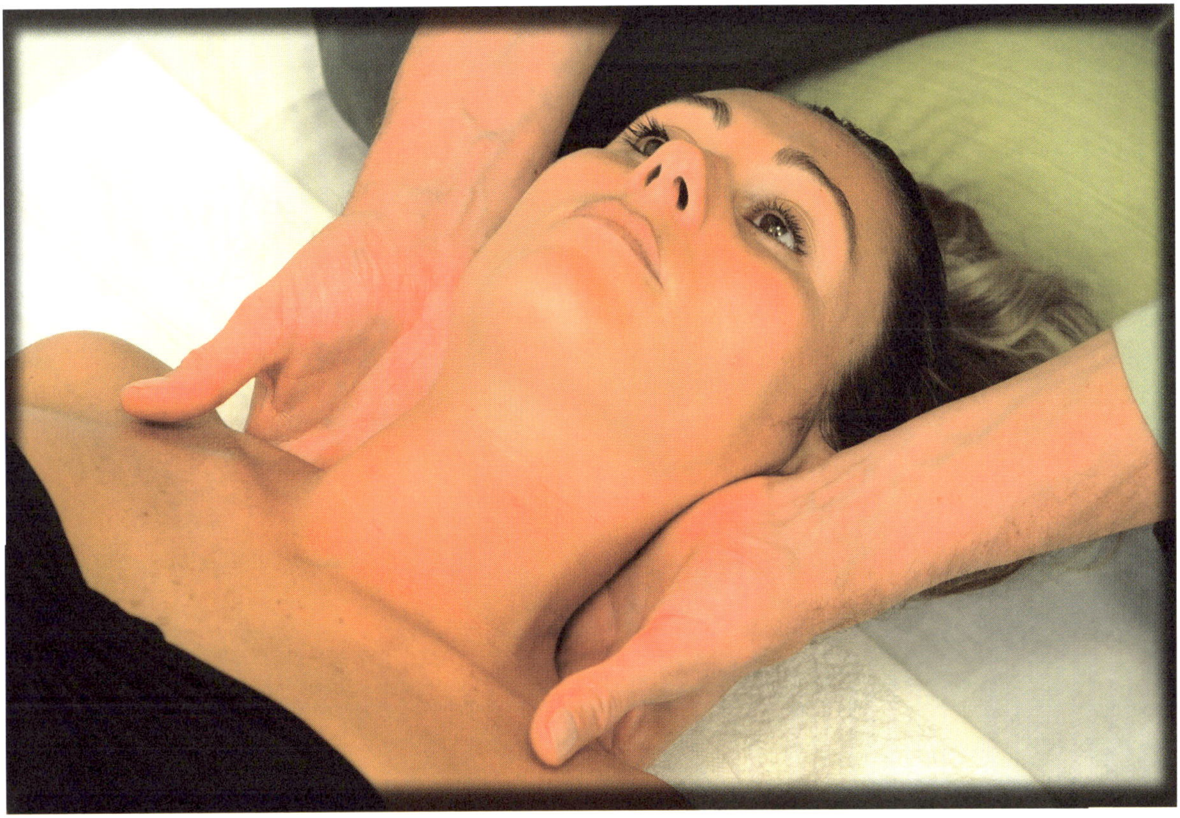

Instructions à suivre dès le début du massage

Soyez bien attentif à ce que vous faites lorsque vous massez et sentez comment le corps réagit sous vos mains. Avec un peu d'entraînement, vous pourrez sentir si le corps se relâche.

Dans toute cette partie, commencez par des mouvements peu appuyés et demandez à votre partenaire si vous pouvez augmenter votre pression.

5A/1

>> **Prendre contact** sur les épaules

Ne pas se précipiter

Prenez le temps de rester en contact.

1a **Vous êtes installé à la tête de votre partenaire** et vous avez repris un peu d'huile que vous avez soigneusement étendue dans vos mains. Lentement vous approchez vos mains du haut du thorax de votre partenaire et vous les déposez délicatement sans pression mais en épousant bien la forme du corps.

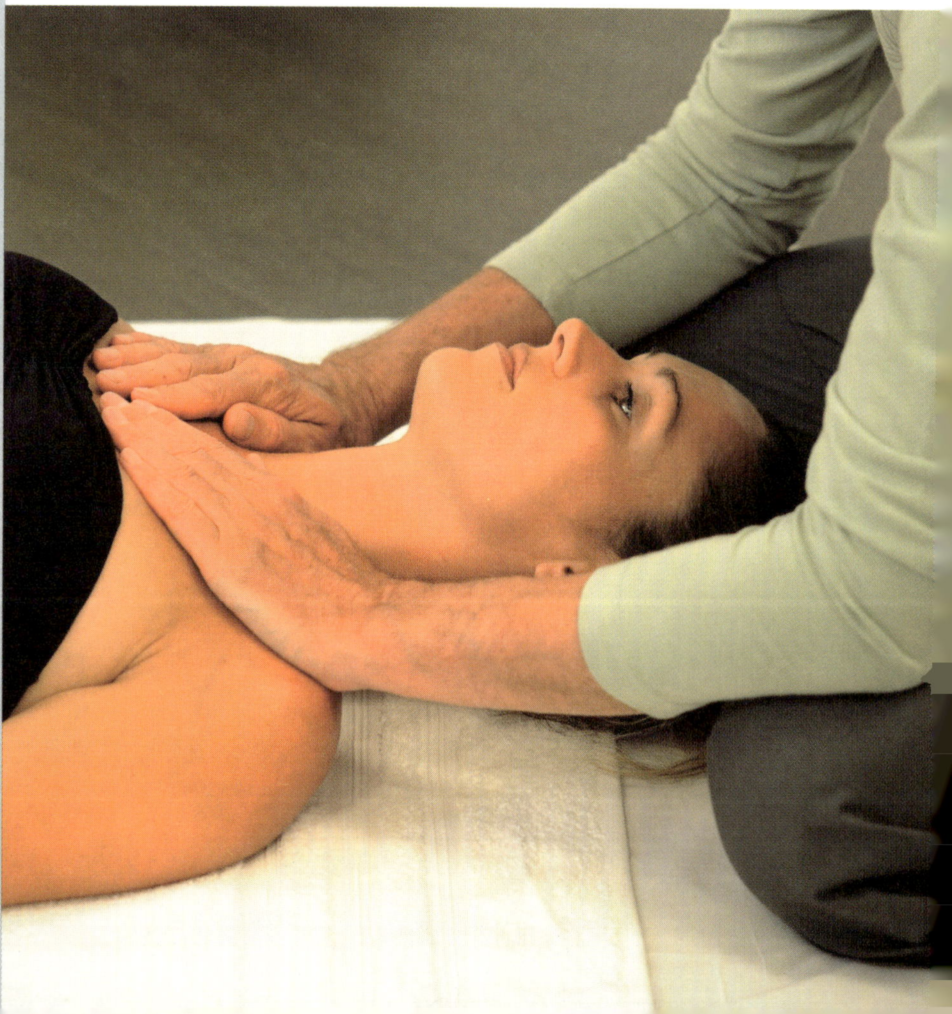

Notre conseil

Plus vous détendez vos mains lorsqu'elles sont en contact immobile avec votre partenaire, plus votre toucher est bienfaisant et rassurant. Ne vous précipitez jamais pour commencer votre massage.

1b **Restez ainsi en contact quelques instants comme si vos mains adhéraient à la peau**. Percevez le rythme de la respiration sous vos mains et accompagnez ce rythme avec une pression-relâchement de vos mains : pressez légèrement lorsque votre partenaire expire et que le thorax s'enfonce, relâchez et allégez votre pression lorsque votre partenaire inspire et que le thorax se soulève.

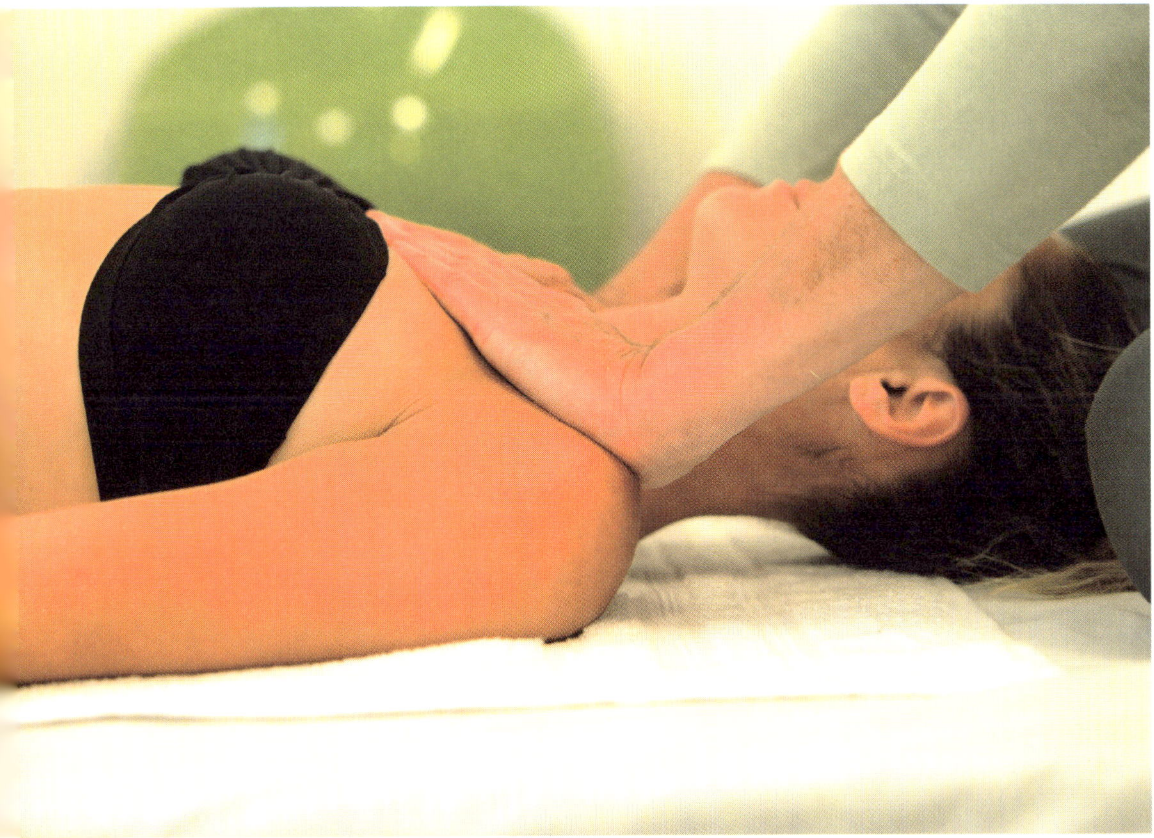

1c **Profitez de ces moments d'immobilité pour vous centrer intérieurement** et vous rendre disponible au massage qui demande toute votre attention. L'ambiance de tranquillité que vous installez au départ contribue grandement à la détente de votre partenaire.

5A/2

>> **Relier** le thorax et le cou

Envelopper le haut du corps

Répétez au moins trois fois ce grand mouvement très relaxant.

2a À partir de la position précédente de prise de contact, **écartez les mains de chaque côté vers la pointe des épaules** que vous allez utiliser pour pivoter avec vos mains afin de ramener les doigts par en dessous vers la base du cou. Utilisez la souplesse de vos poignets pour envelopper la forme des épaules au maximum.

Notre conseil

Soyez attentif:

- *à relâcher vos mains et à laisser peser le cou à l'intérieur de celles-ci sans le soulever ;*
- *à écarter vos pouces avant de les ramener avec les doigts pour ne pas « étrangler » votre partenaire ! puis ensuite attention aux oreilles ;*
- *à ne pas interrompre le contact en allant reposer d'abord une main puis l'autre dans la position de départ pour accomplir de nouveau le mouvement.*

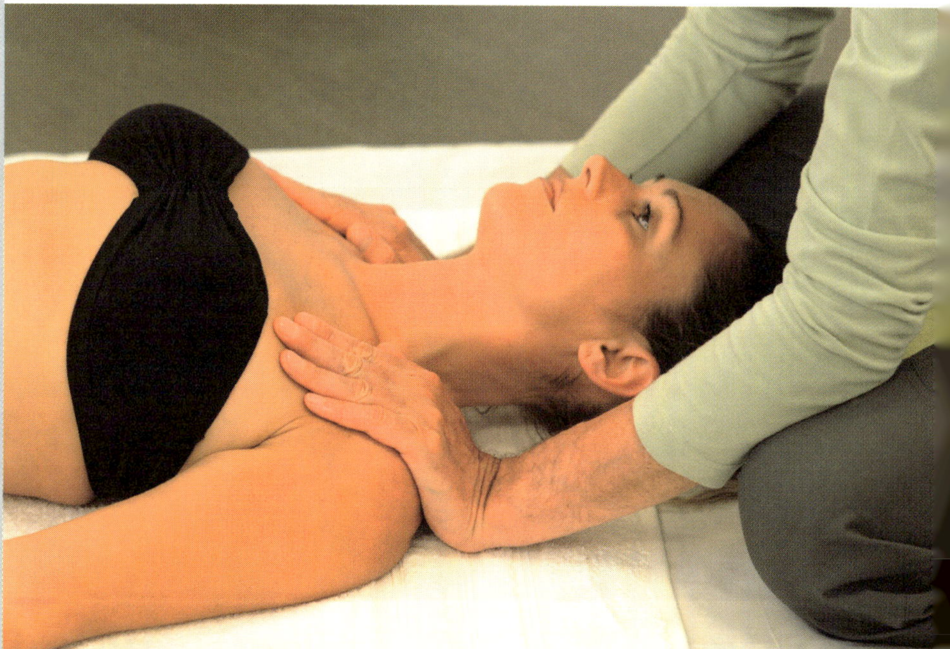

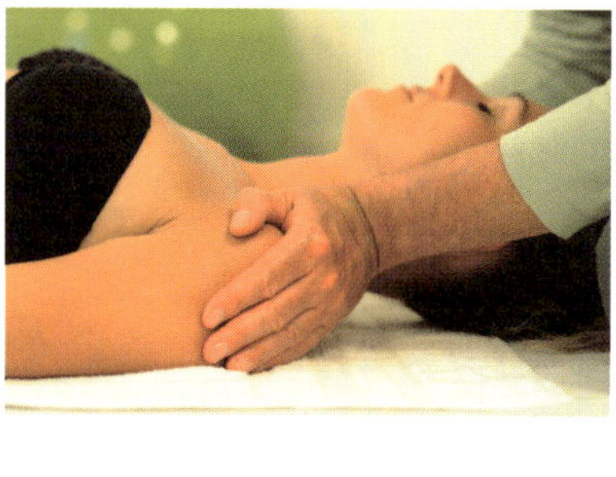

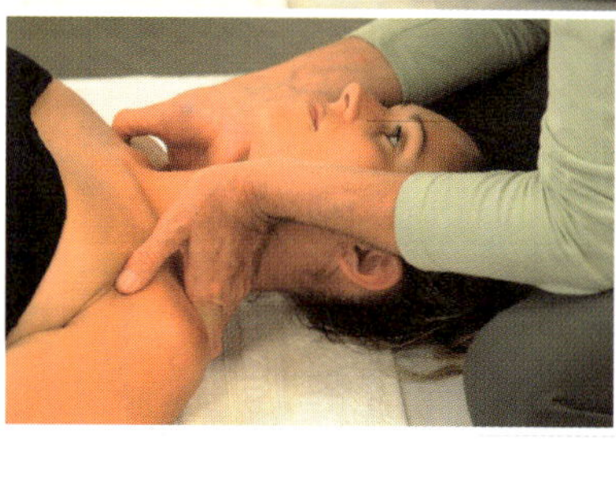

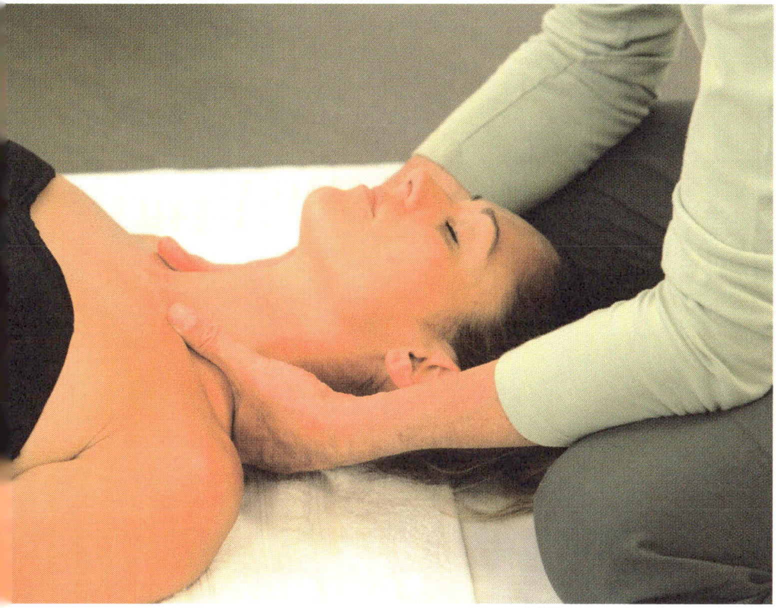

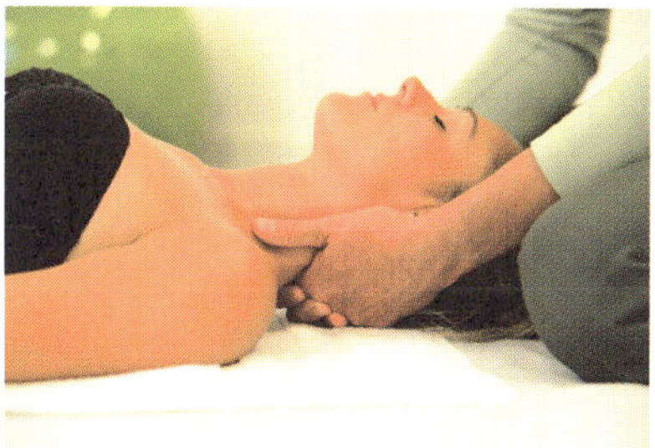

2b **Vos deux mains se rejoignent à la jonction du cou et du dos** et vos doigts se mettent les uns sur les autres pendant que vos pouces s'écartent. Glissez ainsi avec les mains l'une dans l'autre dans la position dite « en berceau » jusqu'à l'os occipital à la base du crâne. Durant ce mouvement étirez légèrement et délicatement le cou.

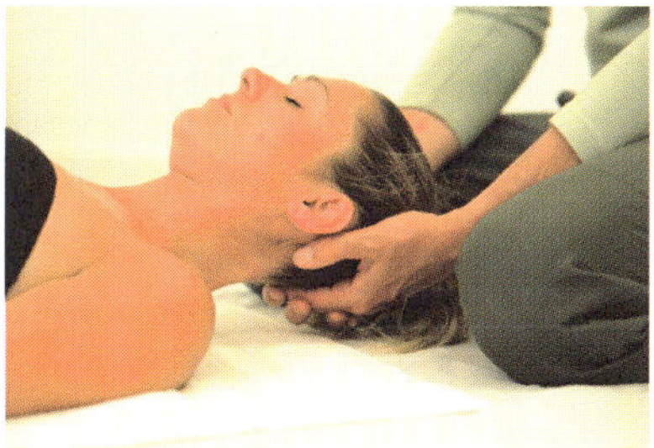

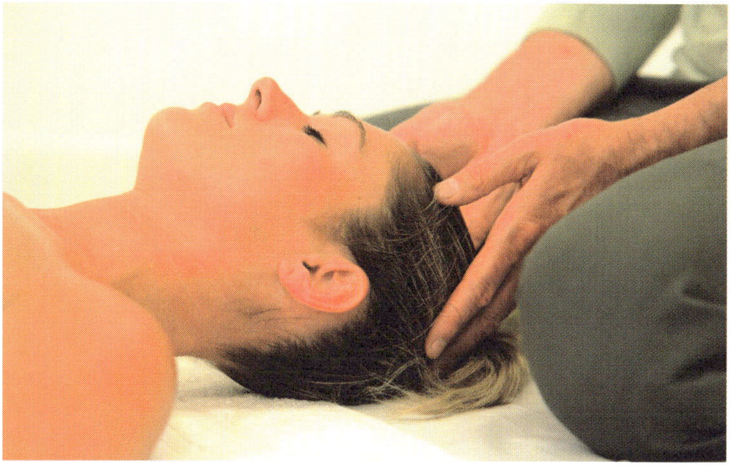

2c Avec vos mains toujours dans la même position, continuez à glisser vers vous sous la tête qui va se soulever toute seule. **Soyez délicat pour ne pas tirer les cheveux et, en continuant à glisser dans le cuir chevelu, laissez la tête revenir naturellement et lentement au sol**. Laissez bien la tête redescendre au sol à la fin du mouvement sans brusquerie avant de ramener vos mains dans la position de départ.

5A/3

>> **Masser** sous les trapèzes et le cou

Sentir avec le bout des doigts

Revenez plusieurs fois sur les points que vous ressentez les plus tendus.

3a À partir du trajet du mouvement précédent arrêtez-vous avec le bout des doigts sous les muscles trapèzes des épaules. **Vos pouces prennent appui sur les clavicules pendant qu'avec le bout des doigts vous allez effectuer de petits mouvements circulaires** de rotation en pressant vers le haut.

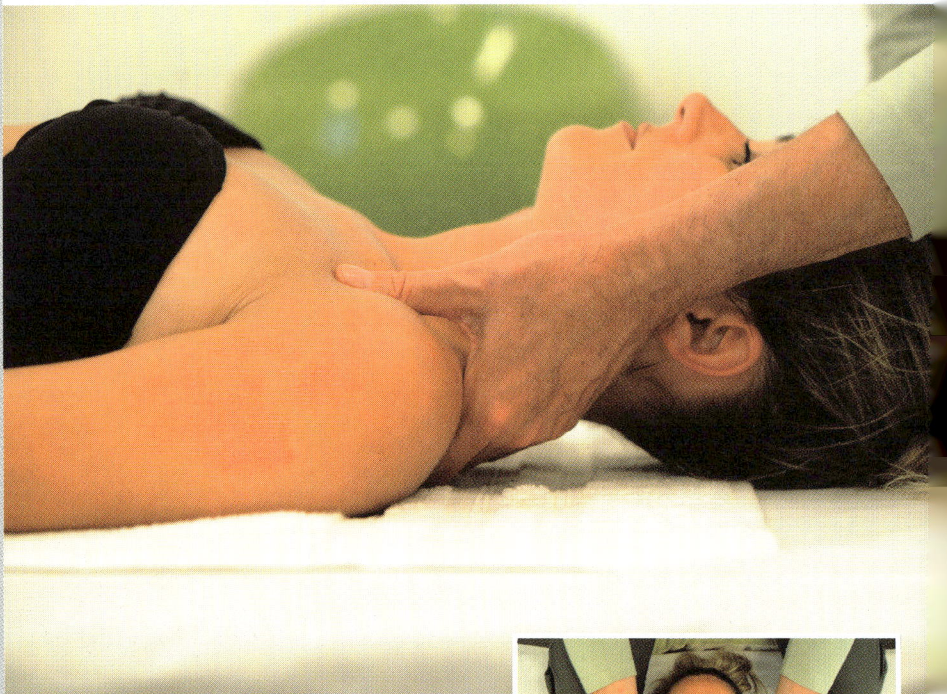

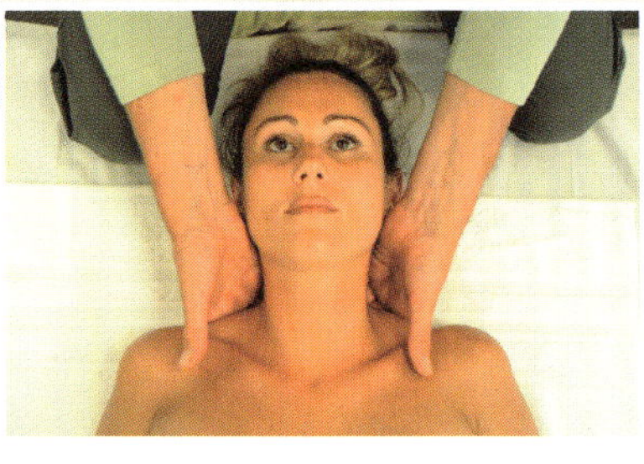

Notre conseil

Tout en massant mettez toute votre attention dans le bout de vos doigts pour sentir la consistance des points de tension. Souvenez-vous que sur ces endroits sensibles vous ne devez jamais masser plus fort, au contraire, mais masser plus longtemps.

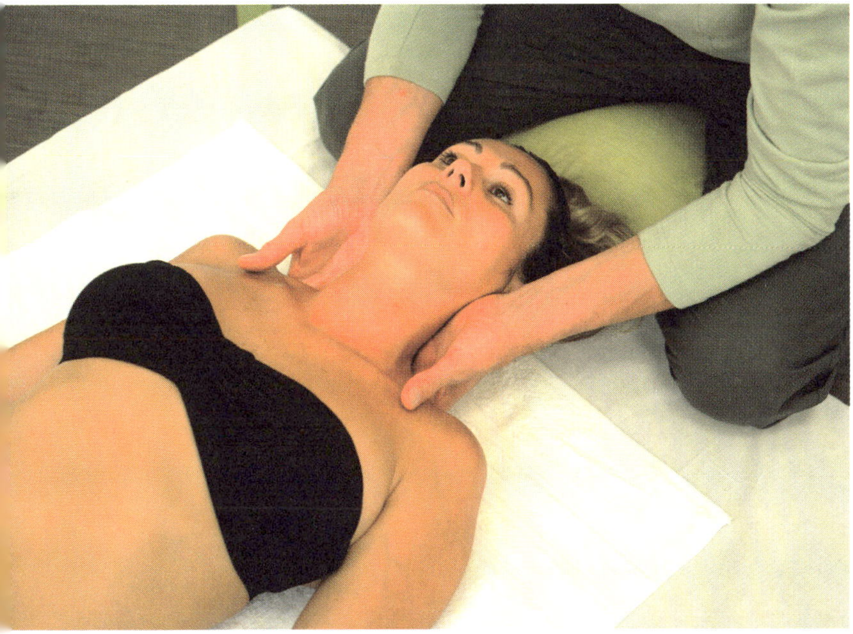

3b Vous commencez votre mouvement près de la pointe des épaules puis **vous revenez tout en massant par en dessous vers la base du cou**. Vous pouvez sentir les tensions qui roulent sous le bout de vos doigts et vous dosez votre pression en fonction de leur sensibilité. Vos paumes sont ouvertes vers le haut et pour vous glisser encore plus sous le muscle vous pouvez relâcher l'appui des pouces.

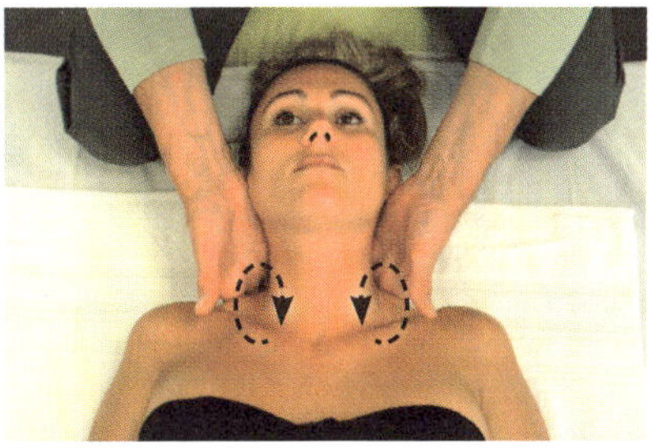

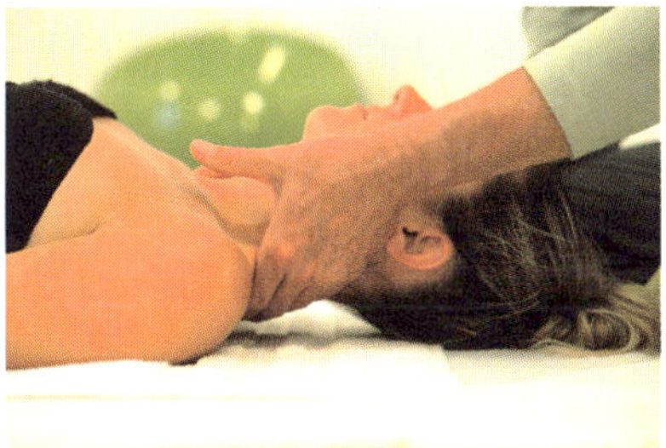

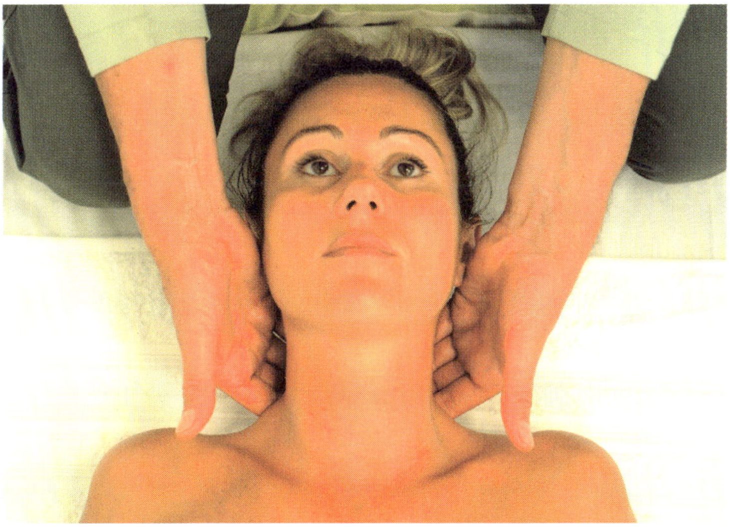

3c Terminez avec la zone **à la jonction du cou et du dos de chaque côté d'une vertèbre** que vous pouvez sentir proéminente sous vos doigts. Ce massage se poursuivra dans le cou avec le mouvement 2/6.

5A/4

>> **Balancer** le cou

Le lâcher-prise en mouvement

Recherchez un relâchement de plus en plus profond du cou pendant au moins 1 à 2 minutes.

4a À partir du contact des deux mains en berceau sous le cou, vous dégagez légèrement vos mains sur les côtés et tout en massant avec l'intérieur des doigts et la paume des mains, **vous faites passer la tête successivement d'un côté à l'autre**.
Le mouvement est plus facile à comprendre en le regardant sur le dvd qu'en le décrivant.

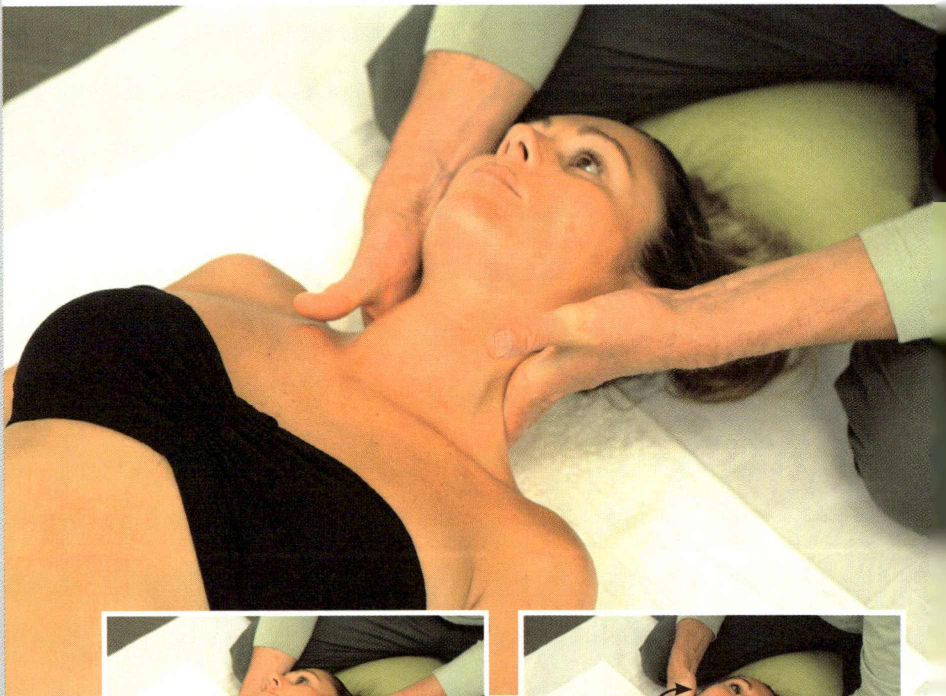

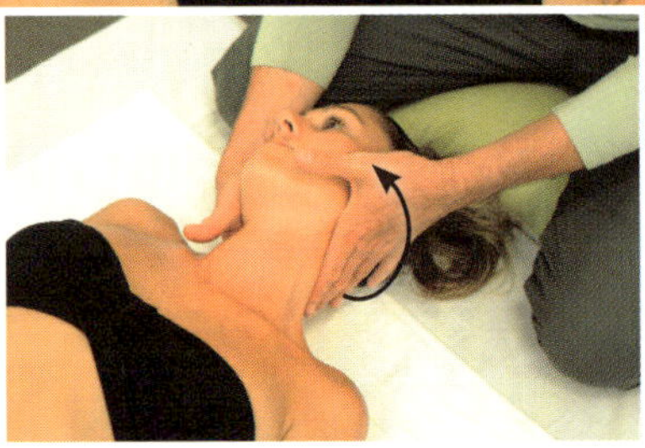

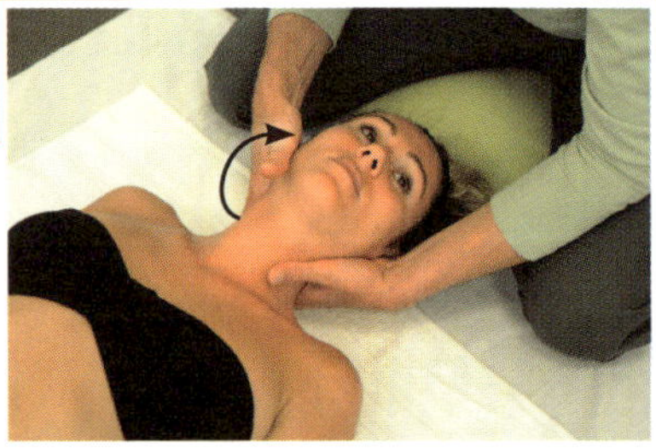

Notre conseil

Si vous sentez le cou raide entre vos mains, invitez verbalement votre partenaire à se relâcher par exemple en desserrant les mâchoires et en expirant. Vous commencez tout en massant sous le cou par de très petits mouvements de balancement droite-gauche et gauche-droite.

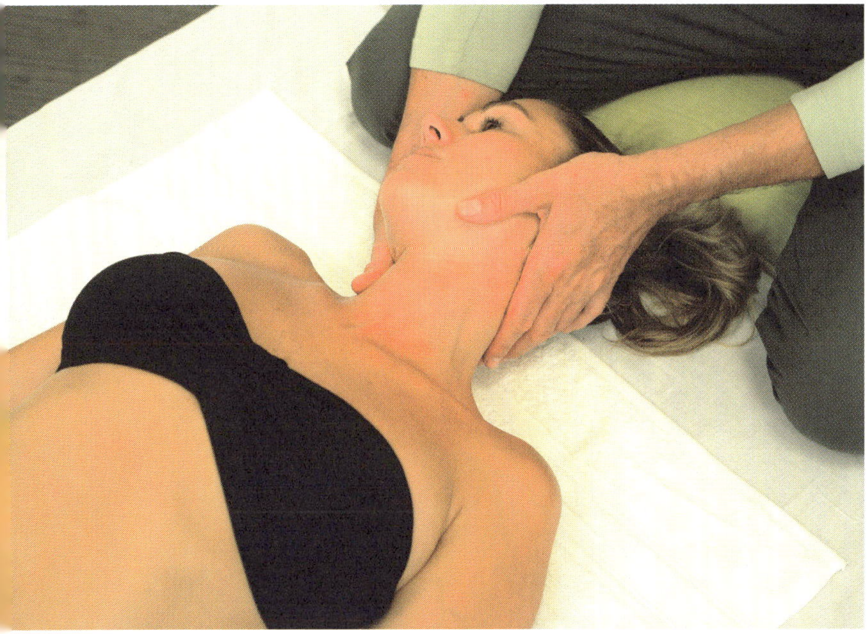

4b

Progressivement tout en massant sous le cou et en faisant bouger la tête, vos mains remontent vers l'os occipital à la base du crâne qu'elles vont soutenir. **Pendant tout ce mouvement procédez doucement et lentement** pour que votre partenaire puisse laisser aller son cou entre vos mains. Vous sentirez son lâcher-prise quand le mouvement se fera plus librement.

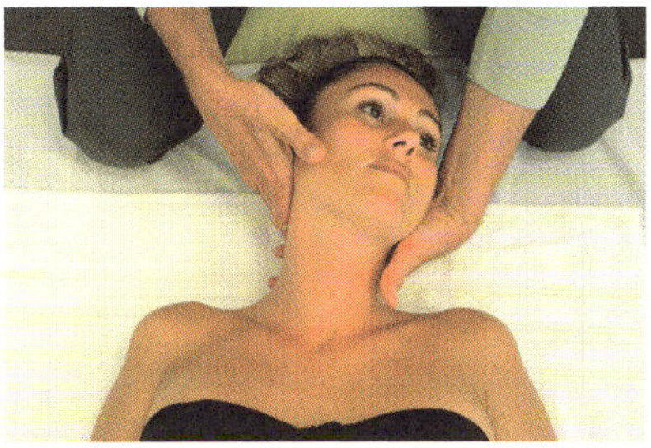

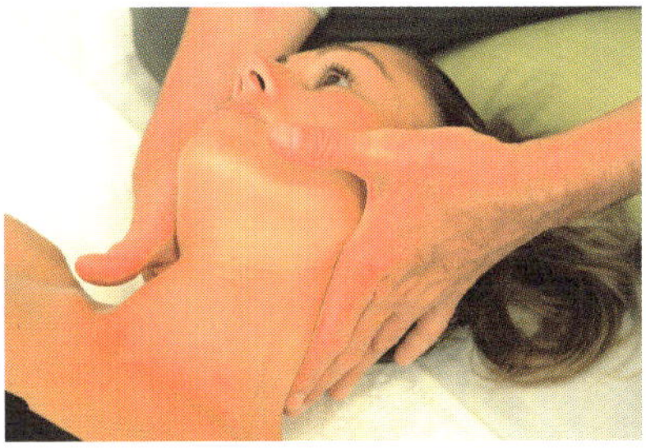

4c

Il est important de bien soutenir la tête tout en l'étirant. Pour terminer prenez-la entre vos deux mains et en élevant légèrement la tête tournez-la sur le côté (ici le côté droit) pour la positionner pour le mouvement suivant.

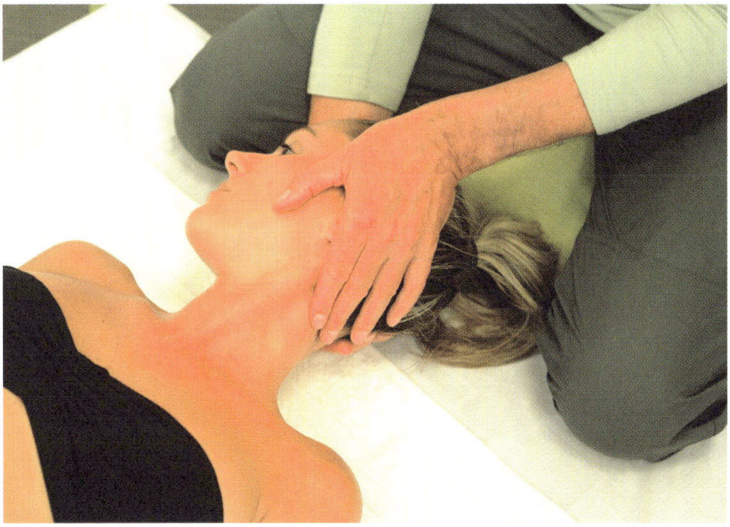

5A/5

>> **Détente** des côtés du cou

Soutenir avec la main

Répétez plusieurs fois ce mouvement puis tournez lentement la tête de l'autre côté et répétez toutes les manœuvres.

5a **La tête de votre partenaire est tournée sur le côté sans forcer et vous placez une main immobile au front** (ici la droite) pendant que l'autre va se positionner sous et sur le côté opposé du cou (ici sur le côté gauche). Effectuez avec la paume de la main un mouvement circulaire qui passe sous le cou et revient sur le côté.

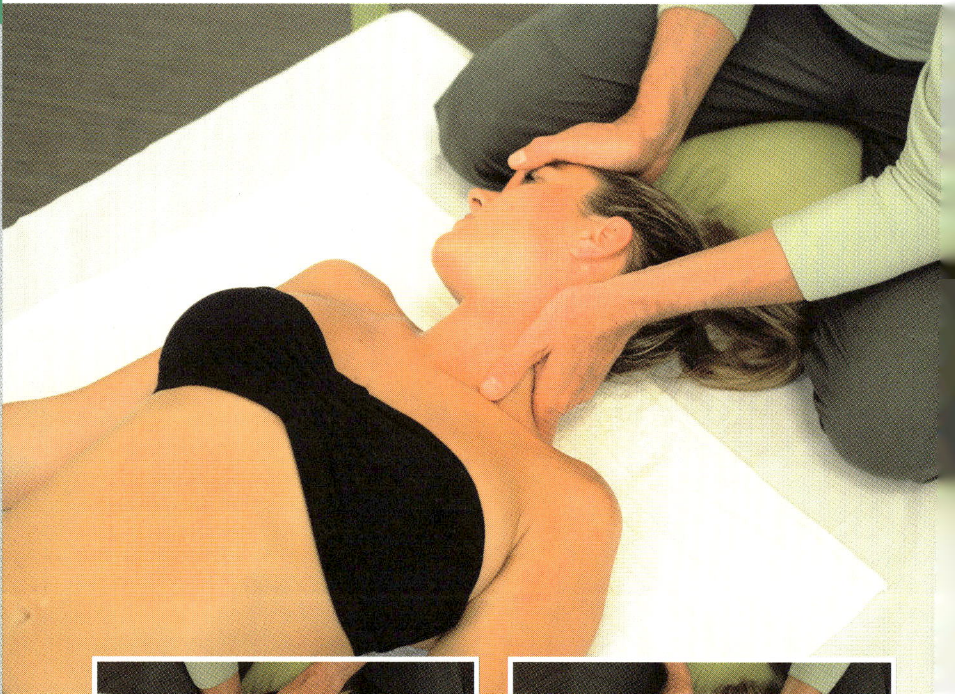

Notre conseil

Si votre partenaire ne peut pas tourner franchement la tête sur le côté, adaptez la position en la tournant au mieux et en continuant à soutenir la joue en dessous avec votre main (celle qui dans le mouvement se pose sur le front).

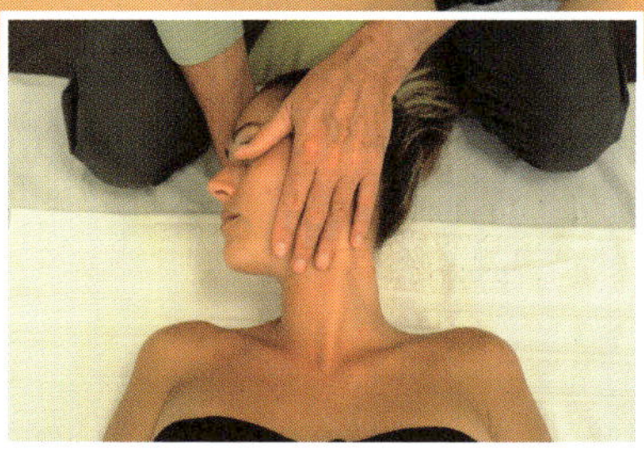

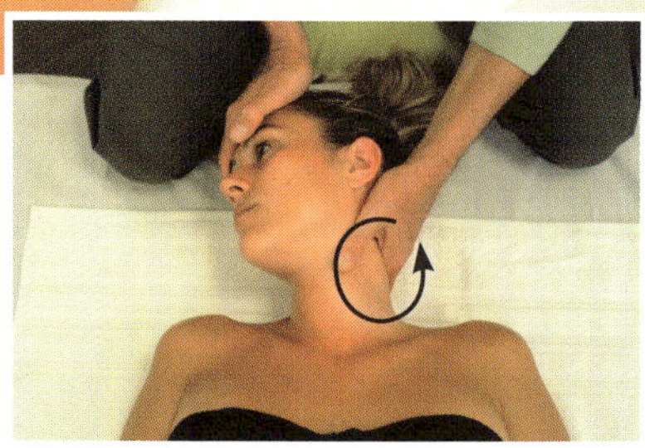

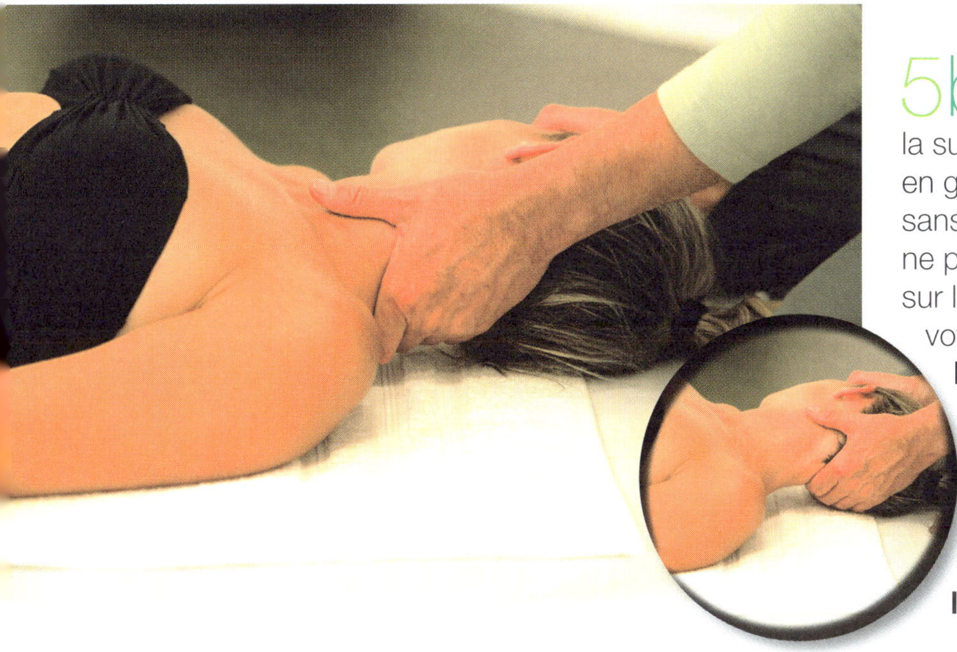

5b Couvrez ainsi toute la surface du cou en gardant le pouce sans pression pour ne pas appuyer sur la gorge de votre partenaire. **Dans la partie remontante du mouvement circulaire, vous étirez légèrement le cou**.

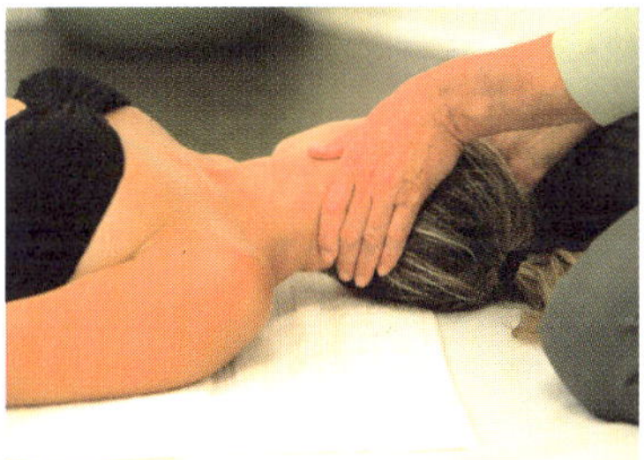

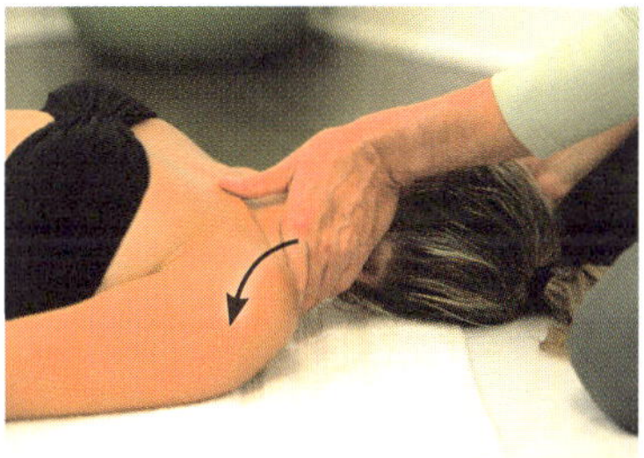

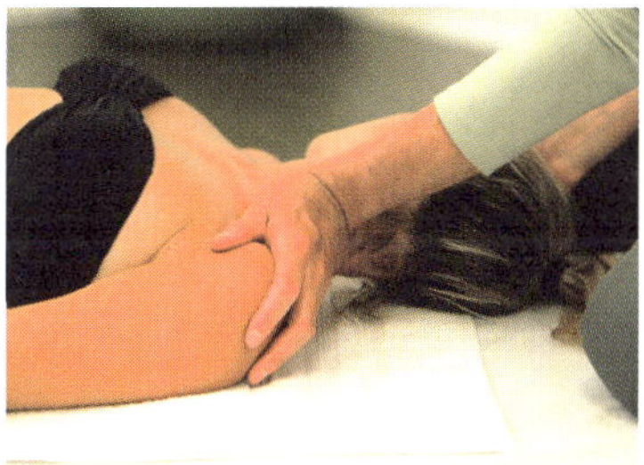

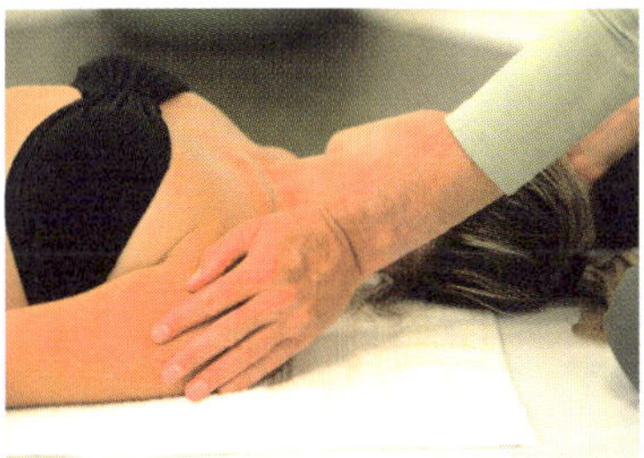

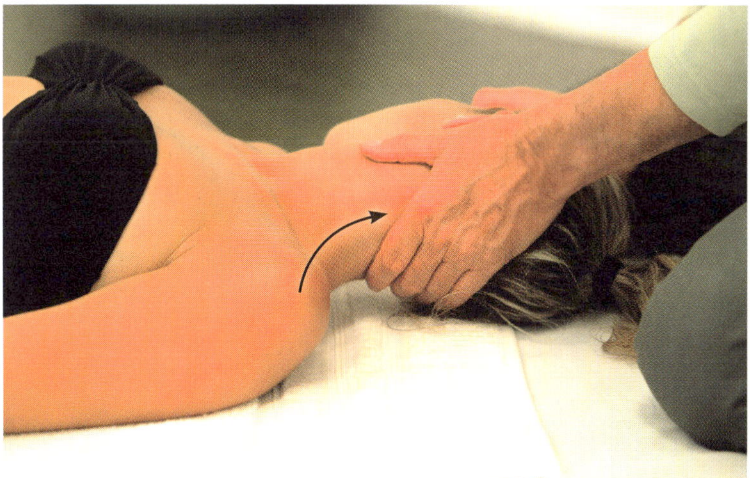

5c En repartant de la nuque, effectuez un mouvement glissé et appuyé qui va empaumer le muscle jusqu'à la pointe de l'épaule.

Repoussez l'épaule loin de l'oreille à la fin du mouvement puis **revenez vers la nuque en étirant**.

>> **Masser** les vertèbres cervicales

Sentir les tensions

Vous pouvez **remonter** plusieurs fois de chaque côté des vertèbres.

6a La tête est à nouveau dans l'axe du corps et vous repartez de la jonction du cou et du haut du dos, toujours les paumes tournées vers le haut. **Vous continuez de détendre par de petits mouvements circulaires** de chaque côté des vertèbres cervicales jusqu'à la base du crâne.

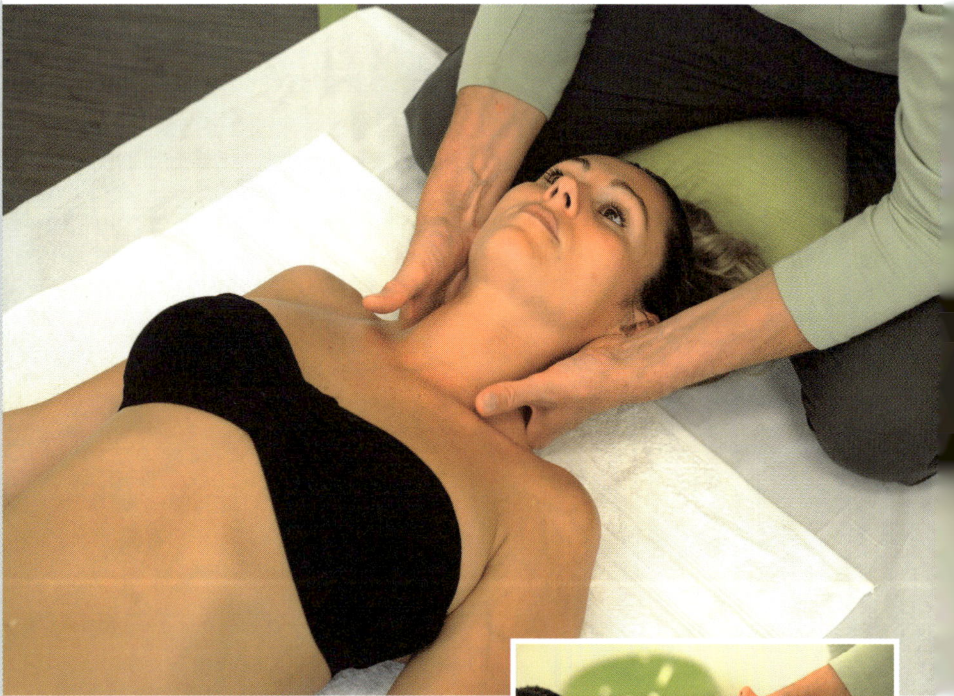

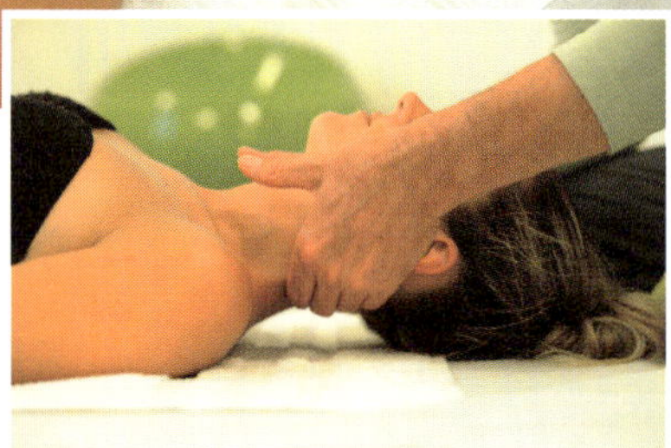

Notre conseil

Le massage de ces tensions étant souvent douloureux et même pouvant être dangereux si vous ne dosez pas bien votre pression, il est mieux d'abord de masser légèrement. En cas de doute demandez à votre partenaire de vous dire comment il ressent votre pression et abstenez-vous de ce mouvement en cas de problèmes graves ou d'accidents aux vertèbres cervicales.

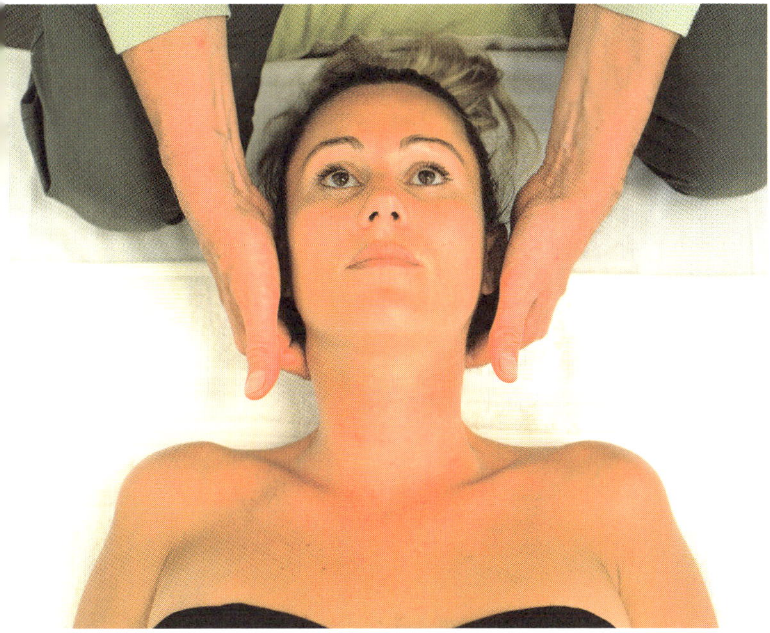

6b Vous remontez le long du cou vers la nuque toujours avec ce mouvement circulaire de chaque côté des vertèbres.

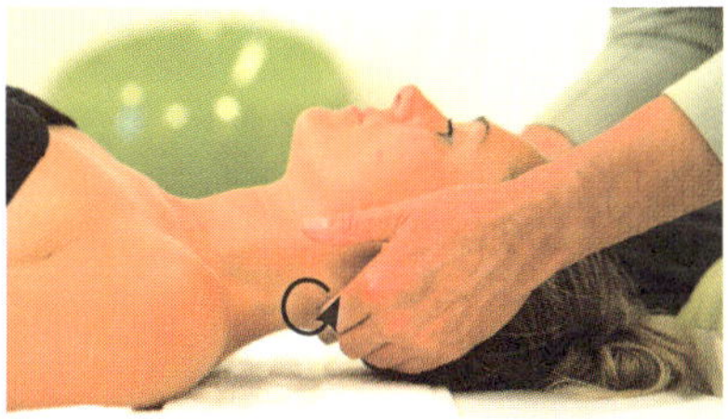

6c Vous terminez avec de petits mouvements circulaires plus appuyés le long de l'os occipital à la bordure de la nuque, tout en étirant légèrement le cou. Observez bien sur les photos de démonstration la position des doigts de chaque côté des vertèbres cervicales aux différents étages du cou.

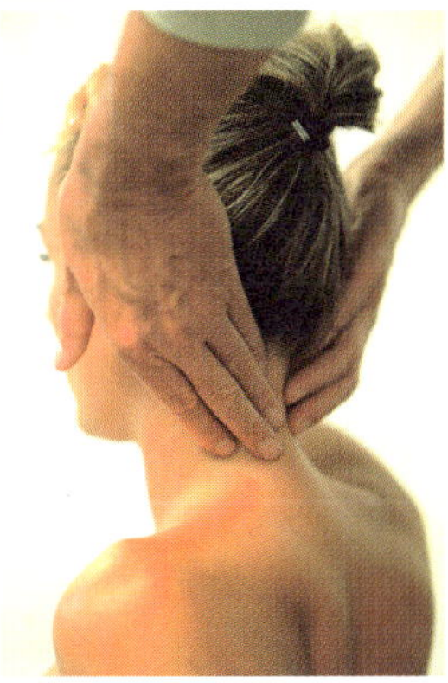

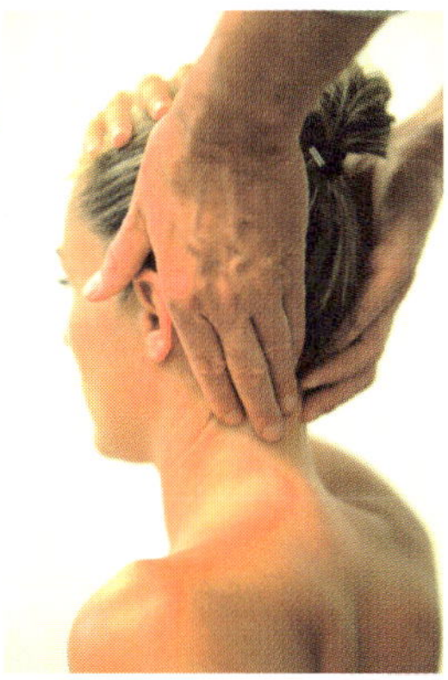

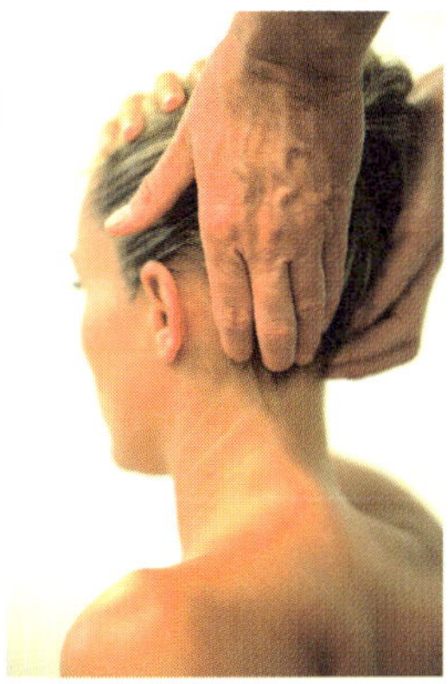

5A/7

>> **Glisser-porter** du cou

Lâcher la tête

Répétez plusieurs fois. Votre partenaire ne s'en lassera pas.

Variante :
Vous pouvez faire ce mouvement alternativement avec une main et l'autre en gardant la tête soulevée.

7a Après avoir relâché les tensions spécifiques du cou vous allez pouvoir reprendre la fin du mouvement 2/2 d'une manière plus précise : **à partir de la jonction avec le dos, glissez lentement sous le cou tout en l'étirant**.

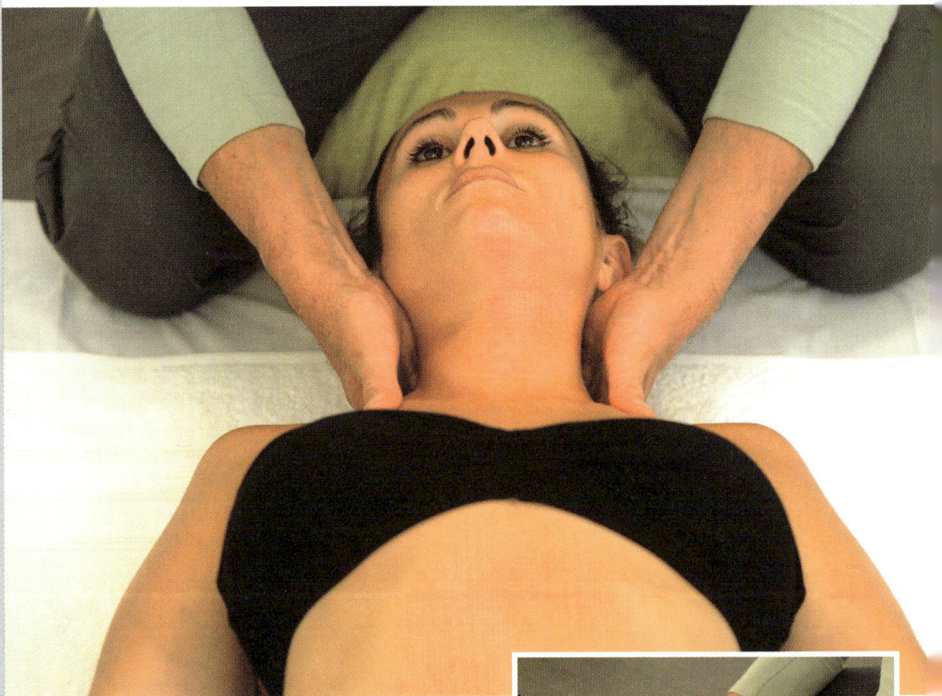

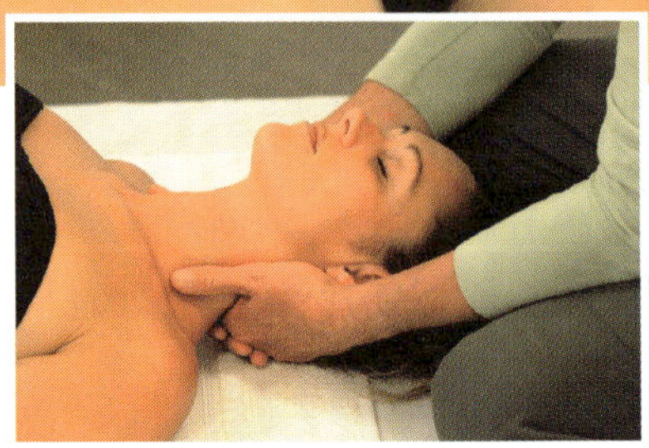

Notre conseil

Commencez avec les mains en berceau puis écartez-les pour vous retrouver le bout des doigts des deux mains en contact lorsque vous arrivez à la base du crâne.

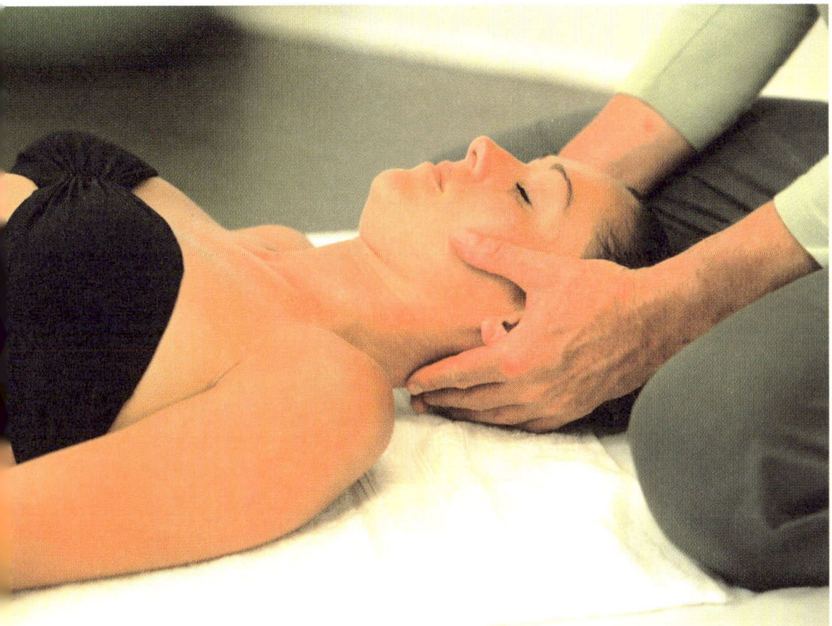

7b **Poursuivez le mouvement sous la nuque et l'arrière du crâne en soulevant légèrement la tête**, en l'étirant et en faisant rentrer le menton de votre partenaire. Observez la prise avec le bout des doigts le long de l'os occipital pour mieux étirer.

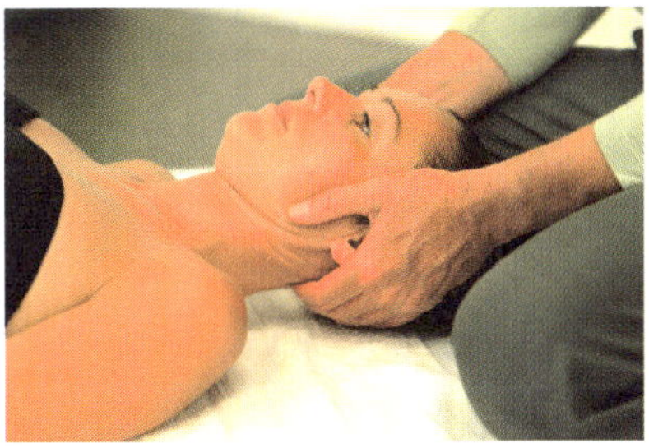

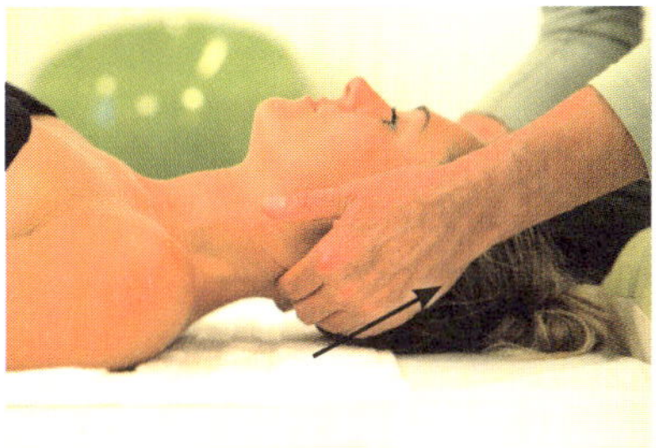

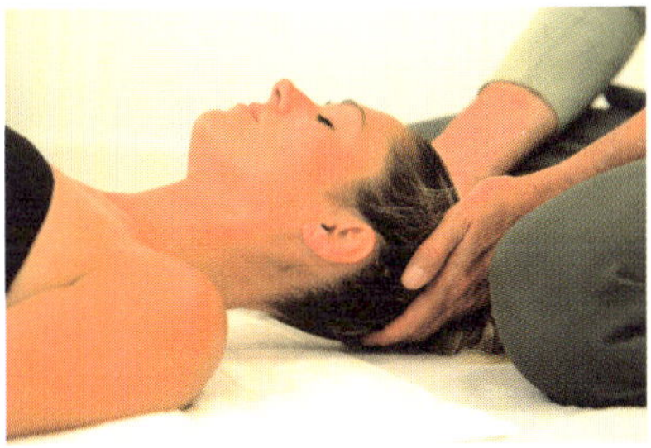

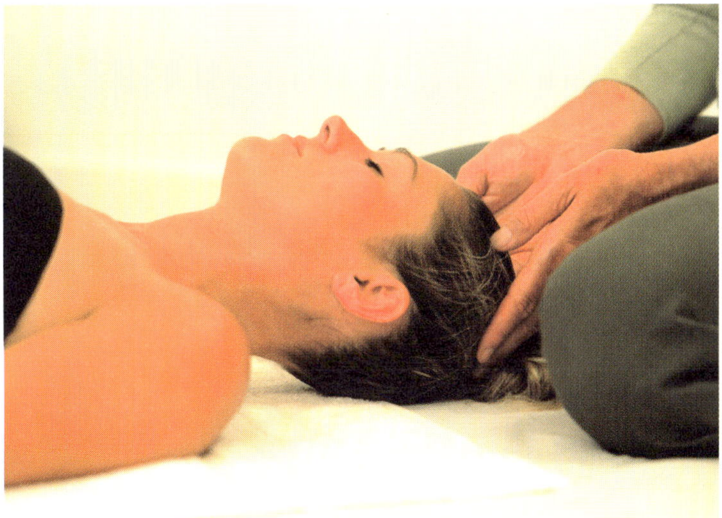

7c **Terminez le mouvement** comme le 2/2 dans le cuir chevelu **en laissant la tête revenir au sol**. Revenez ensuite à la position de départ.

5A/8

>> Grand **allongement** du cou

Lentement et fermement

L'étirement est maintenu de une à deux minutes pour laisser aux petits muscles intervertébraux le temps de se détendre.

Attention :
Relâchez toujours très lentement votre étirement avant de reposer la tête au sol.

Notre conseil

Assurez votre prise mais faites attention de ne pas presser trop fort sur les côtés de la tête et les oreilles. Demandez avant à votre partenaire de vous dire si l'étirement reste confortable pour lui car ensuite, avec les mains sur les oreilles, il ne vous entend plus !

8a Avec le dernier mouvement précédent **arrêtez-vous les doigts légèrement en crochet à la base du crâne et refermez les mains** sur les côtés de la tête. Assurez-vous ainsi une prise ferme en tenant la tête pour étirer le cou.

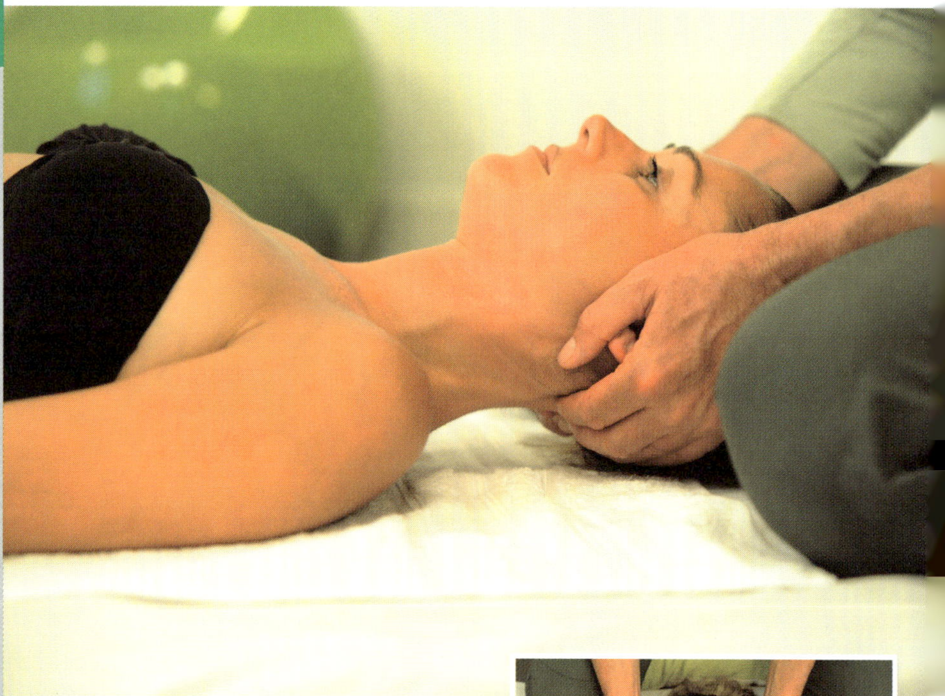

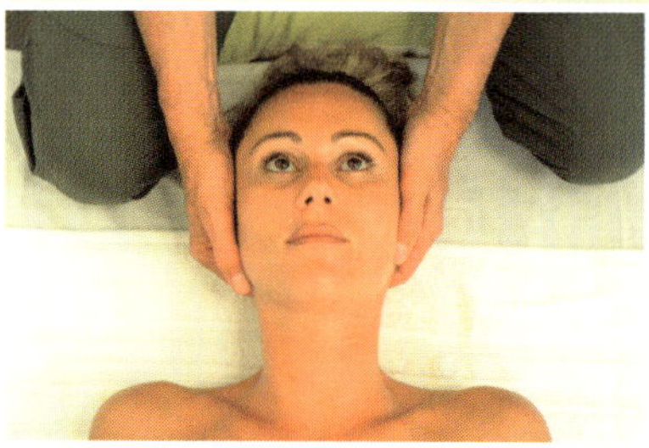

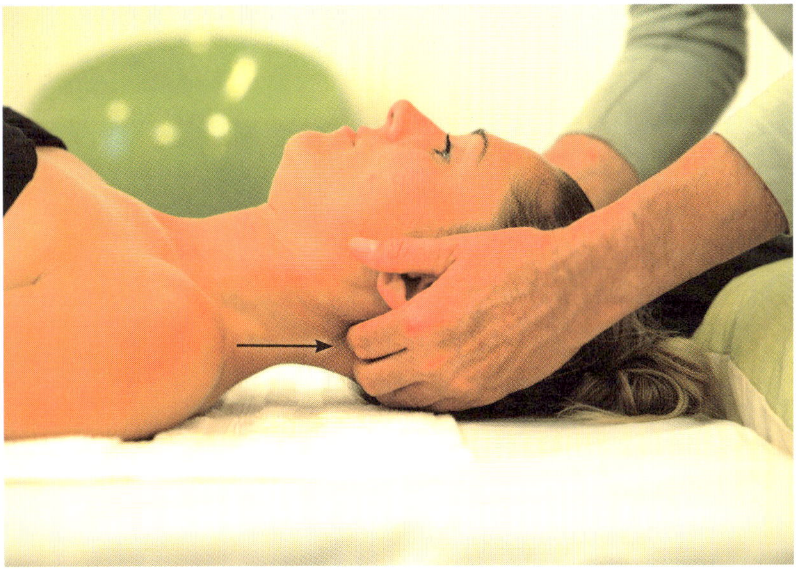

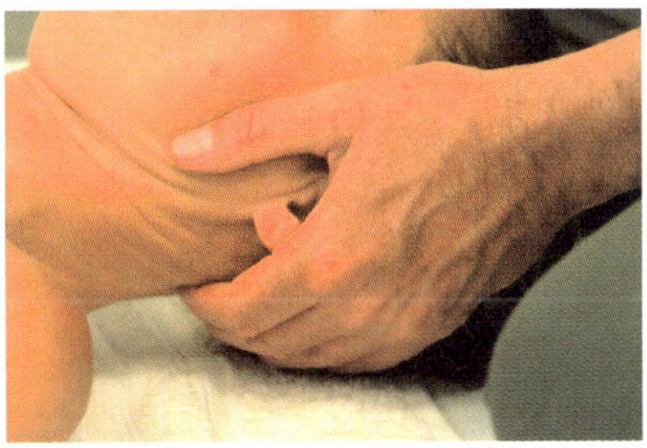

8b **Maintenez un étirement que vous allez accentuer progressivement à mesure que les tensions du cou lâchent**. Vous allez avoir l'impression, et votre partenaire aussi, que le cou s'allonge. Pendant l'étirement vous pouvez donner à la tête un très léger mouvement de vibration latérale qui aidera à la détente.

5A/9

>> **Décoller** le cuir chevelu

Cercles avec le bout des doigts

Massez soigneusement pendant quelques minutes.

9a **En prenant appui avec vos pouces sur le dessus du crâne**, massez avec de petits mouvements circulaires du bout des doigts toute la surface du crâne. Soyez attentif à faire bouger la peau du cuir chevelu sur les os sous-jacents de la tête. Inclinez ensuite successivement la tête à droite et à gauche pour masser des deux côtés de l'arrière du crâne.

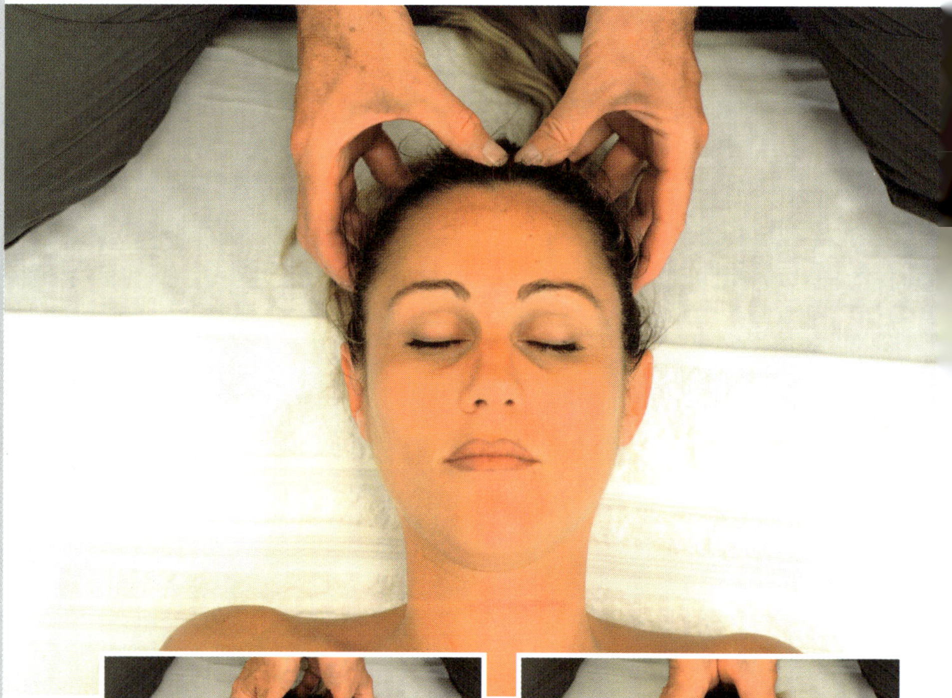

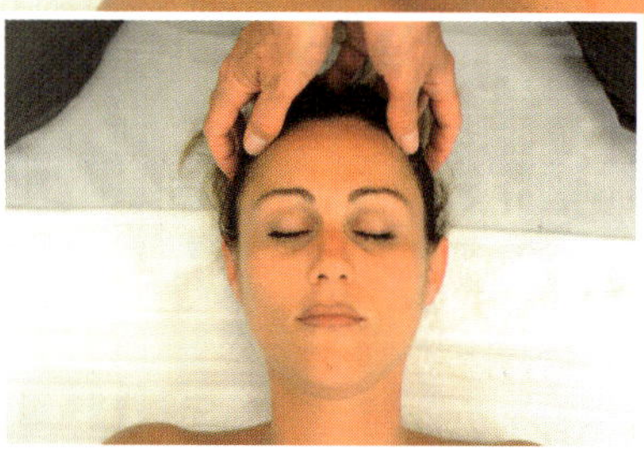

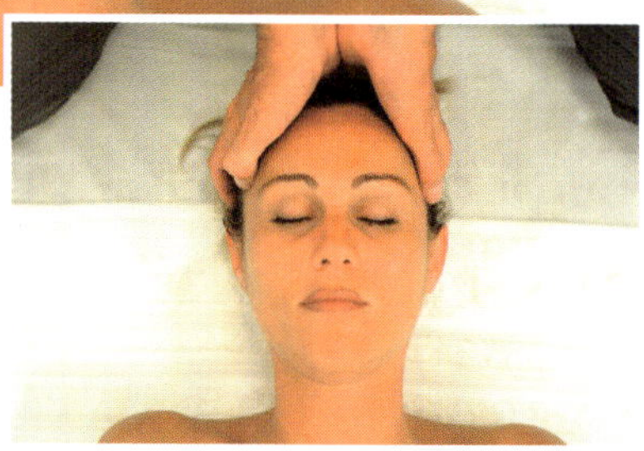

Notre conseil

La plupart des personnes préfèrent un massage assez vigoureux du cuir chevelu mais le mieux est d'alterner pression appuyée et légère en demandant à votre partenaire ce qu'il préfère.

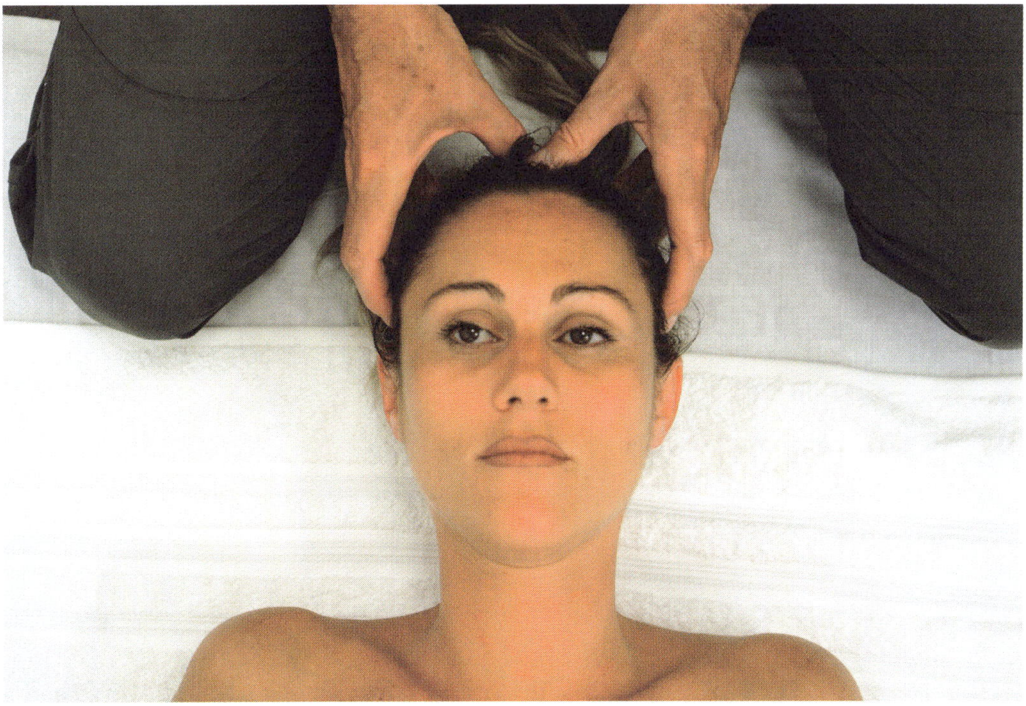

9b **Inversement prenez appui sur vos doigts pour masser avec les pouces le dessus du crâne** et plus particulièrement l'axe. Terminez par un contact des mains sur toute la tête.

(5A/10 à 5A/18)

La détente du visage

Suivre le relief osseux

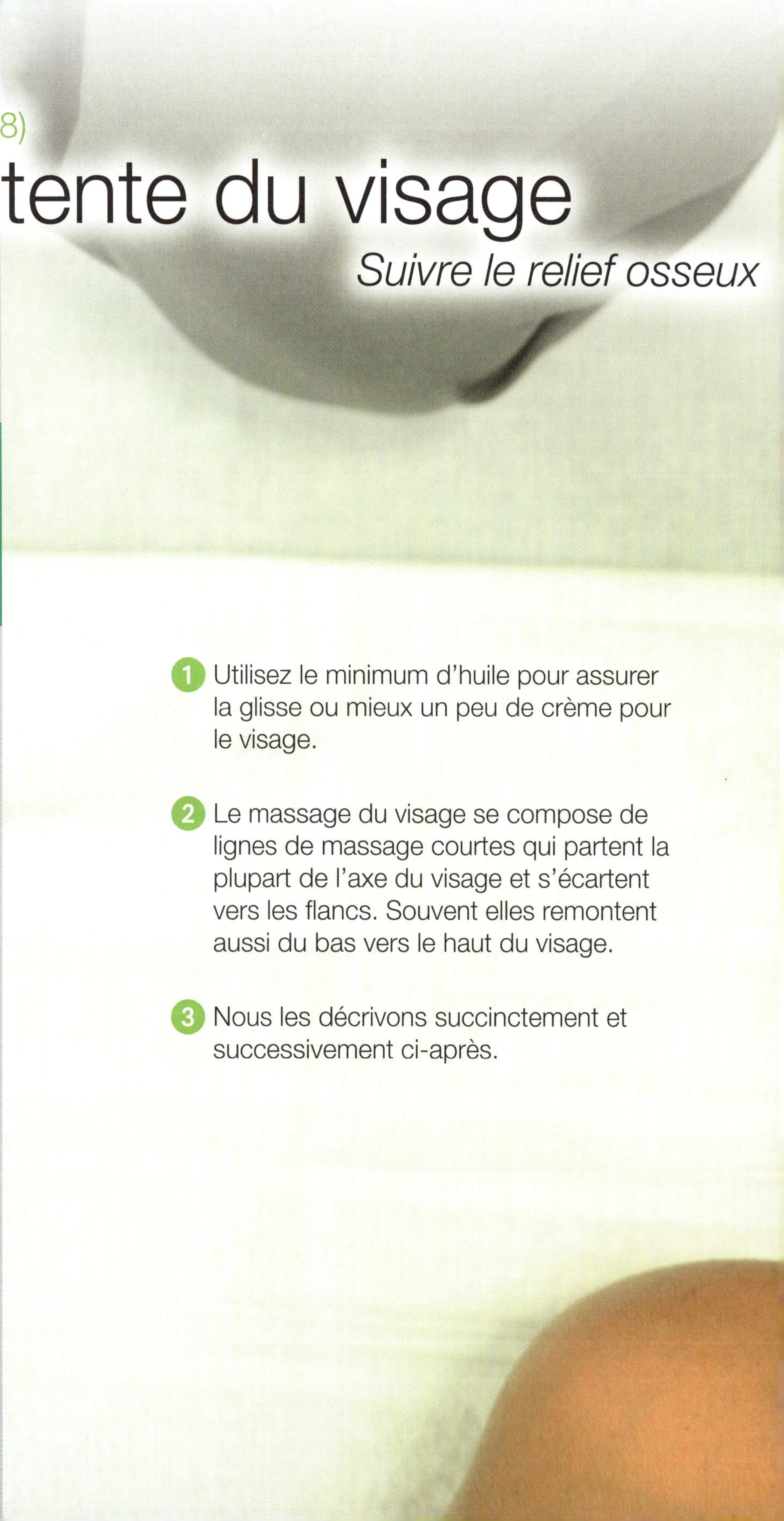

Vous pouvez **répéter** trois fois chacun des mouvements dans votre massage.

1. Utilisez le minimum d'huile pour assurer la glisse ou mieux un peu de crème pour le visage.

2. Le massage du visage se compose de lignes de massage courtes qui partent la plupart de l'axe du visage et s'écartent vers les flancs. Souvent elles remontent aussi du bas vers le haut du visage.

3. Nous les décrivons succinctement et successivement ci-après.

Notre conseil

Soyez délicat avec le bout de vos doigts ou de vos pouces. Vérifiez que vos ongles ne risquent pas de faire mal. Allégez complètement votre pression à la fin du mouvement avant que vos doigts ne quittent la peau.

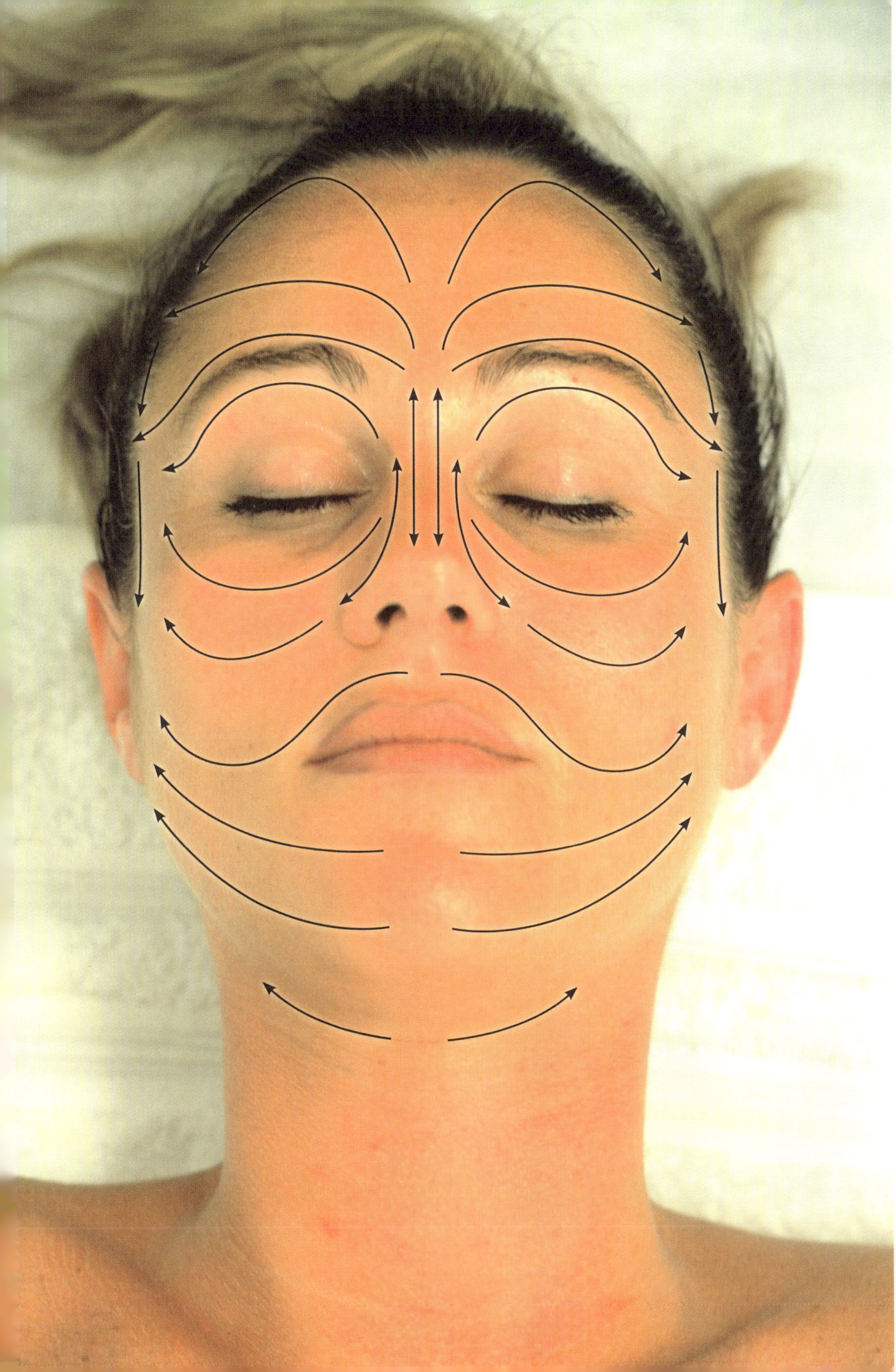

5A/10

>> Le **front**

Ouvrir et apaiser

Répétez trois fois.

10a **Avec la pulpe des pouces bien à plat écartez trois lignes sur le front** de bas en haut en partant toujours de l'espace entre les sourcils.

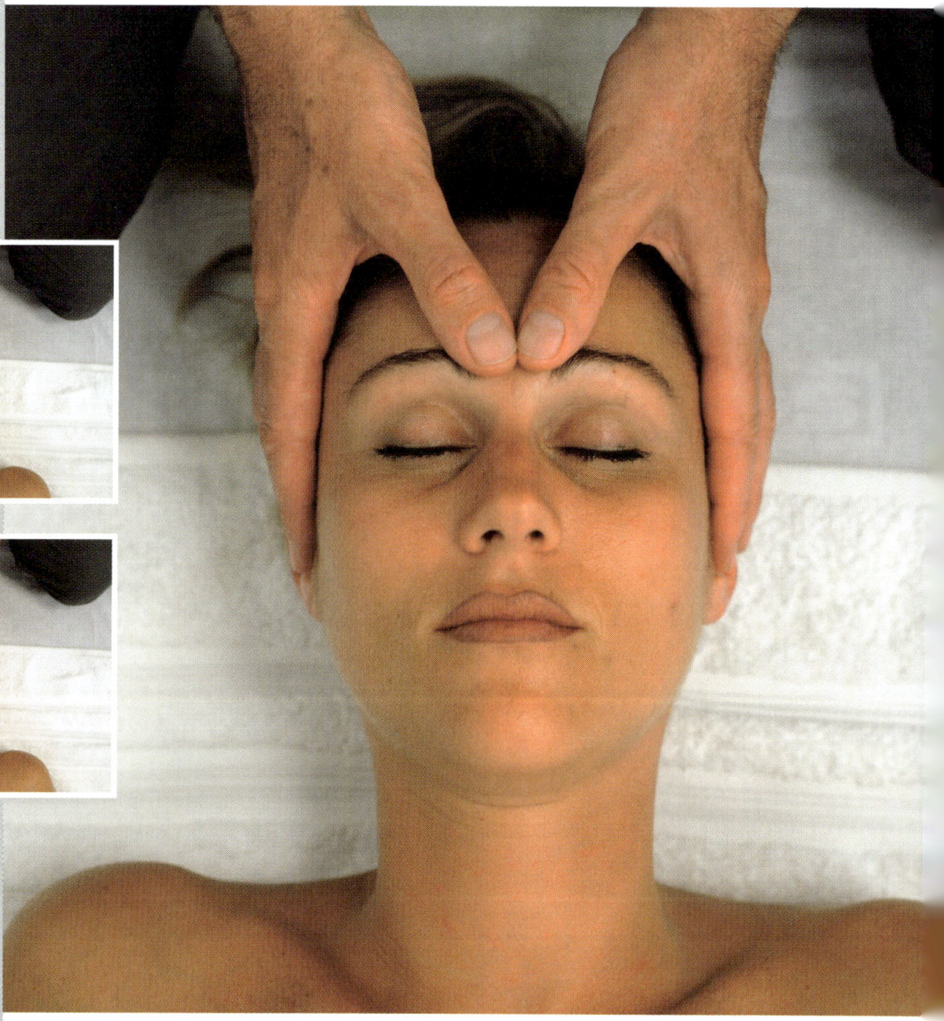

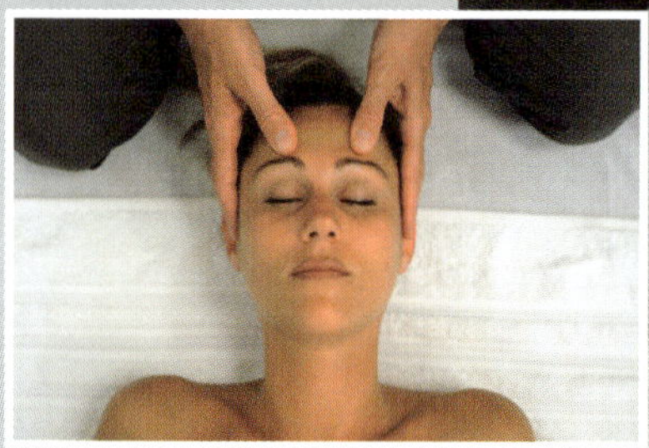

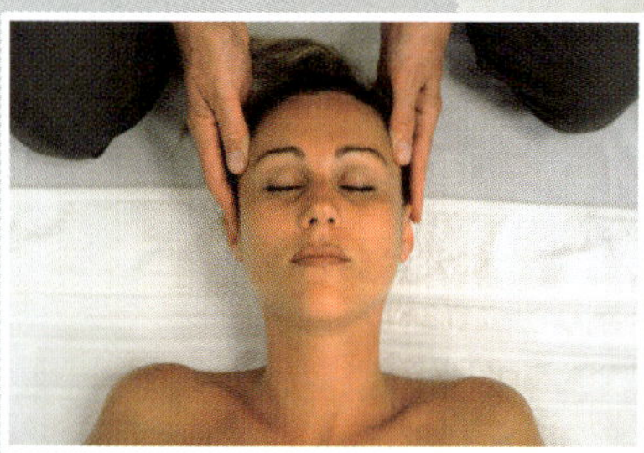

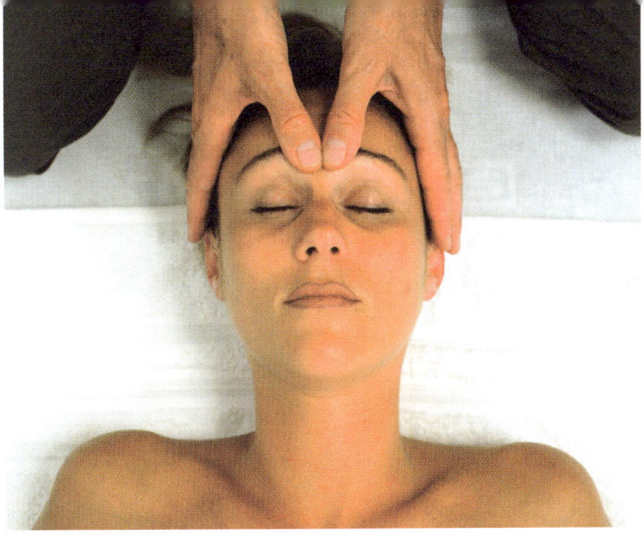

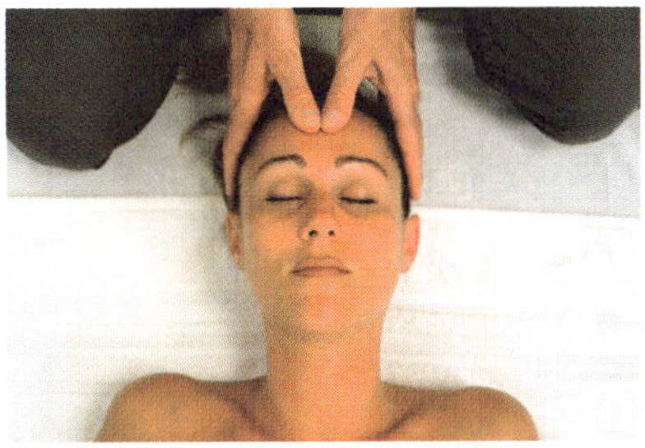

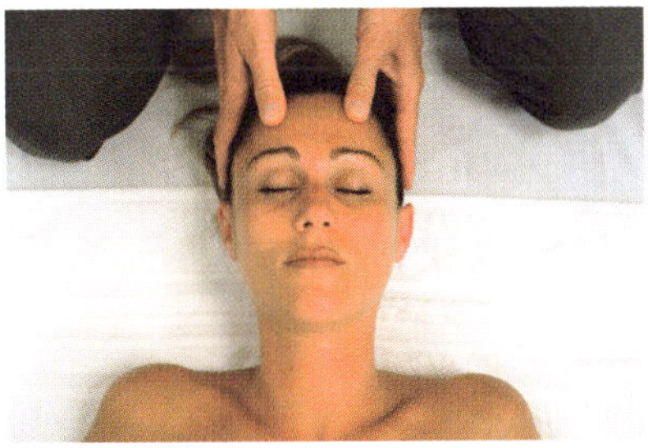

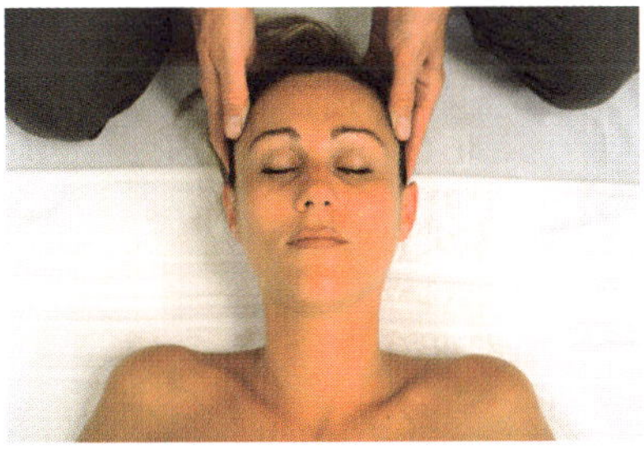

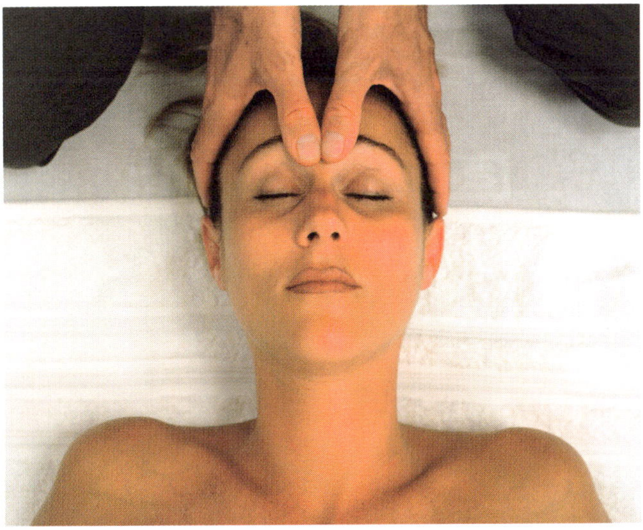

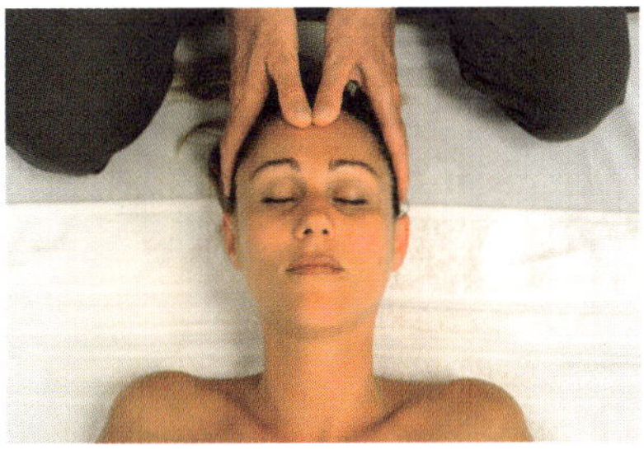

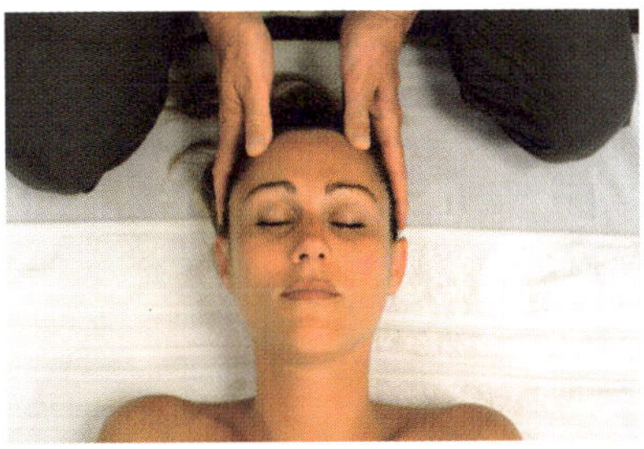

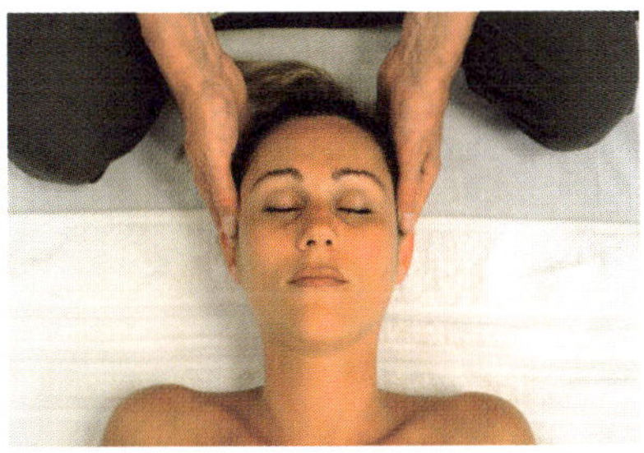

5A/11

>> Les **yeux**

Masser les arcades

Attention, zone fragile : Ne passez pas sur les cernes mais sur les os en-dessous.

11a **Glissez avec les index le long de l'arcade sourcilière** de l'intérieur vers l'extérieur puis à partir du pont du nez avec la pulpe des pouces le long de l'os au-dessus des pommettes.

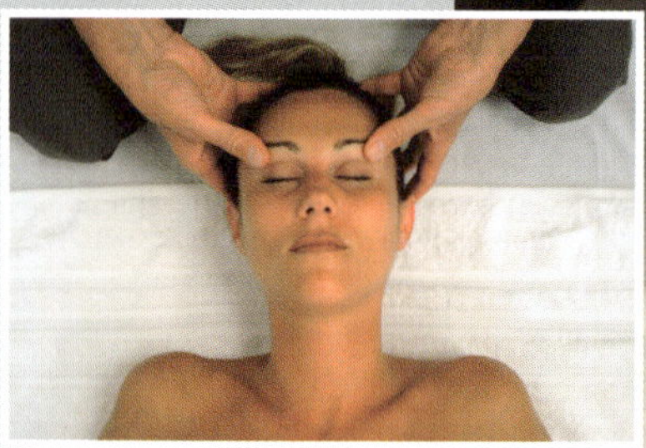

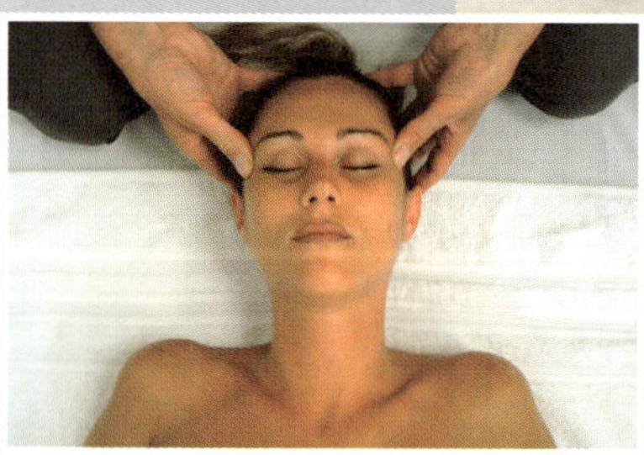

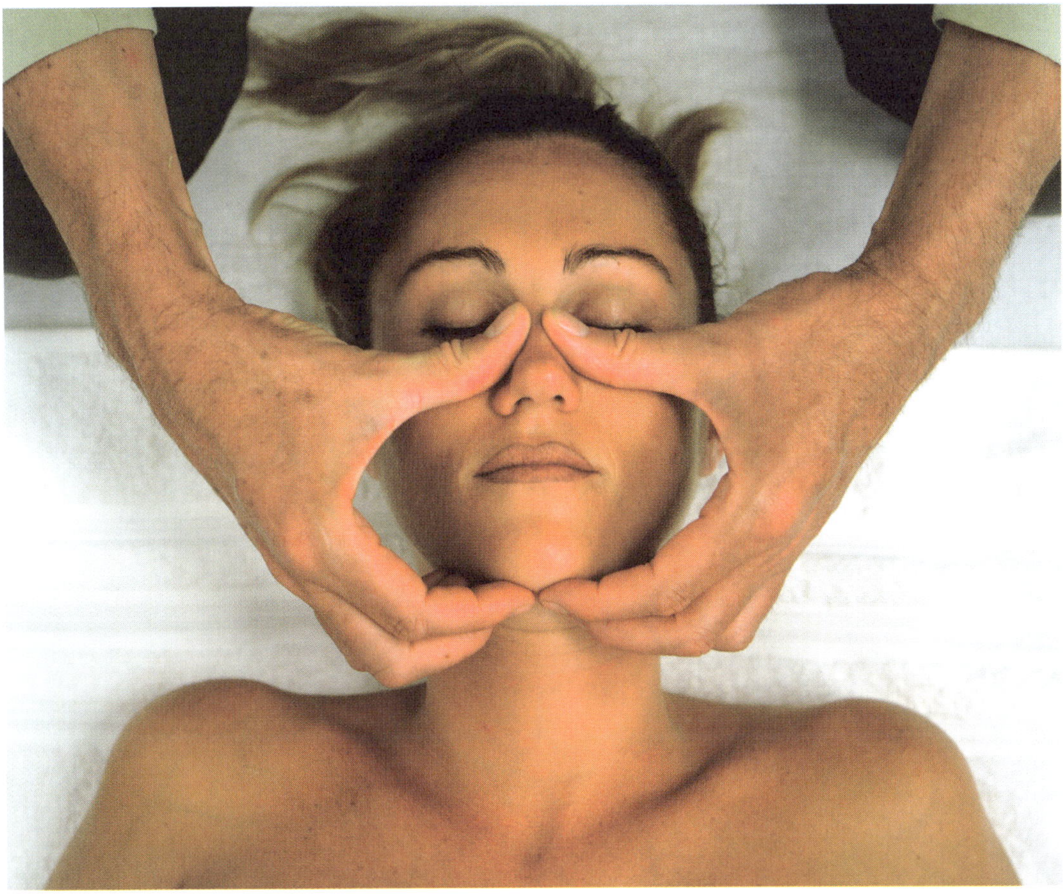

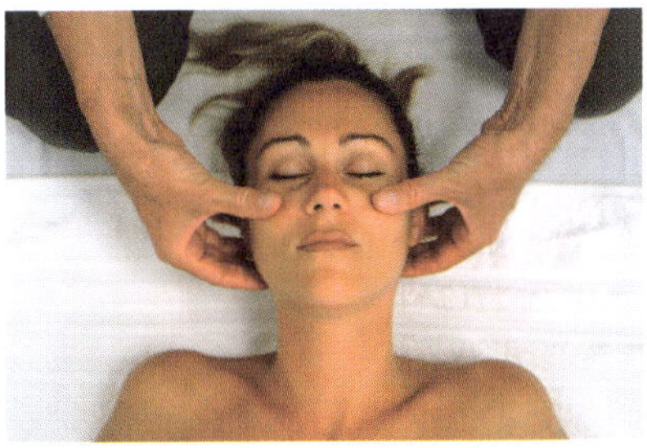

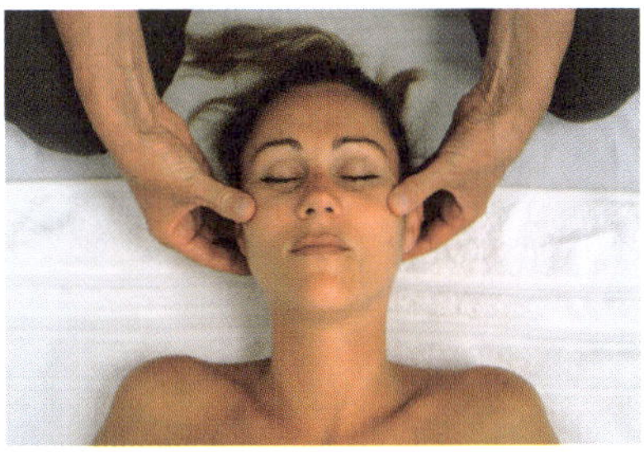

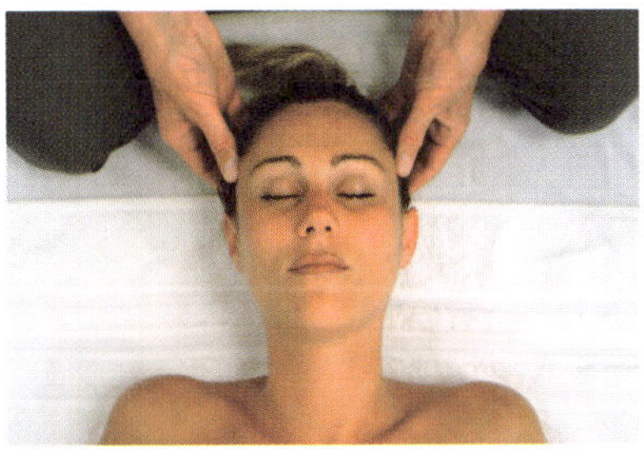

5A/12
>> Le **nez**

En aller-retour

Répétez
trois fois.

12a **Descendez puis remontez le long de l'arête avec les deux index joints**. De même de chaque côté des narines en aller-retour.

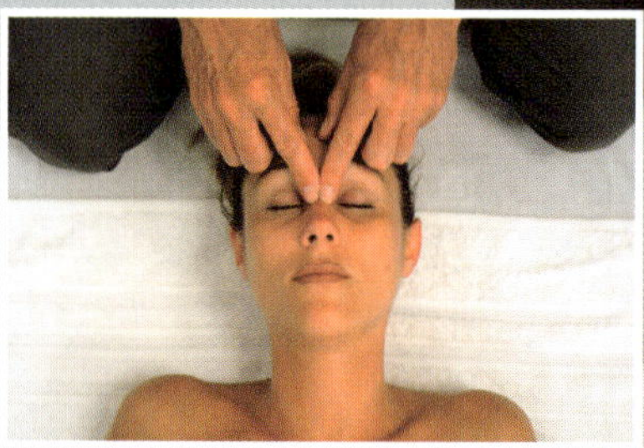

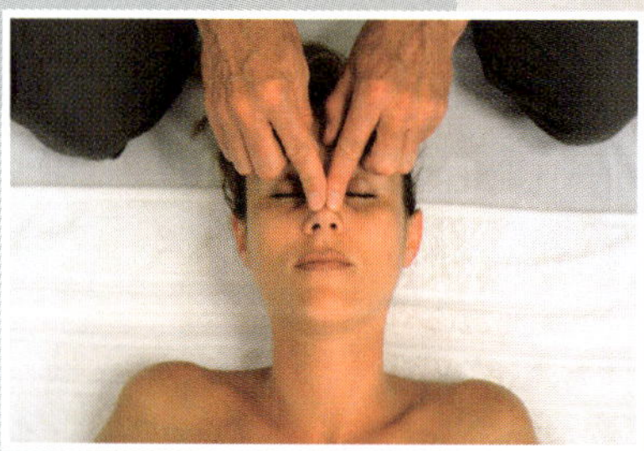

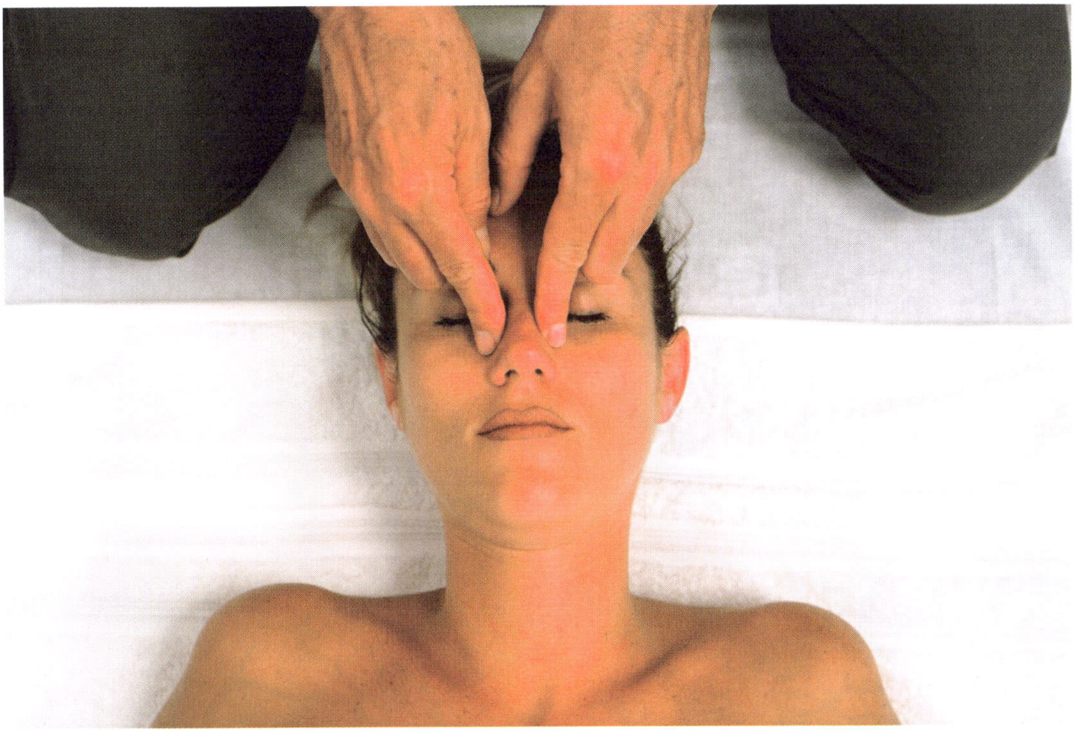

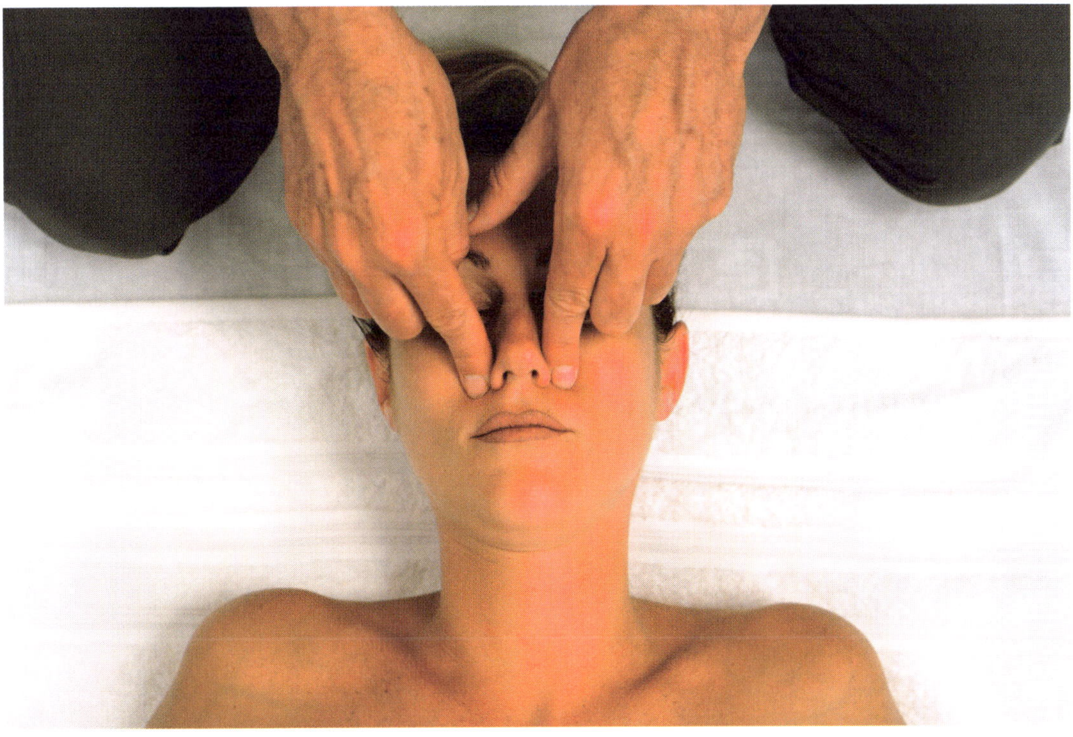

5A/13

>> Les **pommettes**

Longer l'os

Attention ! Certains points peuvent être particulièrement douloureux : dosez votre pression.

13a **Les pouces en appui sur le front, placez le bout des doigts joints au coin des narines sous l'os des pommettes**. Glissez le long de cet os en pressant vers le front et vers l'intérieur jusqu'à l'articulation de la mâchoire devant l'oreille.

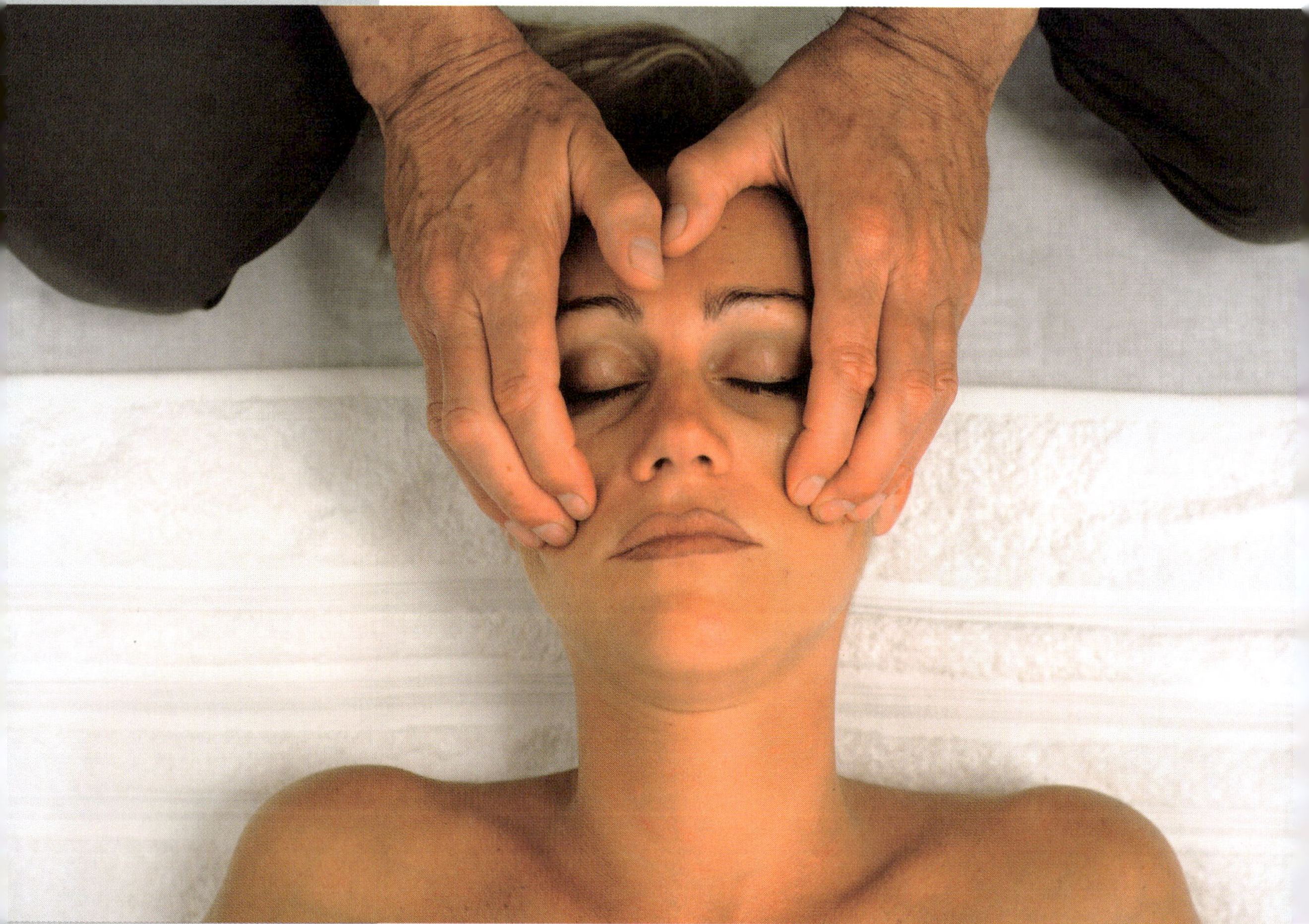

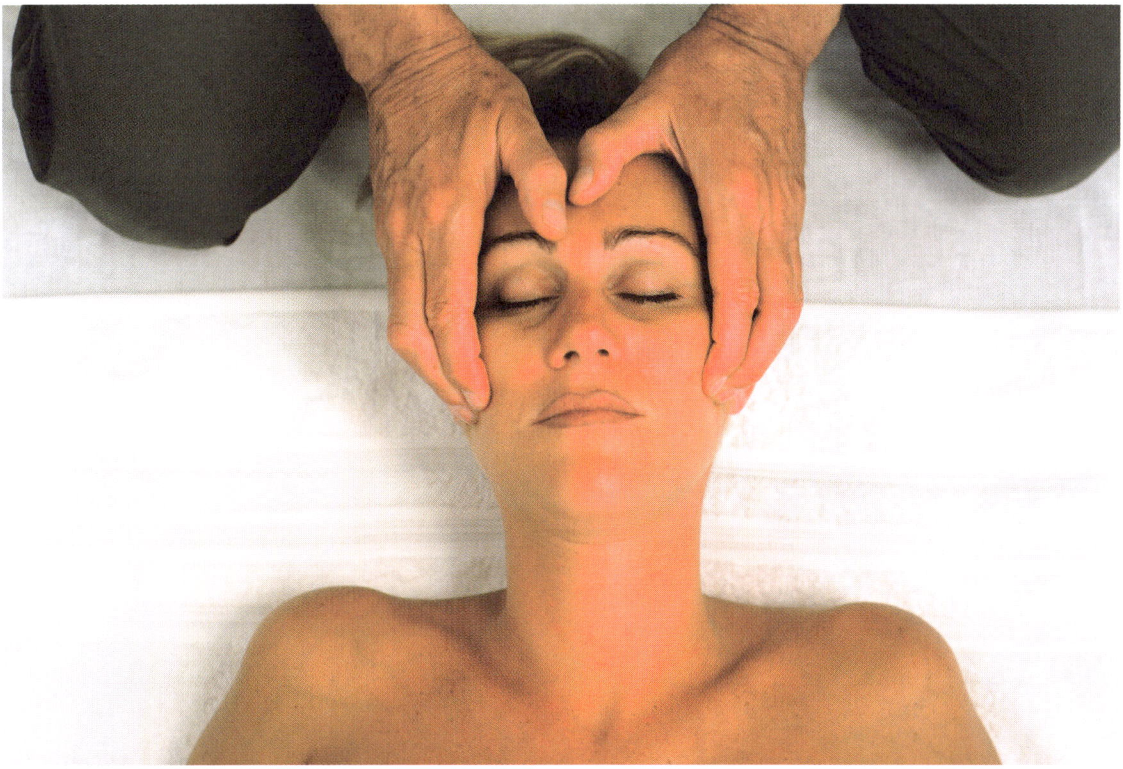

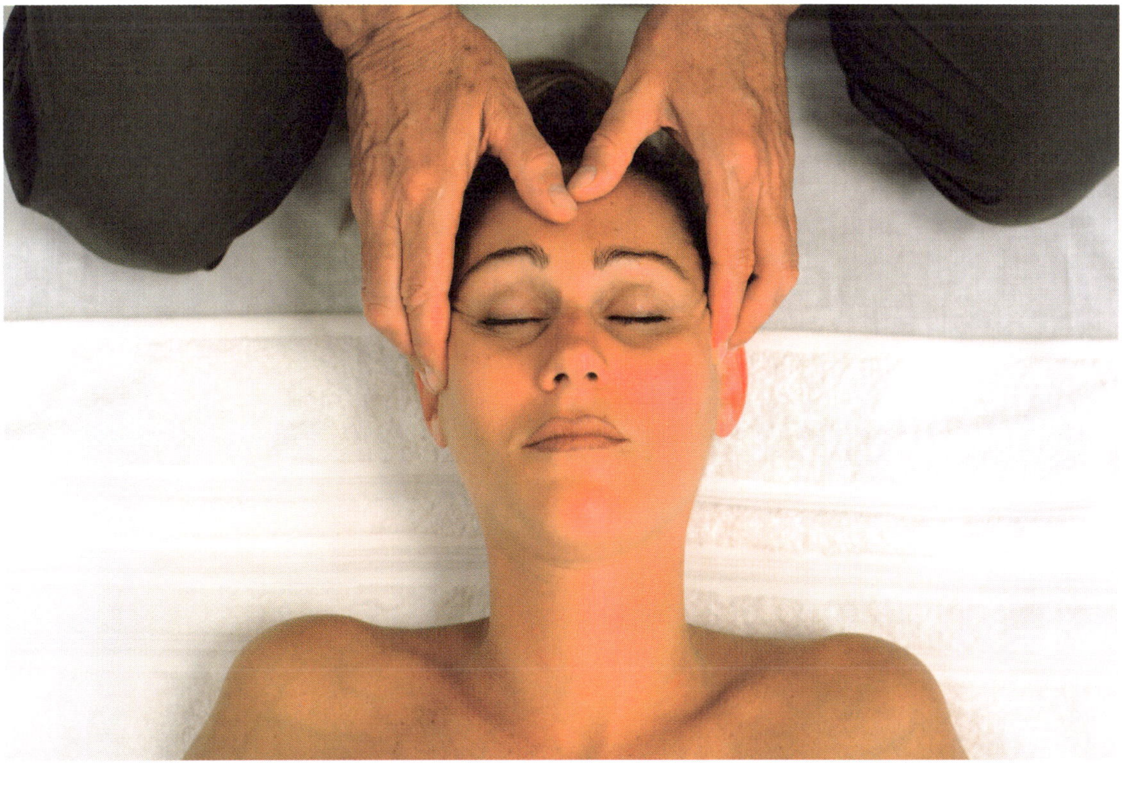

5A/14
>> La **lèvre** supérieure

Étirer un sourire

Répétez trois fois.

14a **En partant pouces bout à bout à la base du nez, écartez-les en longeant la lèvre supérieure** puis poursuivez le mouvement en étirant le coin des lèvres et continuez jusque devant l'oreille toujours en étirant la peau. Prenez appui avec vos doigts dans la nuque.

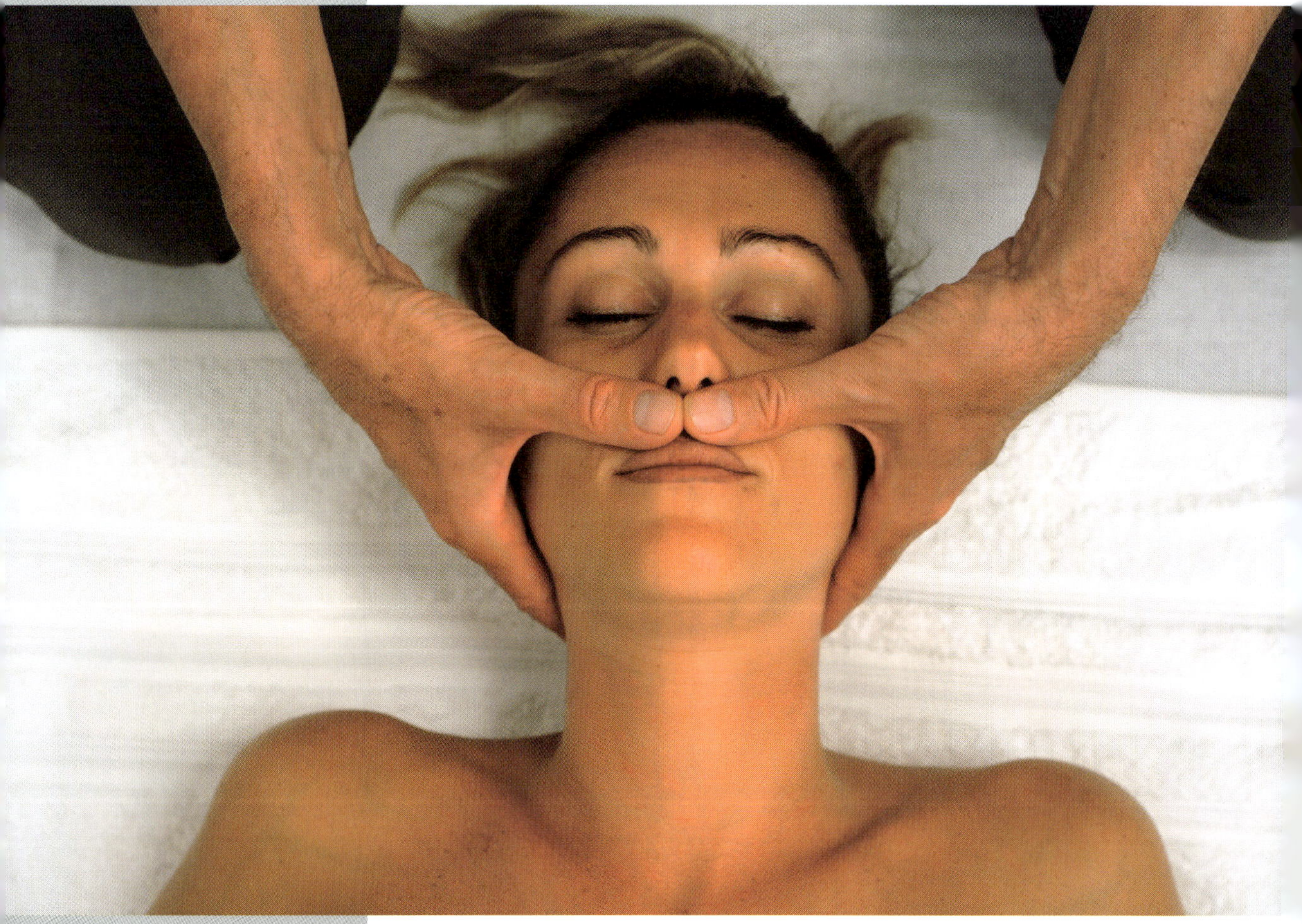

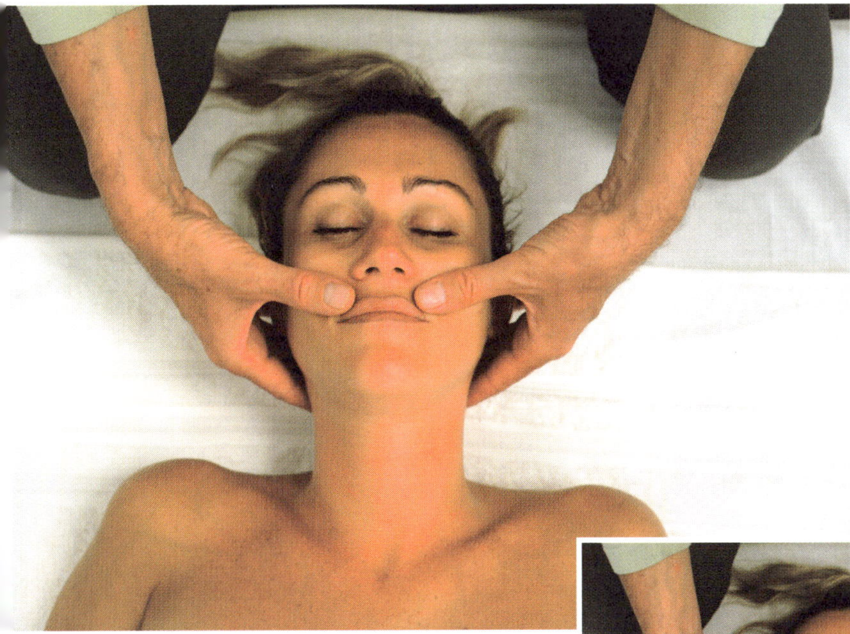

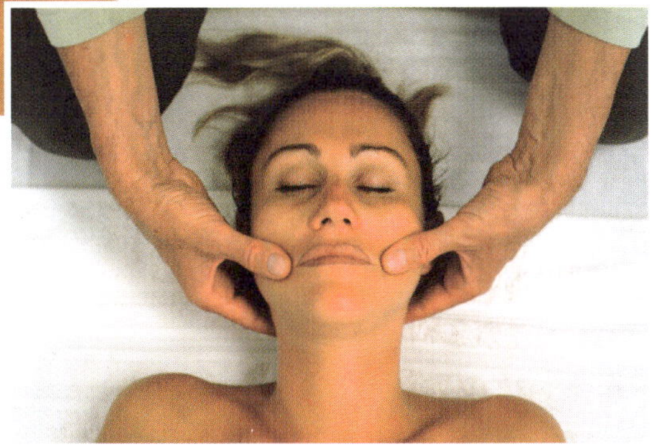

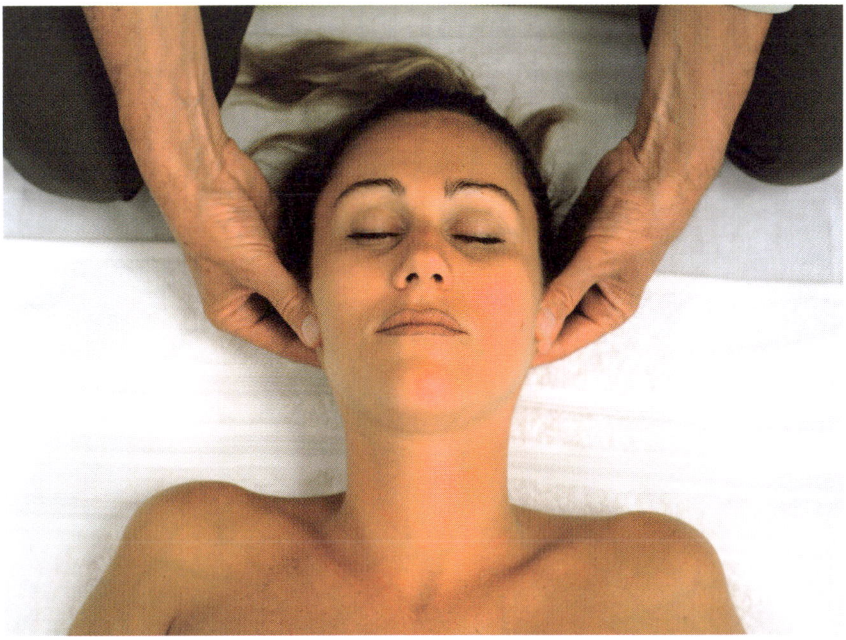

5A/15

>> Le **menton**

Écarter et affiner

Répétez trois fois.

15a **Prenez le menton entre vos pouces au-dessus et vos index en dessous** puis écartez vers les oreilles en étirant bien la peau. Repartez du menton avec les index sous l'os des mâchoires et affinez les doubles mentons en glissant vers le coin des mâchoires le long de l'os.

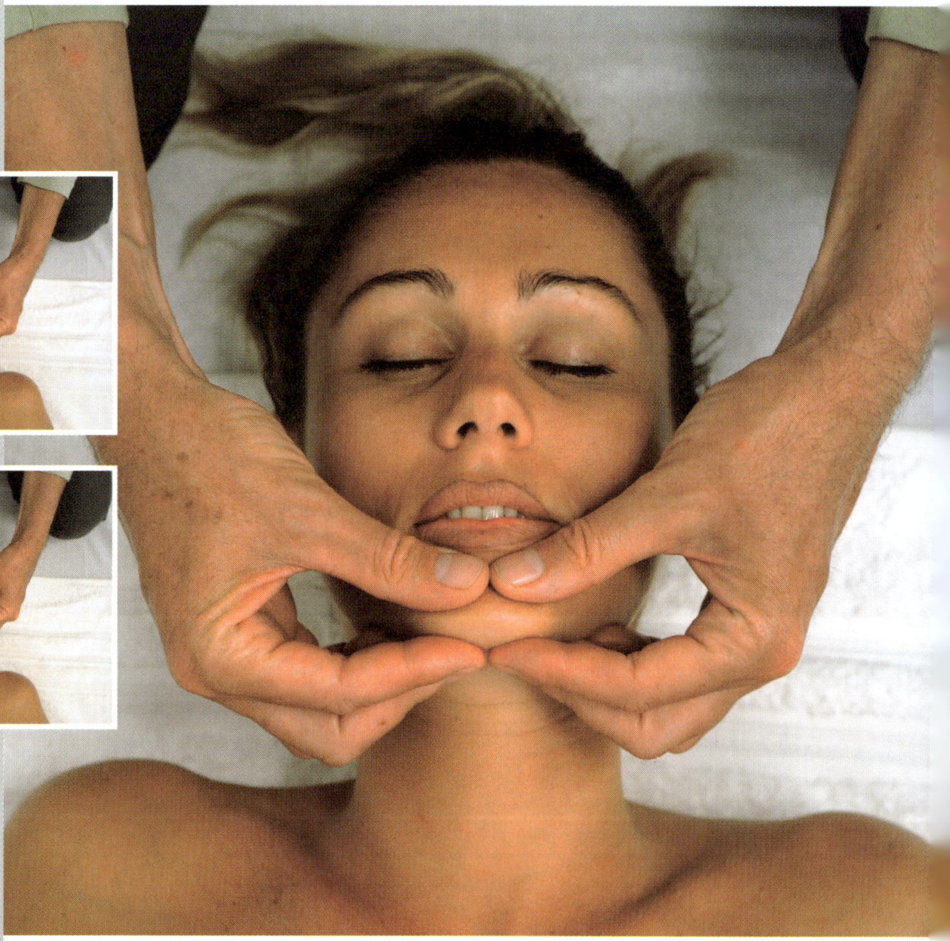

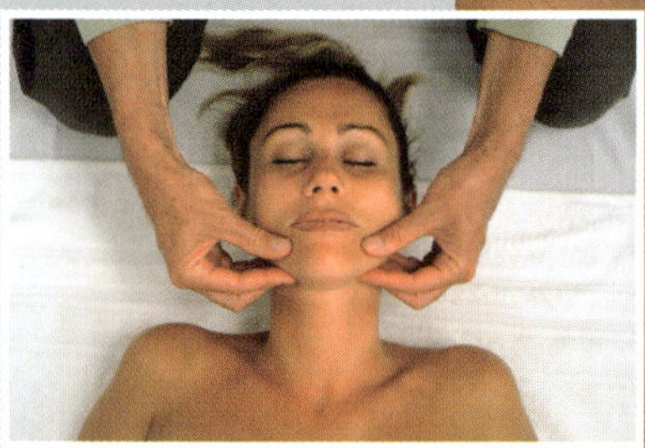

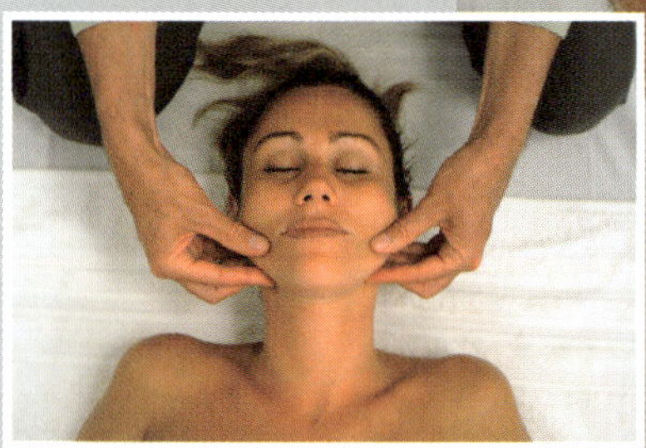

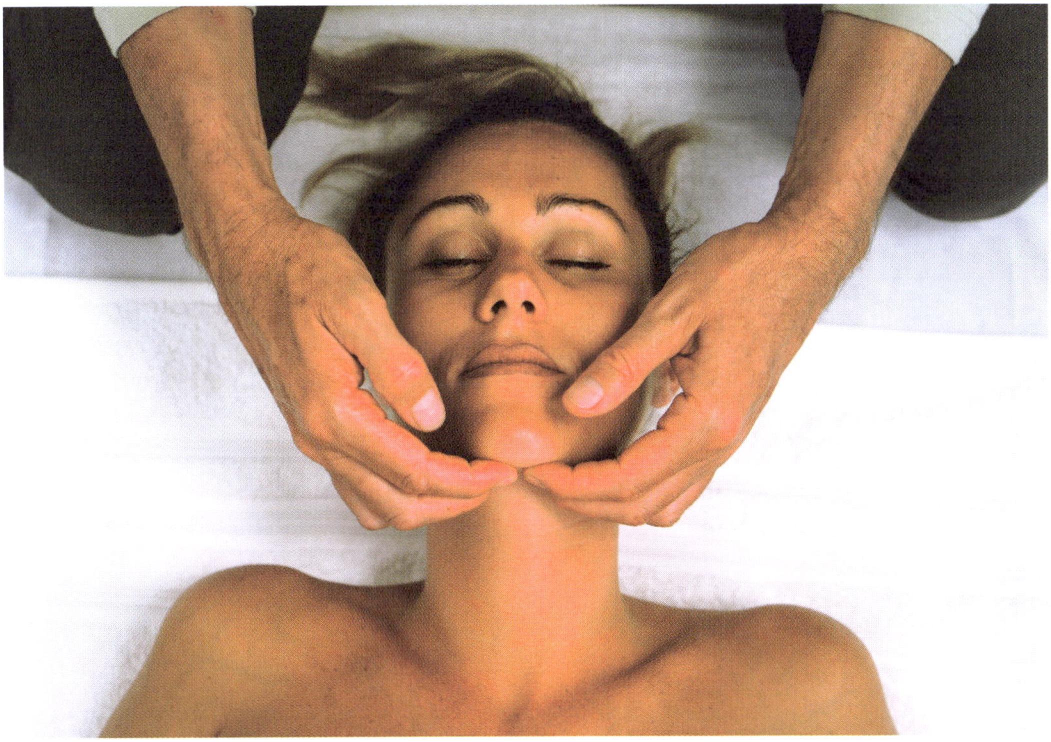

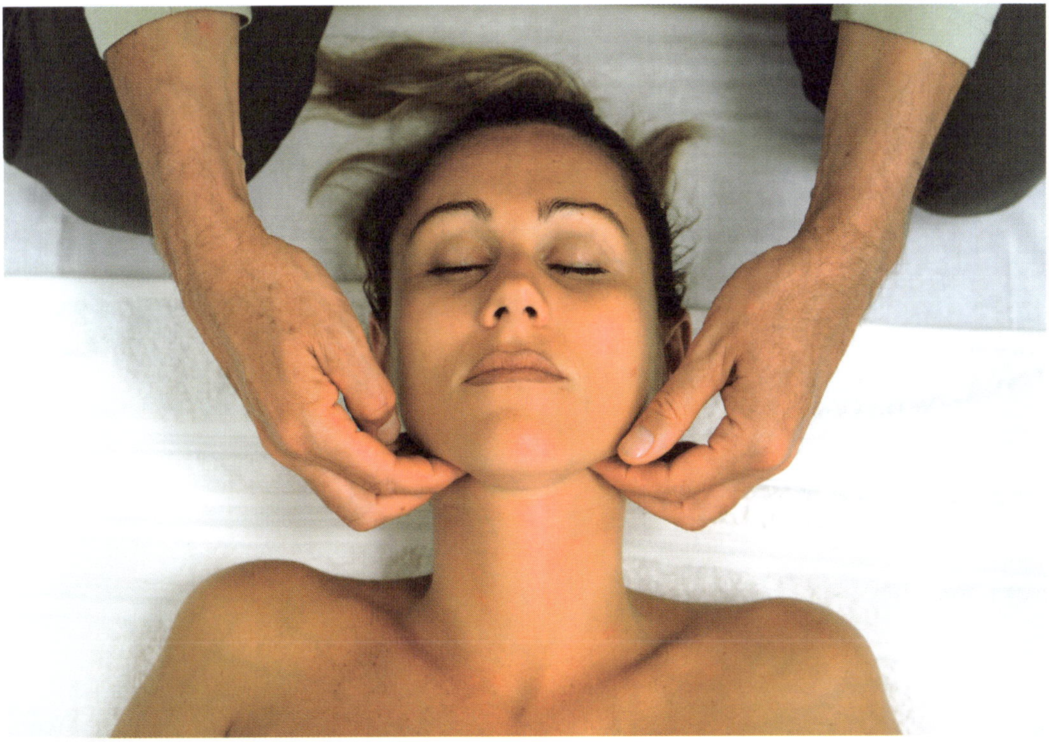

5A/16

>> Les **mâchoires** et les tempes

Détendre profondément

Répétez trois fois.

16a Sur le même trajet que le 2/13 **massez avec de petits mouvements circulaires du bout des doigts tout le long des muscles des mâchoires** jusqu'à l'articulation. Remontez légèrement et massez très délicatement et sans pression les tempes dans un mouvement circulaire.

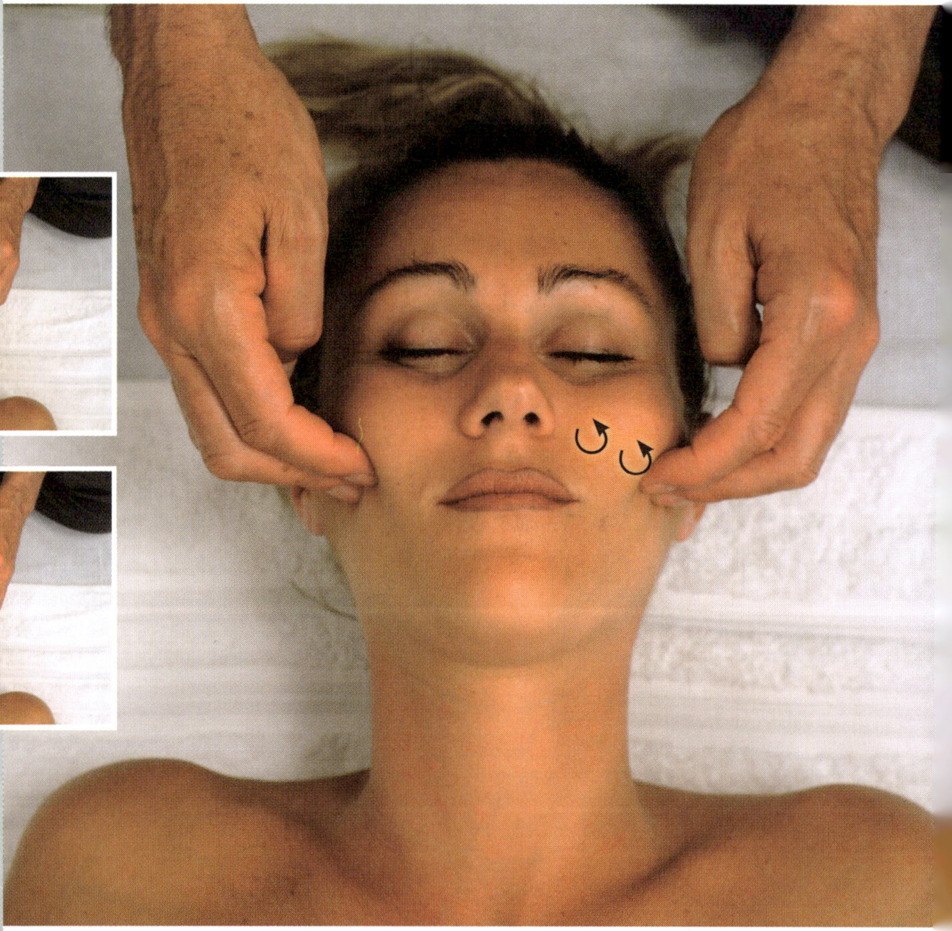

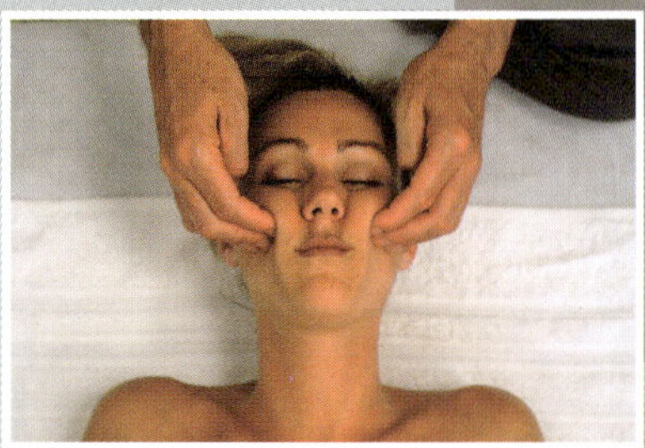

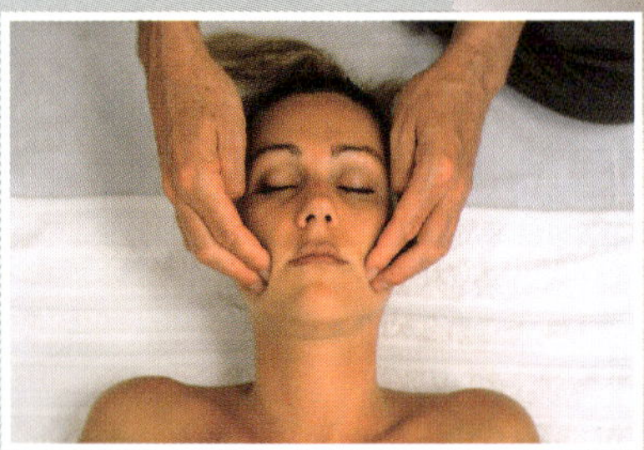

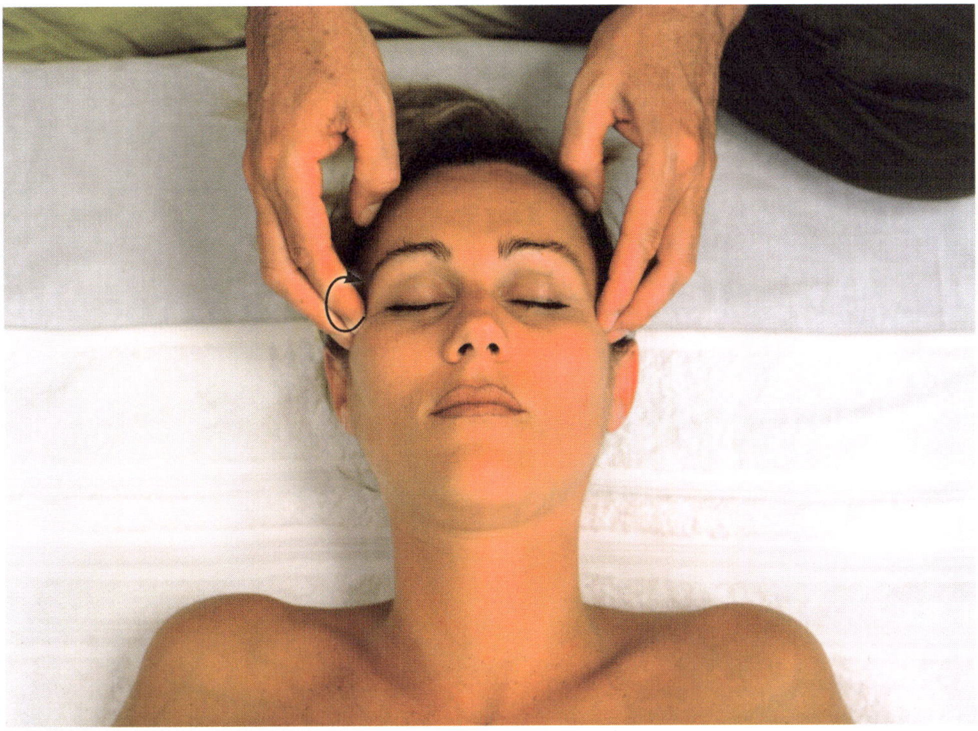

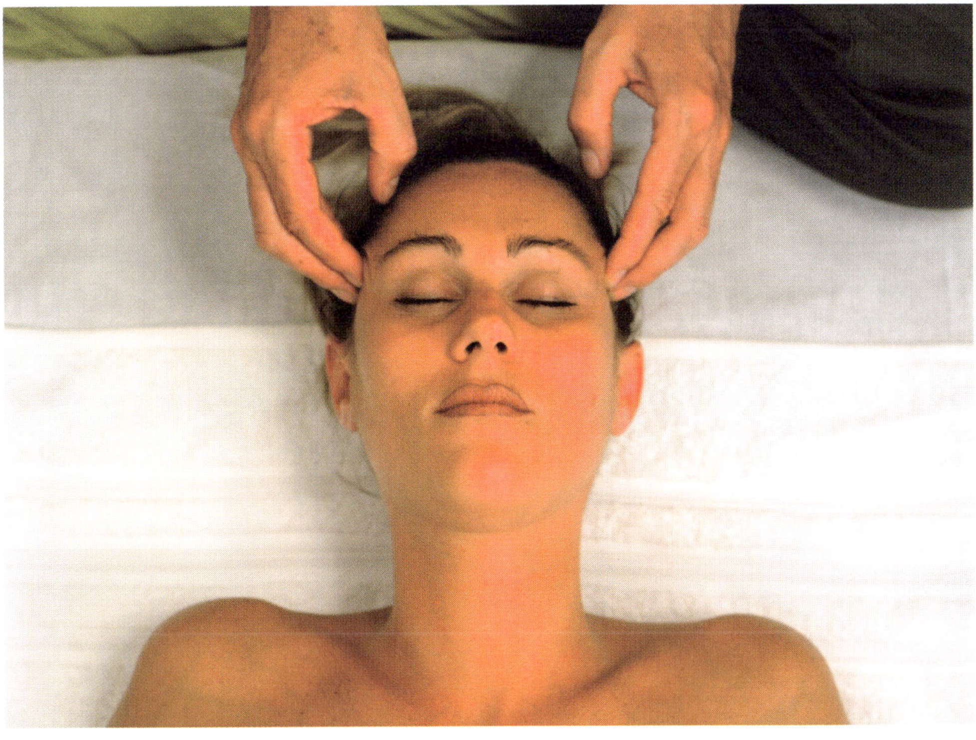

5A/17

>> Les **oreilles**

On aime ou pas

Répétez trois fois.

17a **Si votre partenaire apprécie**, successivement :
> **massez et étirez** le lobe entre le pouce et l'index,
> **massez et écartez** le pavillon avec le pouce,
> **étirez vigoureusement** le pavillon vers le haut,
> **massez avec l'auriculaire** ou un autre doigt derrière l'oreille, là où elle rejoint le crâne.

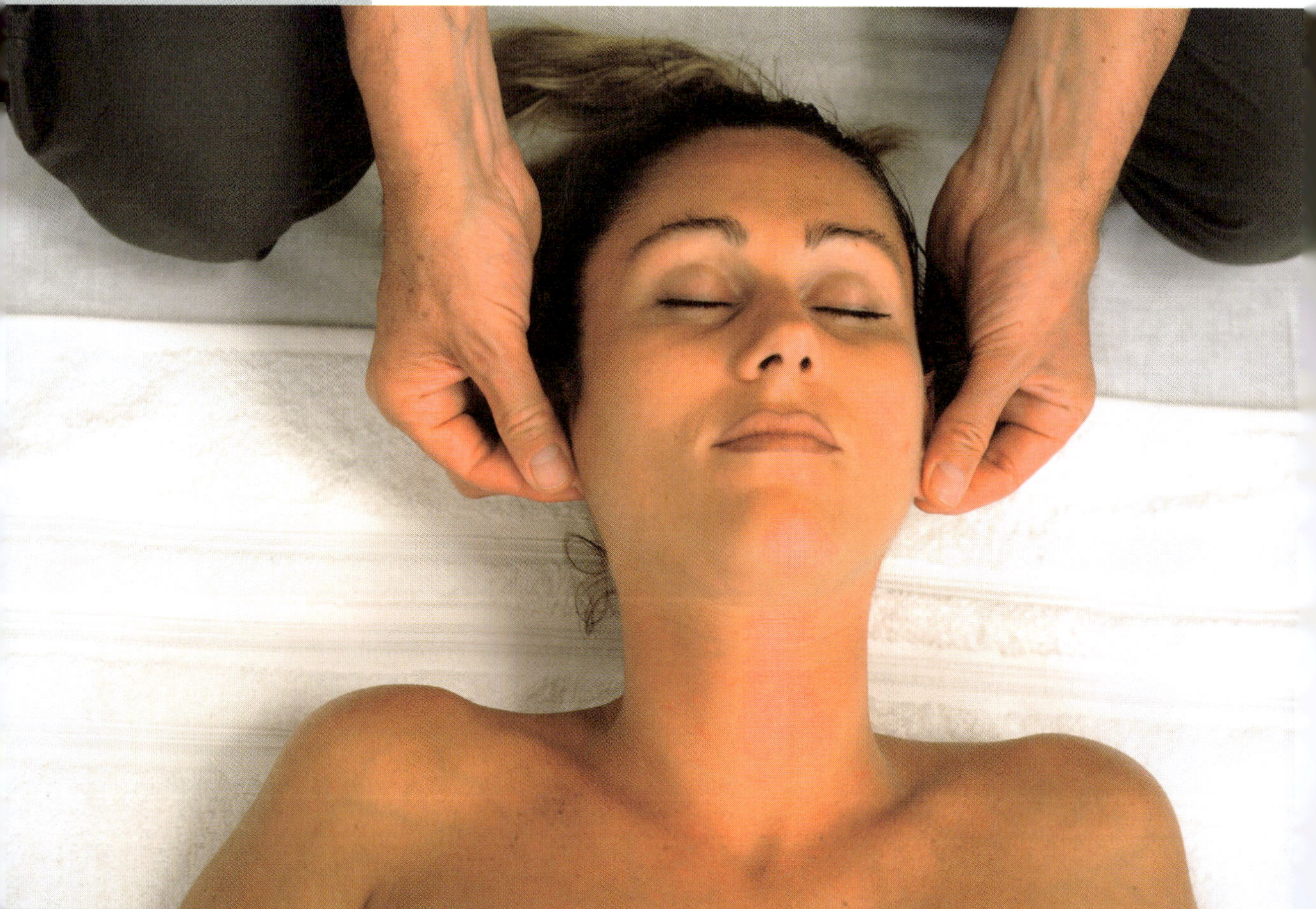

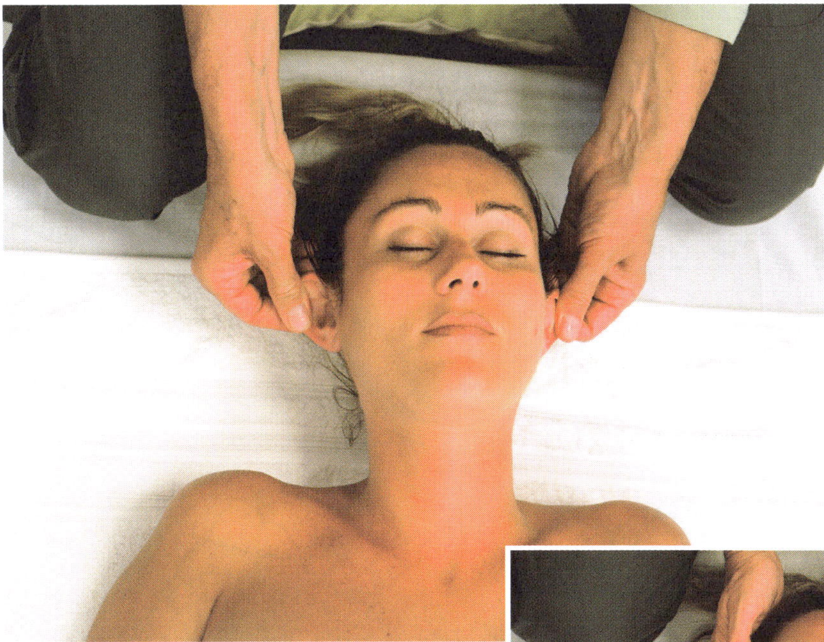

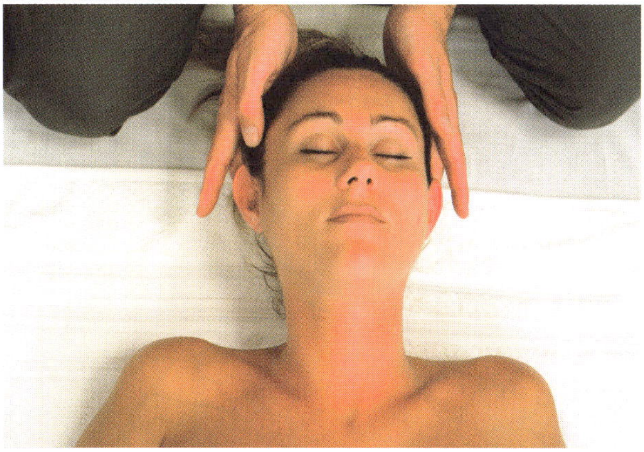

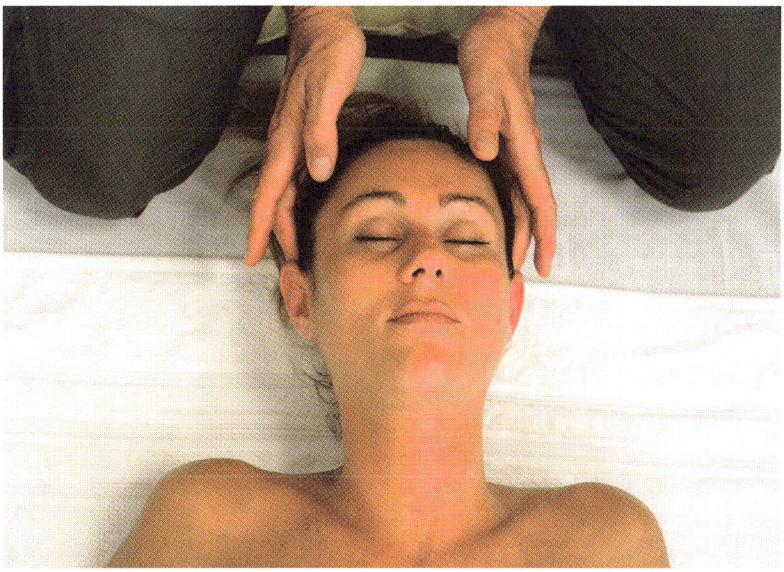

5A/18

>> Le grand **final**

Un mouvement pour tout le visage

Répétez trois fois.

18a **Installez-vous confortablement à la tête et reprenez un peu d'huile dans vos mains**. Le mouvement commence avec vos deux mains jointes appuyées à leur base sur le menton de votre partenaire. Vos mains s'écartent ensuite pour suivre le modelé des mâchoires avec le bout des doigts joints puis vos pouces continuent le mouvement sur le front et vos doigts sur les côtés de la tête. Terminez dans le cuir chevelu.

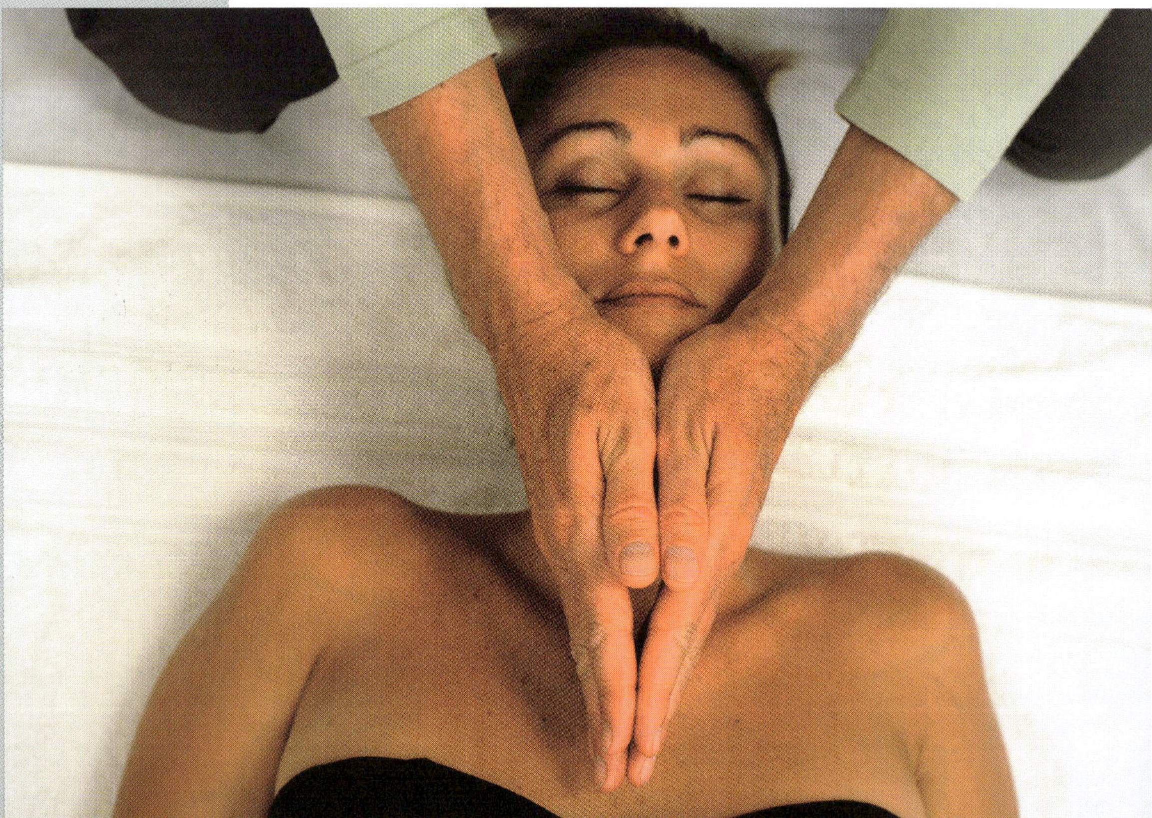

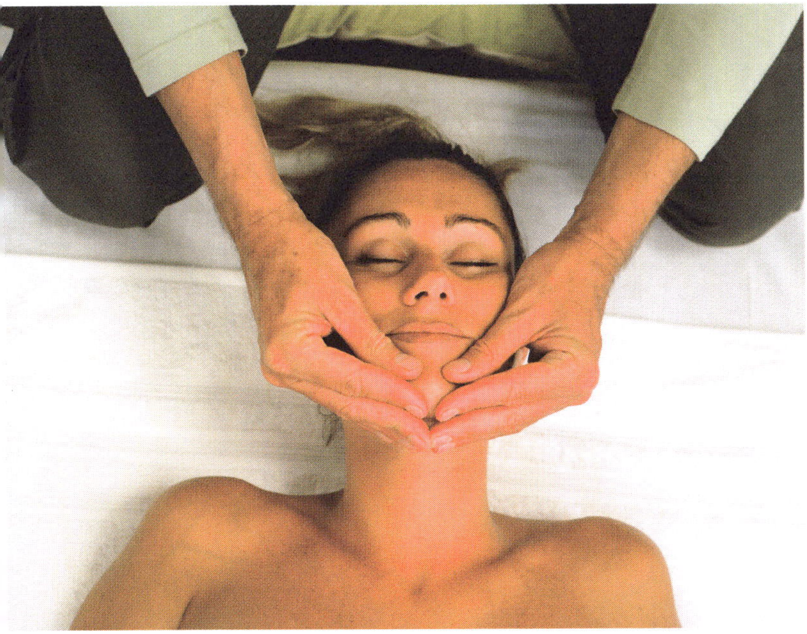

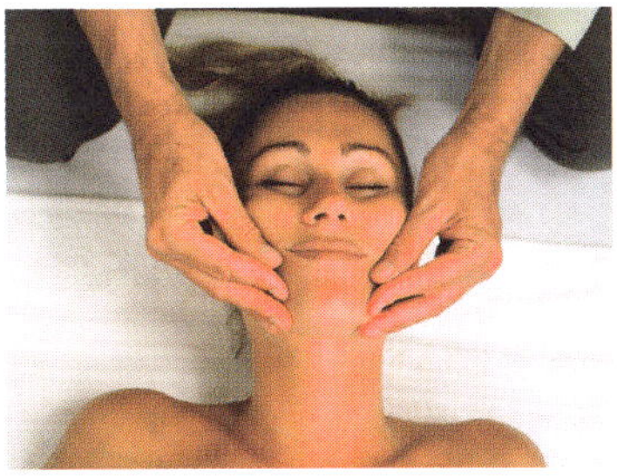

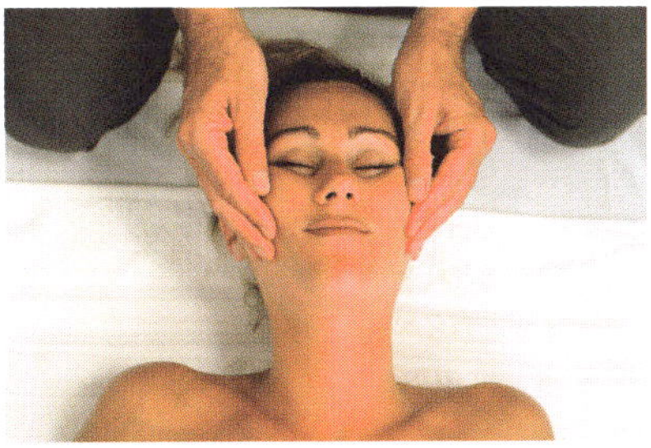

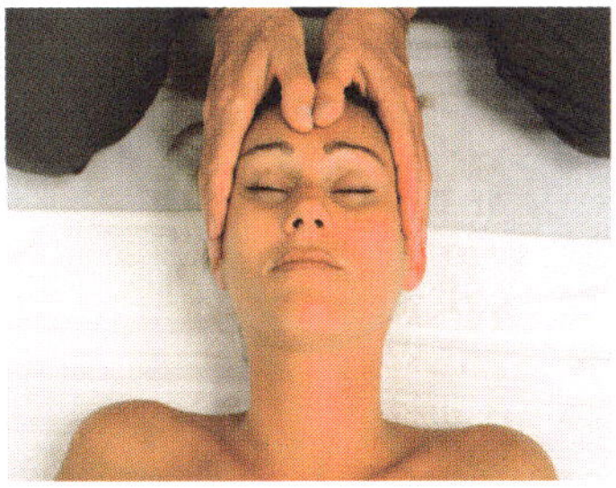

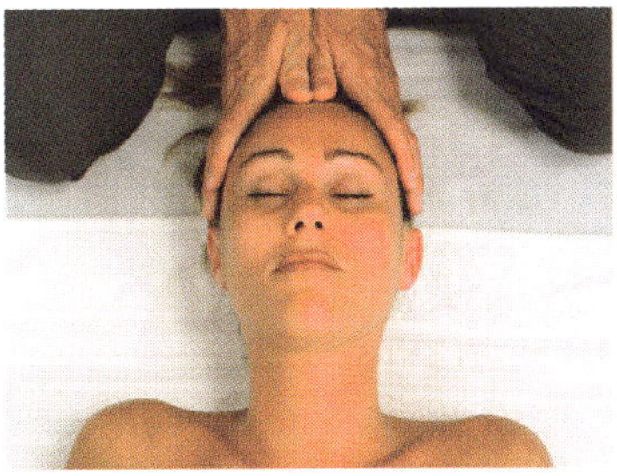

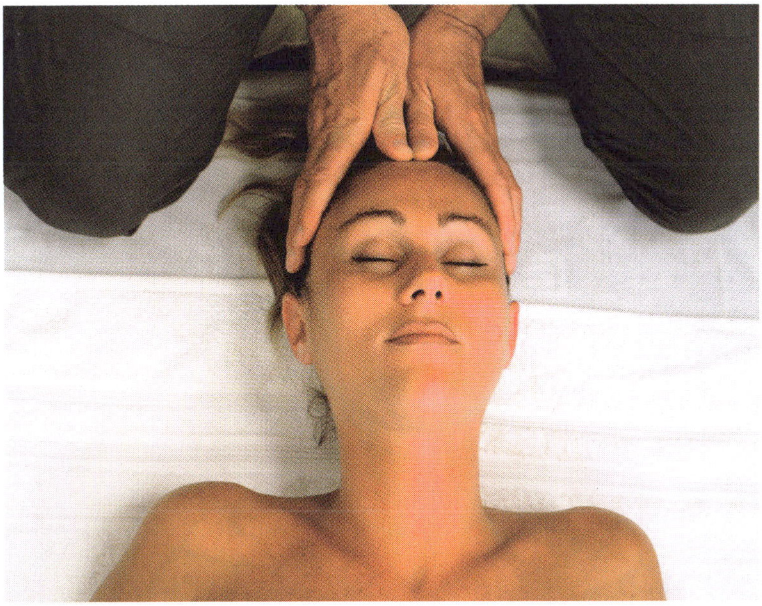

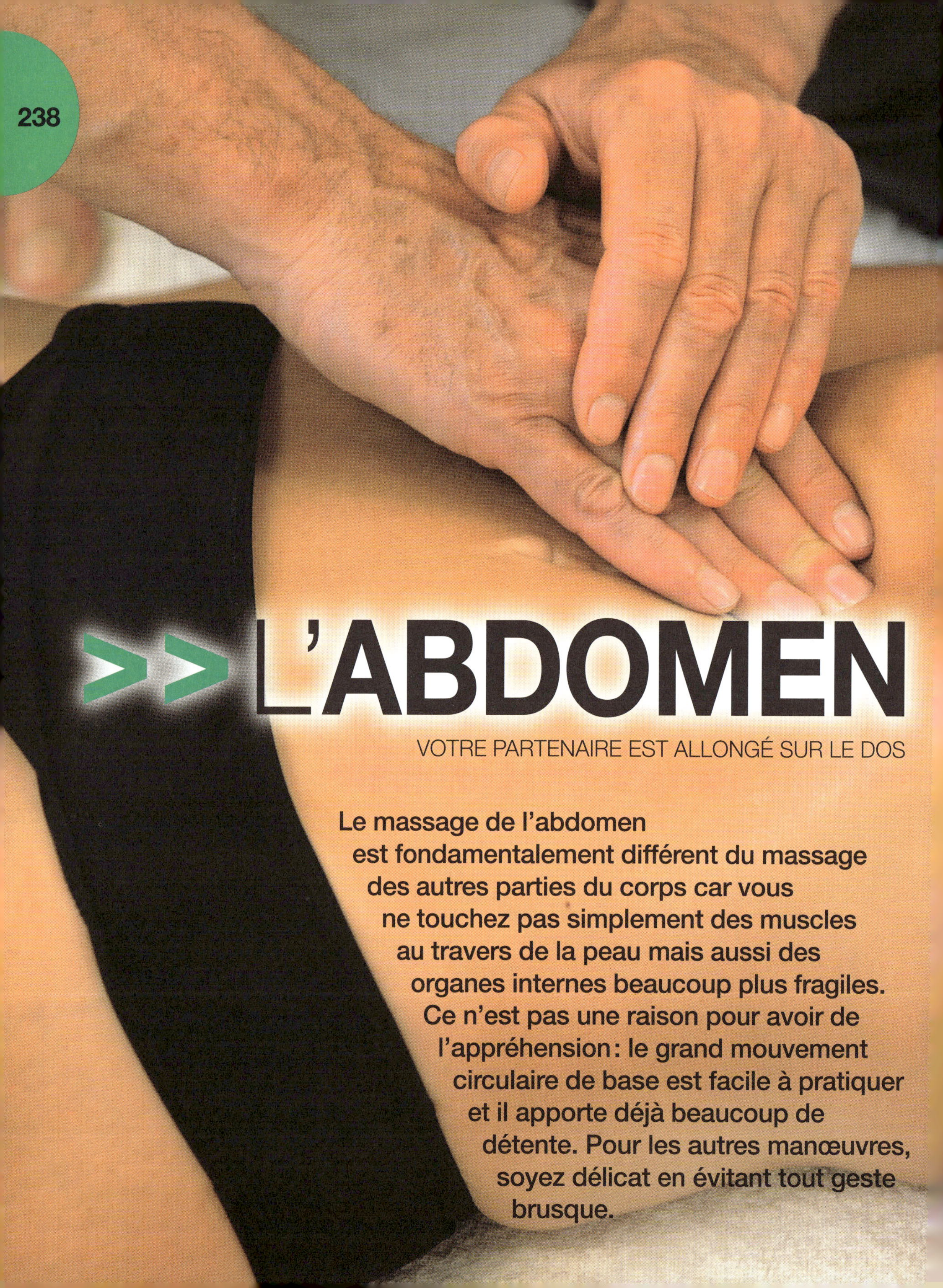

>> L'ABDOMEN

VOTRE PARTENAIRE EST ALLONGÉ SUR LE DOS

Le massage de l'abdomen est fondamentalement différent du massage des autres parties du corps car vous ne touchez pas simplement des muscles au travers de la peau mais aussi des organes internes beaucoup plus fragiles. Ce n'est pas une raison pour avoir de l'appréhension : le grand mouvement circulaire de base est facile à pratiquer et il apporte déjà beaucoup de détente. Pour les autres manœuvres, soyez délicat en évitant tout geste brusque.

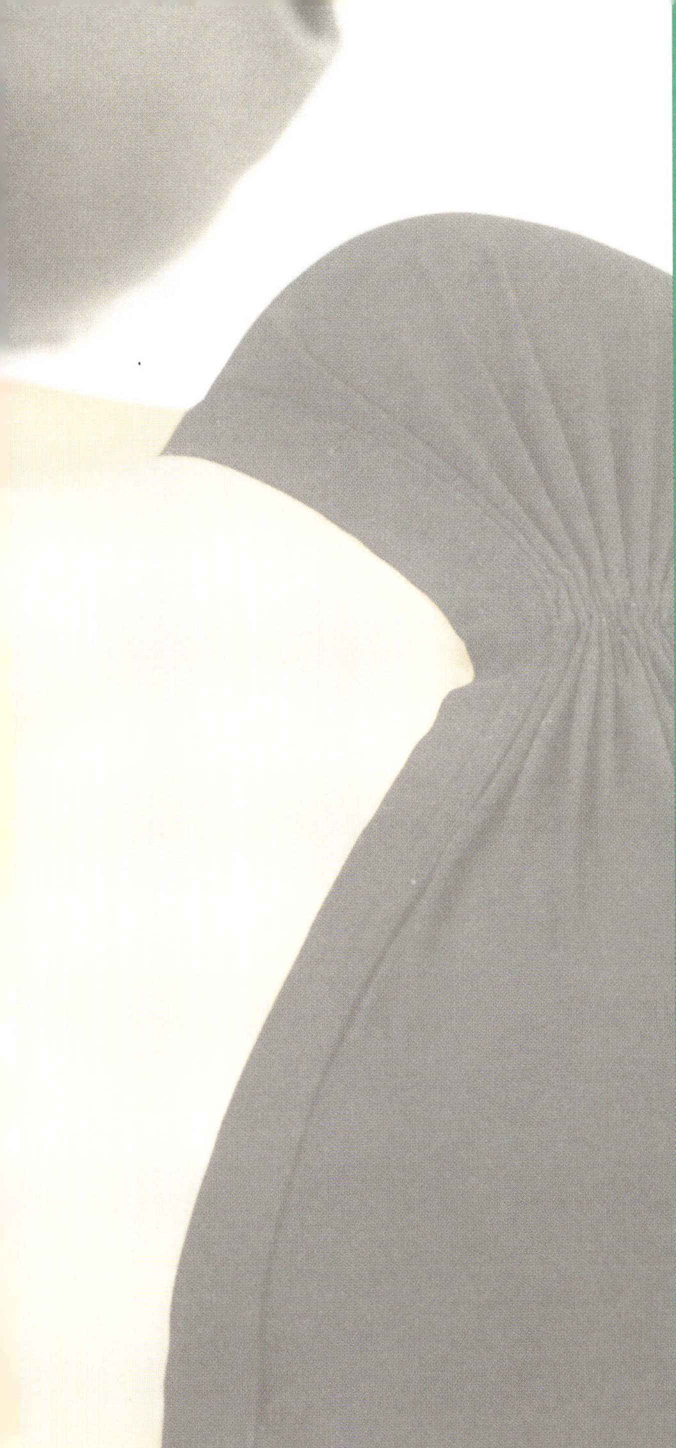

L'ABDOMEN

CETTE PARTIE COMPORTE…

5 mouvements

- 1 grand mouvement de base pour la détente
- 4 manœuvres spécifiques pour les organes internes

1 partie

1 position pour masser

- assis près du corps sur le côté, de préférence sur le côté droit de son partenaire

VOUS APPRENEZ :

- à favoriser la respiration abdominale
- à détendre le plexus solaire et le diaphragme
- à améliorer le transit
- à masser les organes internes
- à doser votre pression en douceur

Nous n'étudions ici que quelques gestes simples, environ 2 minutes dans votre dvd, à rajouter dans une séance de massage plus globale. Un massage plus approfondi de l'abdomen demanderait d'autres connaissances. Les mouvements sont simplement démontrés dans le dvd : une fois que vous les avez appris, accomplissez-les un plus grand nombre de fois comme indiqué dans les pages suivantes.

Lors d'un enchaînement…

>> Vous pouvez rajouter le massage de l'abdomen à votre séance : c'est un bon moyen de terminer.

>> Vous pouvez intercaler le massage de l'abdomen entre le massage du buste et celui de l'avant des jambes ou inversement

Le massage bien-être de l'abdomen

En douceur

Après la prise de contact, le massage de l'abdomen consiste d'abord en un mouvement circulaire peu appuyé qui sert à relâcher globalement la tension de cette zone et à faciliter la respiration abdominale.

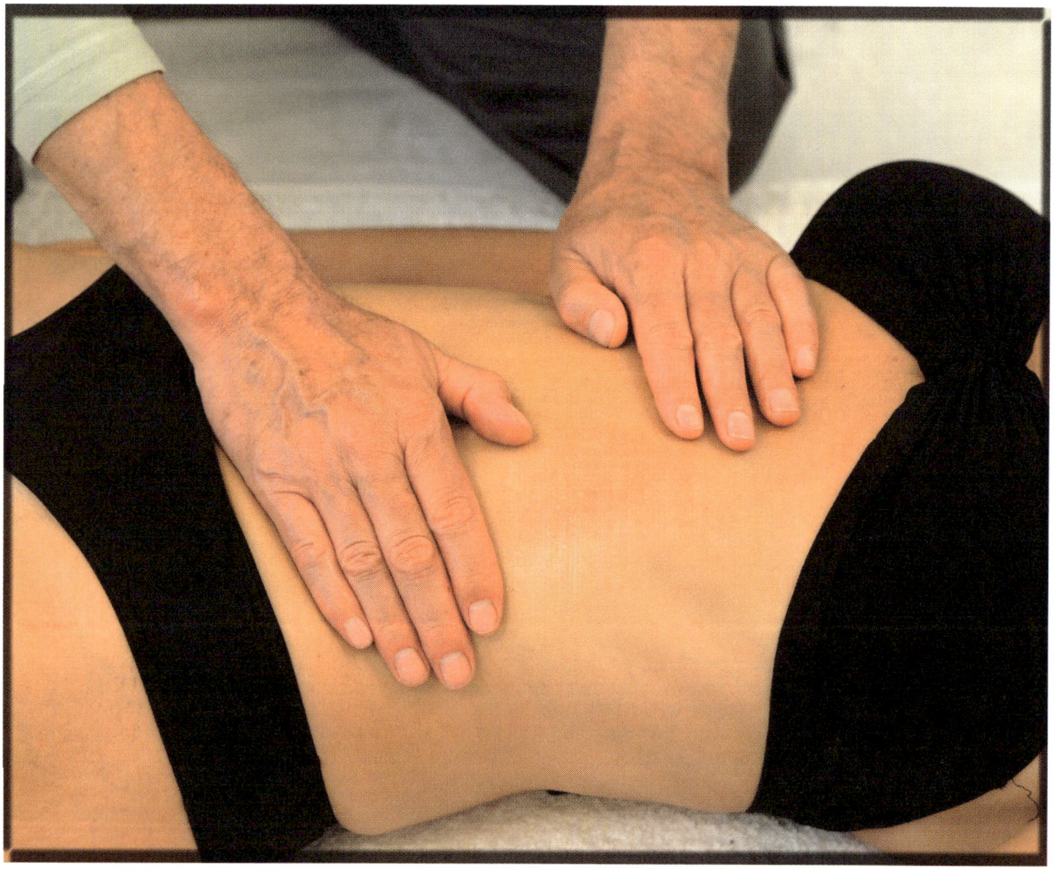

Il se poursuit par des gestes précis avec des actions spécifiques pour décongestionner et rééquilibrer le fonctionnement des organes internes, essentiellement pour la digestion.

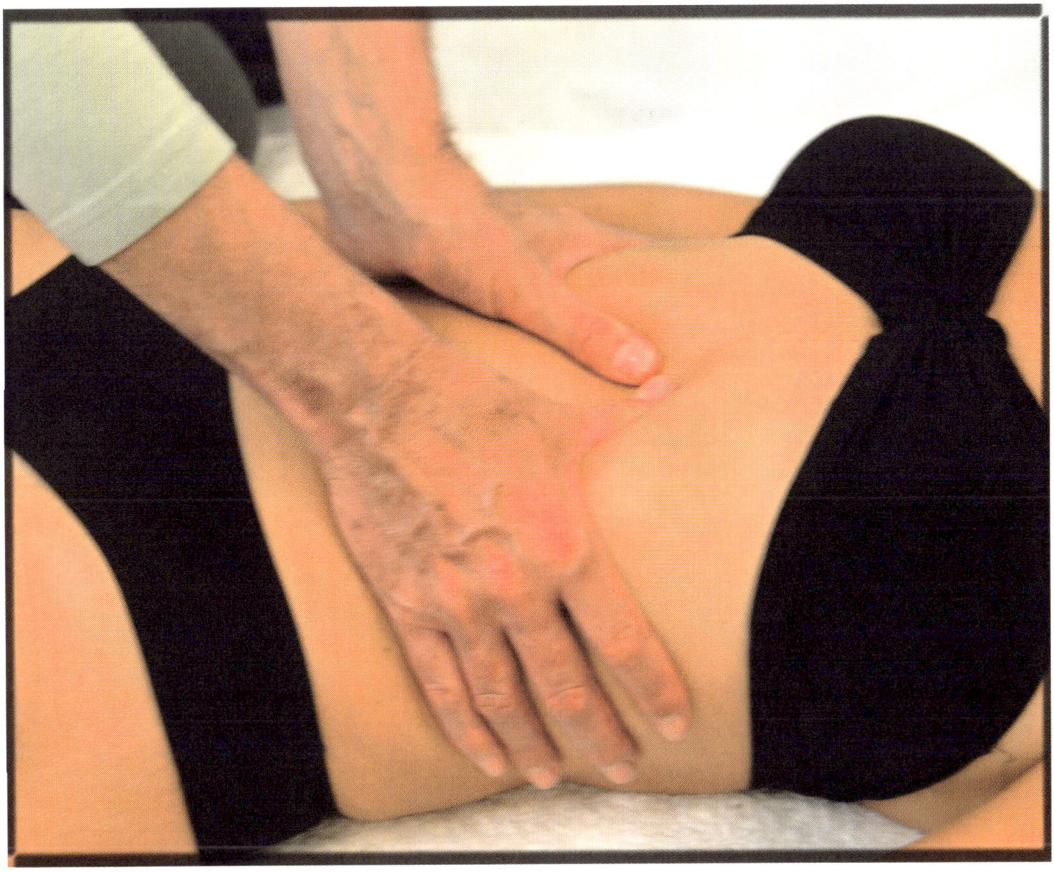

>> Conseils **d'installation**

1 Votre partenaire est allongé sur le dos et il est très important qu'il ne soit pas cambré. Comme pour le massage de l'avant des jambes **placez un long coussin comme un oreiller replié sous ses genoux — ou un petit coussin sous chaque genou**. Le coussin ramène les vertèbres lombaires sur le sol et permet aux muscles de l'abdomen de se détendre. Si ce n'est pas suffisant invitez votre partenaire à replier les genoux et effectuez le massage en lui proposant de garder cette position. Rappelons-nous de ne pas placer de coussin sous le bas du dos ce qui au contraire augmente la cambrure.

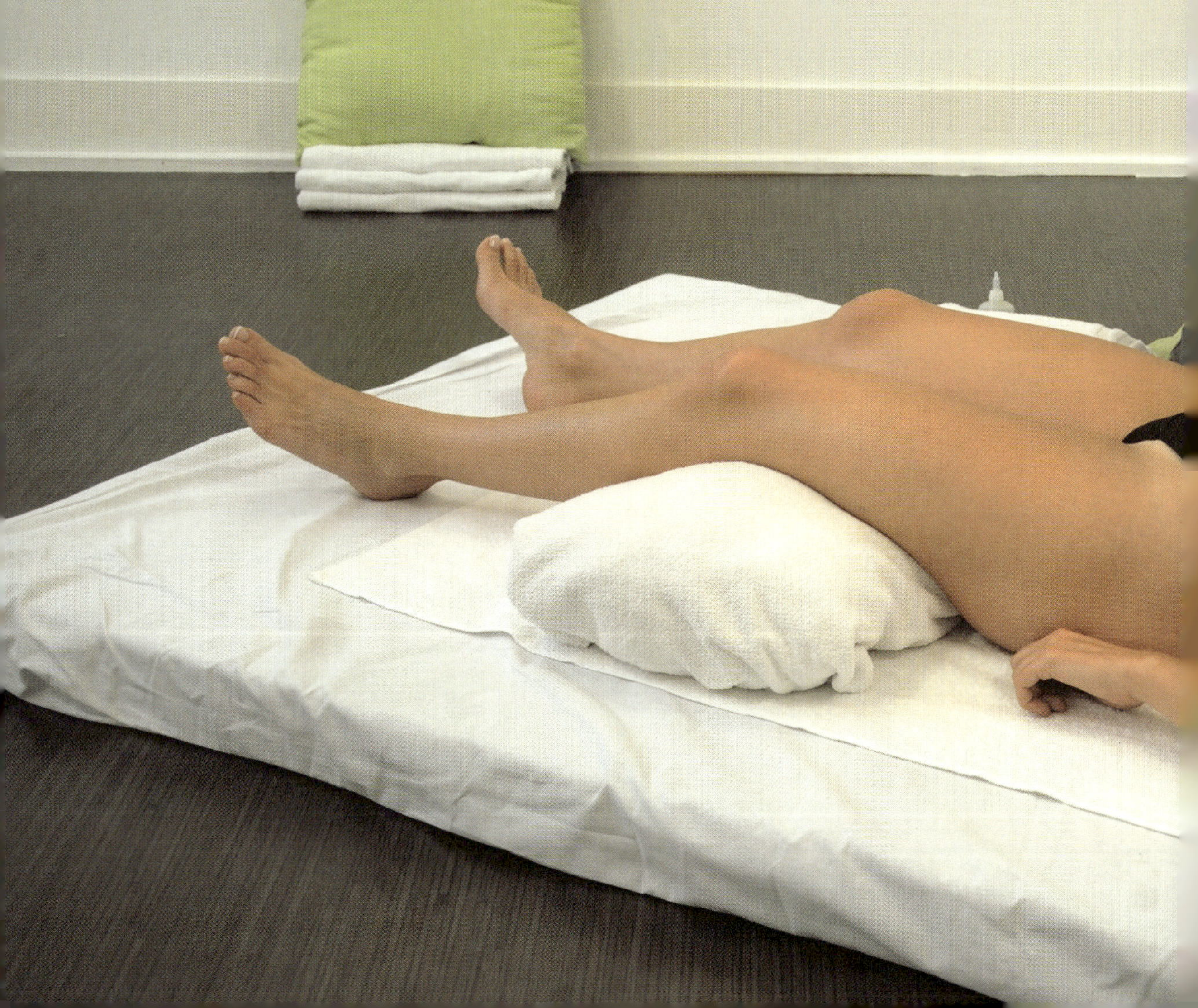

2 Les bras sont le long du corps ou en croix afin que vous puissiez vous positionner confortablement sur le côté du corps. Les bras sous la tête ou allongés au-dessus créeraient une tension dans le ventre. Les jambes sont symétriques et légèrement écartées avec les pointes des pieds vers l'extérieur pour que votre partenaire soit vraiment confortable.

3 Dans cette partie du massage votre partenaire peut mettre sans problème un coussin sous la tête.

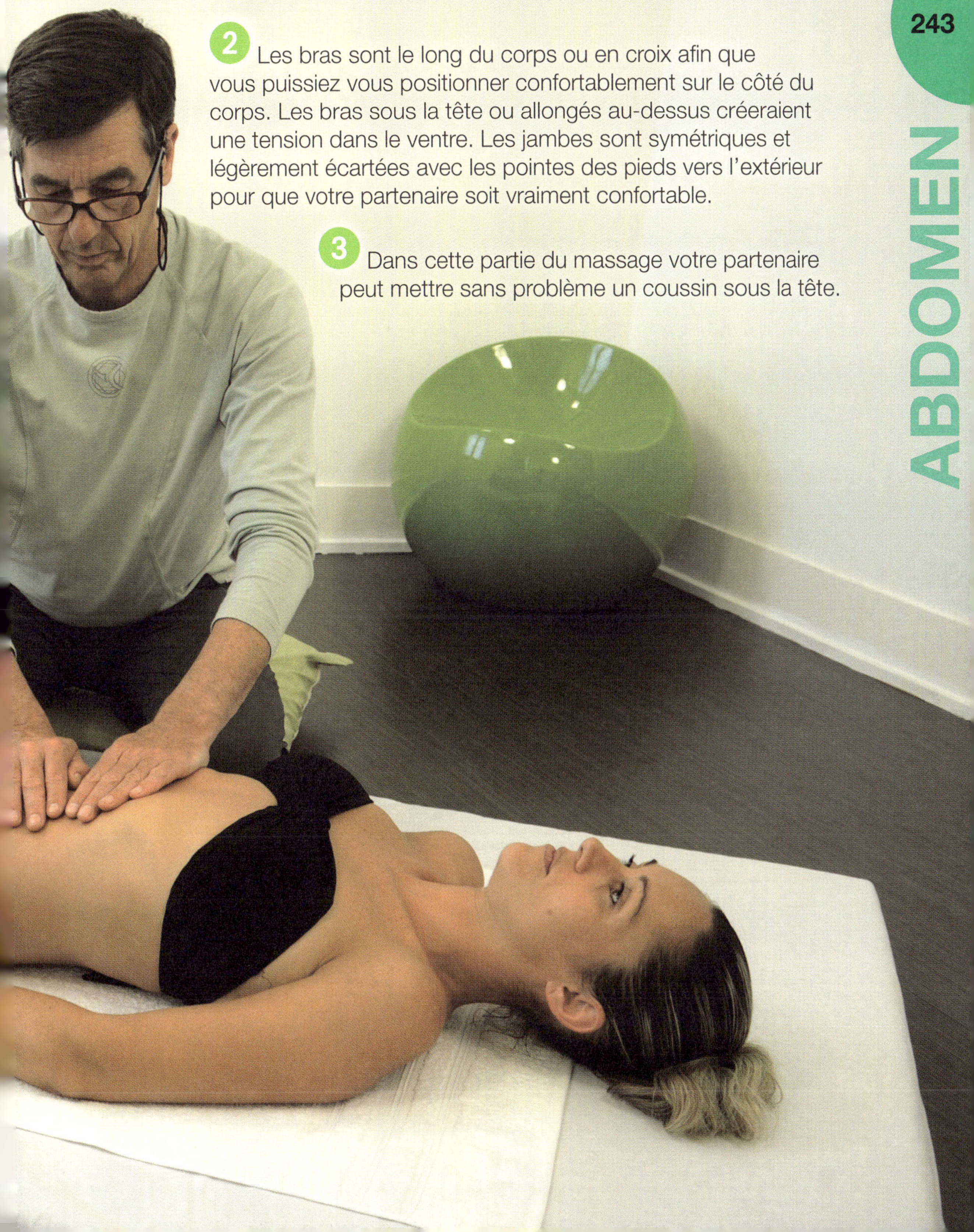

>> Précautions à prendre

- **N'entreprenez pas de massage de l'abdomen après un repas**, pendant la période des règles et plus généralement en cas de troubles digestifs ou de douleurs vives dans le ventre. Rappelez-vous que vous touchez des organes internes que vous pouvez éventuellement léser par une pression brusque et mal dosée.

- **Vous allez sentir, peut-être à votre grande surprise et à celle de votre partenaire, des points particulièrement sensibles au toucher**, même léger. Ces points correspondent à des congestions ou des irritations des intestins et des autres organes digestifs. Il ne sert à rien d'appuyer fortement sur ces points mais au contraire de les détendre souplement avec un mouvement circulaire.

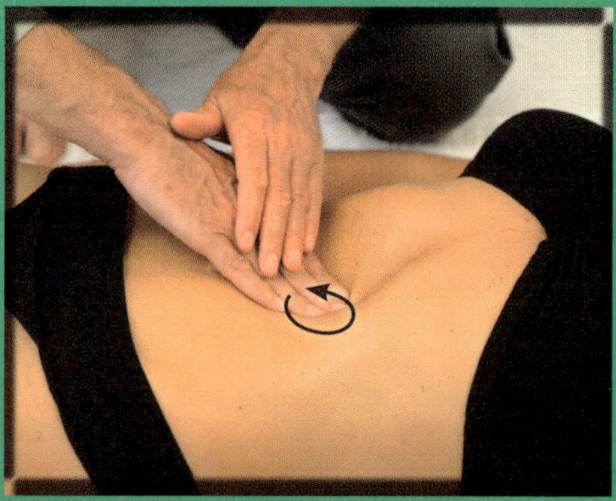

- **Harmonisez-vous au rythme respiratoire de votre partenaire** : demandez-lui de bien expirer, de souffler lorsque vous pressez, surtout si les points sont douloureux, et relâchez votre pression lorsqu'il a besoin de ré-inspirer. Sur les points sensibles, expirez en même temps que lui et imaginez qu'une énergie de détente et de guérison sort par vos mains et pénètre dans son corps.

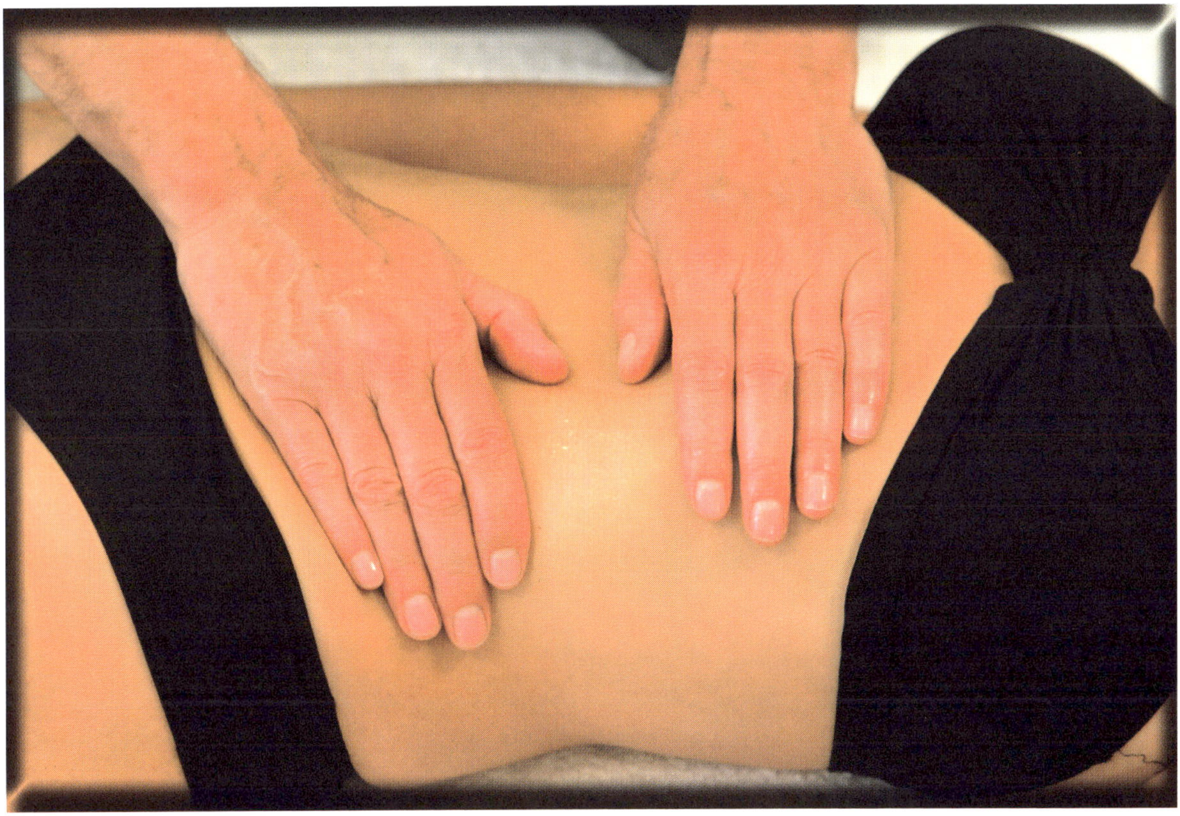

Instructions à suivre dès le début du massage

Vous êtes près du bas-ventre, restez dans le cadre du degré d'intimité que vous avez avec votre partenaire et ne vous étonnez pas si parfois l'abdomen est très contracté. C'est une zone qui demande du temps pour se détendre car il y a là un enjeu de confiance. Parfois un simple contact immobile des mains est déjà beaucoup et peut avoir un grand effet bienfaisant.

Ne soyez pas étonné non plus des nombreux « bruits », glouglous et autres qui peuvent se déclencher et qui traduisent l'action décongestionnante de votre massage.

5B/1

>> Grand cercle **relaxant**

Les deux mains qui se croisent

Faites ce cercle de vingt à trente fois. Vous pouvez alterner avec de simples grands cercles les deux mains côte à côte.

1a **Installé sur le côté du corps de votre partenaire vous avez déposé vos mains sur l'abdomen** après avoir repris de l'huile. Vos deux mains sont relâchées, bien en contact et vous sentez le rythme respiratoire de votre partenaire. Vous allez effectuer avec chacune des mains un mouvement glissé circulaire sur l'abdomen.

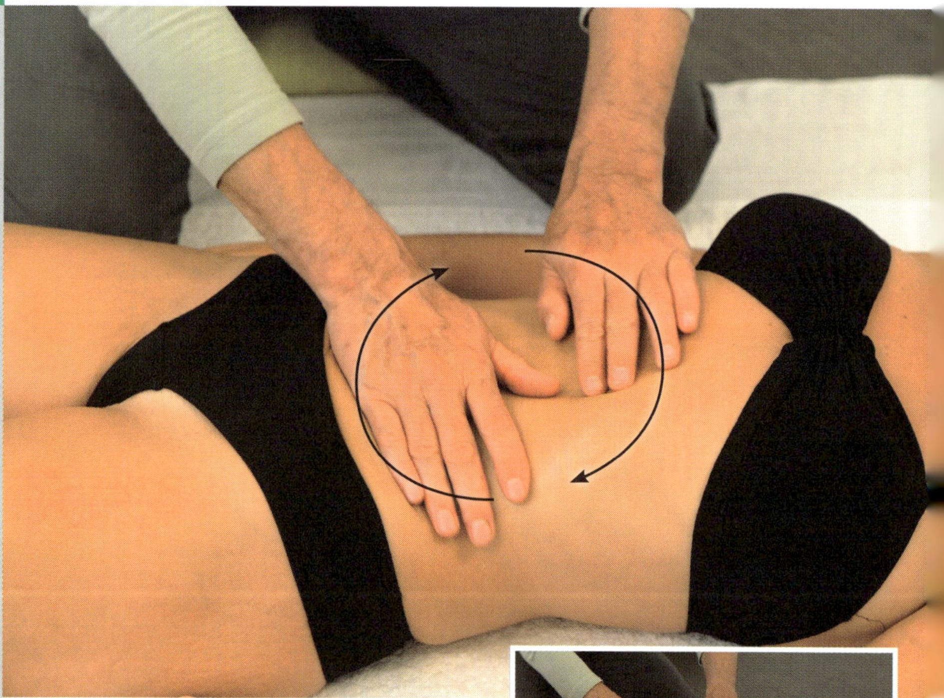

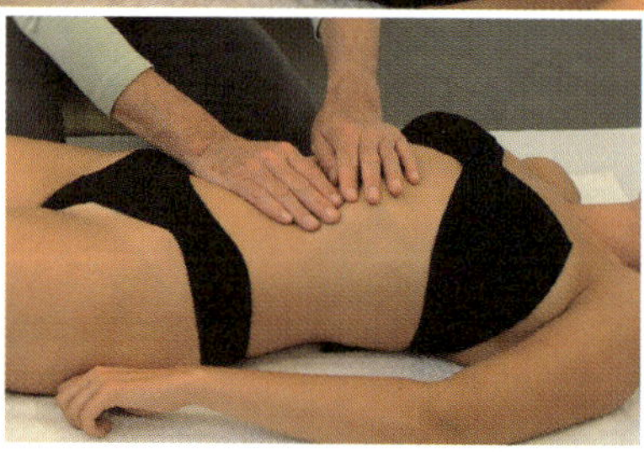

Notre conseil

Relâchez vos mains dans le mouvement et il va devenir plus facile. Gardez les pouces et les doigts joints que votre main soit la plus rassurante possible. La répétition du mouvement va favoriser l'apaisement et le ventre va se détendre de l'intérieur. Ne soyez pas étonné des réactions respiratoires possibles de votre partenaire comme une grande inspiration ou un soupir.

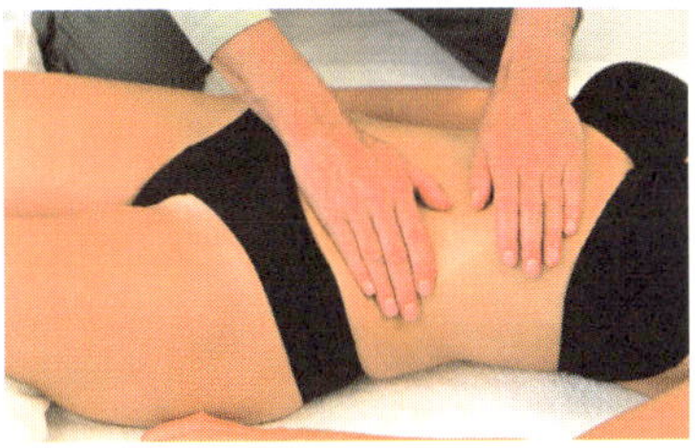
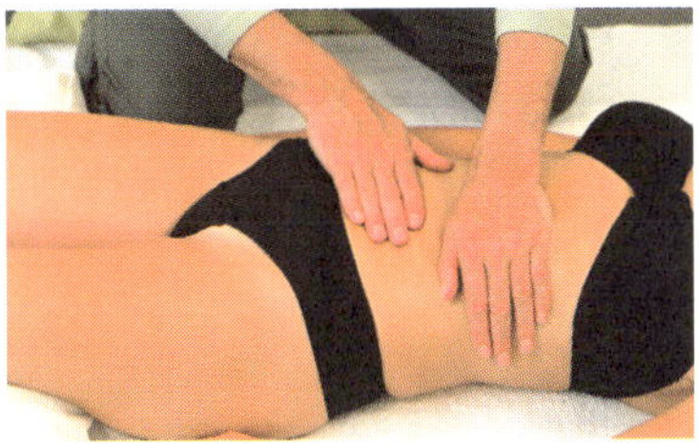
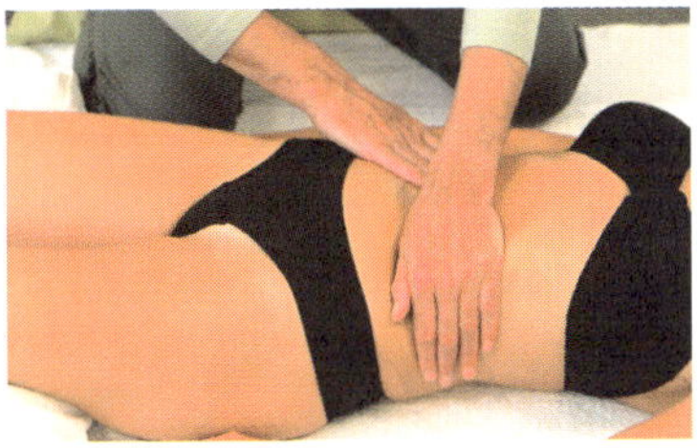
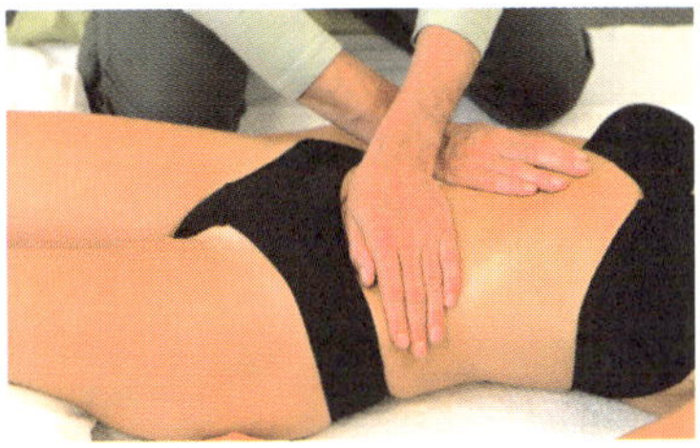
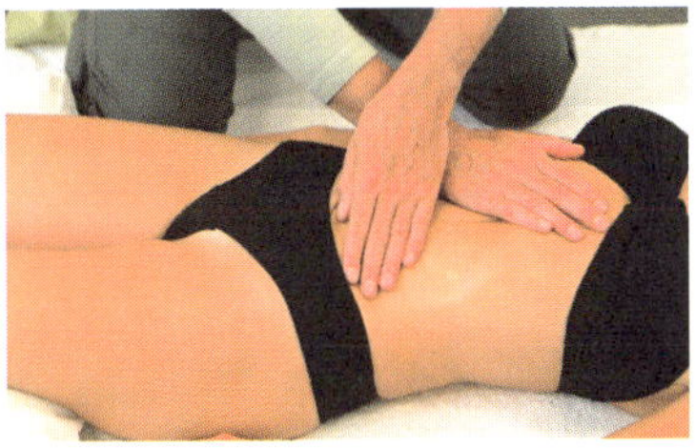
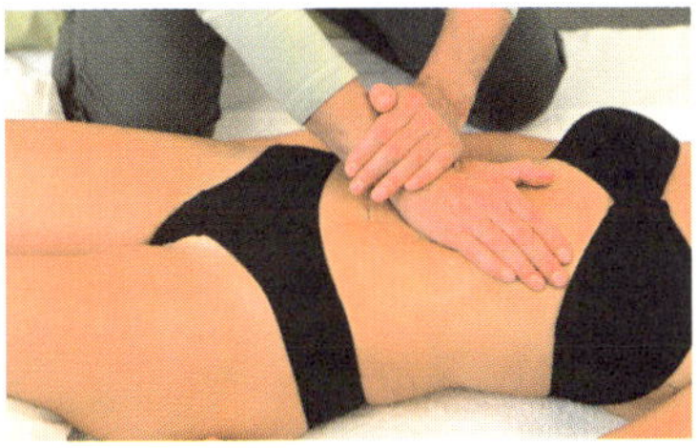

1b **Détaillons le mouvement en photos** : à un moment tout naturellement les mains se croisent l'une passant au-dessus de l'autre. Collez bien votre main au corps de votre partenaire, en particulier lors du passage sur les dernières côtes, et incluez les flancs dans votre mouvement.

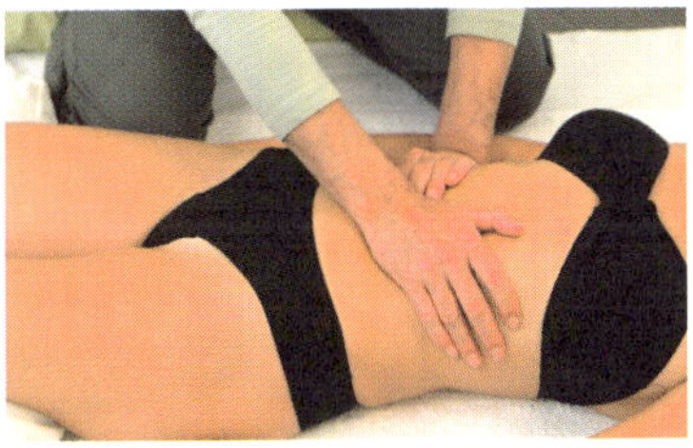
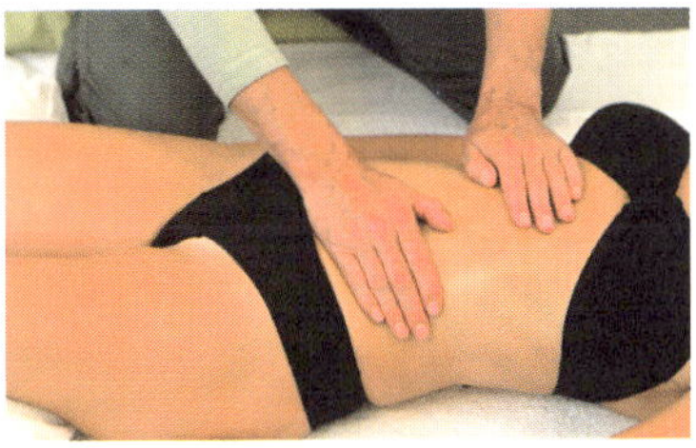
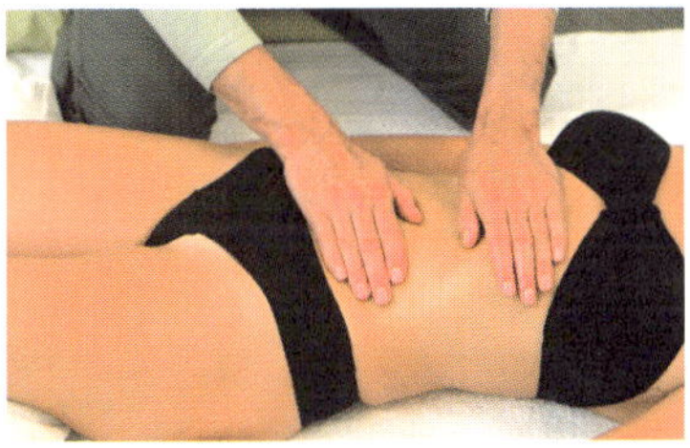

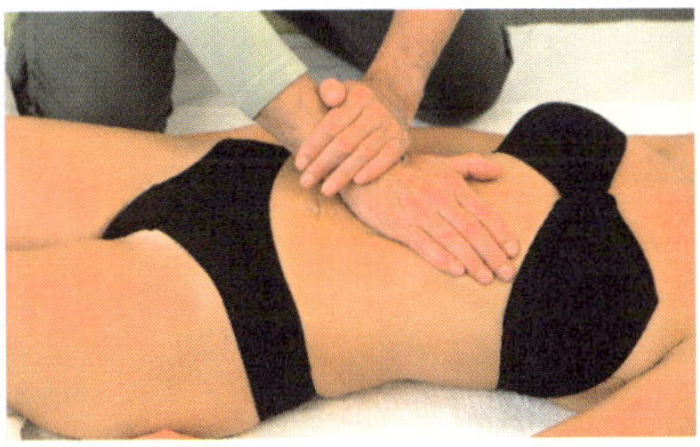
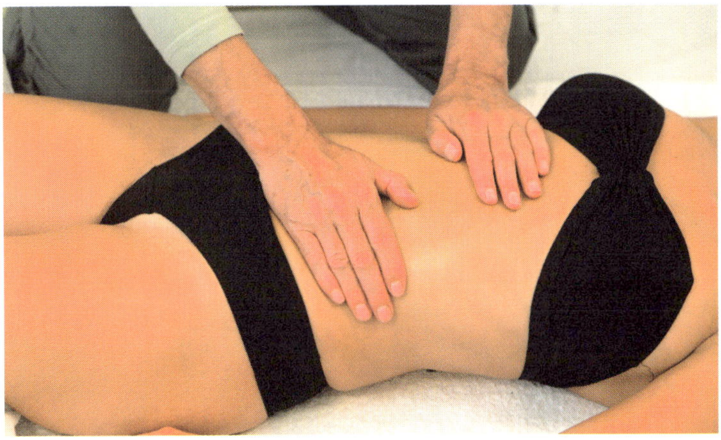

1c **Dosez votre pression en fonction du rythme respiratoire** : lorsque votre partenaire expire, vous pouvez presser plus profondément mais toujours lentement et délicatement, lorsque votre partenaire inspire vous glissez simplement sans pression dans le mouvement.

5B/2

>> **Détendre** le plexus solaire

Glissé appuyé du bout des doigts

Répétez une dizaine de fois avec une pression qui s'accentue en fonction de la sensibilité de votre partenaire.

2a Toujours sur le côté tournez-vous légèrement vers la tête de votre partenaire et **placez une main à plat dans l'axe au-dessus du plexus solaire, le bout des doigts à la base du sternum** – l'os central de la cage thoracique. L'autre vient en appui au-dessus. Commencez à glisser vers le bas lentement et en enfonçant le bout de vos doigts.

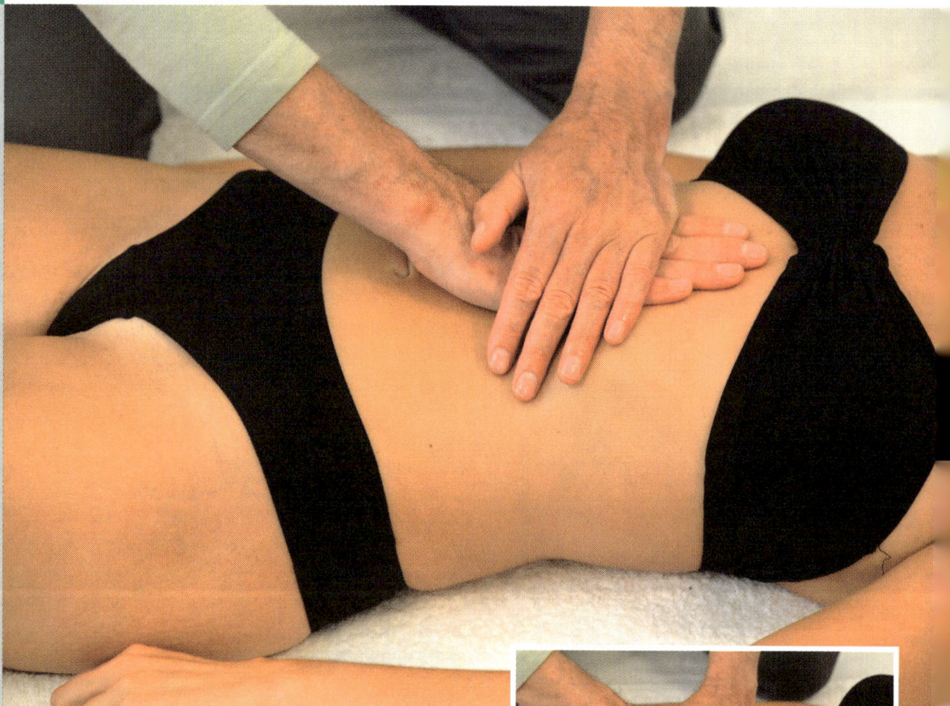

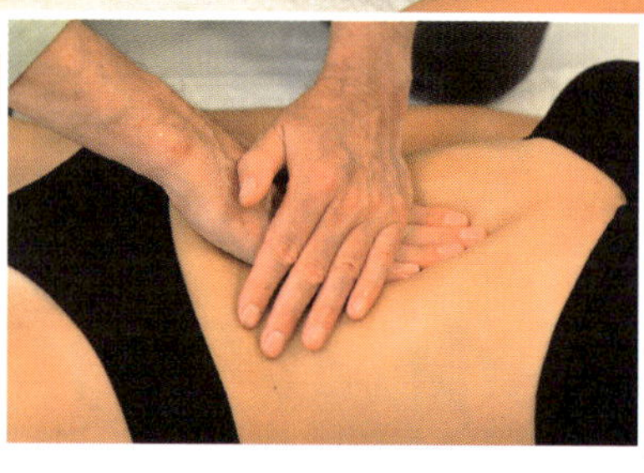

Notre conseil

Le dosage de la pression est très important. Si c'est trop fort, le ventre va se contracter. Il arrive que cette zone du plexus et de l'estomac soit si sensible qu'il n'est possible que de glisser simplement avec la main à plat sans pointer le bout des doigts. Le but n'est pas de faire le mouvement mais de faire du bien à votre partenaire.

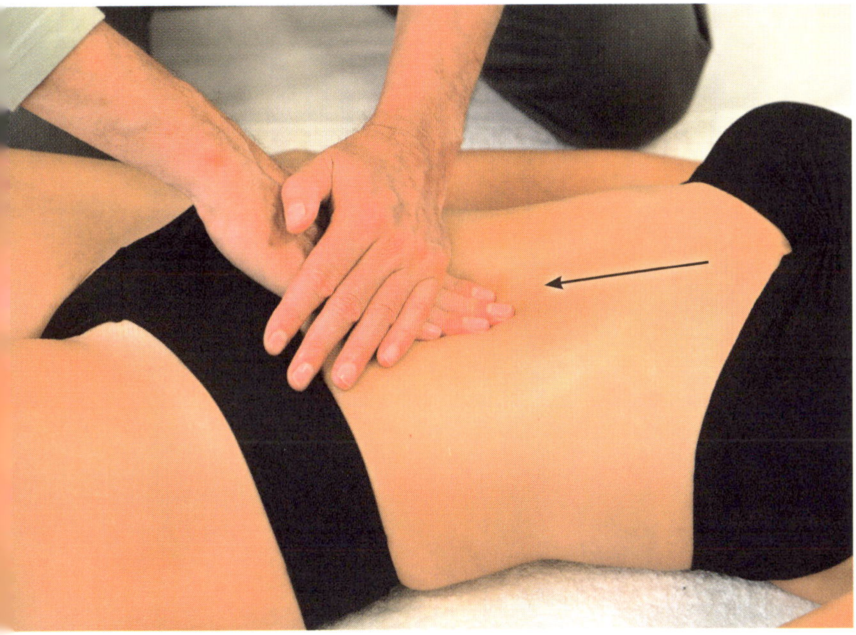

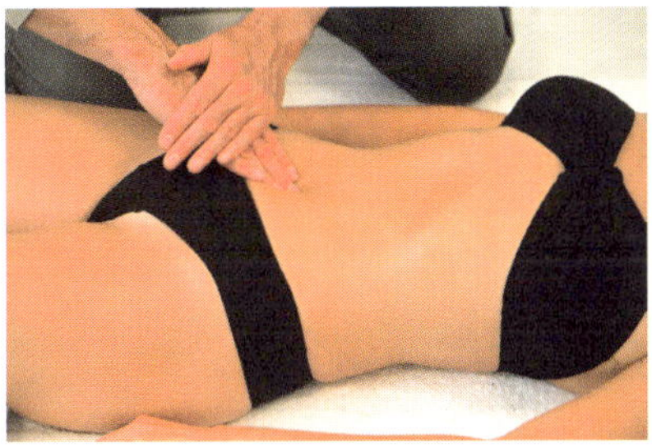

2b **Continuez à glisser en descendant vers le nombril que vous évitez en passant sur sa droite**. Vous avez l'impression avec le bout de vos doigts de « faire glisser vers le bas ». Le talon de la main qui presse ne touche plus le corps, seul le bout des doigts joints s'enfonce aidé par l'autre main qui augmente la pression.

2c **Dosez votre pression sur l'expiration de votre partenaire** et en fonction de sa sensibilité : à plusieurs endroits du mouvement vous allez rencontrer des points « durs » et même douloureux.

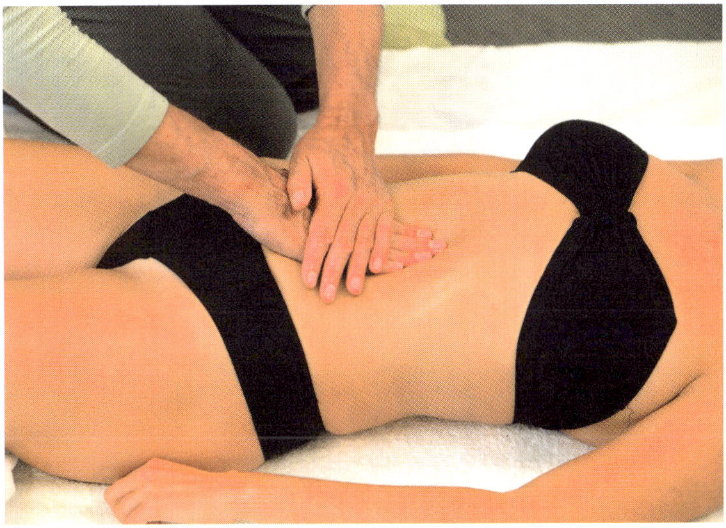

5B/3

>> **Relâcher** sous les côtes

Glissé appuyé avec les pouces

Répétez ce mouvement glissé de cinq à dix fois lentement avec la possibilité de vous arrêter sur les points douloureux.

3a **Tournez-vous encore un peu plus vers la tête de votre partenaire et avancez-vous au-dessus de son corps** pour placer le bout de vos deux pouces joints au plexus. Les mains sont ouvertes, les doigts vers les côtés. Vos pouces sont juste en dessous du rebord des dernières côtes et exercent une pression vers le dessous des côtes.

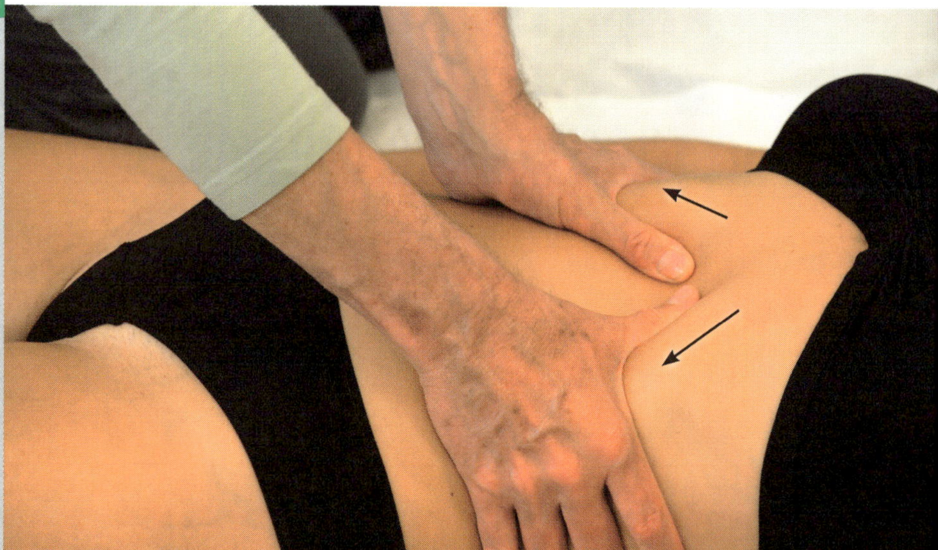

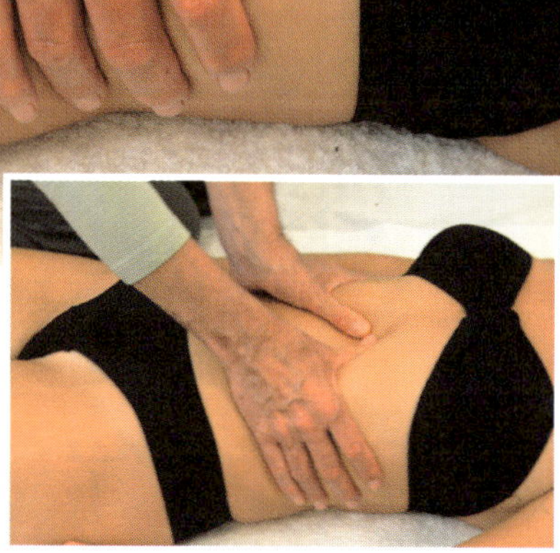

Notre conseil

Vous touchez sous le rebord des côtes les attaches du diaphragme ainsi que les organes internes : foie, vésicule biliaire à droite, estomac, rate pancréas à gauche. Rien d'étonnant à trouver des zones douloureuses sur lesquelles vous passerez plus lentement et avec précaution. L'abdomen se détend par le soin qu'on lui apporte.

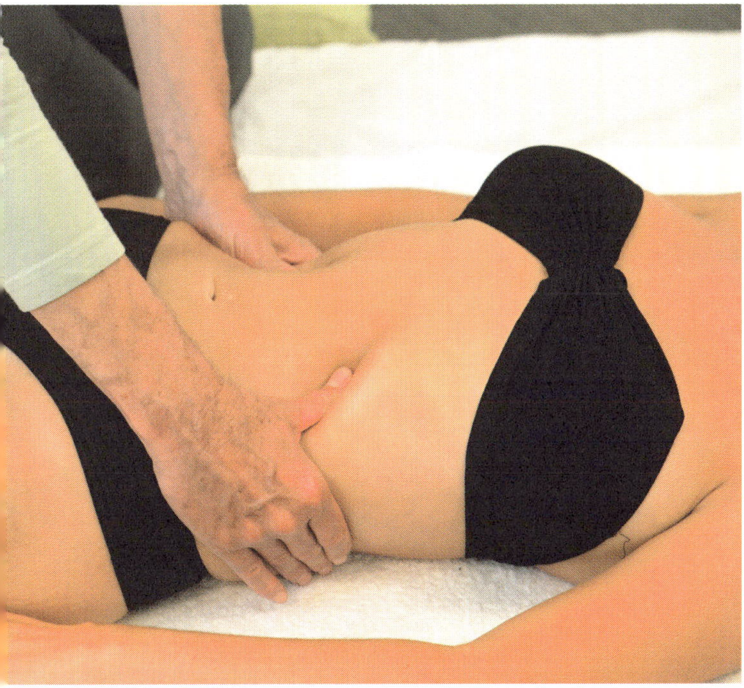

3b **Vous glissez lentement avec vos pouces en les écartant le long du rebord des côtes** en continuant à exercer de la pression jusqu'à ce que vous parveniez aux flancs. Tenez bien avec vos mains pour sentir votre appui. Dosez la pression en fonction de la sensibilité de votre partenaire, à droite et à gauche. Relâchez-la quand votre partenaire inspire.

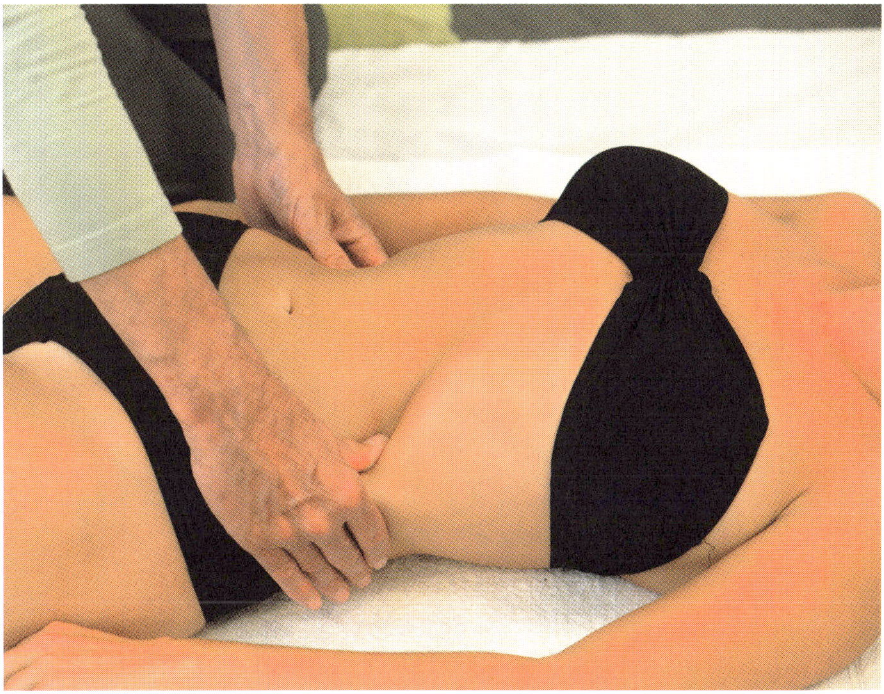

5B/4

>> **Décongestionner** le côlon

Petits cercles avec les doigts

Faites au moins une fois tout le tour de l'abdomen avec ce petit mouvement circulaire de décongestion.

4a Toujours sur le côté placez les mains dans la même position que pour le mouvement 5/2, les doigts pointés, en diagonale sur la droite et en dessous du nombril : voir sur la photo, c'est la zone de l'appendice, le début du côlon. **Commencez à masser avec un petit mouvement circulaire répété, en plus en plus appuyé à mesure que la zone se détend**.

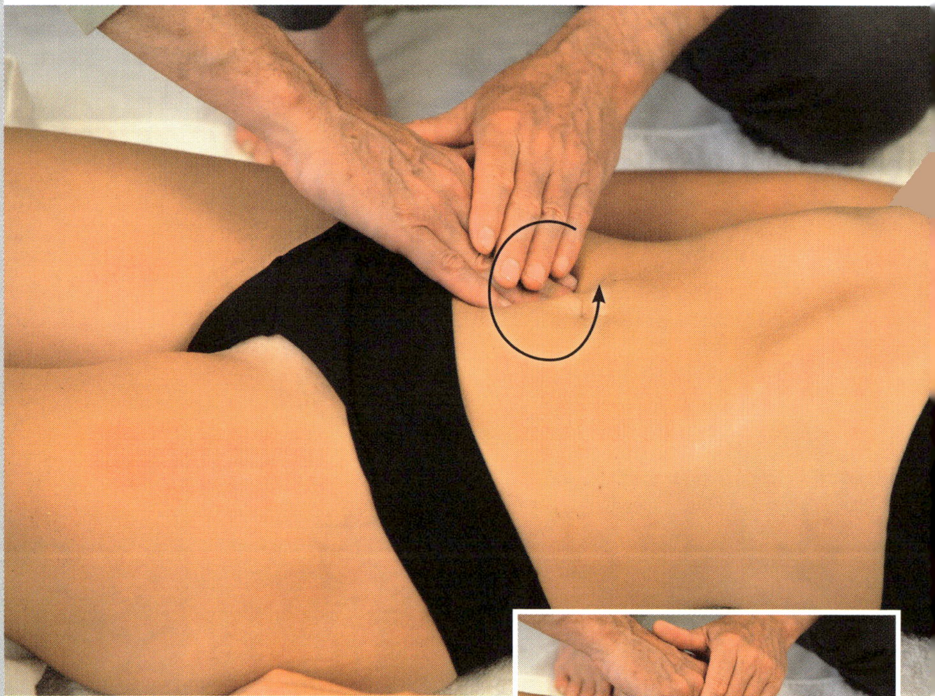

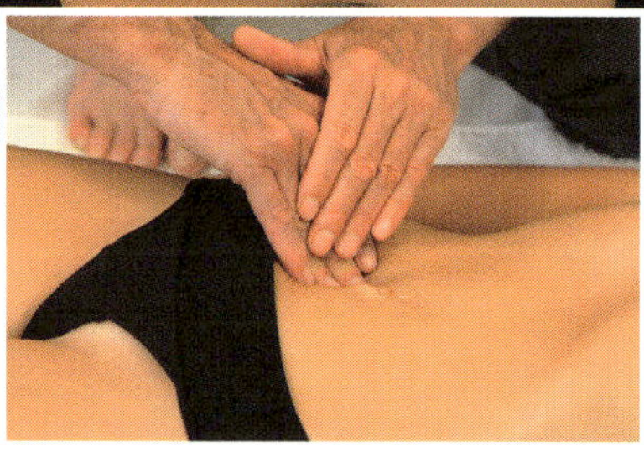

Notre conseil

Vous êtes sur le trajet du côlon et les endroits sensibles sont en relation avec des spasmes et des irritations intestinales qui sont fréquentes. Votre massage fera du bien de toute façon même si les points douloureux ne disparaissent pas à la première tentative.

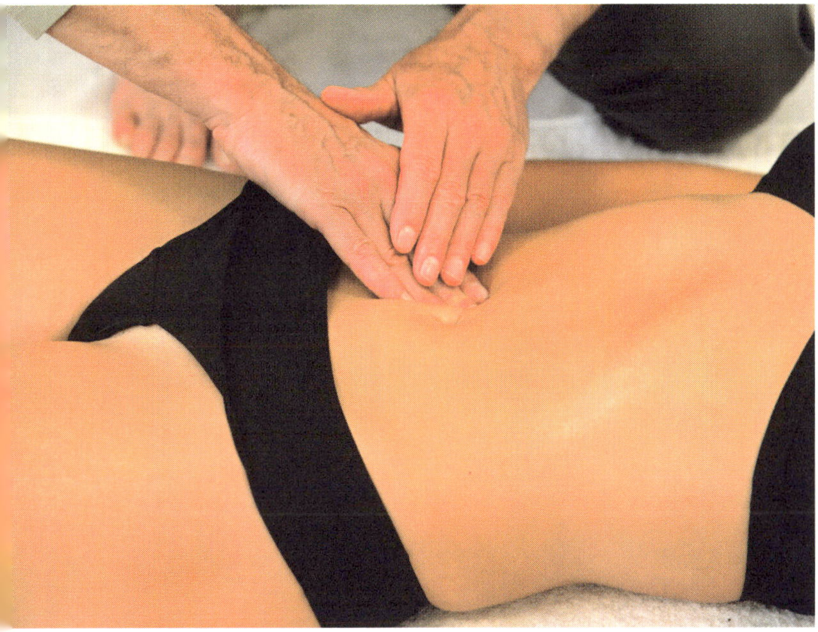

4b Vous continuez le même geste circulaire avec le bout des doigts pendant que vous vous déplacez avec vos mains tout autour du nombril à environ 10 cm de celui-ci. Commencez sur chaque zone en appuyant légèrement et lentement, puis augmentez en fonction de la sensibilité.

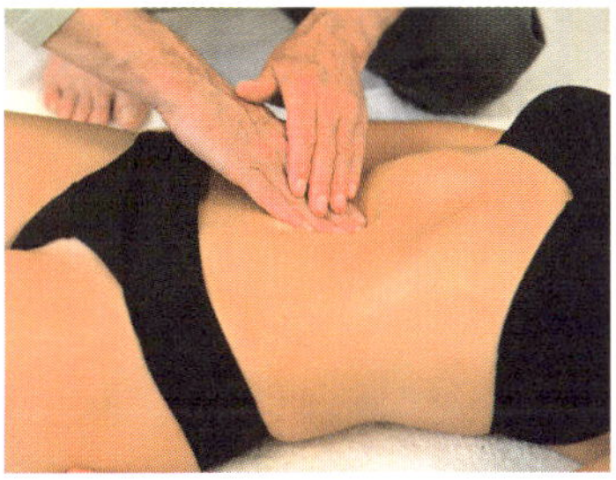
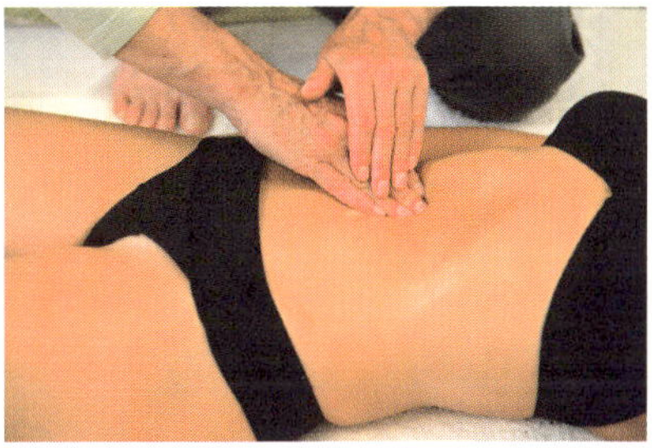
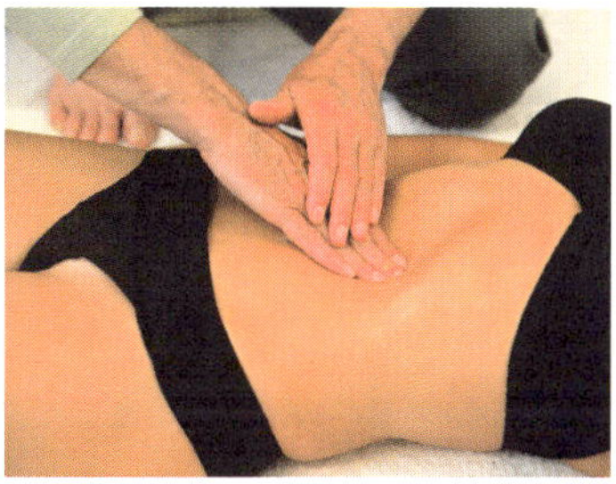
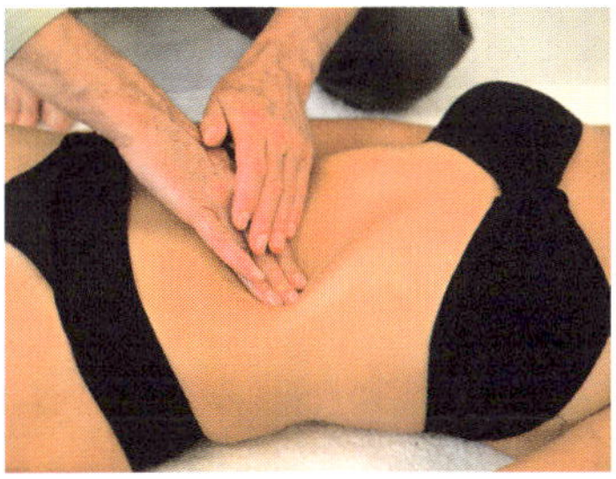
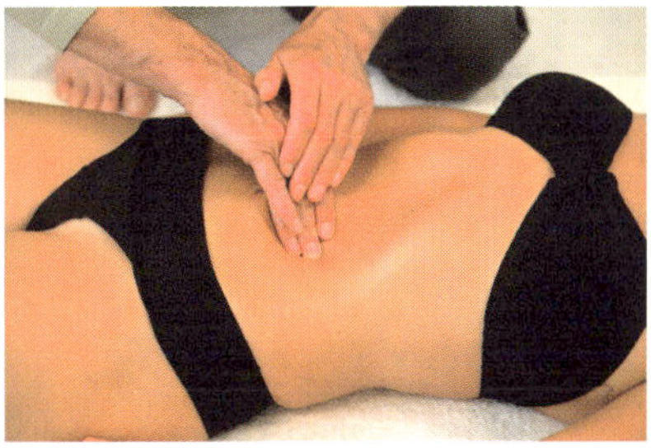
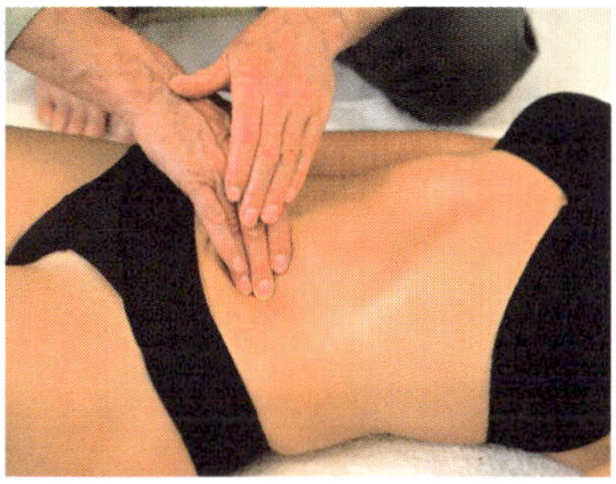

Restez plus longtemps sur les endroits douloureux.

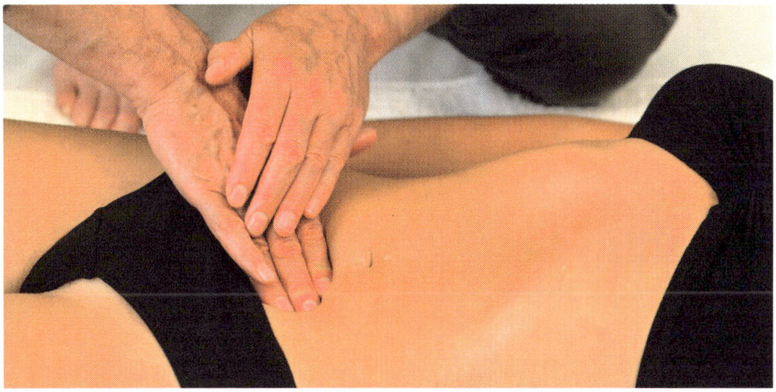

5B/5

>> **Relâchement** abdominal final

La « balançoire »

Accomplissez au moins une dizaine de fois ce mouvement de balançoire.

Puis revenez quelques instants au grand mouvement circulaire de détente 5/1 avant de relâcher le contact pour terminer le massage de l'abdomen.

5a Replacez-vous perpendiculairement au corps et posez vos deux mains superposées sur le nombril et perpendiculaires à l'axe du corps. **Arrondissez légèrement vos mains pour que le contact se fasse essentiellement avec le bout des doigts et le talon de la main** plus qu'avec la paume. Sans déplacer vos mains sur la peau, vous allez donner un mouvement de va-et-vient où vous poussez et tirez alternativement avec le bout des doigts et le talon de la main.

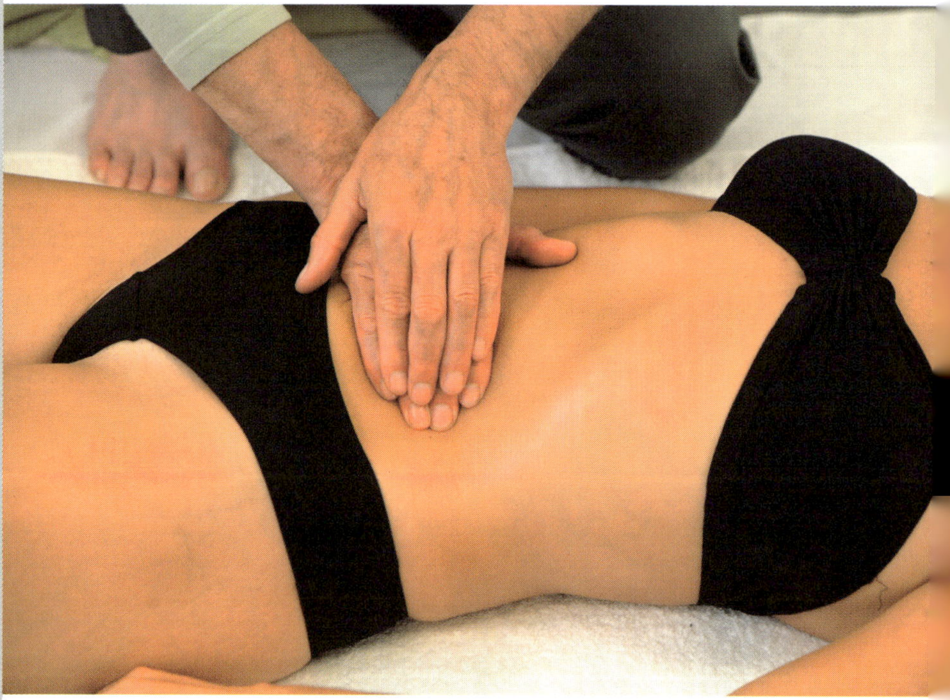

Notre conseil

Recherchez un mouvement fluide et coulant qui va mobiliser en douceur l'ensemble de l'intestin grêle qui se trouve au milieu de l'abdomen à la hauteur du nombril.

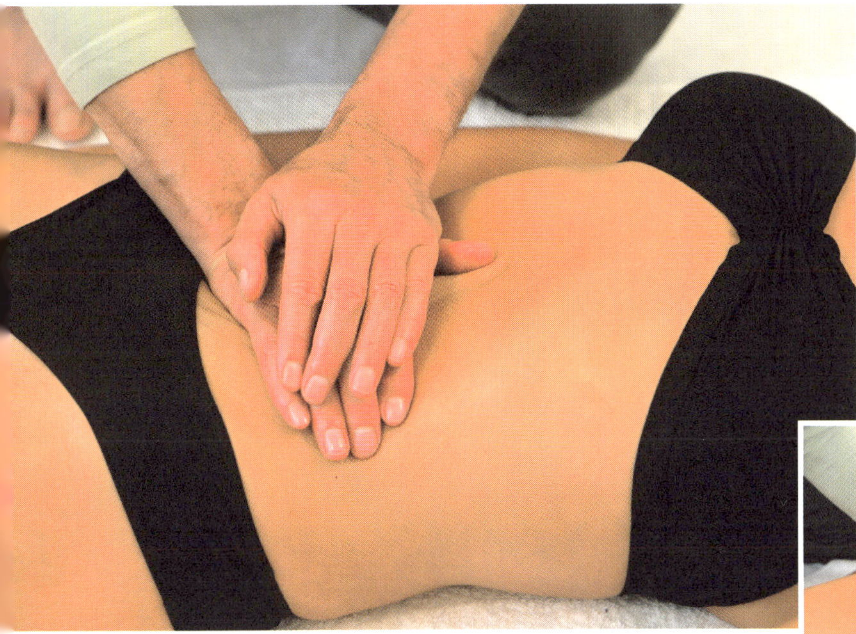

5b Observez bien le mouvement sur le dvd. **Photos haut :** vous poussez avec le talon de la main.

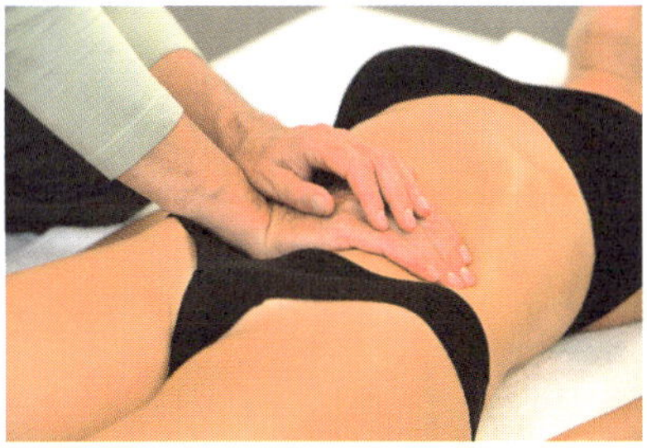

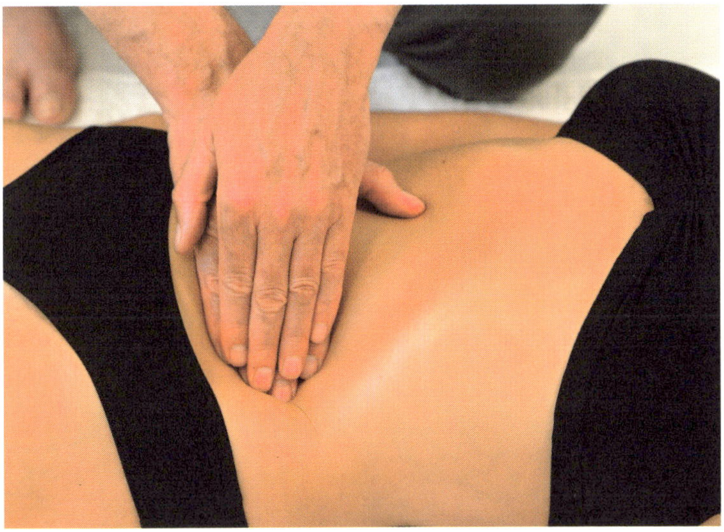

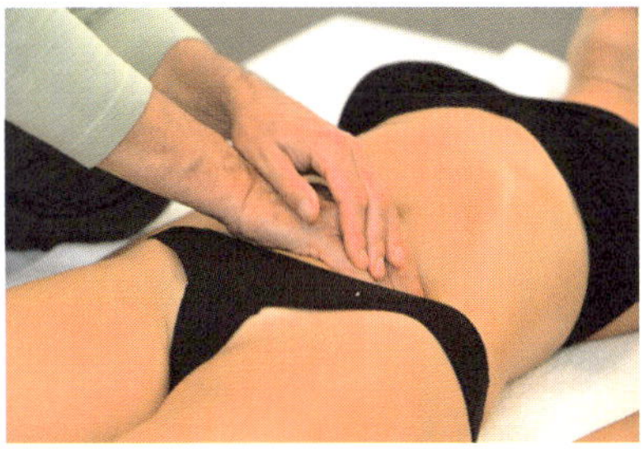

5c **Secondes bas :** vous tirez avec le bout des doigts vers vous. Par ce mouvement, vous « déplacez » d'un côté de l'autre les organes dans l'abdomen dans un mouvement de « balançoire ». Attention : La pression des doigts ou du talon de la main peut être douloureuse.

>> Fin de votre séance

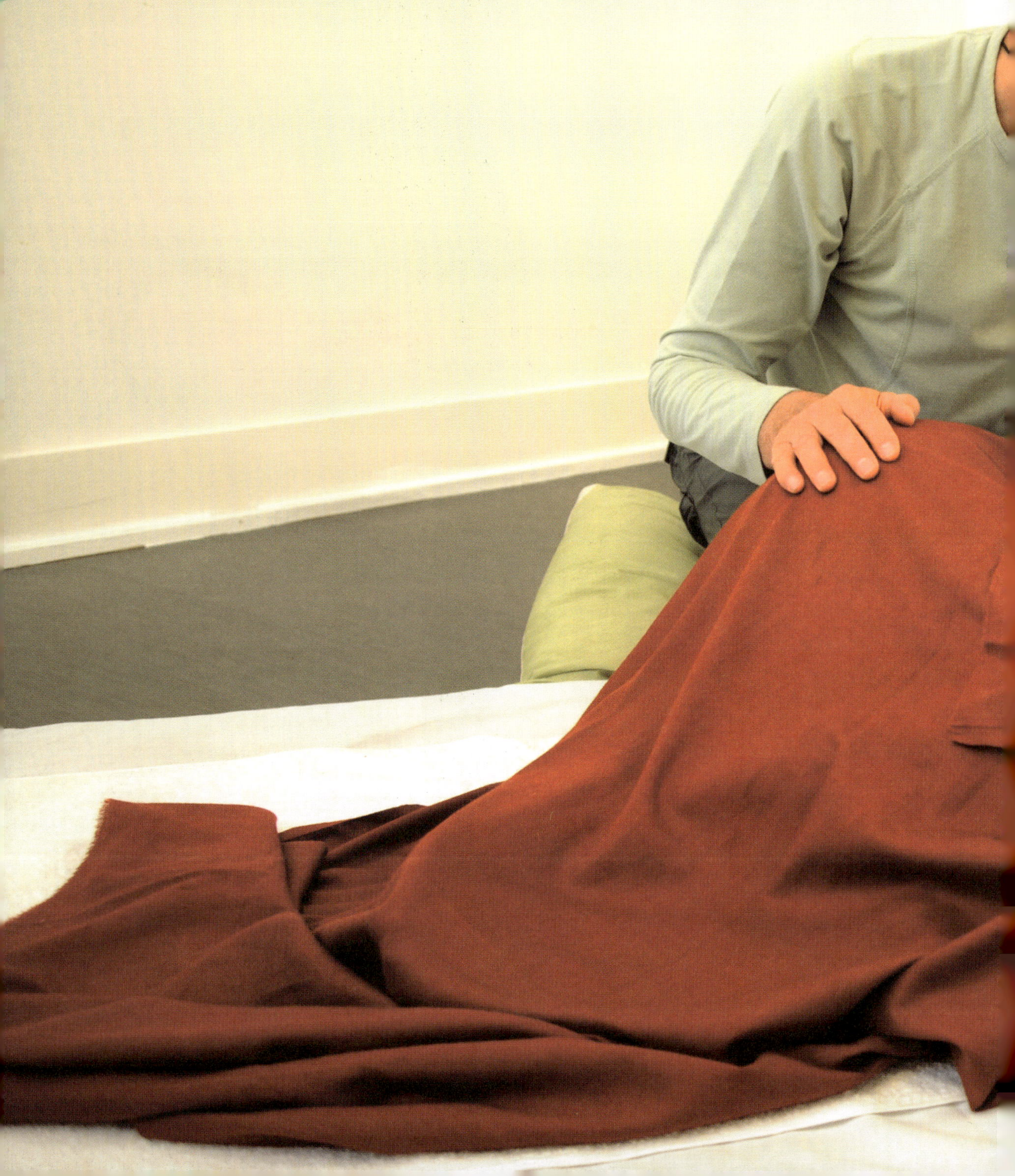

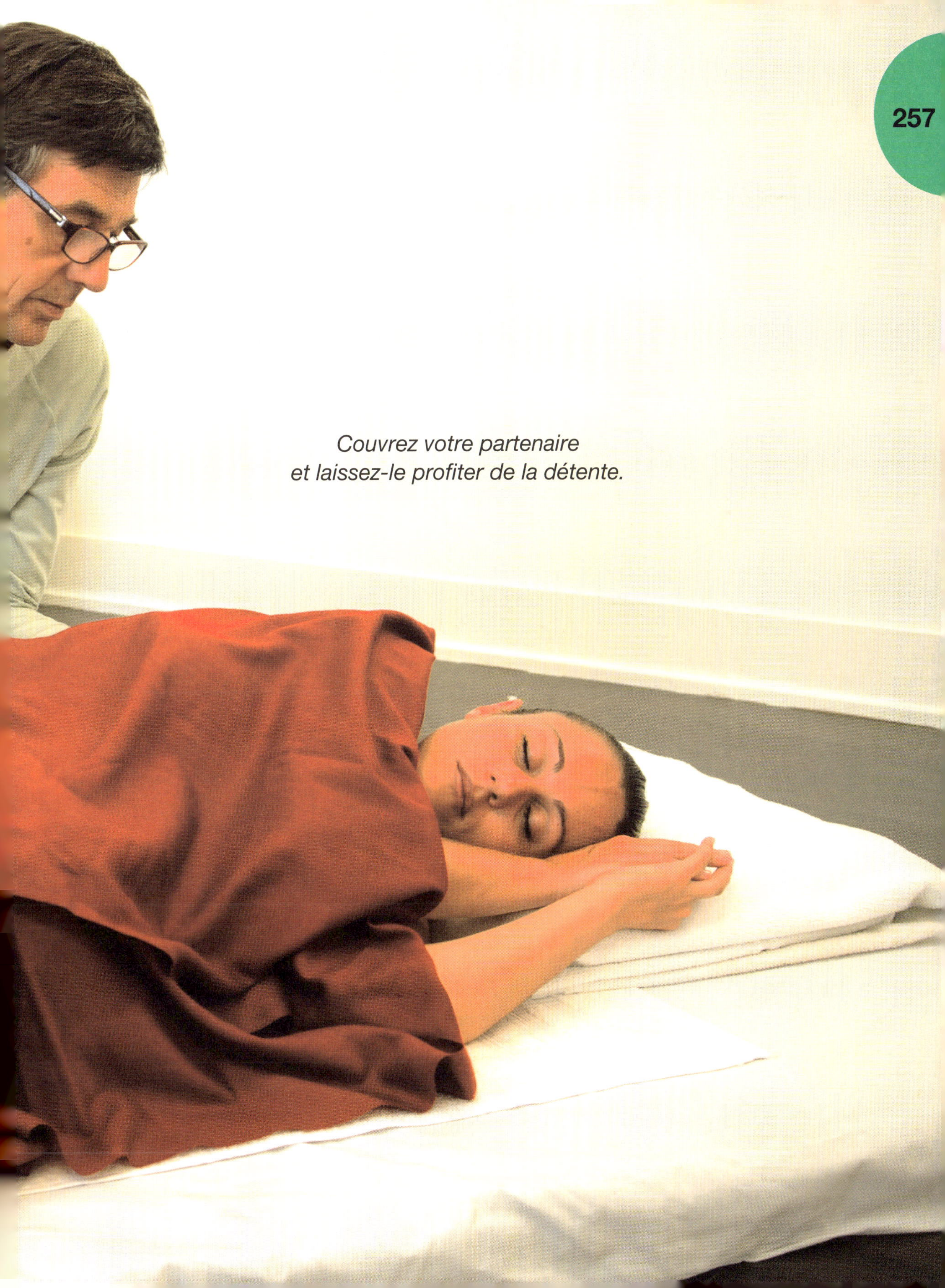

*Couvrez votre partenaire
et laissez-le profiter de la détente.*

>> Quelques **planches utiles**

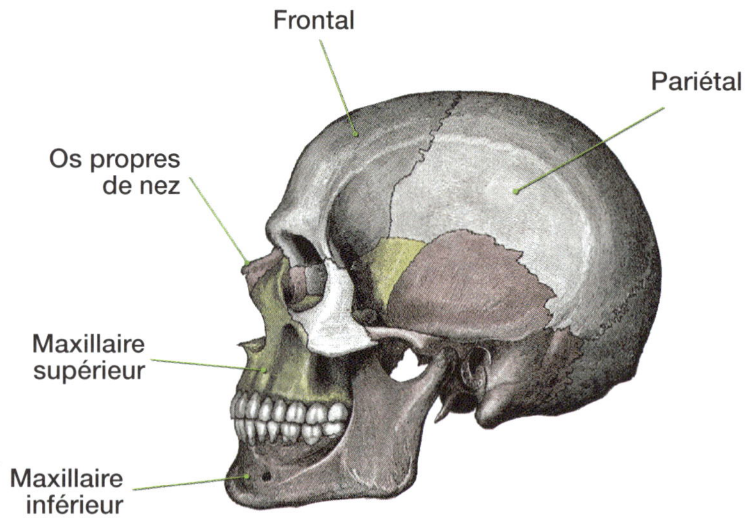

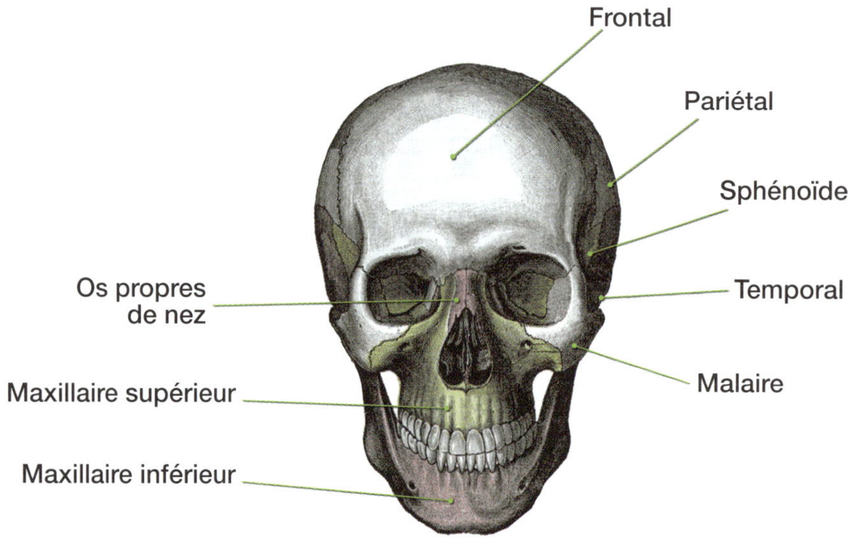

Tête • Vue d'ensemble

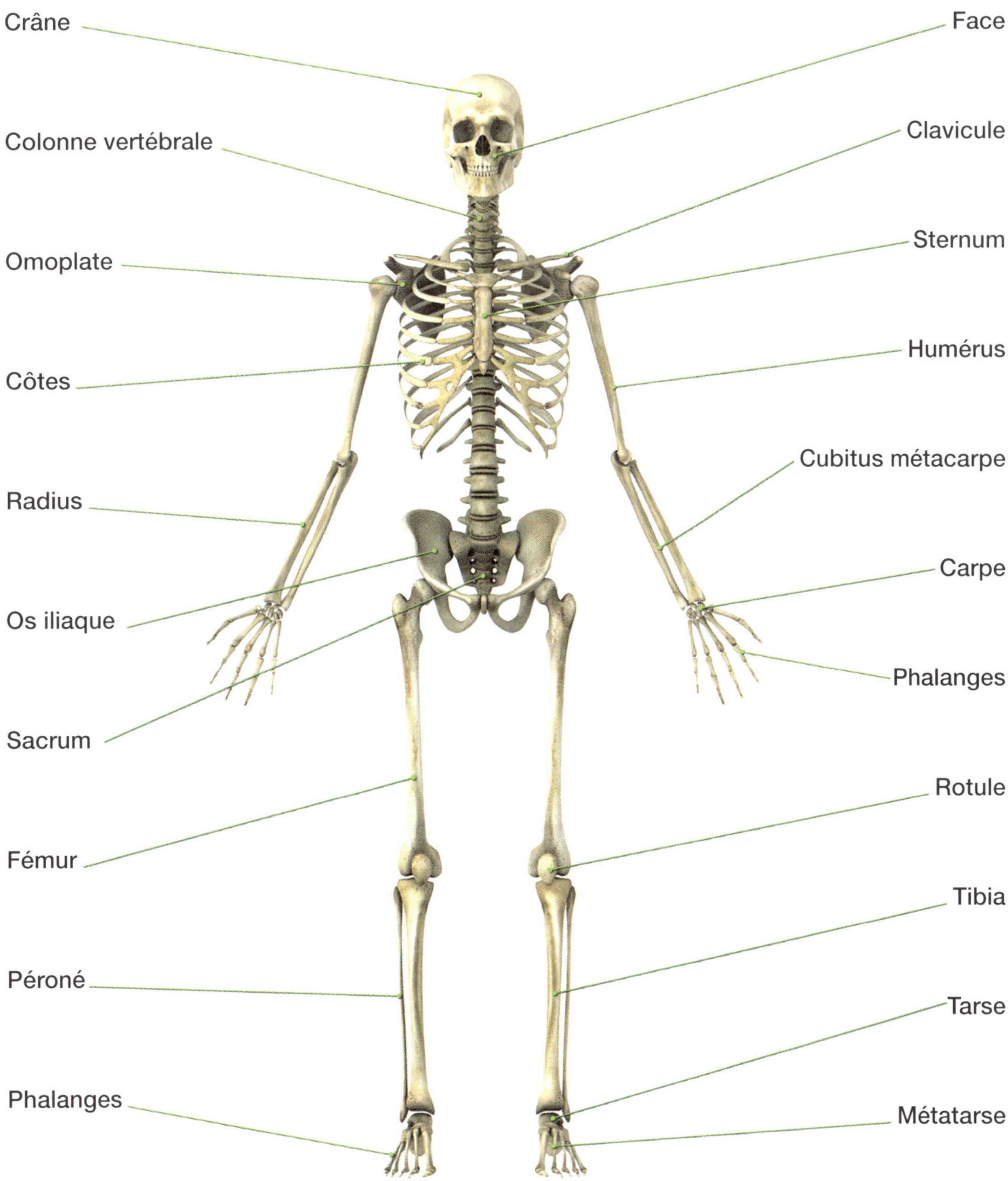

Squelette de l'homme

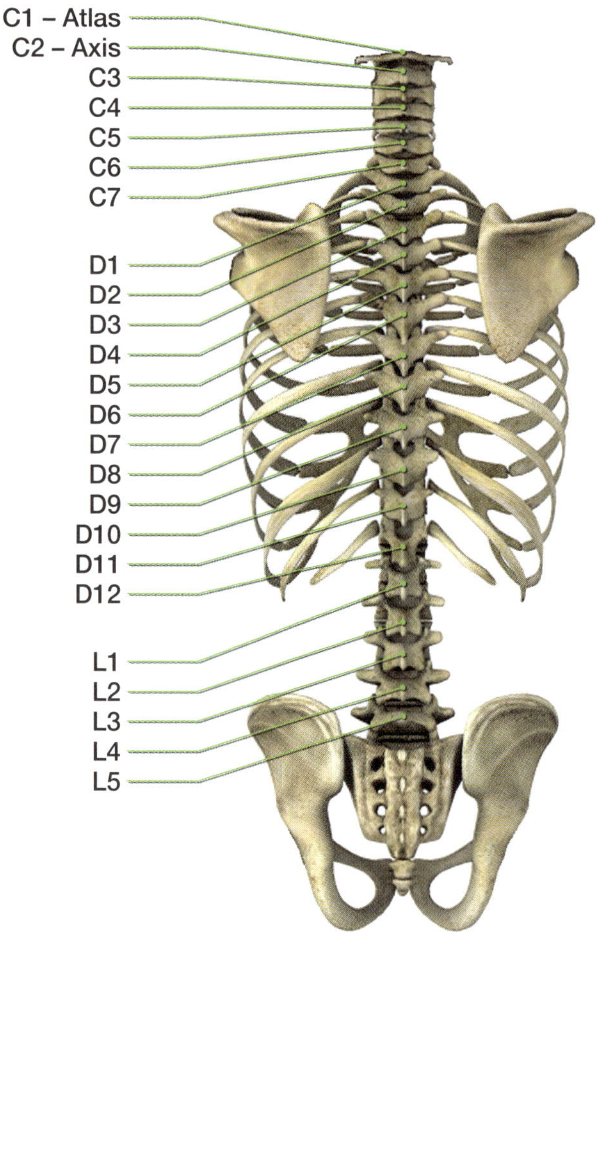

Colonne vertébrale

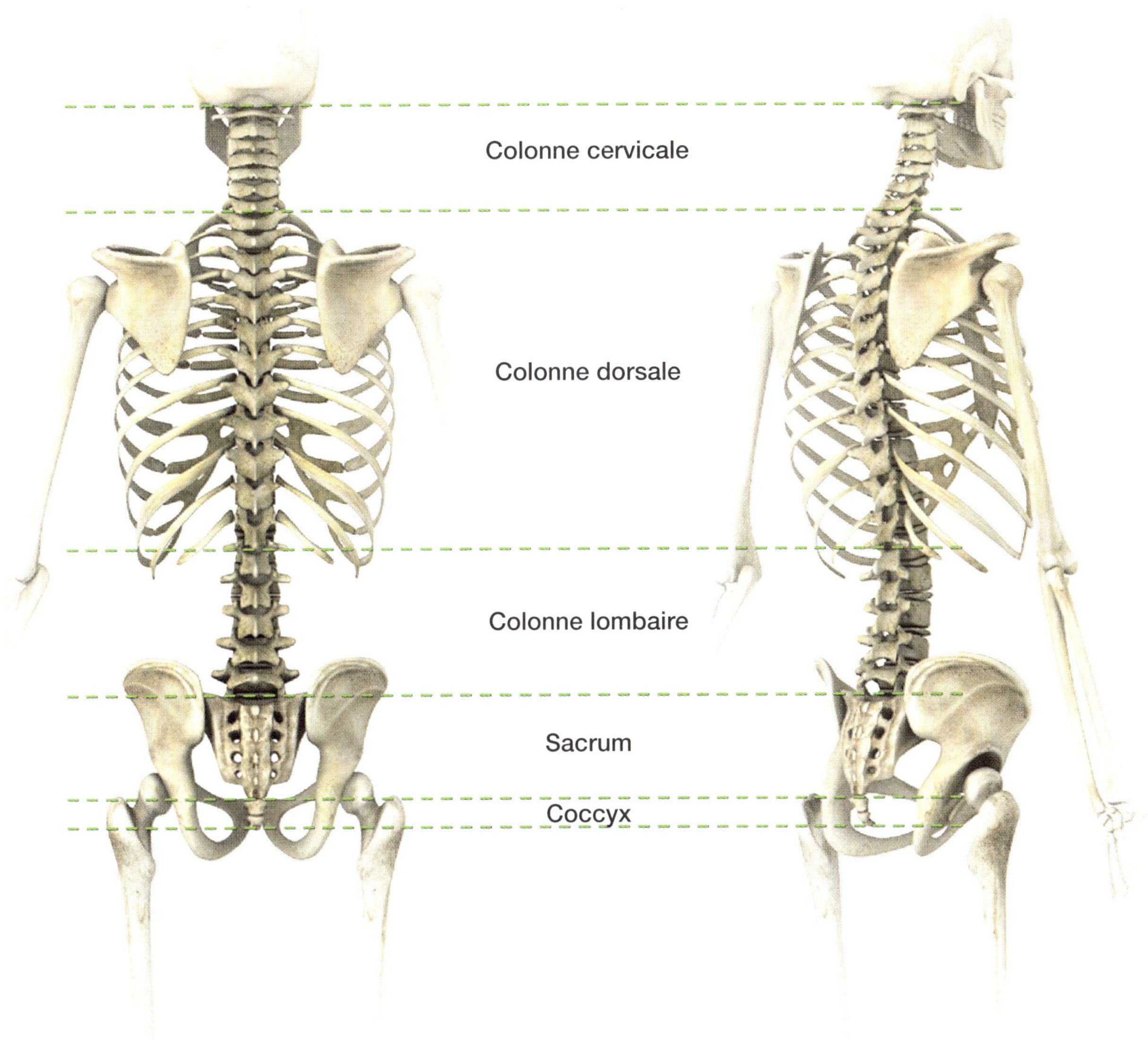

Vue postérieure

Profil

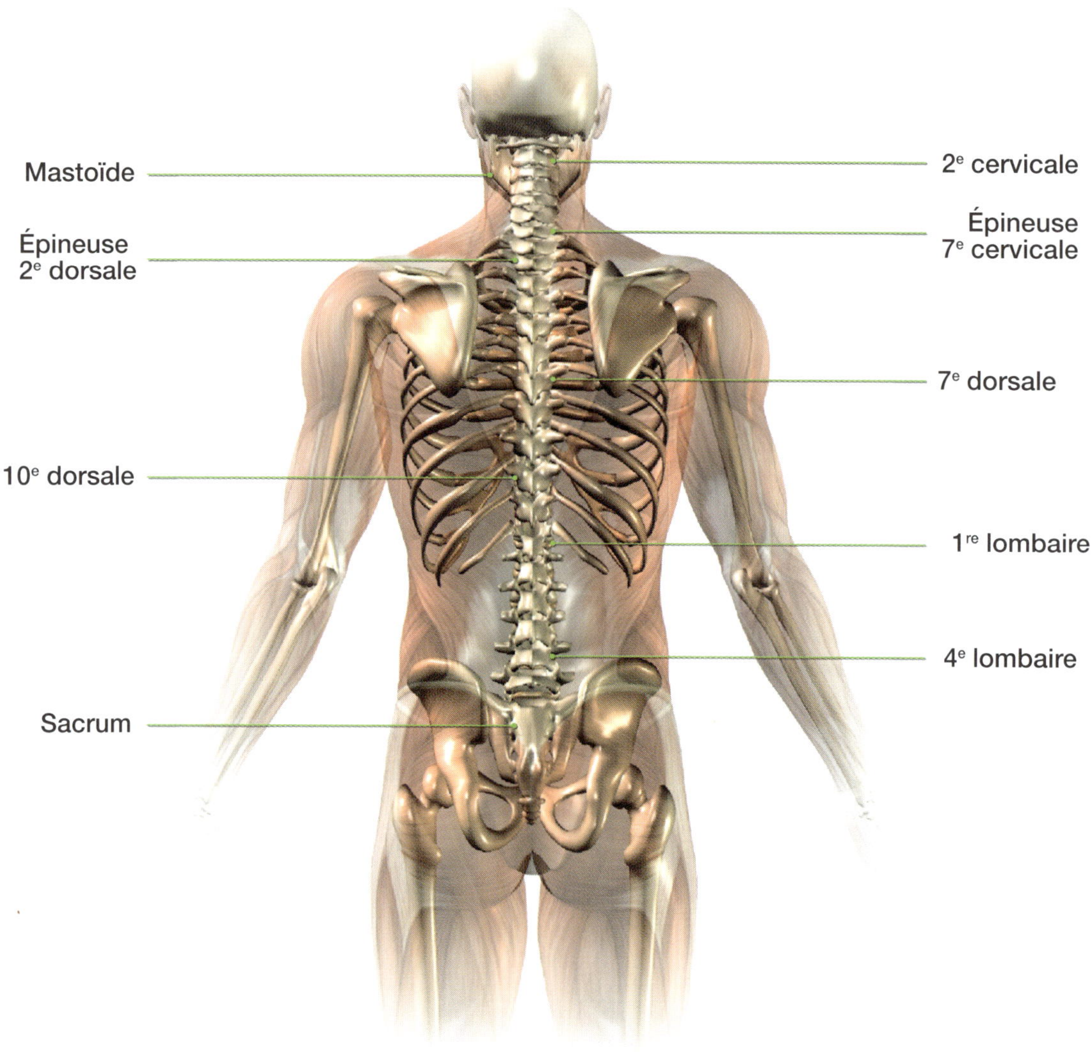

Repères anatomiques du dos

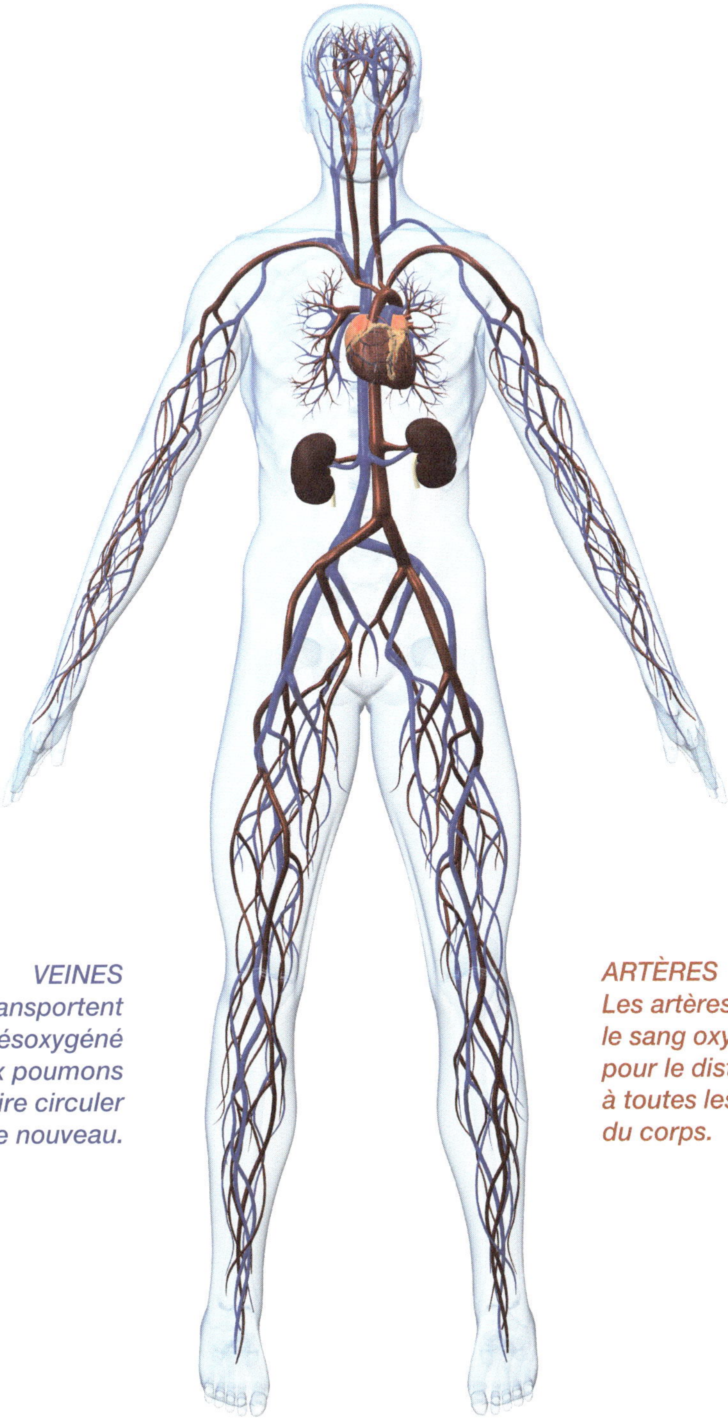

VEINES
Les veines transportent le sang désoxygéné au cœur et aux poumons pour le faire circuler de nouveau.

ARTÈRES
Les artères repoussent le sang oxygéné du cœur pour le distribuer à toutes les parties du corps.

Système circulatoire général

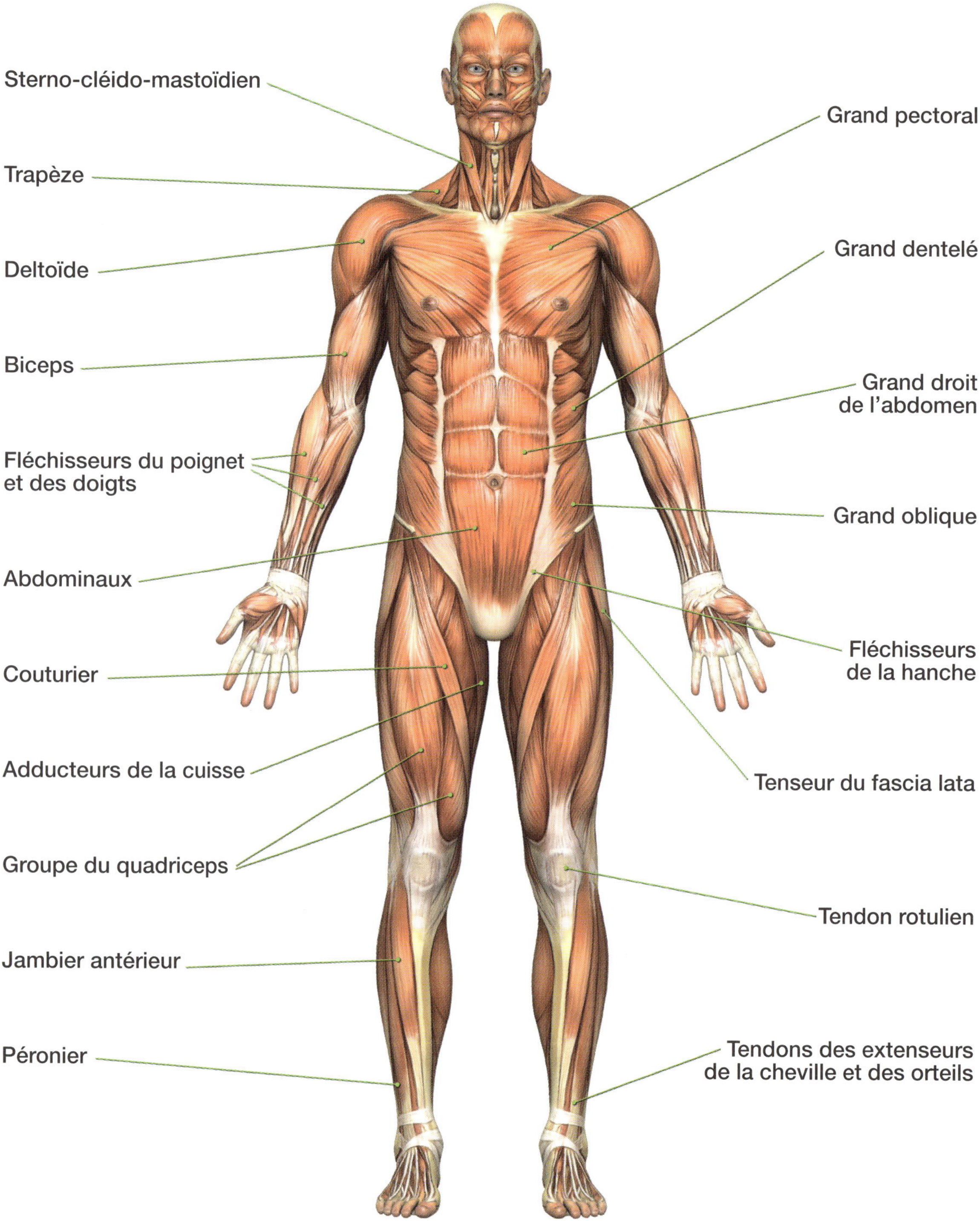

Système musculaire • Face antérieure

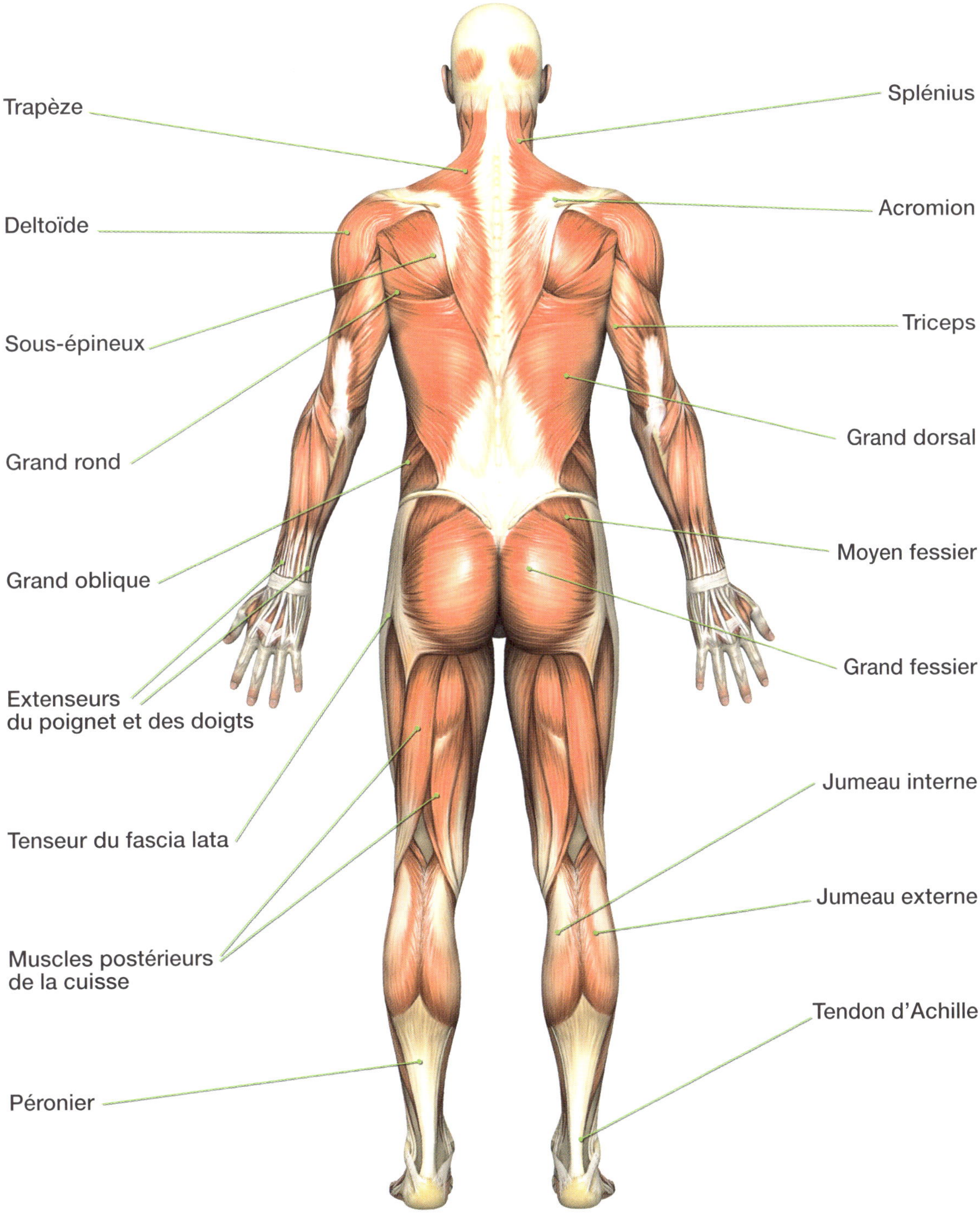

Système musculaire • Face postérieure

>> Un peu d'**histoire**

Les origines du massage bien-être non médical

Les différentes techniques de massage bien-être non médicales sont dérivées du massage suédois dit Méthode Ling du nom du médecin gymnaste suédois qui en a synthétisé la pratique à la fin du XIXe siècle. Ce massage suédois était un massage à but essentiellement musculaire qui servit de base au massage sportif dont la pratique se répandit entre les deux guerres dans les gymnases avec l'essor du sport sous toutes ses formes. Les mouvements de base utilisés dans le massage bien-être sont identiques, même s'ils sont pratiqués dans un esprit différent et selon des enchaînements originaux. Jusqu'en 1943, date de la création de l'ordre des kinésithérapeutes par le régime de Vichy, la pratique du massage fut libre : il était autant envisagé comme une technique d'hygiène que comme un soin paramédical.

Que ce soit dans les civilisations orientales ou occidentales, la pratique du massage remonte à l'antiquité. Le massage est le prolongement naturel du geste qui nous fait instinctivement porter la main à l'endroit qui nous fait mal. Chacun d'entre nous a pu expérimenter sans connaissance préalable qu'une pression forte anesthésie la douleur et qu'une friction vigoureuse produit un afflux sanguin et un échauffement bienfaisant. Les Grecs et les Perses dans l'antiquité pratiquaient le massage et Hippocrate, l'auteur du serment prononcé par les médecins, décrit dans son traité de nombreuses méthodes d'intervention manuelle. Les Égyptiens dont le savoir médical était étonnant – ils pratiquaient même des trépanations du cerveau – nous ont laissé de nombreuses recettes d'onguents et d'huiles de massage pour soulager les douleurs. En orient, la tradition du massage s'est prolongée jusqu'à nos jours en particulier en Inde où l'on trouve encore des masseurs ambulants dans les parcs publics et au Japon où les techniques se transmettent toujours au sein des familles de génération en génération.

Le monopole du massage accordé aux kinésithérapeutes qui ne peuvent pratiquer que sur ordonnance médicale ainsi que l'orientation de plus en plus mécaniste des études de kinésithérapie conçues surtout en vue de la

rééducation, ont abouti à une désaffection progressive du massage. Dans les pays occidentaux, seuls les rebouteux et les magnétiseurs ont continué à soigner par le toucher. La pratique du massage s'est plus maintenue dans les pays nordiques et germaniques moins influencés par la religion judéo-chrétienne. La chiropractie et l'ostéopathie qui agissent manuellement sur le squelette furent inventées dans les pays anglo-saxons plus ouverts aux innovations lorsqu'elles s'avèrent pratiques et efficaces.
Sous la forme du massage californien auquel j'ai consacré un premier livre en 1983 le massage bien-être est apparu aux États-Unis dans les années 1960 pour parvenir en France vers 1970. On y retrouve :

- **l'influence de la danse moderne** qui, en se détachant du côté technique et systématique de la danse classique, a mis l'accent sur le ressenti et l'expression personnelle. C'est une nouvelle idée du corps qui n'est plus simplement vécu comme une machine à entraîner. D'anciens danseurs comme Charlotte Silver à New-York commencèrent à enseigner le massage sous forme d'un enchaînement destiné à améliorer le ressenti corporel.
- **l'influence du courant dit de la psychologie humaniste** qui réintroduit le corps dans les techniques d'épanouissement personnel et de psychothérapie en contrepoint des approches verbales et analytiques. Le massage s'inscrit dans ce qu'on appelle alors les techniques d'éveil sensoriel (Sensory Awareness). Celles-ci ont pour but de réveiller le plaisir d'être dans son corps et d'équilibrer la préoccupation mentale dominante par des exercices de prise de conscience corporelle. Bernard Gunther, enseignant à Esalen, célèbre centre en Californie qui sera le point de départ de toutes ces techniques, en sera l'un des principaux initiateurs.

En France, les années 1970 se caractérisent par l'introduction auprès du grand public de ces nouvelles approches psychothérapeutiques d'origine américaine en même temps que se développent des techniques corporelles qui vont remettre en question la gymnastique traditionnelle et la kinésithérapie classique. Thérèse Bertherat écrit son livre, *Le corps a ses raisons*, dont le succès fera connaître la méthode Mézières. Le yoga prend un formidable essor, l'ostéopathie et l'acupuncture trouvent de plus en plus d'écho avec la propagation des médecines naturelles. En réaction à la crise sociale des années 1968-1972, nombreux sont ceux qui s'orientent vers une remise en question plus personnelle au travers des nouvelles techniques de psychothérapie : psychodrame, bioénergie, gestalt, etc. Le massage y est utilisé comme d'autres exercices corporels dans un but essentiellement psychologique et sous des appellations diverses. Pour répondre à une demande de plus en plus grande de détente, le massage se développera ensuite sous différentes formes dans le milieu de l'esthétique et des techniques corporelles (yoga, tai chi chuan, Qi gong).

Les bienfaits du massage bien-être

Massage californien, massage sensitif, massage rythmique, peu importe, il s'agit de massages bien-être dont l'esprit et la technique sont très proches. Ils consistent en de grands mouvements intégrant progressivement tout le corps. Ceux-ci sont pratiqués selon un enchaînement et des règles précises qui leur confèrent des effets physiques et psychologiques.

- **Les effets mécaniques:** Le massage bien-être agit d'abord sur le système musculaire et la circulation sanguine. Les mouvements relâchent la musculature et activent la circulation sanguine, favorisant le drainage et l'élimination des toxines accumulées lors des efforts physiques. Le massage bien-être stimule également la circulation lymphatique. Ces effets sont renforcés par l'apport dans l'huile de massage d'huiles essentielles qui ont la propriété de dissoudre les déchets qui encrassent les muscles.
- **Les effets biochimiques:** Le massage bien-être entraîne des modifications biochimiques des tissus superficiels en particulier de la peau et du tissu conjonctif. Il active les mécanismes d'assimilation et d'élimination de la peau, améliorant sa texture et régularisant les sécrétions. Cela se traduit par un rééquilibrage du ph de la peau. Le tissu conjonctif sous-jacent acquiert plus de souplesse en modifiant sa structure. Cette dernière action nécessite un apport en oxygène supplémentaire, d'où l'importance de la respiration dans le massage.
- **Les effets organiques:** Le massage bien-être améliore globalement le fonctionnement de l'organisme, soit par l'effet local de certains mouvements, soit par leur action relaxante générale: amélioration de la digestion, baisse de la tension sanguine, régularisation des éliminations intestinale ou rénale, augmentation des échanges pulmonaires, modification des sécrétions hormonales, etc. Des statistiques ont montré par exemple que le nombre d'infarctus était diminué par 10 chez les personnes qui se faisaient masser régulièrement.
- **Les effets psychologiques:** L'originalité du massage bien-être est d'insister sur l'importance du contact corporel et de l'épanouissement affectif pour lutter contre le stress. Il harmonise le schéma corporel

en régularisant les impacts sensoriels et le tonus musculaire des différentes parties du corps. Cela se traduit par une meilleure répartition de la sensibilité, par une meilleure coordination et par une perception plus unifiée du corps. En effet, de nombreuses parties du corps se « désensibilisent » par un manque de stimulations sensorielles alors que d'autres accumulent des tensions excessives. Le massage par la prise de conscience des tensions permet à chacun de mieux gérer le stress au quotidien. À partir de cette perception, une personne peut apprendre à réagir elle-même corporellement, par exemple en modifiant volontairement sa respiration ou sa posture, pour se sentir mieux.
Par l'importance accordée au toucher le massage bien-être ramène chacun à son besoin de contact et d'expression affectifs, à la nécessité de relations satisfaisantes dans la vie quotidienne. Il montre la nécessité d'assumer et de remplir ses besoins de contact en donnant l'occasion d'expérimenter positivement une relation par le toucher, par l'attention et le respect qu'il met en œuvre. Le massage permet d'effacer les impressions négatives relatives au toucher dans l'enfance – ou à l'insuffisance de toucher.

- **Les effets énergétiques :** Les photos « Kirlian » représentant le champ énergétique ou rayonnement des extrémités des doigts ou des orteils ont apporté la preuve de l'existence de corps plus subtils de l'être humain. Il y a dans le massage comme dans d'autres techniques de toucher transmission de ce que les guérisseurs appelaient « le fluide vital ». Disons tout simplement qu'il y a transfert d'énergie entre celui qui donne et celui qui reçoit et équilibrage énergétique du corps lorsque le massage est correctement pratiqué. Ce rééquilibrage se traduit par une plus grande vitalité et aussi par des changements psychologiques positifs.

>> La **déclaration** des droits et des bienfaits du toucher

Il y a plus de 25 ans nous étions des précurseurs en entreprenant une recherche sur les bienfaits du toucher et l'aide que peuvent apporter différentes pratiques de massage en dehors de toute optique de soins médicaux ou paramédicaux. Sur ce sujet nos livres étaient les seuls présents dans les librairies et les séminaires que nous assurions s'adressaient à un public confidentiel. Il n'existait alors aucune pratique de massage ayant pour but le bien-être, l'équilibre et l'épanouissement personnel. Durant des années, nous avons expérimenté, pratiqué, enseigné et enregistré des résultats. Progressivement, en même temps que se développaient dans notre société un désir de liberté du corps, un besoin d'expression de soi et la conscience d'une unité corps-esprit, de plus en plus de personnes nous ont fait confiance.

Aujourd'hui, nous nous réjouissons de constater que ce travail, et celui de toutes les personnes qui nous ont rejoints par la suite, a porté ses fruits. Le toucher et le massage en tant que pratique de bien-être et d'épanouissement trouvent de plus en plus d'écho en France. Des dizaines de livres ont été publiées sur ce thème, les articles consacrés au massage abondent dans les magazines et on ne compte plus les différentes approches proposées au public. Le nombre de personnes qui les pratiquent est en constante augmentation tout comme le nombre de ceux qui en bénéficient, les apprécient et en constatent les bienfaits. Pourtant, ces personnes se heurtent encore à de nombreuses réticences, préjugées et restrictions qui résultent souvent d'une méconnaissance de leur pratique et de la difficulté à l'établir dans le contexte social.

Pour que cette activité trouve sa place socialement et pour conforter l'intérêt que lui porte le public, en faisant appel à notre expérience, nous tenons à réaffirmer les principes suivants :

Le toucher appartient au patrimoine de l'humanité

En tant qu'expression d'un besoin d'interaction, le toucher est un moyen de communication naturel, essentiel et fondamental présent dans toutes les civilisations. Le droit de toucher l'autre s'appuie sur la nécessité et la liberté d'établir des relations entre êtres humains. Toute communauté humaine, toute culture se fonde sur des interactions interpersonnelles et collectives dont le toucher fait partie au même titre que le regard, l'écoute ou le langage. De nombreux rituels culturels de reconnaissance, de partage, de célébration font appel au toucher. Le droit de toucher une personne consentante pour créer, maintenir, enrichir une relation est un droit de naissance pour tout être humain.

Le toucher est un besoin social

Le toucher crée, manifeste et entretient le lien social. Il symbolise la fraternité et l'entente. Il contribue à l'acceptation et à la valorisation de l'autre, concourt aux échanges intimes, familiaux et communautaires. L'évolution de notre société de plus en plus technique et de plus en plus virtuelle, le relâchement des liens sociaux traditionnels amènent de plus en plus de personnes à vivre dans la solitude, l'isolement, la marginalité. Le droit de toucher une personne consentante pour lui manifester de la solidarité, du soutien, du réconfort, de la reconnaissance, de la sollicitude, de la présence, de l'aide, du soulagement est un acquis démocratique qui contribue à un devoir citoyen pour une société plus fraternelle et solidaire.

Le toucher contribue au bien-être physique

L'impact sensoriel d'un contact attentionné par le toucher est nécessaire et bénéfique pour le corps. Les enfants privés de toucher présentent des retards de socialisation, d'apprentissage et de développement physique. Un toucher attentionné et bienveillant contribue à une détente, à une récupération et à une sollicitation du corps qui ne peuvent être que profitables pour la santé. Alors que chacun s'accorde à dire que de nombreux troubles physiques sont liés à des conditions de vie stressantes et que les Français sont les plus gros consommateurs au monde de tranquillisants, le toucher et son corollaire, le massage, en tant qu'outils de détente, de récupération et de sollicitation corporelle s'offrent comme une alternative pour un mieux-être corporel.

Le toucher participe à l'équilibre personnel

Sur un plan psychologique, l'importance de la mise en œuvre d'un toucher réconfortant, rassurant et apaisant est de plus en plus admise auprès des femmes enceintes, pour les soins aux jeunes enfants ainsi que dans l'accompagnement en fin de vie. Le toucher engendre une meilleure conscience, une plus grande écoute du corps, de soi et de ses besoins. Il participe ainsi à un équilibre intérieur global. Nombre de nos contemporains ont souffert d'un déficit en quantité et/ou en qualité de contacts corporels (si ce n'est de vécus abusifs) qui les handicape dans leur confiance en eux, leur élan de vie et leurs projets personnels. La mise en œuvre dans une relation d'aide d'un toucher attentionné et réparateur permet à celui qui le reçoit de maintenir son équilibre personnel et de mieux gérer sa vie, en particulier pour les personnes traversant des situations difficiles.

À côté et en complémentarité d'autres disciplines médicales, paramédicales ou psychologiques, **nous invitons toute personne et les pouvoirs publics à l'acceptation et à la reconnaissance des droits et des bienfaits du toucher** ainsi qu'à la reconnaissance et à l'inscription dans le cadre social des pratiques qui permettent la mise en œuvre de ces droits et de ces bienfaits.

Le toucher favorise l'épanouissement relationnel

Dans les relations humaines, le toucher est un mode essentiel de communication non verbale qui favorise l'expression et le partage des sentiments mais aussi renvoie à l'intimité, au respect et au territoire de chacun. Au moment où hommes et femmes, parents et enfants redéfinissent leur place mutuelle et se plaignent conjointement de liens d'affection et de compréhension mutuelle insatisfaisants, le vécu du toucher favorise la perception et l'acquisition de valeurs relationnelles essentielles telles l'attention à l'autre et à son corps, la prévenance, la confiance mutuelle, l'intégrité et le respect.
En tant qu'apprentissage de ces valeurs et facilitateur de l'expression, la pratique du toucher et du massage en dehors de toute visée médicale ou paramédicale contribue à l'instauration de modes relationnels plus satisfaisants.
Au fil des années, des centaines de personnes sont passées entre nos mains et entre celles de nos élèves. La plus grande majorité de ces personnes se sont senties mieux dans leur corps, plus confiantes en eux-mêmes, plus ouvertes aux autres. Elles ont témoigné des bienfaits du toucher et de l'amélioration de leur vie personnelle et relationnelle.
En cette période où beaucoup de nos concitoyens recherchent des moyens de se sentir mieux dans leur corps, dans leur tête et dans leur vie, nous croyons fermement que la pratique du toucher et du massage en tant qu'outils de bien-être, d'équilibre personnel, d'épanouissement relationnel, d'apprentissage d'un mieux vivre et de soutien socioculturel est un élément fondamental de réponse.

>> Pratiquer et se perfectionner

Évaluez les bienfaits de vos massages

> Voici une liste d'indications, pages suivantes, que vous pouvez donner à remplir à votre partenaire pour commencer à évaluer les effets bénéfiques de vos massages.

> À photocopier, si vous souhaitez les utiliser.

Demandez à votre partenaire de mettre une croix pour ce qui le concerne.

AVANT

Quel était votre ressenti **avant** le massage ?

Sensations agréables :

- ❑ Respiration ample
- ❑ Respiration tranquille
- ❑ Détendu
- ❑ Joyeux
- ❑ Entreprenant
- ❑ Enraciné
- ❑ Concentré
- ❑ Impression de fraîcheur
- ❑ Regard léger
- ❑ Ouverture
- ❑ Dilatation
- ❑ Bonnes vibrations
- ❑ Légèreté
- ❑ Liberté
- ❑ Impression d'être plein
- ❑ Impression d'être nourri

Autres sensations agréables :

Sensations désagréables :

- ❑ Avec des douleurs
- ❑ Avec des brûlures dans une partie du corps
- ❑ Mâchoire crispée
- ❑ Nœud au plexus
- ❑ Lourdeurs dans les yeux
- ❑ Gorge serrée
- ❑ Froid aux extrémités
- ❑ Fatigué
- ❑ Enervé pour un rien
- ❑ Respiration superficielle
- ❑ Impression de manquer d'air
- ❑ Manque d'enthousiasme
- ❑ Instable
- ❑ Déconcentré
- ❑ Impression d'être dans un étau
- ❑ Impression d'être pesant
- ❑ Impression d'être vide

Autres sensations désagréables :

••• APRÈS •••

■ Quel est votre ressenti **maintenant** ?

Sensations agréables :

- ❑ Respiration ample
- ❑ Respiration tranquille
- ❑ Détendu
- ❑ Joyeux
- ❑ Entreprenant
- ❑ Enraciné
- ❑ Concentré
- ❑ Impression de fraîcheur
- ❑ Regard léger
- ❑ Ouverture
- ❑ Dilatation
- ❑ Bonnes vibrations
- ❑ Légèreté
- ❑ Liberté
- ❑ Impression d'être plein
- ❑ Impression d'être nourri

Autres sensations agréables :

Sensations désagréables :

- ❑ Avec des douleurs
- ❑ Avec des brûlures dans une partie du corps
- ❑ Mâchoire crispée
- ❑ Nœud au plexus
- ❑ Lourdeurs dans les yeux
- ❑ Gorge serrée
- ❑ Froid aux extrémités
- ❑ Fatigué
- ❑ Énervé pour un rien
- ❑ Respiration superficielle
- ❑ Impression de manquer d'air
- ❑ Manque d'enthousiasme
- ❑ Instable
- ❑ Déconcentré
- ❑ Impression d'être dans un étau
- ❑ Impression d'être pesant
- ❑ Impression d'être vide

Autres sensations désagréables :

••• Toujours pour le partenaire •••

■ Comment vous sentiez-vous **avant** le massage ?

❑ Très tendu
❑ Moyennement tendu
❑ Un peu tendu
❑ Détendu

Autres sensations globales :

■ Comment vous sentez-vous **après** le massage ?

❑ Très tendu
❑ Moyennement tendu
❑ Un peu tendu
❑ Détendu

Autres sensations globales :

■ **J'aimerais être massé** sur (parties du corps souhaitées) :

❑
❑
❑
❑
❑

■ **J'aimerais que** mon prochain massage soit plus :

❑ doux
❑ lent
❑ rapide
❑ profond
❑ long
❑

Faites le point de votre pratique
Les bonnes questions à se poser

Mettez de 1 à 5 croix en face des questions suivantes :
1 **X** = *pas du tout ou peu* 5 **X** = *complètement*

- Ai-je été attentif au cadre, à l'installation et à l'accueil ?
- Est-ce que je me sentais disponible physiquement et intérieurement avant le massage ?
- Est-ce que j'ai été attentif au premier contact et à avoir un toucher apaisant et rassurant ?
- Est-ce que je me suis senti à l'aise avec la technique et les différents mouvements ?
- Est-ce que j'ai varié mes gestes : effleurage, pétrissage, pression glissée, torsion, etc. ?
- Est-ce que j'ai effectué les mouvements avec douceur et fluidité ?
- Est-ce que je me suis senti à l'aise dans mes déplacements ?
- Est-ce que j'ai su varier ma pression : légère, moyenne, forte ?
- Est-ce que j'ai senti les tensions de mon partenaire et adapté mon massage en fonction ?
- Est-ce que j'ai demandé à plusieurs reprises à mon partenaire si le massage lui convenait ?

Ce questionnaire vous aide à évaluer ce que vous avez oublié et là où vous avez des progrès à faire dans le massage. Si votre partenaire n'est pas vraiment satisfait de sa séance ou si vous vous sentez épuisé à la fin de votre massage, c'est là où ça clochait !

Se perfectionner

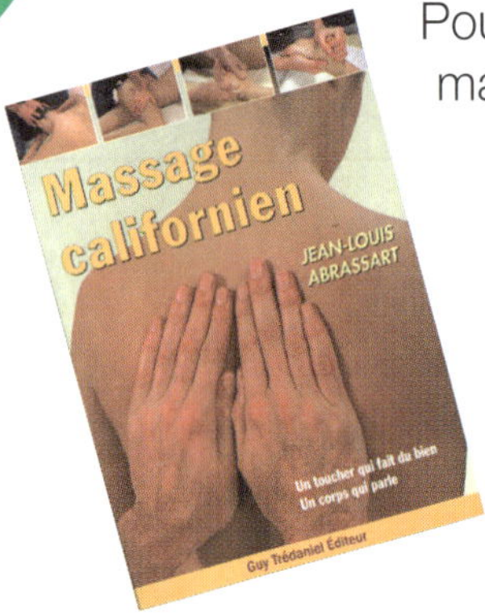

Pour acquérir plus de mouvements et connaître les effets détaillés du massage des différentes parties du corps, consulter le livre :

Massage Californien, L'art de la détente et du toucher
Jean-Louis Abrassart
Éditions Trédaniel

Le guide complet du massage bien-être avec plus de 200 mouvements étudiés en détail et plus de 500 photos.

Suivre des stages et/ou se former

Il existe de nombreux stages dans différentes techniques de massage de détente : vous y retrouverez des personnes comme vous, intéressées à la fois pour recevoir et pour donner des massages à partir des indications et démonstrations effectués par l'animateur formateur.